인정의 시대

인정의 시대

1판 1쇄 발행 2014년 12월 10일
1판 2쇄 발행 2018년 5월 30일

지은이 문성훈
펴낸이 안희곤
펴낸곳 사월의책

편집 박동수
디자인 김현진

등록번호 2009년 8월 20일 제396-2009-126호
주소 경기도 고양시 일산동구 무궁화로 7-45 451호
전화 031)912-9491 | 팩스 031)913-9491
이메일 aprilbooks@aprilbooks.net
홈페이지 www.aprilbooks.net
블로그 blog.naver.com/aprilbooks

ISBN 978-89-97186-38-9 93100

* 책값은 뒤표지에 있습니다.
* 이 도서의 국립중앙도서관 출판시도서목록(CIP)은 e-CIP홈페이지(http://www.nl.go.kr/ecip)와 국가자료공동목록시스템(http://www.nl.go.kr/kolisnet)에서 이용하실 수 있습니다.
(CIP제어번호: CIP2014033278)
* 이 저서는 2009-2012년 정부(교육과학기술부)의 재원으로 한국연구재단의 지원을 받아 수행된 연구임
(KRF-2009-812-A00184)

인정의 시대

현대사회 변동과 5대 인정

문성훈 지음

사월의책

차례

2부 현대사회 변동과 인정관계 구조변화

서론

왜 인정인가?

최근 들어 신자유주의의 종말을 고하며 시대적 전환을 알리는 목소리가 높아지고 있다. 물론 신자유주의의 종말이 현실로 다가온 것은 아니며, 오히려 신자유주의는 여전히 맹위를 떨치고 있다. 그럼에도 신자유주의의 종말은 이미 이론적으로 선취된 현실이 되었다. 오늘날 신자유주의의 종말은 정치적 노선과 상관없이, 그것이 좌든 우든 이구동성으로 이야기되는 하나의 담론적 현실이 되고 있기 때문이다. 물론 원론적인 입장에서도 미래사회에 대한 이론적 선취는 더 나은 사회를 추구하고 이를 예비하는 사람들에게 항상 필수적이다. 미래에 대한 이론적 선취가 없다면 현재에 대한 비판과 대안 모색은 불가능할 뿐 아니라 무의미하기 때문이다.

예를 들어 한 진단에 따르면,[1] 2008년 발생한 금융 위기는 향후 수십 년 동안 충격적인 영향을 미칠 것이라고 한다. 왜냐하면 이를 해소하기 위해 시행된 구제 금융이 재정 위기를 낳고, 다시 이로 인해 정부 예산은 삭감되고, 실직자들의 생활은 붕괴되고, 주택 보유자나 투자자들의 꿈은 사라져버릴 것이기 때문이다. 그런데 금융 위기의 대가는 이런 것만이 아니다. 이를 통해 붕괴된 것은 단순히 금융 기관이나 금융 시스템이 아니라 지금까지의 정치철학과 경제 시스템 전체이며, 세상을 바라보는 방식과 세상에서 살아가는 방식 모두이기 때문이다. 따라서 자본주의는 네 번째 시스템 전환을 필요로 한다. 1800년대 초엽부터 전 세계를 지배했던 자유방임주의적 자본주의가 자본주의 버전 1.0이라면, 러시아혁명과 대공황 이후 등장한 복지국가적 자본주의는 자본주의 버전 2.0이고, 이에 이어 1980년대 레이건-대처 시대부터 등장한 신자유주의적 자본주의가 자본주의 버전 3.0이다. 그리고 이제는 바로 자본주의 버전 4.0이 등장할 시기라는 것이다.

물론 새로운 자본주의가 어떤 시스템인가는 이전 버전과 비교할 때 어렵지 않게 추측해낼 수 있다. 자유방임주의적 자본주의에서 정치와 경제가 본질적으로 별개의 영역이었다면, 복지국가적 자본주의는 시장에 대한 불신과 정부에 대한 믿음에 토대를 두었고, 이에 반해 신자유주의적 자본주의는 시장을 이상화하고 정부를 불신했다. 그렇다면 자본주의의 새로운 버전 4.0이 어떤 시스템을 말해야 하는지가 분명해진다. 즉 이제는 정부와 시장 모두 잘못을 저지를 수 있다는 전제 하에 상호 간의 협력을 추구해야 한다는 것이다.

이러한 진단에는 최근 금융 위기가 자본주의의 구조적 전환을 위한 촉매제가 됨으로써 자본주의가 더 강력한 경제체제로 혁신될 수 있다는 믿음이 전제되어 있다. 그러나 이에 반해 자본주의의 혁신이 아니라, 자본주의 자체를 부정하고 민주적이고 생태적인 사회주의를 21세기의 대안으로 보는 입장도 있다.[2] 그러나 이 역시 신자유주의가 종말을 고하고 있다는 진단에서는 차이를 보이지 않는다. 이에 따르면 2008년 월스트리트의 거대 금융 법인들이 연쇄 도산하면서 사실상 화폐 자본이 주도한 경제적 번영이 거대한 거품에 불과했음이 만천하에 드러나게 되었고, 그 이후 이어진 정부의 구제 금융, 재정 위기 등은 이제 전 세계 사람들로 하여금 '신자유주의적 지구화'라는 한 시대가 거대한 낙조를 드리우기 시작했음을 체험하게 한다는 것이다.

또한 신자유주의의 종말이라는 시대 진단은 현재 상황을 자본주의의 순환적 위기로 보는 것도 아니고 자본주의 체제 자체의 위기로 보는 것도 아닌, 중도적 입장에서도 등장한다.[3] 이러한 입장은 현재의 상황을 넘어서기 위해 '신-신자유주의'도 아니고, '신-케인스주의'도 아닌 완전히 새로운 길을 만들어야 함을 주장하며, 이는 현실 자본주의나 현실 사회주의의 문제점 모두를 넘어서는 것이어야 한다고 본다. 물론 이러한 입장 역시 2008년 금융 위기 이후 전 세계적 경기침체로 인한 '글로벌 슬럼프'가 인류에게 대재앙을 몰고 올 것을 예언하면서 신자유주의 시대의 종말을 고하고 있다는 점만은 여타의 입장과 다를 바 없다.

이렇게 오늘날의 상황을 신자유주의의 몰락으로 진단하면서 이후의 시대를 준비하려 한다면, 그 대안에서 어떠한 편차가 나든, 이는 신자유주의가 낳은 근본적 문제점을 극복해야 한다는 공통점을 갖는다. 그렇다면 신자유주의가 낳은 근본적 문제점이란 무엇일까? 내가 이 책에서 주목하는 신자유주의의 근본적 문제점은 다름 아닌 '사회적 양극화'이다. 한편으로 대기업은 사상 최대의 실적을 올리고 금융 투자가들은 천문학적 액수의 이익을 보지만, 다른 한편으로 실업은 가중되고 그나마 직장을 갖는다 하더라도 노동자들은 비정규직으로 내몰려 고용 불안과 저임금에 허덕인다. 이러한 사회적 양극화의 정도는 '1% 대 99% 사회'라는 말이 나올 정도로 그 어느 때보다 심각하며, 이것이 낳은 결과는 치명적이다. 왜냐하면 사회적 양극화란 단지 경제적 불평등만이 아니라, 이를 토대로 친밀성 영역에서뿐만 아니라, 정치적, 문화적 영역에서도 양극화가 일어남으로써 현대사회가 과거 전통사회에서처럼 신분 사회화하는 현상을 낳고 있기 때문이다. 따라서 이는 신분적 위계를 타파하고, 모든 인간의 자유와 평등을 주장하며 등장한 현대사회의 정당성 자체를 흔들고 있으며, 결국 '함께 산다는 것'에 대한 근본적 회의마저 불러일으키고 있다. 도대체 사회라는 것이 1%의 구성원만을 위해 존재한다면, 나머지 99%는 뭐란 말인가? 99%는 1%인 그들의 옷을 만들고, 그들의 음식을 만들고, 그들의 집을 짓고, 그들에게 봉사하는 존재인가? 만약 사정이 이렇다면 과연 우리가 함께 살 이유가 있을까? 신자유주의가 낳은 결정적 문제점이 사회적 양극화라는 것은 바로 이것이 사회적 통합을 약화시킴으로써 결국 사회의 존속 자체를 위협하기 때문이다.

5대 인정

그렇다면 신자유주의의 문제점을 극복할 수 있는 방안은 무엇인가? 이 책에서 나는 신자유주의의 문제점을 극복할 수 있는 어떤 새로운 경제체제나 새로운 정부-시장 시스템을 제시하고자 하지는 않는다. 내가 이 책에서 관심을 기울이고 있는 것은 사회철학적 견지에서 그 어떤 대안이든 그것이 근본적으로 기초해야만 하는 규범적 토대이다. 나는 이 근본적 토대를 '인정관계'로 규정한다. 왜냐하면 신자유주의의 결정적 문제점이 사회적 통합의 약화라면 그 대안은 사회적 통합을 강화하는 것이어야 하며, 사회적 통합이란 근본적으로 상호인정을 통해 형성된 공동체적 연대에 기초하고 있기 때문이다. 즉 모든 사람이 서로를 완전하고 특수한 공동체 구성원으로 인정하고 이것이 제도적으로 구체화될 때 사회적 연대가 이루어지며, 사회적 통합이란 다름 아닌 이를 통해 형성되고 강화된다는 것이다. 따라서 1% 대 99% 사회가 사회적 통합을 해체한다면, 이는 근본적으로 사회적 양극화가 이러한 상호인정관계 형성을 가로막고 있기 때문이다.

내가 사회 통합의 근본 토대를 인정관계로 본 것은 악셀 호네트의 '인정이론'에 따른 것이다. 호네트에 의하면 사회적 갈등과 저항이 일어나는 도덕적 원인은 사회구성원들이 현존하는 제도적 현상들을 정의롭지 못한 것으로 간주한다는 데 있으며, 이러한 부정의(不正義) 경험의 핵심을 이루는 것은 사회적 무시, 혹은 사회적 인정 요구의 훼손이다. 따라서 사회적 갈등을 해결하고 사회적 통합을 강화하는 방법은 인정관계의 확대에 있다. 왜냐하면 개개인은 사회적 인정을 통해 자신의 개성과 자아실현에 대한 제도적 보장을 획득할 수 있으며, 이를 통해 자신이 해당 사회의 완전하고 특수한 구성원이라는 믿음을 갖게 되기 때문이다. 따라서 사회적 갈등을 넘어서 사회적 인정관계가 확대된다면, 한편으로 개개의 당사자들은 자신의 개성에 대해 더 많은 부분을 확신할 뿐 아니라 이를 실현할 수 있는 기회를 얻게 되고, 다른 한편 더 많은 개인들이 완전하고 특수한 사회구성원의 범위에 포함됨으로써 사회 통합의 범위가 확장된다.

그런데 사실 사회구성원들이 서로를 완전하고 특수한 공동체 구성원으로 인정한다는 것은 사회적 관계가 다양하듯 다양한 형태를 갖는다. 즉 사회적 관계가 가족, 정치, 경제, 문화 영역 등 일국적 영역과 이를 공간적으로 확대한 세계적 영역 중 어느 영역에서 형성된 사회적 관계이냐에 따라 서로를 완전하고 특수한 구성원으로 인정한다는 것이 다양한 의미를 갖는다는 것이다. 따라서 신자유주의가 낳은 사회적 통합의 해체란 다양한 사회적 영역, 내지 다양한 사회적 관계의 토대를 이루는 상호인정관계의 위기라 볼 수 있으며, 이를 해결할 수 있는 대안은 각각의 영역에서 제기되는 새로운 인정 요구를 전향적으로 수용함으로써 제반 사회적 관계를 재구성하는 데 있다.

이런 점에서 이 책은 현대사회의 변동 과정을 추적하면서 여기에 담긴 새로운 인정 요구를 도출해내고, 이를 통해 오늘날 대안적 사회의 토대가 되는 '인정관계'가 무엇인지를 밝히려 한다. 그리고 내가 이에 대한 대답으로 제시하는 것이 '5대 인정'이다. 첫째, 친밀성 영역에서는 여성의 사회 진출이 확대됨으로써 더 이상 전통적 의미에서의 역할분담이 제 기능을 다하지 못하게 되었고, 이혼율의 급격한 증가가 말해주듯 부부간의 관계는 점차 가부장적 역할분담보다는 사랑이라는 정서적 결속에 의존하게 되었다. 따라서 이제 부부가 서로를 '역할분담자'라기보다는 '대체 불가능한 유일무이한 존재'로 인정하는 새로운 인정관계가 요구된다. 둘째, 정치적 의사결정 영역에서 시장권력과 정치권력의 결탁에 의해 새로운 지배계급이 등장하면서 민주주의는 단지 일회적인 투표 행위로 축소되고 있으며, 그마저도 영향력을 상실함으로써 참여의 위기를 낳고 있다. 그러나 촛불집회나 점령운동 같은 저항운동이 보여주듯 이제 국민들은 이러한 민주주의의 왜곡에 맞서 자신들을 단지 '유권자'가 아니라, '주권자'로 인정하는 새로운 의사결정 방식을 요구하고 있다. 셋째, 경제적 생산 영역에서 신자유주의의 등장과 지식기반산업의 확대에 따라 고용 유연화가 확대되고, 생산 및 업무 자동화와 정보화로 인한 탈노동사회적 경향이 강화되고 있다. 그 결과 비정규직 근로자와 실업자가 양산되고 있지만 이들은 제도적 보호의 사각지대에 놓이게 됨으로써 종래의 고용 중심적 사회질서가 무력화되고 있다. 이에 따라 비정규직과 실업자 역시 동등하고 완전한 사회구성원으로 인정하기 위해서 이들을 자본 이윤 창출에 기여하는 '생산주체'가 아니라, 사회의 재생산에 기여하는 '사회적 활동주체'로 인정하려는 새로운 인정 요구가 등장하고 있다. 넷째, 문화적 유대 영역에서 사회적 소수자 같은 이른바 '타자'가 등장함에 따라 동질성에 근거한 사회적 유대 형성이 아니라 이질성을 포용할 수 있는 새로운 질서가 요구되고 있으며, 이는 무엇보다도 사회구성원을 문화적 의미에서 '동질적 존재'가 아니라 '차이의 존재'로 보게 하는 새로운 인정질서를 의미한다. 다섯째, 세계적 영역에서는 초국적 기업, 신자유주의 정부, 국제적 재정기구가 전 세계의 자본, 노동, 상품, 기술 시장을 하나로 통합하면서 이들이 국민국가적 통제를 넘어선 초국적 권력으로 등장하는가 하면, 이들의 문화가 전 세계적으로 보편화되면서 이제 지구적 차원에서 경제적, 정치적, 문화적 영역이 하나의 통합된 네트워크를 형성하게 되었다. 그 결과 지구적 차원에서의 경제적 불평등 확대, 민주주의 파괴 그리고 문화적 패권주의가 만연하고, 이에 대한 저항 역시 확대되고 있다. 이러한 갈등을 넘어 새로운 세계질서가 요구된다면 그것은 이제 인류를 단지 '국적적 존재'로 보는 것이 아니라, '세계시민'으로 대우하려는 새로운 인정질서이다.

현대사회 분석의 새로운 시각

이렇게 현대사회를 인정관계 차원에서 분석하고 대안을 제시한다는 것은 종래의 시각에서 볼 때 혁신적일 뿐 아니라 모험적일 수 있다. 왜냐하면 이는 현대사회를 '사회적 인정질서'라는 전혀 새로운 시각에서 이해함을 전제하기 때문이다. 즉 현대사회란 다양한 사회적 영역에서 형성된 상호인정관계가 서로 결합하면서 이루어진 규범적 질서 위에 형성된 사회라는 것이다. 물론 현대사회만이 아니라 다른 사회에서도 사회적 관계가 존재하기 위해서는 상호인정관계가 항상 전제되어야 한다. 왜냐하면 개개의 사회구성원들이 특정한 행위 기대 하에 서로를 상호작용의 담지자로 인정하지 않는 한 사회적 관계 자체가 성립될 수 없기 때문이다.

그러나 현대사회에 이르러 특히 인정이 문제가 되는 것은 한편으로 신분질서가 붕괴됨으로써 이제 사회구성원들이 신분적 구속으로부터 해방되었기 때문이다. 전통사회에서 사회구성원은 항상 특정한 신분의 구성원으로 존재하며, 이것이 바로 그 사람의 정체성과 사회적 지위를 결정한다. 따라서 전통사회에서 개개의 사회구성원을 어떤 존재로 인정할 것인가 하는 문제는 별다른 중요성을 갖지 않는다. 그러나 개개의 사회구성원이 전통적 신분질서로부터 해방되어 비로소 '개인'으로 존재하게 된 현대사회에서 개개의 사회구성원을 어떤 존재로 인정하고 이에 상응하여 어떤 사회적 지위를 부여하며 또한 어떻게 대우할 것인가는 이미 정해진 문제가 아니다. 이런 점에서 현대사회에 이르러 사회구성원의 정체성과 지위에 관련된 사회적 인정의 문제는 사회적 관계가 형성되고 유지되는 데 있어서 필수적인 전제가 된다. 다른 한편 현대사회가 전통사회와 구별될 수 있는 것은 현대사회가 분화된 사회라는 점이다. 널리 알려져 있듯이 막스 베버는 합리화라는 틀 속에서 현대사회의 등장을 신학적-주술적 세계상과 정치권력의 절대성이 붕괴됨으로써 미분화 상태에 있던 다양한 가치 영역과 사회 영역이 분화되고 다원화되는 과정으로 해석한다. 이러한 분화와 다원화 과정은 다양한 사회적 관계들을 새롭게 등장시킴과 동시에 사회구성원들이 서로를 어떤 존재로 인정하고 대우해야 이러한 사회적 관계들이 형성되고 유지될 수 있는가 하는 근본적 문제를 제기한다.

악셀 호네트는 이러한 서구의 경험을 토대로 현대사회의 등장을 세 가지 인정 유형의 제도화를 통한 사회적 분화 과정으로 해석하고, 현대사회가 이를 기반으로 형성된 도덕적 질서에 기초하고 있다고 본다. 그리고 이런 점에서 현대사회의 다양한 제도적 현상들은 각기 친밀성, 법질서, 사회적 가치평가 영역에 해당하는 사랑, 권리, 연대라는 세 가지 인정 유형을 통해 그 정당성을 확보하는 동시에, 이를 통해 그 부당함 또한 비판될 수 있다. 이렇게 볼 때 호네트에게 현대사회는 규범적 의미에서 세 가지 인정 유형에 따라 구조화된 사회적 인정질서에 기초하고 있다. 그러나 이 책에서 나는 호네트와는 달리 5대 인정론을 주장하고자 한다. 내가 보기에 호네트가 구분한 세 가지 인정 유형은 타인을 인정한다는 것이 어떤 행위 유형을 통해 표현되는지를 보여준 것이지, 이런 인정 행위 유형을 통해 개개의 사회구성원이 다양한 사회적 관계에서 자신을 어떤 존재로 이해하고, 또 어떤 존재로 인정되고 있는지, 즉 구체적 인정관계를 보여준 것은 아니다. 나는 인정이란 근본적으로 개개의 사회구성원의 정체성에 대한 인정이며, 오히려 이러한 인정이 다양한 인정 행위 유형을 통해 표현된다고 본다. 왜냐하면 타인에 대한 사랑은 분명 하나의 인정의 표현 행위이지만, 이 사랑의 모습은 상대방을 어떤 존재로 이해하느냐에 따라 달라지기 때문이다. 예를 들어 아내가 남편을 가부장으로 인정한다면 아내의 사랑은 남편에 대한 존경과 순종으로 표현되며, 반대로 남편이 아내를 동등한 존재로 인정한다면 남편의 사랑은 차이의 인정과 소통의 형태로 나타날 수 있다. 이와 마찬가지로 권리는 분명 인정의 표현 형태이지만, 권리의 내용이 달라지고 변화한다는 것은 권리의 주체를 어떤 존재로 인정하고 대우할 것인가에 있어서도 변화가 있음을 전제한다. 그리고 타인에 대한 가치부여를 통해 형성되는 사회적 연대 역시 분명 상대방에 대한 인정의 표현이지만, 사회적으로 가치부여를 받을 만한 사람이 과연 누구이냐에 따라 연대의 대상이 달라진다. 요컨대 호네트가 말하는 사랑, 권리, 연대라는 세 가지 인정 유형이 현대사회의 인정질서를 보여주는 중요한 개념틀인 것은 분명하지만, 이런 유형 역시 사회구성원의 자기이해가 무엇이고, 이것이 전제하는 상대방에 대한 이해가 무엇인지에 따라 변화를 겪는다는 것이다. 이런 점에서 현대사회의 변동 과정을 추적하기 위해서는 사랑, 권리, 연대를 통해 형성된 거시적 인정질서뿐 아니라, 이러한 인정 유형이 어떻게 변화된 내용을 담고 있는가를 보여줄 수 있는 미시적 인정질서에 대한 분석 역시 필요하다.

이렇게 나는 인정을 표현하는 행위 유형이 아니라, 오히려 다양한 '인정행위' 유형이 전제하는 상대방의 정체성에 대한 이해와 당사자의 자기이해가 무엇인가에 주목하려고 하며, 이를 통해 형성된 '인정관계'의 구조변화를 해명하려고 한다. 그러나 이렇게 내가 주목하고 있는 점과 관련하여 호네트와 편차를 보이지만, 현대사회를 사회적 인정질서라는 틀을 통해 해석하려는 것은 공통적이며, 이런 새로운 개념틀을 사용하는 이유 역시 동일하다. 즉 나는 호네트와 마찬가지로 지금까지 현대사회를 분석하는 데 그 틀이 되었을 뿐 아니라 대안적 사회의 방향 역시 제시해왔던 기존의 사회비판 모델들이 이미 시효를 다했거나 한계를 드러내고 있다고 본다는 것이다.

마르크스주의는 사회 자체를 생산력 발전에 따른 생산관계의 구조변화로 해석한다. 원시 공산사회, 고대 노예제 사회, 중세 봉건사회, 근대 자본주의 사회, 그리고 사회주의 사회라는 인류 역사의 발전 단계는 각각 생산관계의 구조변화에 따른 구분이다. 물론 억압과 착취로부터의 해방을 주장하는 마르크스의 정신은 여전히 유효하다. 그러나 1980년대 말 현실 사회주의의 붕괴 이후 수많은 질곡을 겪고 있음에도 불구하고 민주주의를 통한 경제적 불평등 극복과 사회복지 확대를 통한 적정 생활 보장이 여전히 그 가능성을 유지하고 있고, 더구나 다양한 사회적 관계가 자립성을 강화하고 있는 오늘날의 상황에서 생산관계 변혁을 통해서만 사회 비판과 해방의 가능성을 모색하려는 마르크스주의적 시각은 극히 일면적일 수 있다.

한편 베버에서 루카치로, 그리고 다시 호르크하이머와 아도르노의 『계몽의 변증법』을 거쳐 하버마스로 이어지는 지적 전통에서는 현대사회를 합리성이란 차원에서 분석하고 그 대안을 모색한다. 하버마스에 따르면 현대사회는 정치경제 체제와 생활세계라는 이원적 구조로 이해할 수 있으며, 현대사회가 낳은 병리적 문제는 정치경제 체제를 지배하는 도구적 합리성이 생활세계의 고유한 합리성인 의사소통적 합리성을 파괴하면서 이를 식민화시켰다는 데 있다. 이런 점에서 하버마스는 생활세계 식민화 극복과 의사소통적 합리성의 활성화를 대안으로 제시한다. 하지만 이렇게 합리성 개념에 기초한 시대 진단은 현대사회 구성원들이 일상생활에서 경험하는 사회적 불의와 이에 대한 울분을 담아내기에는 너무나 '관찰자적' 시각이다. 더구나 합리성 개념이라는 고도의 철학적 개념을 통해 현대사회를 분석하고 비판할 때, 생활세계 식민화 극복과 의사소통적 합리성의 실현이 나의 일상생활에서 구체적으로 무엇을 의미하는지 그려보기란 쉬운 일이 아니다.

나아가 비록 생산관계나 합리성 개념처럼 사회를 분석하고 비판하는 틀을 제시한 것은 아니지만, 근대라는 한 시대를 관통하는 인간의 사고방식과 문화 자체를 문제 삼은 포스트모던적 사유의 등장은 현대사회를 비판하는 데 있어서 일종의 '문화적 전회'로 평가할 수 있다. 모던적 사고와 문화의 핵심을 이루는 주체의 해체, 즉 보편타당한 원칙에 기초하여 이 세계의 모든 현상을 통일적으로 파악하려는 이성과 이에 기초하여 자신의 삶과 사회 그리고 역사를 반성하고 추동하는 이성적 주체가 얼마나 허구적이고 또한 폭력적인가를 밝혀낸 것은 포스트모던적 사유가 남겨준 귀중한 성과이다. 그러나 모던적 주체가 감추고 있던 무의식과 욕망, 모던적 주체가 간과했던 언어적 의미 체계의 구속성과 권력의 책략, 그리고 모던적 주체가 양산했던 수많은 타자들이 폭로되었다고 해서 이 주체가 추구했던 자유의 실현과 역사의 진보라는 규범적 이상까지 포기해야만 하는 것은 아니다. 우리는 문제가 있으면 해결해야 하고, 나쁜 것이 있다면 이를 좋은 것으로 개선하려 한다는 점에서 여전히 모던적이기 때문이다. 이런 점에서 포스트모던적 비판을 수용하면서도 모던의 기획을 자기반성적으로 재구성하는 것은 현대철학의 근본 과제이다.

그렇다면 왜 인정관계인가? 인정관계를 통한 현대사회 분석이 종래의 사회 분석틀이 갖는 한계를 극복하고 모던의 기획을 재구성할 수 있게 한다는 것인가? 인정관계 분석은 생산관계나 합리성 개념을 부정하거나 이에 대한 양자택일적 대안을 말하는 것이 아니다. 인정관계와 생산관계를 비교해본다면, 인정관계는 생산관계를 대체하는 것이 아니라, 생산관계보다 더 근원적이며, 이를 가능하게 하는 사회적 관계를 의미한다는 점에서 현대사회에 대한 생산관계 분석을 더욱 심화시킨다고 할 수 있다. 왜냐하면 생산관계란 사회적 생산에 참여한 사회구성원들을 어떤 존재로 인정할 것인가를 규정하는 사회적 인정관계에 토대를 두고 있기 때문이다. 그럼에도 인정관계는 생산관계이론처럼 하나의 단일한 차원으로 모든 사회현상을 환원시키지는 않는다.

구체적 인간관계에서 등장하는 인정관계는 다양하며, 이러한 다양성에 따라 사회적 영역 역시 다원화시킬 수 있기 때문이다. 이런 점에서 인정관계 분석은 인정관계를 통해 사회적 관계의 근원성을 보여줌과 동시에 다양성을 드러낸다고 할 수 있다.

또한 인정관계는 합리성과 대립되거나 수평적 관계에서 비교될 만한 것이 아니다. 인정관계는 오히려 합리성이 발휘될 수 있는 가능 조건이라고 할 수 있기 때문이다. 비록 하버마스가 의사소통적 합리성의 활성화를 현대사회의 문제점을 극복하기 위한 대안으로 제시하지만, 정작 사회구성원들이 서로를 동등한 의사소통의 주체로 인정하는 사회적 관계가 성립되지 않는다면 의사소통적 합리성의 실현은 불가능하다. 그리고 하버마스가 현대사회의 근본적 문제점으로 지적한 도구적 합리성의 총체화 역시 모든 인간관계를 도구적 관계로 만듦으로써 타인을 나와 동등한 인간이 아니라, 일종의 조작 가능한 물건처럼 취급하는 왜곡된 인정관계를 전제하고 있다. 더구나 인정관계는 합리성에 따른 현대사회 분석과는 달리 관찰자적 시각이 아니라, 참여자적 시각을 전제한다. 왜냐하면 인정관계 분석은 현대사회의 문제점을 도구적 합리성의 지배를 통한 의사소통적 합리성의 파괴라는 고도의 추상적 문제의식이 아니라, 사회구성원들이 직접적으로 당하는 사회적 무시 경험과 이로 인한 도덕적 울분으로부터 도출해내기 때문이다.

그리고 인정관계 분석은 모던적 주체를 전제하지 않지만, 그럼에도 모던의 규범적 이상을 계승한다. 인정관계 분석은 근본적으로 보편적 원칙에 따른 독백적 자기반성 주체가 아니라, 타자의 시각을 통한 자기반성을 추구하면서 타자 속에서 자기 자신으로 존재하는 상호주관적 주체를 전제한다. 이런 점에서 인정관계 분석은 모던적 주체관의 한계를 넘어서고 있지만, 자유와 진보라는 모던적 이상을 포기하지는 않는다. 물론 이것은 모던적 기획 자체를 인정 개념을 통해 재구성하기 때문에 가능한 것이기도 하다. 즉 인정이란 성공적 자아실현의 조건이라는 점에서 자유의 조건이며, 역사의 진보란 인정관계가 그 범위와 내용을 확대하면서 더 많은 사람들이 사회적 인정을 향유하게 하는 데 있다는 것이다. 이런 점에서 인정관계 분석은 현대사회를 분석하고 대안을 제시하는 새로운 사고 패러다임으로서 모던적 사고가 갖는 한계를 넘어서면서도 그 이상을 계승하려고 한다.

이 책에서 분석의 대상으로 삼는 현대사회란 프랑스대혁명 이후 오늘에 이르는 거대한 시대를 말하는 것이 아니라, 신자유주의가 확산되면서 사회적 해체의 경향을 노정시키고 있는 최근 사회를 말한다. 왜냐하면 지금 이 시기는 현대사회가 새로운 단계로 넘어가는 일종의 전환기라는 점에서 시대사적 중요성을 갖고 있으며, 따라서 그 변화의 방향을 제시하는 것은 현재의 당면 과제이기 때문이다. 또한 이 책에서 말하는 현대사회란 다분히 서구의 경험에 기초한 최근 사회라는 점을 부인하기 어렵다. 내가 이 책에서 현대사회 분석을 위해 사용하는 이론적 개념이나 사회과학적 연구 성과 중 많은 것들이 서구의 것이기 때문이다. 그러나 이것이 한국사회와 무관하다는 것은 아니다. 제2차 세계대전 이후 한국사회가 서구화되기 시작하면서 우리 사회에서도 서구의 사회 모델이 뿌리를 내리고 서구의 행위방식 역시 내면화되었기 때문이다. 물론 한국적 상황에서 일어난 서구화의 편차나 지체 현상을 무시할 수 있다는 것은 아니다. 따라서 나는 최근 일어나고 있는 사회적 변동을 서구적 개념틀을 통해 분석하면서도 한국사회에도 적용될 수 있을 만큼 보편성을 갖는 현상에 주목하려고 했다. 다시 말해 한국사회의 특수성이 있지만 가능한 한 한국사회를 세계적 보편성 속에서 보려고 했다는 것이다. 따라서 이 책에서 분석되는 현대사회 변동들이 다소간의 시차는 있지만 그것이 서구사회에 속하느냐, 아니면 한국사회에 속하느냐를 구분하는 것은 별 의미가 없으며, 이 책에서 사용되는 실증적 데이터들도 서구사회와 한국사회에 대한 것이 공존한다. 그러나 이 책에서의 현대사회 분석과 대안 제시가 무엇보다도 한국사회를 겨냥한 것이라는 점은 추호의 의심도 없다. 이 책을 쓰는 나의 의식을 지배하는 것은 결국 한국사회에서의 경험이기 때문이다. 그렇다면 이 책은 어떤 점에서 우리 사회와의 연관성을 주장할 수 있을까?

한국인의 자기의식과 삶

분명 오늘날 한국사회는 일대 전환기를 맞고 있다. 해방 이후 한편에서는 경제 성장이 최고의 국가 이념으로 선전되었고, 다른 한편에서는 민주정부 수립, 경제적 불평등 해소, 반제국주의가 저항의 이념을 형성했다. 그러나 1990년대를 지나면서 이러한 격동의 시대는 지나고 한국사회에서는 민주주의, 국민복지, 삶의 다양화, 세계화의 시대가 시작되었으며, 여성의 사회 진출이 확대됨에 따라 전통적 의미의 가부장적 가족관계가 약화되고 남녀 간의 평등의식 역시 확대되었다. 이러한 시대 변화는 우리의 현대사를 일종의 사회구성원들의 자기의식 발전과 이에 따른 사회적 요구 수준의 고도화 과정으로 해석할 수 있게 한다.

첫째, 1970년대에 경제 성장이 민주주의에 대한 요구를 억압하면서까지 국가 최고의 이데올로기로 고양될 수 있었던 것은 당시까지 국민들의 가장 기본적인 요구인 생존 보장조차 이루어지지 않았기 때문이다. 그러나 1970년대를 지나 1990년대에 이르러 민주화와 국민복지 시대를 맞게 된 것은 한편으로 국민들이 자기 자신을 국가의 통치 대상이 아니라 반대로 국가운영의 주체로 인식하게 되었음을 말해주며, 다른 한편으로 국민의 경제적 요구가 단순한 생존 보장을 넘어서 경제적 불평등 해소와 적정 생활 유지로까지 확대되었음을 보여준다. 둘째, 사회적 소수자의 권리 주장으로 대표되는 삶의 다양화는 국민적 요구가 이제 민주주의나 사회복지의 권리를 넘어서 서로 다른 개성과 삶의 방식을 보장받고자 하는 새로운 차원으로 고양되고 있음을 보여준다. 그리고 이러한 개성적 삶에 대한 요구는 남녀 모두로부터 제기되고 있다. 왜냐하면 여성의 사회 진출로 인해 점차 확대되는 평등의식은 여성들로 하여금 가사와 출산, 육아라는 전통적 역할에서 벗어나 자신의 삶을 스스로 결정하도록 만들고 있기 때문이다. 끝으로, 세계화 시대의 개막 이후 이제 대외 종속에서 벗어나 세계사회의 당당한 주역으로서 그 활동 공간을 전 세계로 확장하고자 하는 국민적 바람은 이미 한국 국민이 자기 스스로를 단지 한 국가의 국민이 아니라, 세계시민사회의 구성원으로 의식하기 시작하였음을 보여준다.

그러나 이러한 한국사회의 변동 과정이 아무런 마찰 없이 평화롭게 진행되고 있는 것은 아니다. 한편으로 이러한 과정은 사회 운영 원칙을 둘러싼 갈등과 저항의 과정이다. 즉 우리 사회의 이념적 좌표는 새로운 국민적 요구에 부합하지 못하고 반대로 이를 억압함으로써 보수화되기도 하고, 현재의 요구가 충족되기도 전에 새로운 요구를 선취함으로써 급진화되기도 한다. 또한 다른 한편으로 이러한 과정은 개인적 윤리관을 둘러싼 내적 갈등과 방황의 과정이기도 하다. 우리 사회의 구성원들은 한편으로 전통적 가치를 고수하며 서구적 윤리관과 대립하기도 하고, 다른 한편으로 서구적 윤리관에 경도되어 전통적 가치관의 급격한 붕괴를 초래하는 등 두 가지 가치관의 대립과 착종 속에서 자기의식적 행위 방향을 설정하지 못한 채 내적, 외적 갈등에 빠질 수밖에 없었다.

따라서 오늘날 우리가 남녀평등, 민주화, 국민복지, 삶의 다양화 그리고 세계화라는 새로운 시대를 맞고 있다고 하더라도 과연 이 속에 담긴 규범적 요구가 무엇인가를 반성해보지 않는다면, 향후 우리 사회가 어디로 가야 할지 아무런 이념적 좌표도 설정할 수 없으며, 또한 이러한 시대 변화가 우리의 삶과 인간관계에 어떤 변화를 초래하고 있고, 이제 어떤 행위 원칙이 윤리적 가치로 설정되어야 하는가에 대한 이론적 성찰이 결여된다면, 우리 자신의 행동과 삶에 아무런 규범적 방향성도 부여할 수 없을 것이다. 이런 점에서 나는 작금의 시대 변동과 새로운 국민적 요구를 분석해낼 뿐 아니라, 이에 상응하여 개인적 행위의 윤리적 원칙과 사회 운영의 이념적 토대를 제시함으로써 이러한 시대적 과제에 응답하고자 한다.

내가 이를 위한 핵심 개념으로 도입한 것이 '인정' 개념이다. 나는 이에 근거하여 시대적 변동에 따른 국민적 요구를 새로운 인정 요구로 해석함으로써 개인적 행위의 윤리적 원칙과 사회 운영의 이념적 토대를 제시하고자 한다. 왜냐하면 인간의 삶이란, 물론 인정이론에 따른 것이지만, 자기의식에 따른 자아실현 과정이라는 점에서 시대가 변한다는 것은 결국 인간의 자기의식과 이에 따른 삶의 형태가 변한다는 것을 의미하며, 인간의 자기의식과 삶은 사회적 인정을 통해 형성되고 그 실현 조건을 확보할 수 있다는 점에서 결국 시대 변화란 인정관계의 구조변화이기 때문이다. 그리고 개인의 행복을 다름 아닌 자아실현을 통해 얻게 되는 자신과 삶에 대한 만족감으로 이해한다면, 사회적 인정은 결국 인간의 삶을 행복하게 만드는 필수적 조건이 된다. 따라서 현대사회의 변동 속에서 새로운 인정 요구를 도출해내려는 이 책의 의도는 시대 변화를 단지 역사적 사실로 보는 것이 아니라, 사회구성원들의 행복한 삶을 가능하게 하는 사회적 조건이라는 틀 속에서 재구성해보려는 것이다. 이런 점에서 남녀평등, 민주화, 국민복지, 삶의 다양화 그리고 세계화라는 시대적 변화 속에 함축된 규범적 요구를 반성해본다는 것은 결국 우리 사회구성원들의 행복한 삶을 가능하게 하는 사회적 조건을 밝히는 것과 같다.

오늘날 우리 사회의 구성원들은 과연 행복한 삶을 영위하고 있을까? 사실 이에 대한 대답은 너무나 치명적이다. 왜냐하면 OECD 국가 중 자살률 최고라는 비극적인 통계 수치가 바로 그 대답이기 때문이다. 또한 이른바 국민행복지수라는 것도 별반 다를 것이 없다. 한국은 OECD 34개국 중 26위를 기록하고 있다. 여기에 더해 출산율을 말한다면 이 역시 OECD 국가 중 최하위를 기록한다. 우리나라 사람들은 자살을 많이 하고 아이도 낳지 않는다. 그 이유는 분명 삶이 행복하지도 않고 또한 앞으로 행복할 것 같지도 않기 때문일 것이다. 그렇다면 왜 우리 사회 구성원들은 삶의 행복을 느끼지 못할까?

2008년 한국보건사회연구원에서 내놓은 『한국인의 행복결정요인과 행복지수에 관한 연구』를 보면,[4] 한국 사람이 중요시하는 행복의 결정 요인으로는 1위 '현재의 가족(결혼)생활에 대한 만족도', 2위 '자신에 대한 자아 존중감 정도', 3위 '가족의 건강 수준', 4위 '자신에 대한 긍정적인 가치관 및 감정', 5위 '자신의 주관적인 건강 수준', 6위 '현재 자신의 모습에 대한 만족도' 등이 가장 높은 순위로 나타나고 있다. 여기서 알 수 있는 것은 가족과 건강 부분을 제외하고는 대부분 '자기관계'를 나타내는 요인이 행복의 결정 요인으로 등장한다는 점이다. 그런데 이 요인들이 실제로 어느 정도 충족되고 있는가를 살펴보면 '현재의 가족(결혼)생활에 대한 만족도'의 실제 행복 수준은 3위였고, '가족의 건강 수준'은 5위, '자신에 대한 긍정적인 가치관 및 감정'은 7위, '자신에 대한 자아 존중감 정도'는 8위, '현재 자신의 모습에 대한 만족도'는 11위로 나타나는 등 자신에 대한 긍정적 관계 형성이 취약하게 나타나고 있음을 알 수 있다.

이러한 현상을 인정이론적으로 해석한다면 이는 사회적 인정의 결여 때문에 나타나는 일반적 현상이라고 할 수 있으며, 그만큼 한국 사람들이 사회적 인정의 반대인 사회적 무시에 노출되어 있다고 말할 수 있다. 왜냐하면 자신에 대한 긍정적 관계를 뒷받침하는 것은 다름 아닌 사회적 인정이고, 반대로 사회적 무시는 긍정적 자기관계를 훼손하기 때문이다. 즉 사회적 인정을 지속적으로 경험한 사람들은 스스로에 대해 긍정적 의식을 갖게 되고, 역으로 지속적으로 사회적 무시를 당한 사람들은 자신에 대한 긍정적 의식을 갖기 어렵다는 것이다. 결국 한국 사람들의 삶에 대한 행복도가 떨어지는 것은 한국 사람들이 긍정적 자기관계에서 취약하기 때문이며, 이는 사회적 무시로부터 비롯된다고 할 수 있다.

실로 한국사회에는 사회구성원 상호 간의 무시가 그물망처럼 얽혀 있으며, 이 그물망은 누구도 빠져나갈 수 없을 만큼 광범위하고 또한 촘촘하게 짜여 있다. 돈 없다고 무시당하고, 무능하다고 무시당하고, 못 배웠다고 무시당하고, 명문대를 나오지 못했다고 무시당하고, 직업이 없다고 무시당하고, 직장이 별 볼 일 없다고 무시당하고, 노동자라고 무시당한다. 이것만이 아니다. 여성이라 무시당하고, 집안이 안 좋다고 무시당하고, 출신 지역 때문에 무시당하고, 못사는 나라 외국인이라고 무시당하고, 탈북자라고 무시당하고, 동성애자라고 무시당하고, 못생겼다고 무시당하고, 키 작다고 무시당하고, 미국이나 선진국 사람들 앞에서는 자신은 마치 한국 사람이 아닌 양 한국 사람들을 무시한다. 왜 이렇게 서로가 서로를 무시하고 있을까?

물론 남을 무시하는 것은 자신이 이들보다 질적으로 우월한 인간이기에 이들과 함께 한다는 것은 자신의 격을 떨어뜨리는 일이라고 생각하거나 이들과 한 부류로 묶일 때 자존감이 훼손당한다고 느끼기 때문일 것이다. 그런데 한쪽에서 무시당한 사람들은 다른 쪽을 무시하면서 무시당한 설움을 풀고 훼손된 자존감을 회복하기 마련이다. 따라서 무시당한 사람들은 또 남을 무시하기 위해 새로운 기준을 만들어내며, 이것이 무한 분열하면서 한 사회 전체가 무시의 그물망에 사로잡히게 된다. 예를 들어 남성에 비해 여성이 무시당한다면, 여성 내부에서는 다시 부유한 여성이 가난한 여성을 무시하고, 가난한 여성들 내부에서는 출신 지역에 따라 서로를 무시하고, 같은 출신 여성 내부에서는 학벌에 따라 서로를 무시할 수 있다는 것이다. 사회적 무시가 이처럼 무한 분열하게 되면 사회구성원 대부분은 한편으로는 다른 사람들로부터 무시당하지만, 다른 한편으로는 다른 사람들을 무시하게 된다.

이렇게 남을 무시하는 데는 이들과 자신을 비교하면서 이들에 비해 자신이 우월하다고 생각하거나 그렇게 믿고 싶어 하는 개인의 욕망이 감추어져 있다. 무시란 무릇 개인이나 집단 간의 우열을 전제한 것이기 때문이다. 루소의 통찰에 따르면 이런 우월성에 대한 욕망은 인간이 혼자 사는 것이 아니라, 타인과 함께 살면서부터 발생한다. 즉 인간이 함께 살면서 자연물에 대해 좋은 것과 나쁜 것을 평가하듯이, 서로가 서로의 가치를 평가하기 시작하면서 우월성에 대한 욕구를 갖게 되었다는 것이다. 그리고 이에 따라 우월성의 징표이자 이를 보장할 수 있는 구체적 수단을 확보하기 위해 사회구성원 간의 경쟁이 발생한다. 따라서 인간이 우월성 욕구에 사로잡히면 잡힐수록 인간사회는 우월성의 징표를 확보하기 위한 경쟁사회로 탈바꿈하게 되고, 그 결과 불평등 사회가 등장한다. 또한 이는 역으로도 마찬가지이다. 인간사회가 경쟁사회로 치닫고 불평등이 심화되면 될수록 사람들은 어쩔 수 없이 자신의 생존과 존엄을 보장하기 위해서라도 우월성을 추구할 수밖에 없다.

이런 루소의 통찰을 전제한다면 한국사회 구성원들이 서로가 서로를 무시한다는 것은 그만큼 우리 사회에서 우월성의 징표를 확보하기 위한 경쟁이 극대화되고 있고, 이로 인한 불평등 역시 극대화되고 있음을 말해준다. 물론 우월성의 징표는 사회적 무시가 무한 분열하면서 무한히 다양해질 수 있다. 그러나 다른 한편 다양한 우월성 징표 사이에서 또다시 우열을 매길 수 있다면, 한 사회는 단 하나의 최고의 징표를 확보하기 위한 무한 경쟁에 빠지게 된다. 이것 하나만 확보하게 되면 다른 모든 곳에서도 우월성을 확보할 수 있고, 다양한 기준에 의해 겹겹이 무시당한 사람들도 최고의 우월성 징표를 통해 다른 모든 사람들을 무시할 수 있기 때문이다.

오늘날 우리 사회에서는 어느덧 돈이 모든 사람이 원하는 유일한 사회적 재화가 되고 있다. 돈만 있으면 모든 것을 얻을 수 있고, 돈이 많은 사람이 우리 사회의 지배적 지위를 차지하게 되기 때문이다. 돈이 이처럼 '지배적 재화'[5]가 되면 이를 축적할 수 있는 경제적 영역이 여타의 사회적 영역을 지배하게 되고, 돈이 바로 인생의 최고 목표가 된다. 따라서 이제 사회는 돈을 위해 존재하고, 인간의 삶 역시 돈을 위한 것이 됨으로써 이와 다른 가치를 추구하는 인생 목표나 사회적 역할, 직업, 지위 등은 돈에 비해 열등한 것으로 폄하된다. 그리고 이를 추구하는 사람들 역시 사회적으로 무시당하게 된다. 결국 돈이 지배적 재화가 되면서 이제 돈이 우월성을 보장하는 최고의 징표가 되었고, 이에 따라 돈을 위한 경쟁에서 한계가 사라지고, 사회적 불평등 역시 한계를 모르고 확대된다.

물론 경쟁은 사회적 재화를 분배하는 하나의 방식이며, 경쟁의 규칙이 공정하다면 이로 인한 차별적 분배 역시 정당하다. 공정한 규칙에 따라 100미터 달리기 시합이 진행되었다면 가장 빨리 달린 사람을 1등, 그 다음을 2, 3등이라 결정하는 것은 정당하며, 이들에게 각기 차등을 두어 금메달, 은메달, 동메달을 수여하는 것 역시 정당하다. 그러나 경쟁에서의 우열이 보상의 차등을 넘어 인간 자체에 대한 평가로 이어진다면 이는 정당성을 갖기 어렵다. 금메달을 딴 사람이나 은메달, 동메달을 딴 사람 역시 다 같은 사람이며, 이들을 1등급 인간, 2, 3등급 인간으로 분류할 수는 없기 때문이다. 경쟁에 따른 평가는 업적에 대한 것이지, 인간 자체에 대한 것이 아니라는 것이다. 그러나 경쟁이 인간을 서열화하고 등급화하는 기제가 된다면 경쟁은 삶과 죽음을 건 무한 경쟁으로 치달을 수밖에 없다. 경쟁은 이제 인간의 우열을 결정함으로써 한편으로 개개인이 자기 자신에 대해 긍정적 의식을 갖느냐, 아니면 부정적 의식을 갖느냐 역시 결정하게 될 뿐 아니라, 사회적으로 인정을 받느냐 무시를 당하느냐 역시 결정하게 되기 때문이다.

이렇게 보면 우리 사회 구성원들이 긍정적 자기의식에 취약하고 삶에 대한 행복감이 떨어진다는 것은 바로 이들이 1%가 아니라 99%에 속하기 때문이며, 이것은 1%와 99%의 차이가 단지 경제적 부의 차이를 말하는 것이 아니라 인간의 등급을 의미하기 때문이다. 즉 상위 1%는 경제력을 바탕으로 정치적으로 강력하고 문화적으로 품위 있는 우월한 사람이 되지만, 나머지 사람들은 경제적으로 빈곤하고 정치적으로 무력하며 문화적으로 천박한 사람들로서 열등한 사람이 된다는 것이다. 이렇게 본다면 결국 사회적 양극화가 사회적 무시를 낳고, 이 때문에 한국사회의 구성원 대부분은 긍정적 자기의식에 취약하며, 결국 행복한 삶의 기회를 놓치게 된다.

책의 구성

이 책은 이렇게 행복한 삶과 인정과의 관계를 전제하면서 신자유주의 확산으로 인해 손상된 사회적 연대의 문제를 해결하는 길이 다양한 사회적 영역에서 제기된 새로운 인정 요구를 수용함으로써 기존의 인정관계를 재편하는 데 있다고 본다. 이런 점에서 나는 인정과 삶의 연관성에 기초하여 인정관계 확대를 도덕적 사회 발전으로 규정하고, 실제 우리가 직면하고 있는 새로운 인정 요구가 무엇인지를 밝혀내면서 현대사회 변동을 인정관계 구조변화로 해석할 것이다. 이러한 나의 작업은 총 8개의 장으로 진행되지만, 이를 크게 구분하면 1부와 2부로 나눌 수 있다. 1부는 현대사회 분석을 위한 개념틀로 사용되는 인정 패러다임이 무엇인지를 설명하는 데 집중하고 있으며, 이런 점에서 1부는 2부를 위한 예비적 작업이다. 2부에서는 1부에서 제시한 인정 패러다임에 근거하여 현대사회의 변동 과정을 다섯 가지 인정관계의 구조변화로 해석한다. 따라서 이론적인 문제보다 현실적인 문제에 더 관심이 있다면, 2부를 먼저 읽어보고 1부를 차후에 읽는 것도 이 책을 독해하는 좋은 방법일 것이다.

내가 이 책을 처음 구상한 것은 악셀 호네트 교수의 지도로 박사논문을 쓰고 있던 십수 년 전 유학 시절이다. 하지만 이 무렵에는 박사논문을 쓰는 중이라 이 구상을 구체화할 수 없었고, 2005년 귀국 후에는 학자 초년생으로서 여러 주제의 연구논문을 쓰느라 또 기회를 놓쳤다. 다행히 2009년 12월 한국연구재단 인문저술사업에 선정된 덕택에 오래전에 가졌던 구상을 구체화시킬 뿐 아니라 책으로 낼 수 있게 되어 감회가 새롭다. 그러나 이 역시 개인적 게으름과 일상의 분주함 때문에 불충분하고 불완전한 저작이 된 것 같아 한편으로는 아쉽고, 한편으로는 독자들의 질책이 벌써부터 두려워진다. 그러나 시행해야 착오를 알고, 착오를 알아야 더 나은 구상을 만들 수 있다는 생각에 더 많은 수정과 보완은 나중으로 미루고 출간을 결심했다. 끝으로 이를 위해 최고의 수고를 아끼지 않은 안희곤 사장과 박동수 팀장에게 감사의 말을 전한다.

2014년 11월

문성훈

1부

인정 패러다임

1장

인간의 삶과 사회에 대한 인정이론적 이해

서론에서 밝혔듯이 나는 현대사회의 변동 과정을 인정관계의 구조변화로 파악하기 위하여, 이러한 변동 속에 함축된 규범적 요구를 새로운 인정 요구로 해석하고자 한다. 따라서 이러한 해석이 의미를 갖기 위해서는 무엇보다도 인간의 삶이 사회적 인정과 밀접한 관계가 있음을 전제하지 않으면 안 된다. 만약 인간의 삶이 인정과 무관한 것이거나 인간의 삶에서 인정이 단지 부차적인 요소에 지나지 않는다면 현대사회를 인정관계로 파악하려는 것은 이론적 중요성을 갖기 어렵고, 이 속에 함축된 규범적 요구를 새로운 인정에 대한 요구로 해석하려는 시도 역시 실천적 측면에서 아무런 의미를 지닐 수 없다. 그렇다면 어떤 점에서 인간의 삶이 인정과 연관되어 있을까? 그리고 그것도 단순한 연관이 아니라 본질적 연관이라 할 만큼 인간의 삶에서 인정이 핵심적 중요성을 갖는다면 그 이유는 무엇일까?

이와 마찬가지로 현대사회 변동을 인정관계의 구조변화로 해석하려면 사회, 내지 사회적 관계를 인정 개념 하에 파악할 수 있어야 한다. 더 나아가 사회 변동을 인정관계 구조변화로 본다는 것은 인정관계에 사회 변동의 동인이 내재해 있음을 전제한다. 만약 그렇지 않다면 인정관계는 사회 변동을 설명할 수 있는 주요 원인이 아닐 것이기 때문이다. 그럼 어떤 점에서 사회를 인정 개념 하에 파악할 수 있으며, 사회적 관계를 인정관계로 해석한다는 것은 무엇을 의미하는가? 그리고 사회 변동을 인정관계의 구조변화로 해석할 수 있다면, 인정관계에 내재된 사회 변동의 동인은 무엇이며, 어떤 점에서 이를 정당화할 수 있는가?

이에 대한 체계적인 대답은 악셀 호네트의 인정이론에서 찾을 수 있으며, 이런 점에서 현대사회 변동을 인정관계 구조변화로 해석하기에 앞서 그의 인정이론을 이해하는 것은 필수적이다. 그런데 호네트의 인정이론을 떠나서도 인정 개념에 주목하게 하는 다양한 이론적 입장 역시 발견할 수 있다. 이런 점에서 먼저 다양한 선행 이론을 살펴보는 것은 호네트의 인정이론을 비록 등장 맥락은 다르지만 인간의 삶과 사회에 대한 다양한 통찰들과 접목시킴으로써 더 큰 틀 속에서 이해할 수 있게 한다.

1장에서는 먼저 인간의 삶과 인정과의 관계를 가늠해볼 수 있는 선행 이론들을 살펴보고(1절), 이에 이어서 마찬가지로 사회를 인정과의 관계에서 바라볼 수 있게 하는 다양한 이론적 단초들을 설명할 것이다(2절).

1. 인간의 삶과 인정

인간의 실존적 상황

인간의 삶과 인정은 어떤 관련이 있을까? 이를 이해하기 위해서는 무엇보다도 인간의 삶이 어떤 것이고, 더 나아가 인간이 어떤 존재인가에 대한 이해가 전제되어야 한다. 우리가 말하는 삶이란 인간의 삶이며, 따라서 인간을 어떻게 이해하느냐에 따라 삶에 대한 이해가 달라지고, 삶과 인정과의 연관성은 바로 인간적 삶의 특징 속에서 드러날 수밖에 없기 때문이다.

인체를 연구하는 생물학자나 의학자의 눈으로 볼 때 인간의 삶이란 자연법칙을 따르는 생명 현상에 불과할 수 있다. 그러나 분명 인간의 삶이 생명 현상 이상이라는 점을 부정할 사람은 없다. 개개 인간의 인생을 떠올려보거나 인류 전체의 역사만 생각해보아도 누구나 인간의 삶이 단순한 생명 현상 이상임을 금방 알 수 있기 때문이다. 그렇다면 이 '이상'이란 말은 무엇을 의미할까? 왜 인간의 삶은 생명 현상 이상이라고 할 수 있을까?

에리히 프롬은 이 문제에 대해 인간과 동물의 삶을 구별함으로써 대답한다.[1] 우선 그에 따르면 동물은 자연적으로 주어진 본능에 따라 사는 존재이며, 자연 환경에 적응할 수 있을 때만 생존을 유지할 수 있다. 이런 점에서 동물은 자연의 지배를 받으며 살고, 동물의 삶은 이미 자연적으로 결정되어 있다. 따라서 자연이 변하지 않는 한 동물의 삶은 과거에도 현재에도 그리고 미래에도 거의 불변적이며, 동물은 자연의 일부로서 존재하고 자연으로부터 분리되지 않는다. 이에 반해 인간은 본능적 적응 능력이 다른 생명체에 비해 현저히 떨어지지만, 이들과 달리 이성적 능력을 갖고 있기 때문에 역설적으로 자연 환경에 지배받지도 본능에 따라 살지도 않는다. 인간은 이성적 능력을 통해 자연과 본능을 초월하여 자신의 삶을 주체적으로 형성하기 때문이다. 이런 점에서 인간의 삶이 자연법칙에 지배받는 단순한 생명 현상 이상이라는 것은 곧 인간의 삶이 자연과 본능을 초월한다는 뜻이다.

그렇다면 인간이 자연과 본능을 초월한다는 것은 무슨 의미일까? 이는 대략 두 가지로 해석될 수 있다. 첫째, 인간 역시 자연의 일부로 태어났다는 점에서 본능적 욕구를 갖고 있지만, 동물과 달리 인간은 자연에 순응하여 본능적 욕구를 충족하지 않는다. 인간은 이성적 능력 때문에 자연 현상 배후에서 작동하는 어떤 본질적 연관에 주목하면서 자연을 법칙적으로 인식할 뿐 아니라 이를 이용하고 지배하기 때문이다. 이런 점에서 인간은 자연에 종속되는 것이 아니라, 자연을 초월하여 존재한다. 둘째, 인간 역시 자연의 일부로 태어났다는 점에서 본능적 욕구를 갖고 있지만, 동물과 달리 인간은 본능적 욕구에 따라 살지 않는다. 왜냐하면 인간은 다른 생명체와는 달리 언젠가는 자신이 죽는다는 사실을 알고 있으며, 이 때문에 인간은 삶의 의미에 대해 묻기 때문이다. 즉 어차피 죽을 것인데 왜 살아야 하느냐는 것이다. 이런 점에서 인간은 본능에 따라 살지 않고 이를 초월한다.

이러한 두 가지 측면을 전제한다면 인간의 삶은 분명 생명 현상 이상이지만, 이것이 인간의 삶을 설명할 수 있는 핵심적 요소는 아니다. 왜냐하면 프롬은 인간의 삶을 결정하는 핵심적 요소가 이른바 '인간적 욕구' 충족에 있다고 보기 때문이다. 즉 프롬에 따르면 인간이 삶을 영위하는 것은 본능적 욕구 충족이 아니라, 세계와 새로운 합일을 이뤄내려는 인간적 욕구 충족에 대한 열망 때문이라는 것이다.

인간이 자연과 본능을 초월한다는 것은 인간이 자연과 타인으로부터 분리된다는 것을 의미한다. 왜냐하면 한편으로 인간이 자연에 대한 종속에서 벗어나 역으로 이를 이용하고 지배하게 되면서 인간은 더 이상 자연의 일부가 아니라, 자연으로부터 분리되어 독립적 존재가 되었기 때문이다. 또한 다른 한편으로 인간이 삶의 의미를 묻는다는 것은 이제 인간이 스스로를 다른 인간으로부터 구별된 독립된 주체로 인식하기 시작했음을 의미한다. 삶의 의미를 묻는 인간에게 삶이란 그 누구의 삶도 아닌 바로 자기 자신의 삶이며, 이는 그 누구에 의해 대답될 수 있는 것이 아니라 바로 개개인 스스로 대답해야 할 문제이기 때문이다. 그러나 이런 분리가 인간에게 어떤 만족감이나 삶의 의미에 대한 확신을 가져다준 것은 아니다. 오히려 인간은 이러한 분리로 인해 근원적 고독감을 갖게 되었고, 이것이 모든 불안의 원천이 되고 있다는 것이 프롬의 진단이다.

인간적 욕구란 바로 이렇게 인간만이 처해 있는 실존적 상황 속에서 등장한다. 즉 인간은 근원적 고독감에서 벗어나 세계와 다시 합일을 이루려 한다는 것이다. 그러나 이것이 자연의 일부로 돌아가 자연에 순응하며 본능적 욕구에 따라 산다는 것을 의미하는 것은 아니다. 인간의 이성은 이것을 불가능하게 할 만큼 이미 자연과 본능을 초월했기 때문이다. 따라서 자연으로의 퇴행은 이성적 능력을 통해 확보된 자율성과 자연에 대한 종속으로부터의 해방을 포기하려는 불가능한 시도일 뿐이다. 이런 점에서 프롬에 따르면 인간은 세계와의 합일을 열망하되, 분리 이전의 상태로 돌아가는 것이 아니라 새로운 합일을 이루려 한다. 즉 이성적 능력을 통한 초월을 전제하면서도 세계와의 합일을 이루려 한다는 것이다. 인간의 삶이 동물의 삶과 구별될 뿐 아니라 생명 현상 이상이라는 것은 인간의 삶을 추동하는 원동력이 바로 이러한 인간적 욕구를 충족하려는 열망에 있기 때문이다.

그렇다면 과연 어떤 새로운 합일이 인간의 실존적 상황이 빚어낸 분리와 고독으로 인한 불안감을 극복하게 할까? 프롬이 제시하는 해법은 사랑이다. 즉 인간은 사랑을 통해서만 세계와 완전한 합일을 회복할 수 있다는 것이다. 그러나 프롬이 말하는 사랑이란 단지 낭만적으로 묘사된 남녀 간의 사랑이나 부모의 사랑과 같은 헌신적 사랑을 말하기보다도 어떤 특수한 관계를 말한다.

즉 프롬에 따르면, 개개인에게 "사랑은 자기 자신의 완전성과 격리감을 유지하는 조건 아래 자기 이외의 어떤 사람이나 어떤 것과 결합하는 것이다."[2] 이런 점에서 사랑이란 서로 다른 존재가 하나가 되면서도 동시에 각각의 독립성을 유지하는 특별한 관계 유형을 지칭한다고 할 수 있다.

나는 이러한 합일과 독립이라는 이중적 관계를 다름 아닌 인정관계로 해석한다. 왜냐하면 프롬이 말하는 사랑이랑 사실상 헤겔이 상호인정관계로 규정한 '사랑'과 구조적으로 동일한 인간관계를 말하기 때문이다. 헤겔에 따르면 사랑이란 타인 속에서 나 자신으로 존재함,[3] 따라서 반대로 말한다면 타인이 내 안에서 그 자신으로 존재하는 관계를 말한다. 예를 들어 내가 어떤 사람을 사랑한다면 그 사람의 아픔이 바로 나의 아픔이 되며, 바로 이런 점에서 그 사람은 내 안에 존재하며 나와 하나가 된다. 그러나 이 아픔이 나의 아픔인 것은 아니다. 나는 내가 사랑하는 사람의 아픔을 치유하려고 한다는 점에서 비록 그 사람의 아픔을 나의 아픔으로 느끼지만 이는 사실상 그 사람의 아픔인 것이다. 이것은 바로 내가 어떤 한 사람과 합일했지만 동시에 서로 독립된 개인으로 존재하는 특별한 관계, 즉 프롬이 말하는 사랑의 관계이다.

그러나 이런 정서적 사랑만이 합일과 독립이라는 이중적 관계를 보여주는 것은 아니다. 헤겔이 사랑을 상호인정관계의 한 유형으로 이해했듯이 사랑 속에 내재된 인간관계의 특징을 상호인정관계로 일반화할 수 있으며, 이는 다양한 인간관계 속에서도 발견되기 때문이다. 예를 들어 제도적 권리관계와 사회적 연대관계 역시 여기에 해당한다. 사회구성원들이 제도적 질서 내에서 동등한 권리를 향유할 경우, 이 권리 담지자들 간의 관계는 일종의 상호인정관계로서 사랑에서와 마찬가지로 합일과 독립이라는 이중성을 드러낸다. 왜냐하면 권리 담지자들은 서로의 권리를 인정하고 이에 대한 실현을 상호 간의 의무로 여긴다는 점에서 서로 합일을 이루지만 이들은 동시에 이를 통해 자신의 사적 이익을 추구하는 독립된 존재이기 때문이다. 이는 사회적 연대관계의 경우도 마찬가지이다. 한 공동체 내에서 구성원들이 서로의 역할과 개성을 공동체의 존속과 발전을 위해 가치 있는 것으로 인정할 경우 사회적 연대가 형성된다. 이러한 연대 형성 과정은 사회구성원이 하나로 합일하는 과정이지만, 동시에 이는 개인의 자아실현 과정이기도 하다는 점에서 이중성을 갖는다. 그러나 이러한 이중성이 사랑의 경우이든, 아니면 그 어떤 경우이든 서로를 욕구의 주체, 권리의 주체, 개성의 주체로 인정함을 전제한다는 점에서 합일과 독립의 관계는 바로 인정관계로 이해될 수 있다.

그런데 이렇게 사랑에 함축된 일반적 관계 유형을 인정관계로 해석한다면 사랑은 타인과의 합일을 가능하게 하는 인간관계 유형으로 볼 수 있지만, 과연 사랑을 인정관계로 해석할 때 이것이 세계 일반에 대한 관계로 확장될 수 있을까? 즉 인정관계가 타인과의 합일만이 아니라 세계 전체와 합일을 가능하게 하는 일반적 태도로 확장될 수 있을까? 사실 나와 세계의 분리란 내가 세계를 이용하고 지배하건, 아니면 삶의 의미를 묻기 위해서건 인간과 세계가 주체와 객체로 분리되기 때문에 발생한다. 다시 말해 내가 타인과 세계, 그리고 나 자신마저도 사고와 인식의 대상, 그리고 이를 전제로 한 행위의 대상, 이용의 대상, 지배와 통제의 대상으로 삼음으로써 나는 주체로, 나 이외의 것은 객체로 분리된다는 것이다. 이런 점에서 인간과 세계의 분리에는 근원적으로 인식론적 주체-객체 이원론이 자리 잡고 있으며, 이는 하이데거가 지적하고 있듯이 이른바 '존재론적 눈 멂'의 원인이 된다.[4]

하이데거에 따르면 인간은 자신의 존재를 문제 삼는 특이한 존재이며, 이는 인간만의 특징이기도 하다.[5] 그런데 인간이 자기 자신을 문제 삼는다고 해서 이것이 꼭 주객 이원론에 빠지는 것은 아니다. 그에 따르면 인간은 자신의 본래적이고 고유한 존재 가능성을 '염려'(Sorge)하면서, 타인과는 '배려'(Fürsorge), 그리고 다른 존재자들과는 '고려'(Besorge)라는 실존적 관계를 맺는다. 따라서 세계의 모든 존재자는 개인이 맺는 실존적 연관 속에서 그 자신의 고유성을 드러내게 된다는 것이다. 그렇다면 이 실존적 관계란 무엇일까? 아마도 그것은 개인이 처해 있는 특수한 상황에 뿌리를 두고 있는 것이며, 이는 정서적, 인지적, 의지적 요소 등 다양한 요소가 복합적으로 작용하는 상황일 것이다. 따라서 타인을 배려하고 다른 존재자를 고려한다는 것은 한 개인이 주어진 상황에서 이 모든 요소를 염려할 때 가능하다. 그런데 바로 개인이 맺고 있는 세계와의 관계에 인정이 개입될 수 있다면, 그것은 개인과 세계가 복합적으로 형성하는 실존적 상황의 모든 요소를 염려한다는 것이 바로 이에 대한 인정 없이는 불가능하기 때문이다. 다시 말해 한 개인이 실존적 존재로서 세계를 염려하며 이와 관계한다는 것은 해당 당사자가 자신의 세계의 모든 요소들이 갖는 고유 가치를 인정할 때 가능하다는 것이다. 따라서 개인은 분명 세계와 구별되어 존재하지만, 세계의 고유성을 인정하면서 이를 염려하고 배려하고 고려한다는 점에서, 즉 세계와 실존적으로 연관된다는 점에서 세계와 하나가 된다.

이렇게 볼 때 인간의 삶이란 그것이 타인이든 아니면 세계 전체이든 세계로부터의 분리로 인한 불안감을 극복하려는 인간적 욕구를 충족하는 과정이며, 이러한 인간적 욕구가 분리와 독립이라는 이중적 관계인 인정관계를 통해 충족될 수 있다는 점에서 인간의 삶이란 결국 세계와의 인정관계를 형성하려는 열망에 의해 추동된다고 할 수 있다.

인간의 심리적 상황

인간이 세계와 분리되면서 근원적 불안 상태에 빠질 뿐 아니라, 이를 극복하기 위해서 사랑이라는 상호인정관계가 필요하다는 에리히 프롬의 철학적 통찰은 정신분석학적 연구 성과를 통해서도 충분히 뒷받침될 수 있다. 프로이트의 정신분석학에 따르면[6] 인간이 갖는 최초의 불안감은 어린아이가 어머니로부터 분리되었을 때, 즉 어린아이에게 어머니가 부재할 때 일어난다. 흔히 사람들은 외부 세계로부터 어떤 위험이 닥치고 있음을 예감할 때 불안을 느낀다. 물론 이 위험이란 자신이 감당하기 어려운 것으로 판단되는 위험이다. 사실 감당할 수 있는 일이라면 위험한 것도 아니기 때문이다. 이런 점에서 불안은 대개의 경우 외부 세계에 대한 인간의 지식수준과 지배력 정도에 달려 있다. 그러나 어린아이가 갖는 불안감은 이와 다르다. 어린아이는 낯선 장소에 있거나, 낯선 사람이나 물건을 볼 때 무서워하고 불안감을 느끼는 경우가 많다. 그렇다면 어린아이가 이런 상황에서 어떤 위험을 예감하고 불안해하는 것일까? 그렇지 않다. 어떻게 보면 어린아이는 어떠한 위험에 대해서도 별 불안감을 느끼지 않는다. 어린아이는 높은 곳에 올라가도 불안해하지 않고, 위험한 물건이라도 아무렇지 않다는 듯 만지고 논다. 어린아이에게는 이런 것들이 생명을 위협할 수 있다는 인식 자체가 없기 때문이다. 따라서 이런 경우 어린아이는 위험을 모른다고 할 수 있다. 그럼에도 어린아이가 불안감을 갖는다면 그것은 어머니로부터 분리되어 있다고 느낄 경우이다. 흔히 어린아이가 처음 느끼는 불안감은 어두운 곳에 있을 때와 혼자 있을 때 발생한다. 이 두 가지의 공통점은 자기를 돌봐주는 어머니가 부재한다는 점이다. 마찬가지로 어린아이가 낯선 사람을 볼 때, 또는 낯선 곳에서 불안을 느낀다는 것은 이것을 어머니의 부재로 경험하기 때문이다.

그렇다면 어린아이가 이러한 불안을 극복할 수 있는 길은 어디에 있을까? 혹은 어린아이가 혼자 있으면서도 불안해하지 않는다면 그 이유는 무엇일까? 아동의 성숙화 과정을 연구한 대상관계이론에 따르면[7] 인간이 갖게 되는 최초의 분리 경험은 어머니로부터의 분리이며, 이는 젖먹이 어린아이에게 모든 불안감의 원인이 된다. 사실 갓 태어난 어린아이는 어머니와 합일관계를 이루며, 위니캇은 이러한 관계를 '절대적 의존성'으로 규정한다. 이에 따르면 어머니와 젖먹이는 각기 자신의 필요를 충족시키기 위해 서로에게 전적으로 의존하고 있기 때문에 상대방에 대해 경계를 설정할 수 없다. 한편으로 젖먹이는 자신의 욕구를 충족할 수 있는 능력을 결여하고 있으며, 누군가의 보호가 없으면 생존할 수 없다. 따라서 젖먹이는 전적으로 어머니에 의존해 있다. 물론 아직 젖먹이는 자신을 어머니와 분리된 존재로 인식할 만큼 인지능력이 발달해 있지도 못하다. 그런데 어머니 역시 젖먹이에게 의존해 있기는 마찬가지이다. 어머니는 임신 말기부터 출산 후 몇 주 동안 아이를 자신과 동일시함으로써 젖먹이를 돌보는 것을 마치 자신의 내적 욕구처럼 인식하기 때문이다. 이런 점에서 생후 초기 젖먹이와 어머니는 미분화된 합일 상태에서 일종의 공생적 단일체로 통합된다.

그러나 어머니가 출산 이후 일상생활로 복귀하면서 젖먹이는 점차 많은 시간을 어머니와 떨어져 혼자 있게 된다. 이것은 젖먹이에게 참기 어려운 고통이지만 어머니가 보내는 청각적, 시각적 표시를 어머니가 앞으로 자신에게 와서 자신의 욕구를 충족시켜줄 것이라는 신호로 인식하게 되면, 짧은 시간 동안 어머니가 부재하는 것을 참을 수 있게 된다. 위니캇은 이러한 관계를 '상대적 의존성'으로 규정한다. 왜냐하면 젖먹이는 이제 어머니가 자신으로부터 독립된 존재라는 것을 인식하게 되지만, 어머니의 보살핌에 대한 자신의 의존성을 부정하지는 못하기 때문이다.

그러나 이런 과정이 자연스럽게 진행되는 것은 아니며, 여기에는 일종의 파괴 과정이 동반된다. 즉 젖먹이는 어머니와의 분리를 어머니가 자기 자신의 통제 영역에서 벗어난 것으로 인식하고, 어머니에게 파괴적 행동을 함으로써 과연 어머니가 자신과 독립된 존재인가를 시험한다는 것이다. 따라서 젖먹이는 어머니가 자신의 파괴적 행동에도 불구하고 훼손되지 않고 이를 견디어내는 것을 보면서 결국 어머니를 자립적인 존재로 이해하게 된다. 이와 동시에 어머니 역시 젖먹이의 파괴 행위를 젖먹이에게 귀속된 고유한 행위로 보게 되면서 젖먹이를 자립화된 개인으로 이해하게 된다. 물론 이렇게 상대를 독립적 존재로 이해하는 것은 동시에 자신 역시 그와 분리된 독립적 존재라는 자각을 동반한다. 그러나 이러한 자각이 자신이 상대로부터 전적으로 분리되었다는 경험을 전제하는 것은 아니다. 왜냐하면 이제 젖먹이와 어머니는 사랑이라고 규정할 수 있는 더 성숙한 관계에 도달하기 때문이다. 즉 자립성과 의존성이 통일된 상호인정관계에 도달한다는 것이다.

앞서 설명했듯이 헤겔식의 표현을 따르면 이러한 관계는 타인 속에서 자기 자신으로 존재함을 말하며, 역으로 타인이 자기 자신 속에 바로 그로서 존재함을 말한다. 따라서 젖먹이와 어머니는 서로 자신 속에서 상대가 존재함을 발견하고 상대의 욕구를 자신의 욕구처럼 느끼지만, 이 욕구가 자신이 아닌 상대의 욕구라는 점에서 자신이 아니라 상대를 배려한다. 젖먹이가 혼자 있을 수 있는 것은 바로 어머니로부터 경험한 사랑의 체험 때문이다. 즉 어머니의 사랑을 통해 자신의 욕구가 만족스럽게 충족됨을 반복적으로 경험한다면, 언제든지 어머니가 자신의 욕구를 충족시켜준다는 확신을 갖게 되며, 바로 이 때문에 젖먹이는 어머니가 없을 때도 어머니가 현존하는 것처럼 행동할 수 있다는 것이다. 즉 이제 젖먹이는 어머니와의 상호인정 경험을 토대로 어머니와 분리되어 있음에도 불구하고 아무런 불안감도 갖지 않고 혼자 있을 수 있다는 것이다.

인간의 현대적 상황

오늘날 인간은 과연 이렇게 인정관계 속에서 세계와의 합일을 경험하며 살고 있을까? 아니면 분리와 고립 속에서 불안한 삶을 영위하고 있을까? 찰스 테일러에 따르면 현대인들은 한편으로 과학기술이 발전하고 물질적으로 풍요해짐으로써 사회가 발전했다고 느끼지만, 다른 한편으로 불안한 삶을 영위하고 있다.[8] 왜냐하면 현대인은 개인주의의 등장과 함께 '삶의 의미 상실'에 대해 불안해하기 시작했으며, 도구적 합리성이 만연함에 따라 자기 자신이 '기술적 지배의 대상'이 되는 것은 아닌지, 그리고 복지국가라는 미명 하에 등장한 거대한 관료주의적 국가 앞에서 '자유의 상실'을 겪게 되는 것은 아닌지 불안해하고 있기 때문이다.

그렇다면 왜 이런 일이 벌어졌을까? 그리고 이에 대한 해법은 무엇일까? 과거 전통사회에서 인간은 종교적, 형이상학적 의미에서 자신을 더 큰 질서의 한 부분으로 간주했다. 그리고 그것이 신의 섭리이든, 자연의 원리이든, 인간은 이러한 질서 속에서 자신에게 주어진 지위와 역할이 있다고 생각했다. 이는 세속적 의미에서도 마찬가지이다. 전통사회는 신분질서가 지배하는 사회로서 인간은 바로 이 질서 속에서 일정한 지위와 역할을 부여받았기 때문이다. 따라서 전통사회에서 삶의 의미란 바로 이러한 질서 속에서 자신에게 맡겨진 소임을 다하는 데 있으며, 이것은 또한 삶의 목적이기도 했다. 이런 점에서 전통사회에서 인간에게는 삶의 의미나 목적이 무엇인지가 크게 문제되지 않는다. 다만 전통사회에서 인간의 삶의 의미나 목적은 인간이 선택한 것이 아니라, 태어나면서부터 이미 정해져 있다는 점에서 인간은 자신의 삶의 주체인 자율적 개인으로 존재하지 않는다. 인간은 단지 신분, 공동체, 자연 그리고 세계의 일부로 존재하며, 이러한 전체 질서에 종속되어 있기 때문이다.

그러나 전통사회가 붕괴되면서, 즉 종교적 세계관이나 형이상학적 세계관, 그리고 신분사회가 붕괴되면서 이제 인간은 개인으로 존재하게 되었다. 왜냐하면 무엇을 어떻게 하며 살아야 할지를 결정하는 전통사회의 권위가 사라지면서 이제 인간은 신분으로부터 분리되어, 그리고 전체로서의 세계로부터 분리되어 자신의 삶의 의미와 목적을 스스로 선택하는 자유를 얻게 되었기 때문이다. 이런 점에서 현대사회를 개인주의 사회라고 말한다면, 그것은 바로 현대사회가 자신의 삶의 방식을 스스로 선택하는 자율적 개인에 토대를 두고 있기 때문이다. 그러나 현대인이 자율적 개인으로서 자신의 자유를 만끽하며 사는 것은 아니다. 자신의 삶의 방식을 스스로 선택할 수 있는 자유는 역설적이게도 새로운 불안을 야기했기 때문이다. 이는 무엇보다도 개개인의 삶에 의미를 부여할 수 있는 어떤 포괄적 의미지평의 붕괴와 관련이 있다. 즉 현대사회가 등장하면서 인간에게 삶의 의미를 확신시켜주었던 전통적 권위가 사라짐으로써 개개인이 자신의 삶에 의미를 부여할 수 있는 초개인적 토대 역시 사라졌다는 것이다. 따라서 이제 개개인은 자신의 삶이 과연 의미가 있는지를 확신하지 못한 채 의미 상실의 불안감에 사로잡히게 된다.

그런데 이렇게 삶의 의미를 부여하는 초개인적 토대를 상실하게 되면, 이제 개인은 자신의 밖이 아니라 자기 자신 속에서 삶의 의미와 목적을 찾을 수밖에 없다. 따라서 이제 개개인은 자신의 주변 세계에는 무관심한 채 점차 자기 자신에게만 몰두하는 경향을 보이게 된다. 즉 개인의 자율성이란 이상에 기반을 둔 개인주의는 삶의 의미 상실로 인해 자신에게만 관심을 기울이는 '자기중심적 개인주의'로 변질된다는 것이다. 그러나 이렇게 관심의 방향을 자기 자신에게로 돌린다고 해서 삶의 의미를 확보하게 되는 것은 아니다. 개개인의 삶의 의미나 목적을 보증할 수 있는 어떤 초개인적 토대가 개개인 속에 존재할 리 만무하기 때문이다. 그런데 이렇게 자기 자신에게 몰두하면 할수록 개개인은 삶의 의미는 아니지만 내적 욕구의 확실성을 경험하게 된다. 즉 자신의 삶이 의미가 있는지는 확신할 수 없지만, 내면에서 솟구치는 욕구의 목소리는 너무나 확실하다는 것이다. 이런 점에서 삶의 의미나 목적의 불확실성으로 인해 불안해하던 사람들에게 이러한 내적 욕구의 확실성은 이제 더 이상 의심할 필요가 없는 새로운 삶의 목표를 만들어낸다. 즉 이제 개인은 이러한 확실한 욕구를 충족하는 것 자체를 삶의 목표로 삼게 된다는 것이다. 따라서 자기중심적 개인주의는 '이기적 개인주의'라는 새로운 형태로 변형된다.

하지만 이렇게 내적 욕구 충족을 삶의 목표로 삼게 되면, 삶의 의미와 목적에 대한 불확실성은 해소될지 모르지만, 아니 잠시 망각될지 모르지만, 이내 새로운 불안이 등장하게 된다. 그것은 개개인 자신이 도구적 이성의 확산에 따른 기술적 지배의 대상이 되는 것은 아닌가 하는 우려감이다. 사실 전통사회의 붕괴는 두 가지 차원에서 도구적 이성의 확산을 낳는다. 한편으로 전통의 권위가 사라지고 신성불가침의 영역이 사라지면서 이제 세계는 개인 스스로 설정한 어떤 목적을 달성하기 위한 수단으로 전락한다. 그리고 바로 이런 점에서 세계는 개인이 자신의 목적 달성을 위해 가장 효과적인 수단을 선택하는 도구적 이성의 적용 영역이 된다. 다른 한편으로 자신의 내적 욕구 충족에 집착하는 개인의 등장은 삶의 의미나 목적을 설정하기보다 내적 욕구의 효과적 충족을 흡사 삶의 목적처럼 만들기 때문에 도구적 이성의 확산은 그 내적 동인을 갖게 된다. 그러나 문제는 이러한 도구적 이성이 점차 확산되면서 반대로 인간을 지배하는 데 사용된다는 점이다. 즉 도구적 이성이 전 사회로 확산되면서 이제 개개인 스스로가 세계와 타인을 자신의 욕구 충족을 위한 도구로 본다는 점에서 인간관계 자체가 도구화되고 인간이 서로를 이용하게 된다는 것이다. 따라서 인간은 자기 자신이 사회에 의해, 혹은 타인에 의해 이러한 도구적 이성의 수단으로 변질되는 것은 아닌지, 혹은 이러한 도구적 이성의 영향력이 얼마나 자신의 삶을 파괴할 것인가에 대해 불안해한다.

끝으로 현대사회에서 일어나는 도구적 이성의 확산은 자유의 상실이라는 세 번째 불안을 낳는다. 그것은 두 가지 이유에서이다. 한편으로 개인은 자기 자신 속에 갇혀 본능적 욕구 충족에만 몰두하기 때문에 공적 영역에 무관심하게 된다. 그런데 다른 한편으로 현대 복지국가가 바로 개인의 기본적 욕구 충족을 대행하게 되면서 개인은 더욱더 공적 영역에 무관심해질 뿐 아니라 무력하게 된다. 따라서 이른바 현대판 독재가 출현한다. 이는 과거의 독재처럼 폭력과 억압에 기초한 것이 아니라, 오히려 국가가 개인의 삶을 돌보아줌으로써 권력을 강화하는 그런 독재이다. 오늘날 거대 관료체제로 등장한 복지국가는 바로 이런 이중적 모습을 잘 드러내고 있다. 왜냐하면 복지국가는 국민의 기본적 욕구 충족을 지상과제로 삼으며 행정관료 조직을 확대했지만, 역설적이게도 개개의 국민들은 이런 국가 앞에서 무력해지기 때문이다. 이런 점에서 현대 복지국가의 개개인은 관료화된 거대 국가체제 속에서 결국 자신의 정치적 자유를 상실하면서 국가의 통제와 지배의 대상이 되는 것은 아닌지 불안해하게 된다.

과연 현대인은 이렇게 삶의 의미 상실에서 비롯된 다양한 불안을 극복할 수 있을까? 물론 현대인이 이러한 불안을 극복할 수 있는 방법은 상호인정관계 형성에 있다. 왜냐하면 상호인정관계 속에서 개개인은 자신의 자율성을 실현하면서도 타인과 합일할 수 있으며, 바로 여기에 불안감 극복의 가능성이 놓여 있기 때문이다. 우선 상호인정관계 속에서 개개인은 삶의 의미 상실이라는 불안을 겪지 않는다. 왜냐하면 개개인은 자신을 인정해주는 타인을 통해 자신이 추구하려는 인생의 목적이나 의미를 확인받을 수 있기 때문이다. 즉 전통사회에서 삶의 의미를 보증해주던 전통적 권위의 역할을 이제는 타인의 인정이 대신한다는 것이다. 더구나 이러한 상호인정관계 속에서 나에게 타인은 도구적 이성에 따라 나를 도구화시키는 존재도 아니고, 내가 도구적 이성에 따라 도구화시키는 대상적 존재도 아니다. 상호인정관계 속에서 나와 타인은 주체와 객체로 만나는 것이 아니라, 서로의 삶의 의미를 확인해주는 서로 다른 주체로 만나기 때문이다. 이렇게 상호인정관계 속에서 개개인이 삶의 의미에 대한 확신을 회복하면서 동시에 서로 주체로 만나게 된다면 세 번째 불안 역시 해소할 수 있다. 왜냐하면 결국 상호인정관계는 사회구성원들 사이의 정치적 연대로 이어지면서 국가관료 체제에 대한 무력감을 극복하고 정치적 자유를 실현시키는 새로운 기반을 마련해줄 수 있기 때문이다.

2. 사회에 대한 인정이론적 이해

철학적 이해

지금까지 서술했듯이 인간이 처해 있는 세 가지 상황, 즉 실존적, 심리적, 현대적 상황은 인간의 삶에서 인정이 어떤 의미를 갖고 있는지, 또한 인간의 삶과 인정 사이의 본질적 연관성을 이야기할 할 만큼 인정이 얼마나 중요한지를 잘 보여준다. 그런데 이처럼 인간의 삶이 인정과 밀접한 연관성을 갖고 있다면, 사회 역시 인정관계에 기초를 두어야 한다. 그렇지 않을 경우 우리는 인정을 통한 세계와의 합일 가능성을 사회가 아닌 다른 곳에서 찾아야 하기 때문이다. 그러나 과연 사회 이외의 곳에서 타인과의 인정관계를 말할 수 있을까? 물론 반대의 물음도 가능하다. 과연 사회가 인정관계에 기초한다고 말할 수 있을까? 만약 그렇지 않다면 사실상 사회 속에서 인정을 통해 분리와 고립을 극복한다는 것은 불가능하다. 따라서 우리가 사회 속에서 분리와 고립의 극복 가능성을 주장하려 한다면, 이제 우리의 논의는 어떤 점에서 사회가 인정관계에 기초하고 있다고 해석할 수 있는가 하는 문제로 발전해야 한다. 이럴 때만 인간의 삶에서 인정이 중요하듯이, 사회적 인정관계 역시 인간의 삶에 대해 결정적인 역할을 한다고 말할 수 있기 때문이다. 이런 점에서 이 글에서는 사회의 발생에 대한 몇 가지 가설을 검토해보면서 사회를 인정관계로 해석한다는 것이 무슨 뜻이며, 왜 그렇게 볼 수 있는지를 밝힐 것이다.[9]

우선 만인에 대한 만인의 투쟁이라는 홉스의 주장을 따른다면 사회는 인간이 상호 간의 갈등 상황을 종식시키고 평화 공존을 하기 위해 형성된 것이다. 즉 자연 상태의 인간은 오직 자신의 생존 본능을 충족하려는 이기적 존재이며, 이를 위해 타인을 공격할 수 있을 뿐 아니라 타인의 생명도 위협할 수 있다. 그러나 이러한 상태에서는 사실 그 누구도 자신의 생존을 유지하기 어렵다. 왜냐하면 이러한 상태는 누구에게도 유리하지 않기 때문이다. 즉 강한 사람 역시 불시에 일어나는 약자의 공격을 막아내기는 어렵다는 것이다. 따라서 이러한 자연 상태를 종식시키고 모든 사람이 평화적으로 생존 욕구를 충족하기 위해서는 모든 사람이 복종해야 할 공동의 질서가 필요하다. 이런 가정에 따른다면 아마도 사회란 만인에 대한 만인의 투쟁 상태를 종식시키고 모든 사람의 생존을 보장할 수 있는 평화 유지를 위해 형성되었을 것이다.

그러나 이러한 홉스의 견해와는 달리 루소는 자연 상태를 투쟁 상태로 보지 않는다. 즉 그에 따르면 자연 상태의 인간은 홉스가 지적했듯이 생존 욕구를 충족하기 위해 살지만 이것이 홉스가 생각하듯이 만인에 대한 만인의 투쟁 상태로 이어지지는 않는다는 것이다. 왜냐하면 어떠한 인간도 죽음을 무릅쓰고 타인과 싸우려 들지는 않기 때문이다. 즉 생존을 위해 갈등이 일어나지만 갈등에서 이기기 위해 목숨까지 걸 필요는 없다는 것이다. 이런 점에서 자연 상태의 인간은 비록 고독하지만 평화롭게 산다.

루소에 따르면 사회가 형성된 것은 인간의 인지능력이 발달하면서 타인 역시 자신과 같은 종이며, 동일한 어려움을 겪고 있다는 사실을 자각한 데 기인한다. 왜냐하면 이를 통해 비로소 인간은 자신이 타인과 동일하게 겪고 있는 문제를 공동의 문제로 간주하면서 이를 효과적으로 해결하기 위해 자유로운 협력관계를 맺을 수 있었기 때문이다. 더구나 이러한 협력관계는 혼자서는 엄두도 내지 못했던 일을 감행할 수 있게 함으로써 인간의 공동생활은 더욱 강화되었다. 그러나 루소가 비록 사회 발생의 기원을 자유로운 협력에서 찾고 있지만 실제로 존재하는 사회를 협력관계로 본 것은 아니다. 왜냐하면 공동생활의 강화는 자연 상태에서는 찾아볼 수 없었던 새로운 대립과 갈등을 야기하기 때문이다. 즉 인간은 공동생활을 통해 자연 상태에서보다 자신의 본능적 욕구를 잘 충족시키면서 안락한 삶을 누리게 되었지만, 이 안락함은 더 큰 안락함을 요구하게 되었고, 이 요구는 사람과 사물을 좋고 나쁨의 관점에 따라 비교하고 평가하는 습관을 만들어냈다. 루소에 따르면 바로 이 때문에 사람들은 사회 속에서 타인과 자신을 비교하면서 더 우월한 존재가 되길 원하고, 또한 타인으로부터 우월성을 확인받으려 한다는 것이다. 따라서 인간은 서로 우월한 존재가 되기 위해 서로 갈등하고 투쟁하게 되었으며, 그 결과 인간 사회는 불평등 사회가 되었다는 것이다.

이 두 가지 견해를 보면 사회란 인간 상호 간의 인정관계와는 무관한 것처럼 보일 수 있다. 왜냐하면 홉스의 견해에 따르면 사회란 그 구성원의 생존 욕구 충족을 보장하는 권위적 질서이고, 루소에 따르면 사회란 마찬가지로 그 구성원의 생존 욕구 충족을 위한 협력 체계이기 때문이다. 그러나 과연 내가 타인을 나와 마찬가지로 생존 욕구를 지닌 존재로 인정하지 않는다면 사회라는 권위적 질서가 형성될 수 있을까? 또한 내가 타인을 동일한 문제로 고통을 당하는 동등한 존재로 인정하지 않는다면 과연 자유로운 협력 체계가 가능할까? 더 일반적으로 말한다면 상대방을 인정하지 않고 도대체 공동생활이라는 것이 가능할까?

헤겔은 인간의 욕구를 단지 신체적 생존이라는 본능적 차원이 아니라 자기의식을 매개로 한 반성적 차원에서 이해한다. 더구나 이러한 욕구 충족을 둘러싼 사회적 갈등을 전제하지만 이를 불평등의 원인이 아니라 사회 발전의 원동력으로 본다. 왜냐하면 인간 간의 갈등이 발생하는 것은 상호인정관계 속에 내재되어 있는 자기의식이 훼손되었기 때문이며, 이러한 갈등의 해결 과정 속에서 더 고차원적인 인정관계가 형성됨으로써 사회가 발전하기 때문이다.

사실 인간이 아무도 없는 곳에서 고독하게 혼자 산다면 갈등이란 존재하지 않는다. 그러나 갈등이 존재한다는 것은 인간이 공존하고 있다는 것이고, 그것이 얼마나 초보적인 형태이든 이러한 공존을 위해서는 서로의 존재를 긍정하는 상호인정관계가 존재할 수밖에 없다. 따라서 갈등이 일어난다는 것은 이러한 인정관계 속에 투영되어 있다고 본 자기의식이 부정되었기 때문이라고 할 수 있다. 단적으로 말해서 나무에 매달려 있는 사과 한 개를 두고 갈등이 일어났다면 근본적으로 그것은 단지 사과를 먹으려는 욕구 때문도 아니고, 이 사과를 자신이 가짐으로써 우월성을 과시하고 싶기 때문도 아니며, 바로 상대방도 인정하고 있으리라 기대했던 자기의식, 즉 이 사과의 주인은 바로 자신이라는 자기의식이 부정되었기 때문이라는 것이다. 따라서 이렇게 자기의식을 부정당한 사람은 다시 상대방의 인정을 획득하기 위해 그에 대한 투쟁을 감행하게 되고, 이것이 바로 인간 상호 간의 관계를 발전시키는 원동력이 된다.

이러한 헤겔의 입장을 따른다면 사회란 근원적으로 상호인정을 통해 형성된 공존관계, 내지 공동생활 관계의 총체이며, 다양한 인간관계가 나타나는 것은 구성원들의 다양한 자기이해에 따라 다양한 인정관계가 형성되기 때문이다. 즉 그것이 친밀성 관계이든, 혹은 경제적, 정치적 관계이든 이는 서로를 어떤 존재로 인정하느냐에 따라 차이를 보일 뿐 그 가능 조건은 상호인정을 통한 공존관계 형성이라는 것이다.

사실 앞서 지적했듯이 인간이 단지 본능적 욕구에 따라 자연에 적응하면서 사는 존재가 아니라 스스로의 존재 의미와 삶의 의미를 질문하는 존재라면 인간은 불가피하게 자기의식을 가질 수밖에 없으며, 인간의 자기의식은 타인과의 관계에서 인정되거나 부정됨으로써 타인과의 상호공존으로 이어질 수도 있고, 갈등으로 이어질 수도 있다. 따라서 인간 상호 간의 인정관계가 고도화됨으로써 인간 상호 간의 갈등이 해소되고 개인의 자기의식이 타인에 의해 긍정될 수 있다면 이러한 사회는 인간과 세계의 새로운 합일을 가능하게 하는 토대가 될 수 있다.

문화인류학적 이해

홉스, 루소, 헤겔의 사회관이 의미가 있다면 이는 사회와 인정관계의 연관성에 대한 근원적 성찰을 가능하게 하기 때문이다. 왜냐하면 이들은 자연 상태 개념이 의미하듯이 무엇보다도 사회의 기원을 설명하려고 하였으며, 인정과의 연관성 역시 이를 통해 해명되기 때문이다. 그러나 이들의 사고는 사변적 사고에 머물러 있다고 할 수 있다. 왜냐하면 자연 상태란 사변이 만들어낸 가상적 상태를 말할 뿐, 이것이 어떤 경험적 근거를 갖고 있는 것은 아니기 때문이다. 즉 자연 상태란 인류 역사의 시원을 말하는 것이 아니라, 단지 모든 사회적 관계가 추상화된 가상 상태일 뿐이라는 것이다. 이에 반해 문화인류학적 연구들은 사회와 인정의 연관성을 실증적으로 보여준다고 할 수 있다. 왜냐하면 이들의 연구는 태고사회나 미개사회에 대한 경험적 자료에 토대를 두고 있기 때문이다.

사회와 인정관계와의 연관성을 밝히는 문화인류학적 연구로 특히 주목할 만한 것은 마르셀 모스에서 비롯된 '선물'에 관한 연구이다.[10] 모스는 전(前)근대사회와 태고사회에 대한 민속학적 연구 성과와 인도-유럽 문화에 등장한 로마, 힌두교, 독일 법에 대한 자신의 연구에 근거하여 선물 현상을 분석하면서 사회가 유지되는 기본 구조를 밝힌 것으로 유명하다.[11] 그에 따르면 많은 민속학적 자료들이 증명하듯이 가족, 씨족, 또는 부족 간의 지속적 결속이 이루어진 것은 선물교환 행위를 통해서이며, 비록 이러한 선물교환이 근대적 시각에서 볼 때 경제적 교환의 원시적 형태처럼 보일 수 있지만, 사실 이는 최초로 사회구성원 간의 결속을 이루어내는 아주 기초적 기능을 수행했다는 것이다. 특히 모스가 이런 결론에 도달하게 된 것은 선물교환이 갖는 두 가지 특징에 근거한다. 첫째, 모스가 세계 각지의 원주민, 특히 북서부 아메리카와 태평양 섬들의 원주민에 대한 보고서를 통해, 그리고 서구의 역사를 소급해보면서 발견한 것은 선물에 내재한 구속력과 그와 연관된 역설이다. 즉 선물은 자발적인 것이지만 그럼에도 불구하고 항상 답례를 해야 하는 의무적인 성격을 갖는다. 둘째, 모스에 따르면 선물은 이것을 선사한 사람 자체와 연결된다. 즉 선물은 이것을 주는 사람의 일부라는 것이다. 이런 점에서 준다는 것은 항상 그 자신을 스스로 주는 것이며, 선물을 주는 사람과 이 사람이 준 사물은 서로 구분되지 않는다. 따라서 선물을 받는다는 것은 동시에 낯선 인격 자체를 받아들이는 것이 된다. 이렇게 볼 때 선물교환이란 경제적 이익과 무관하게 서로의 마음을 주고받을 뿐 아니라, 이를 의무로 여긴다는 점에서 개인이나 집단의 결속을 이루어내는 핵심 매체가 된다.

모스가 선물교환에 주목한 것은 무엇보다도 사회적 결속 메커니즘을 해명하기 위함이었지만, 그에게 이것이 인정 개념과 어떤 명시적 관계를 갖는 것은 아니었다. 모스의 선물교환 이론을 토대로 하면서도 이를 인정 개념과 연결시킨 것은 프랑스 출신의 철학자이자 인류학자인 마르셀 에나프이다. 에나프는 전통사회에서의 의례적 선물 행위를 상호적이고 상징적인 인정 기능과 이 때문에 발생하는 동맹 형성 기능으로 환원시킴으로써 선물교환의 사회 통합적 기능을 인정 개념을 통해 구체화시키고 있기 때문이다.[12]

이러한 선물과 인정과의 연관성을 밝히기 위한 에나프의 논의는 이와 무관한 것 같아 보이는 진리의 가치에 대한 물음에서 출발한다. 만약 진리가 상품가치를 갖는다면 이를 전달하는 사람은 그 가격만큼의 대가를 받는다. 그러나 과연 진리의 상품가치, 내지 가격을 매길 수 있을까? 소크라테스는 사람들과 담론을 펼치며 이들에게 배움을 주었지만 소피스트와는 달리 그 누구로부터도 대가를 받지 않았다. 그가 진리를 전달하고 배움을 준다 하더라도 진리는 상품가치를 갖는 것이 아니었기 때문이다. 그러나 소크라테스를 통해 진리를 전수받거나, 진리를 깨달은 사람들이 과연 아무런 감사의 마음도 표시하지 않았을까? 에나프에 따르면 아리스토텔레스는 두 가지 점을 주장했다고 한다. 첫째, 지식이 금전가치로 평가될 수 없는 것은 지식과 금전이 어떤 공통의 측량 수단을 갖고 있지 않기 때문이다. 둘째, 지식을 전수하는 스승에 대한 보답은 사례금을 지불함으로써 그 대가를 치루는 것이 아니라, 부모님이나 신에게 감사하듯 이들을 명예롭게 하기 위한 선물의 방식을 따른다는 것이다. 이런 점에서 진리를 전수한 사람이 어떤 대가를 바라고 한 것이 아니듯이, 진리를 전수받은 사람 역시 대가를 지불하려는 것이 아니며, 가르침과 배움 간에 나타나는 선물관계는 재물욕을 전제로 한 상거래와는 달리 무상(無償)성이 지배하는 선물교환관계라 할 수 있다.

이런 예에서 에나프가 주목하는 것은 선물을 주는 행위가 단순한 경제적 재물들의 순환이나 대가가 아니라, 선사하는 물건을 통해 타자에게 경의를 표하고, 타자를 명예롭게 함으로써 타자를 인정하는 행위라는 것이다. 물론 가르침을 받는 배움만을 이야기하면 선물은 일방적 행위로 이해될 수 있지만, 사실 이는 역으로도 적용될 수 있다. 왜냐하면 가르치는 것 역시 어떤 경제적 대가를 바라고 수행된 것이 아니며, 가르침의 가치, 내지 진리의 가치는 이를 전해주는 사람에게도 가격을 매길 수 없기 때문이다. 이런 점에서 가르침을 주는 것 역시 배우는 자에게 주는 선물과 같은 것이고, 가르침을 받은 자의 선물은 이에 대한 보답이라 할 수 있다. 따라서 선물은 타자를 인정함과 동시에 타자로부터 응답할 것을 요구하며, 이를 약속케 한다. 즉 선물은 이를 통해 타자를 인정함과 동시에 타자로부터 인정을 요구한다는 것이다.

이는 신이나 조상들에게 행하는 제사에서도 마찬가지이다. 이 역시 이미 앞서 선사된 것에 대한 답례의 성격을 갖기 때문이다. 에나프에 따르면 신이란 인간에 선행(先行)하는 어떤 선물 행위의 총체에 대한 대응물을 지칭한다. 이런 점에서 희생제의에 바쳐진 제물이 항상 집에서 기르는 동물(혹은 식물)이라는 사실에 주목할 필요가 있다. 이것이 보여주는 것은 희생제의에서 제물은 자신의 것이어야 한다는 점이기 때문이다. 따라서 수렵이나 채취에 종사하는 자들에게는 희생제의란 존재하지 않는다. 수렵이나 채취를 통해 얻어진 것은 원래 자기의 것이 아니기 때문이다. 희생제의란 단지 목축 및 농경에 종사하는 자들에게 해당되는 일이며, 이들은 자신이 생산한 것, 자기 자신의 것을 제물로 바친다. 목축과 농경의 세계에서 나타나는 조상에 대한 제사 역시 이와 마찬가지이다. 이 세계는 실상 양떼와 농경지를 전수해준 세계이며, 여기서 새로운 세대는 선조들의 재화를 상속받는다. 이는 후손에 대한 선물이며, 따라서 이들에 대한 제사에서 바치는 제물은 이에 대한 답례의 성격을 갖는다고 할 수 있다.

이런 점에서 선물관계에서 주고받는 물건은 상징적 가치를 지닌다. 선물은 이를 선사하는 사람의 대체물, 또는 또 다른 자아의 의미를 지니기 때문이다. 이런 점에서 선물은 측정할 수 없는 가치를 지니며, 이에 대한 보답 역시 측정 가능한 가치를 지니는 것이 아니다. 따라서 선물을 주고받는다는 것은 무엇으로도 대체될 수 없는 서로를 받아들이는 것이라는 점에서 이를 통해 상호 간 유대가 형성되며, 주고받는 선물은 상호인정에 대한 증명서이자 상호유대에 대한 증인이 된다. 이런 선물교환관계의 특징은 상거래를 통한 상품교환관계와 비교할 때 더욱 두드러진다. 상거래란 분명 그것이 물물교환의 형태를 띠든, 아니면 화폐를 통한 교환의 형태를 띠든 유용한 재화들의 교환을 말한다. 이에 반해 선물교환은 상징의 교환이다. 상업적 교환에서 당사자들은 교환되는 재화들과 동일시되지 않으며, 또 그럴 필요도 없다. 따라서 엄밀한 의미에서 상품교환관계는 상품 간의 관계를 말하지, 인간 간의 관계를 말하는 것이 아니다. 상품교환을 통해 형성된 관계는 사회적 유대라기보다는 단지 합의를 통해 형성된 계약관계를 의미할 뿐이다. 그러나 선물교환에서 재물은 각각 당사자들과 동일시된다는 점에서 바로 선물교환자들을 상징하며, 이런 점에서 선물을 주고받는다는 것은 인간 간의 결속을 이룬다는 것을 의미한다.

그러나 오늘날에도 직접적 선물교환을 통해 사회적 유대가 형성된다고 보기는 어렵다. 선물교환은 인간 간의 교제 형태, 가족 또는 친구 관계, 제식 축제, 지역적 연대를 위해 극히 제한적으로만 이루어지고 있기 때문이다. 그러나 에나프에 따르면 선물관계가 축소되었다고 해서 이를 통해 형성되었던 인정관계 역시 사라진 것은 아니다. 고대 도시국가 이래로 정치적 권력의 형성과 구속력 있는 법 규범의 정착이 이루어지면서 가족이나 집단 간의 선물 및 동맹 관계는 사라졌지만, 이제 인정은 개인이 법으로부터 부여받은 형식적 지위를 통해 보장되고 있기 때문이다. 이렇게 인정 형식은 바뀌었지만 인정은 여전히 사회적 관계를 형성하고 유지하기 위한 절대적 요구이다. 무엇보다도 인간이 타인과 관계를 맺을 때 기대하는 것이 아무런 조건 없이 자신의 존엄성을 인정받는 일이라면 말이다.

사회학적 이해

이렇게 모스에서 시작된 선물에 대한 연구는 에나프에 이르러 인정 개념과 연결됨으로써 사회적 통합의 가장 기초적인 토대가 인정관계임을 보여주고 있다. 그러나 이들의 연구 대상이 대개 태고사회, 혹은 전근대적 사회라는 점에서 오늘날에도 이러한 시각이 유효할까 하는 의문이 제기될 수 있다. 이런 점에서 사회와 인정과의 관계를 밝히기 위해 반드시 추가해야 할 것은 근대사회에 대한 실증적 연구이다. 파슨스의 사회학적 연구는 이러한 필요를 충족시킬 수 있는 중요한 연구라 할 수 있다. 하버마스가 평가하듯이, 파슨스의 저작은 추상화나 세분화 수준, 그리고 이론적 폭과 체계성이란 점에서 오늘날 그 경쟁 상대가 없을 정도이며, 그의 이론을 최소한 참고라도 하지 않는 사회이론은 그 어떤 것도 진지하게 받아들이기 힘들다.[13] 물론 이렇게 이론적 탁월성을 보이는 파슨스가 주된 관심을 기울인 것은 어떻게 개별적 행위자들의 상호작용이 사회적으로 통합됨으로써 안정화된 행위연관 체계에 이를 수 있는가 하는 행위이론적이면서도 체계이론적인 문제였다. 그러나 비록 주변적이며, 잘 알려지지 않은 몇몇 논문들에서는 근대사회 형성을 인정 영역의 분화 과정으로 해석할 수 있는 많은 이론적 단서를 남기고 있다.[14] 악셀 호네트의 연구는 파슨스가 남긴 이론적 단서들이 인정이론적 관점에서 어떻게 해석될 수 있는지를 잘 보여주고 있다.[15]

우선 호네트에 따르면 파슨스는 사회구성원들이 사회적 규범과 의무를 준수하려는 동기가 바로 인정 획득 욕구에 있다고 본다. 왜냐하면 파슨스는 무엇보다도 타인의 인정을 통해 비로소 사회구성원은 자신에 대한 존중감을 유지할 수 있다고 생각하고 있으며, 한 사회의 규범이나 의무는 바로 사회구성원들이 서로를 인정하는 데 필요한 기준을 제공하기 때문이다. 따라서 이제 사회적 행위 체계는, 이에 내재된 규범과 의무가 사회적 인정 추구를 통해 충족된다는 점에서, 상호인정의 규범을 통해 형성된 다양한 행위 영역으로 해석될 수 있다. 또한 파슨스는 사회구성원의 인정 욕구에 주목하면서 사회적 하부 체계에서 일어나는 갈등에도 관심을 갖는다. 그에 따르면 사회적 규범은 사회구성원 간의 상호 존중 및 인정을 통제하는 기준을 제공하지만, 이것이 의심이나 비판의 대상이 되지 않을 정도로 중립적인 경우는 매우 드물다는 것이다. 따라서 이러한 규범적 불확실성 때문에 사회적 갈등이 발생하며, 지배적인 평가의 척도 때문에 피해를 본 사람들은 자신에게 유리한 해석을 제시하기 위해 싸운다. 이런 점에서 인정받기 위한 개인적 노력이 사회적 역할을 수용하는 동기가 된다면, 이를 위한 투쟁 역시 규범적으로 제도화된 행위 영역의 필수적인 구성요소가 된다.

이러한 전제 하에서 호네트는 파슨스가 비록 단편적이지만 어떻게 사회체계를 인정 획득과 이를 위한 투쟁과 연결시키는지를 구체적으로 분석한다.

우선 파슨스가 근대 사회 체계의 하부 체계로 구분한 권리, 경제, 가족 영역은 사회 전체 시스템을 유지하기 위한 기능을 수행할 뿐 아니라, 동시에 사회구성원의 인정 기대를 충족시키는 이중적 역할을 한다. 이러한 제도적 영역은 각각의 영역에 특수한 인정을 규범적으로 보장함으로써 사회구성원들이 자신에게 부여된 과제를 수행하도록 하기 때문이다. 즉 세 가지 제도적 영역은 가능한 투명하고 상징적인 방식으로 개인적 의무 이행과 사회적 인정 획득을 체계적으로 연결시키는 제반 규범들을 통해 통합되어 있다는 것이다.

첫째, 파슨스는 근대적 권리 영역을 가장 갈등이 적은 인정 영역으로 간주한다. 왜냐하면 근대 권리 체계는 국민의 지위를 보편화함으로써 도덕적 보편주의를 실현하고 있기 때문이다. 즉 지금까지 권리에서 배제된 집단이 동등한 국가의 구성원으로서 국가가 보장하는 권리를 획득하게 됨에 따라 차별적 요소들이 권리 균등을 통해 상쇄된다는 것이다. 이런 점에서 권리 영역에서는 사회구성원들이 서로를 동등한 권리 주체로 존중하는 상호적 존중관계가 확대되고 있으며, 따라서 근대적 권리 체계는 주체들이 자신을 자유롭고 평등한 인격체로 인식하면서 형성된 제도적 관계망이라 할 수 있다. 이렇게 권리 영역에서는 상호존중이 동등하게 이루어지고 있기 때문에 사회적 서열화가 허용되지 않으며, 사회적 갈등이나 긴장 역시 쉽게 발생하지 않는다.

둘째, 권리 체계에서와는 달리 자본주의 경제 체계에서는 기능적으로 요구된는 과제를 충족할 때 사회적 인정을 획득한다. 따라서 사회구성원들은 노동 분업적 생산에 대한 개인적 기여에 따라 차별적 인정을 받게 된다. 여기서 핵심적 인정 매체로서 기능하는 것은 다름 아닌 돈이다. 즉 근대적 권리 체계에서는 개인적 권리가 획득된 인정을 가시화하는 상징적 수단이라면, 자본주의 경제 체계에서는 돈이 그 역할을 한다는 것이다. 이런 점에서 권리 체계가 동등한 권리 원칙이라는 인정 규범을 따르고 있다면, 자본주의 경제 체계는 생산에 대한 개인적 기여도, 즉 성과 원칙을 인정 규범으로 삼고 있으며, 근대적 권리 체계에서와는 달리 인정이 필연적으로 등급화됨으로써 사회적 갈등이 쉽게 발생한다. 따라서 자본주의 경제 체계가 성과 원칙을 마찰 없이 관철시키기 위해서는 모든 구성원에게 동등한 교육 기회를 보장함으로써 각 개인이 자신의 능력을 충분히 계발될 수 있도록 해야 한다. 그러나 교육 방식에서 나타나는 계급 간의 차이는 하층 아동에게 불리하게 작용한다는 점에서 교육 기회의 보장은 낙관적이지 않다. 이것이 시장 경쟁적 성과 원칙이 갖는 첫 번째 한계이다. 두 번째로 자본주의 경제 체계는 성과 원칙을 정당화하기 위해 공정한 경쟁 척도를 제도화할 것을 요구한다. 그러나 직업적 역할이 다양화되고 개별적 활동이 공동으로 이루어지면서 객관적 평가 척도가 정착되기 어려워지고 있다. 이 때문에 자본주의 경제 체계에서는 사회적 갈등이 쉽게 일어날 수밖에 없다.

셋째, 근대 가족은 경제 영역에서 지속적으로 발생하는 존중감 훼손을 상쇄시키는 인정 영역이다. 근대 가족에서는 모든 구성원이 상호부조와 지원을 동등한 의무로 삼고 있다. 그러나 근대 가족은 동시에 이러한 상호성과 함께 불평등한 권위 및 소유관계를 토대로 한다. 즉 아버지는 집 밖에서의 영리활동을 통해 독립적인 수입을 갖고 있고, 이를 통해 가족을 부양하기 때문에 가정에서 결정권을 행사한다. 또한 아버지는 자신의 권위를 통해 가정 밖의 다른 사회적 제도 영역의 가치를 수용하게 하는 상징적 역할을 수행한다. 즉 자녀들은 아버지의 권위를 수용함으로써 경제 체계의 성과 규범뿐 아니라 제재를 통해 지탱되는 시민사회의 규범 역시 내면화하여 사회적 규범을 준수하는 사회구성원으로 사회화된다는 것이다. 이런 점에서 근대 사회의 완전한 구성원인 성인 남성은 권리 체계에서는 개인적 권리를 통해, 자본주의 경제 체계에서는 돈을 통해 사회적 인정을 경험하며, 가족 내에서는 아버지의 역할을 통해 자신에 대한 인정을 경험한다. 그런데 이러한 인정은 가족 내에서의 전지전능함과 연결된다는 점에서 집 밖에서의 인정 경험과는 비교가 되지 않을 정도로 대단히 큰 것이다. 이런 점에서 자본주의적 경제 체계에서 발생한 사회적 갈등이 폭발하지 않고 무마될 수 있는 것은 아버지라는 상징적 권위가 얼마나 가족 속에서 제도화되느냐에 달려 있다. 즉 아버지는 가족 내에서 가장으로서 자신이 누리는 인정을 통해 가정 밖에서의 존중감 상실을 상쇄할 수 있다는 것이다.

지금까지 서술해온 사회에 대한 철학적, 문화인류학적, 사회학적 이해를 종합해본다면, 인정과 사회의 필연적 연관성을 다음과 같이 정리할 수 있을 것이다. 즉 사회가 형성되고 유지되는 가장 기초적인 토대는 인정관계이며, 사회 체계라는 측면에서 볼 때 인정의 기준이 무엇이냐에 따라 사회적 관계가 다양화되고, 사회 변동이라는 측면에서 볼 때 인정을 둘러싼 갈등의 해결을 위해 인정관계가 고도화됨으로써 사회가 변화하게 된다는 것이다. 물론 인간의 삶과 인정 사이의 본질적 연관성을 전제한다면, 이렇게 사회가 인정관계로 파악될 수 있는 이유 역시 자명하다. 왜냐하면 인간의 삶의 본질은 단지 생명을 보존하는 데 있는 것이 아니라, 인정관계 형성을 통해 개인의 독립성이 보장된 새로운 합일을 추구함으로써 인간과 세계의 분리가 야기한 근원적 불안감을 극복하는 데 있기 때문이다.

2장

악셀 호네트의 인정이론

1장에서 살펴보았던 다양한 이론적 통찰과 무관하게 인정 개념이 새로운 쟁점이 된 것은 1980년대부터이다. 이때부터 정치적 논쟁에서 개인이나 집단의 정체성에 대한 인정 문제가 중요한 이슈로 등장하였기 때문이다. 예를 들어 문화다원주의, 페미니즘, 그리고 사회적 소수자 운동 등에서 공통적으로 제기된 주장은 개인이나 집단이 자신들의 차이를 인정받아야 한다는 것이었다. 이러한 주장은 정체성과 관련된 개인이나 집단 간의 '차이'가 이들 간의 우열을 나누거나, 경우에 따라서는 정상과 비정상을 구분하는 기준이 됨으로써 사회적 차별을 낳고 있다는 문제의식에 근거한다. 따라서 차이에 대한 인정은 개인이나 집단이 사회적 차별을 넘어 동등하고 완전한 사회구성원으로서 자신의 삶을 영위할 수 있는 사회적 조건이 된다.

이러한 정치적 주장과 함께 새롭게 주목받기 시작한 인정 개념은 그 후 도덕철학, 사회철학, 인식론, 심리학, 사회학, 문화인류학 등 다양한 학문 분야의 관심과 쟁점이 되었다. 나아가 이제 차이에 대한 인정 문제를 넘어서 한 사회의 도덕적 수준은 단지 물질적 재화의 공정한 분배를 통해서만 측정되는 것이 아니라, 본질적으로 사회구성원들이 서로를 어떤 존재로 인정하느냐에 달려 있다는 일반적 통찰이 확산되기 시작하였다. 이러한 이론적 흐름에서 주도적 역할을 한 것은 악셀 호네트이다. 왜냐하면 그는 인정 개념을 철학적 주제로 만든 장본인 중 하나일 뿐 아니라, 인정 개념과 얽힌 다양한 논의들을 체계화시킴으로써 이를 하나의 이론으로 정립했고, 더 나아가 이를 토대로 현존 사회를 비판하고 대안적 사회를 모색할 수 있게 하는 사회비판이론의 새로운 패러다임을 제시했기 때문이다.

그런데 호네트가 인정 개념에 몰두하게 된 것은 1980년대 등장한 정치적 논쟁이나 차이를 인정받고자 하는 소수자 운동 때문은 아니다. 호네트에 따르면[1] 인정을 둘러싼 사회적 갈등은 비단 최근 등장한 새로운 현상만은 아니기 때문이다. 여성에 대한 사회적 인정을 목표로 한 여성운동은 이미 200여 년의 역사를 갖고 있으며, 노예 해방을 위한 흑인들의 투쟁과 1960년대의 민권 운동, 반식민지 투쟁 역시 인정을 둘러싼 사회적 운동이라고 할 수 있다. 더구나 19세기 서구 유럽에서 등장한 노동자들의 투쟁 역시 인정과 관련된 어휘들을 구사하고 있다는 점에서 인정의 문제는 대부분의 사회운동에서 발견할 수 있는 핵심 쟁점이었다. 호네트가 이렇게 광범위한 의미에서 사회운동과 연관된 인정 개념에 주목한 것은 사회적 갈등의 원인과 도덕적으로 정당화될 수 있는 저항의 동기를 밝히려는 이론적 관심 때문이지만, 여기에는 더 근본적으로 그가 청년기부터 가졌던 '자아실현의 사회적 조건'에[2] 대한 인식 주도적 관심이 투영되어 있다. 이런 점에서 호네트의 인정이론의 핵심은, 사회적 갈등의 원인을 인정과 반대되는 사회적 무시로 규정하고, 사회적 무시를 넘어서 새로운 인정관계를 형성하려는 사회적 투쟁, 즉 '인정투쟁'을 도덕적으로 정당화하는 데 있다. 물론 그 이유는 이러한 인정관계가 바로 개인적 자아실현을 가능하게 하는 사회적 조건이기 때문이다.

따라서 호네트의 인정이론은 인간의 삶과 인정과의 연관성을 밝힐 뿐 아니라 사회적 관계를 인정관계로 해석한다는 것이 무슨 의미이며, 또한 사회

변동의 동인은 무엇이고, 어떤 점에서 이것이 규범적으로 정당화될 수 있는지를 인정 개념을 통해 보여준다고 할 수 있다. 물론 이러한 호네트의 인정이론을 체계적으로 설명하기 위해서는 본 연구와는 별도로 독립된 작업이 필요할 것이다. 그러나 현대사회 변동을 인정관계의 구조변화로 해석하려는 나의 목표 역시 근본적으로 호네트의 이론적 통찰을 전제하고 있기 때문에 방법론적 차원에서 개략적이나마 그의 인정이론의 전체적 윤곽을 보여줄 필요가 있다. 나는 이를 위해 세 가지 단계를 밟을 것이다. 첫째, 인간의 삶과 사회적 인정 사이의 필연적 연관성을 보여주기 위해 왜 인정이 개인적 자아실현의 사회적 조건인지를 서술한다. 둘째, 어떤 점에서 사회 변동의 규범적 동인을 인정 개념 하에 파악할 수 있는지를 설명하기 위해 인정이론에 토대를 둔 사회발전관을 소개할 것이다. 물론 호네트의 인정이론을 서술하는 데 있어서 그의 인정투쟁 개념을 제외시킬 수는 없다. 인정투쟁 개념은 자아실현의 사회적 조건을 역사적 진보라는 역동적 구조 속에 위치시킨다는 점에서 인간의 삶, 사회 변동, 그리고 사회적 인정을 하나의 틀로 종합시키는 핵심 개념이기 때문이다. 이러한 인정투쟁 개념의 중요성에 비추어볼 때 호네트의 인정투쟁 개념을 이 책의 3장에서 별도로 상술하는 것이 그의 이론을 개괄하는 데 효과적이라고 본다.

1. 자아실현의 사회적 조건

호네트가 인정을 자아실현의 사회적 조건으로 규정한 것은 대략 두 가지 테제에 의존하고 있다.[3] 즉 하나는 개인적 자아실현의 핵심적 내용이 되는 자아의 형성 과정이 타인의 인정과 밀접한 연관성을 갖고 있다는 것이고, 다른 하나는 인정 경험이 해당 당사자에게 긍정적 자기의식을 형성하게 함으로써 적극적 자아실현을 가능하게 한다는 것이다. 따라서 자아실현과 인정과의 연관성을 이해하기 위해서는 먼저 개인의 자아형성과 인정과의 연관성을 살펴보아야 한다.

개인의 자아형성과 인정

개인적 자아형성에 대한 호네트의 입장은 무엇보다도 '주격 나'와 '목적 나'의 관계 속에서 개인적 자아형성 과정을 고찰한 미드의 통찰에 힘입은 바 크다. 호네트는 미드가 자아형성과 인정의 연관성을 단지 사변적 논증이 아니라 경험과학적으로도 입증할 수 있는 최적의 수단을 제공한다고 본다. 왜냐하면 미드는 놀랍게도 인정투쟁의 구조를 개인과 사회의 갈등만이 아니라 개인의 내적 갈등과 연관하여 이해할 수 있도록 하기 때문이다.[4] 우선 미드가 인정이라는 상호주관적 관계에 주목할 수 있었던 것은 무엇보다도 '심리적인 것'의 발생을 설명하기 위해 '주체와 객체의 관계'로부터 '주체와 주체의 관계'를 구별했기 때문이다. 미드가 보기에 당시까지만 해도 인간의 심리적 체험은 주체가 행위 수행에서 장애가 생길 때 갖게 되는 자기 자신에 대한 경험으로 이해되곤 했다. 그러나 심리적인 것은 대상과의 도구적 관계를 말하는 것이 아니다. 왜냐하면 인간이 어떤 대상과의 도구적 관계에서 장애가 생길 때 주목하는 것은 대상에 대한 더 정확한 이해이지, 자기 자신에 대한 이해가 아니기 때문이다. 이에 반해 자기 자신과 상호작용하는 타인과의 관계에서 장애가 생긴다면 해당 당사자는 반성적으로 자기 자신을 의식하게 된다. 이런 점에서 주관적 세계의 영역이 드러나게 하는 것은 대상과의 도구적 관계가 아니라, 타인과의 상호작용 관계라는 것이 미드의 통찰이다.

여기서 인간의 자아형성과 관련하여 중요한 것은 타인과의 상호작용에서 장애를 경험하는 행위 주체가 겪게 되는 자기의식 과정이다.[5] 미드에 따르면 행위 주체의 자기의식은 타인이 자신의 행동을 어떻게 이해하고 있는지를 알게 되면서 시작된다. 물론 자기의식이 형성되는 것은 이를 통해서만 타인에게 적절히 반응하면서 갈등을 해결할 수 있기 때문이지만, 동시에 이를 통해 행위 주체는 역으로 자기 자신을 상호작용 상대자의 행위 대상으로 관찰할 수 있게 된다. 이런 점에서 자기의식이란 바로 타인에게 자신이 어떻게 비춰지고 있는가를 알게 되면서 갖게 되는 자아상, 내지는 타인의 시각에서 본 자기 자신의 모습이라고 할 수 있다. 미드는 행위 주체가 타인에게 목적어로 존재하는 자신의 모습을 의식할 때 이러한 자아상을 갖게 된다는 점에서 이를 '목적격 나'(me)로 규정한다. 그러나 타인에게 목적격으로 존재하는 내가 실제로 행동하는 행위의 주체로서의 나 자신과 동일시될 수는 없다. 이런 점에서 미드는 타인에게 목적어로 존재하는 내가 아니라, 나의 행위 표현의 주어에 해당하는 '주격 나'(I)를 또 다른 자아의 차원으로 설정한다. 그러나 주격 나가 목적격 나처럼 특정한 자아상을 만들어내는 인식 가능한 자아의 차원을 말해주는 것은 아니다. 주격 나는 단지 목적격 나에 대한 반발 속에서 확인할 수 있는 자아의 차원이기 때문이다. 따라서 목적격 나가 타인이 나에 대해 가지고 있는 자아상으로서 지금 진행되고 있는 행위조차도 항상 과거의 것으로 보존하고 있다면, 주격 나는 나의 모든 현재적 행위의 규정되지 않은 원천으로서 타인의 시각을 통해 갖게 된 자기의식에 대해 사후적으로 반응하는 자발적 활동의 주체를 말한다. 이런 점에서 호네트는 미드가 말하는 주격 나와 목적격 나의 관계를 대화 상대자들의 관계가 행위 주체 내에서 재현되는 것으로 본다.

이렇게 미드는 행위 주체가 타인에 비친 자신의 모습을 의식하면서 최초로 자아상을 갖게 된다고 보지만, 이런 자아상이 단지 인지적인 차원으로 그치는 것은 아니다. 왜냐하면 행위 주체는 자신에 대한 타인의 시각을 경험하면서 그에게 자신이 어떤 존재인지만이 아니라, 그가 자신에 대해 어떤 기대를 갖고 있는지도 의식하게 되기 때문이다. 이런 점에서 타인의 시각을 통해 형성된 자아상은 일종의 규범적 자아상이라 할 수 있으며, 목적격 나는 타인과의 상호작용에서 인지적 문제의 해결이라는 중립적 차원이 아니라, 상호 기대를 둘러싼 규범적 갈등의 해결을 위한 도덕적 차원에서의 자기의식이라 할 수 있다.

미드에게 흥미로운 것은 이 목적격 나가 어떻게 형성되는가 하는 점이다. 그는 역할놀이에 해당하는 '플레이'(play)와 규칙에 따른 놀이인 '게임'(game)이라는 두 가지 단계의 놀이를 구별함으로써 이에 대한 설명을 시도한다.[6] 미드에 따르면 플레이 단계에서 어린아이는 자기 자신과 이야기하며 논다. 왜냐하면 역할놀이는 어린아이가 자신이 알고 있는 구체적인 행위 상대자의 행위를 모방하고, 또한 이에 자신이 반응하는 방식으로 진행되기 때문이다. 이에 반해 게임은 성장기의 청소년들로 하여금 모든 게임의 참가자들이 기대하는 행위를 바로 스스로 재현할 것을 요구한다. 왜냐하면 이러한 기대는 이미 모든 참여자들이 따라야 할 규칙으로 정해져 있기 때문이다. 이 두 가지 놀이의 단계는 각각의 어린아이가 예측해야만 하는, 규범적으로 기대되는 행위의 일반성 정도에 따라 구별된다. 첫 번째 경우에서는 사회적으로 자신과 관련된 특정 인물의 기대가 자신의 반응을 일으키는 데 기준이 된다는 점에서 개인의 자기의식 형성에 토대가 되는 타인의 시각이란 '특정한 타자'의 시각이라 할 수 있다. 이에 반해 두 번째 경우에서는 사회적 행위 규범으로 구체화된 집단 전체의 기대가 중요하다는 점에서 타인의 시각이란 '일반화된 타자의 시각'이라 할 수 있다. 이렇게 볼 때 목적격 나는 결국 행위 주체가 점차 많은 수의 상호작용 상대자들의 규범적 기대를 일반화함으로써 사회적으로 공유된 일반적 행위 규범을 내면화할 때 형성되는 것이라 할 수 있다. 따라서 주체가 목적격 나라는 자기의식에 따라 행동한다면 한 사회의 정당한 구성원으로 인정받게 된다. 즉 성장기의 사람들이 자신의 상호작용 상대자들의 규범적 기대를 내면화함으로써 이들을 인정한다면 자신 역시 사회의 정당한 구성원으로 인정받게 된다는 것이다.

이러한 미드의 입장을 인정투쟁으로 발전시킬 수 있는 것은 목적격 나에 대한 반발력으로 설정된 주격 나라는 자아의 차원 때문이다. 미드는 개인의 행위를 일상적으로 추동하는 실천적 자발성을 설명하기 위해 주격 나라는 개념을 설정했으며, 이는 자기의식과 관련해서 목적격 나에 대립하여 나타나는 무의식적 충동력이기도 하다. 이런 점에서 목적격 나라는 개념이 주체가 사회적 기대에 따라 자신의 행위를 통제하게 하는 사회적 규범을 자신 속에 품고 있다면, 주격 나는 이에 반해 사회적 자극에 대한 무의식적 반작용 속에서 표현되는 모든 내적 충동의 집합소이다. 따라서 미드에게 주격 나는 개개의 주체에게 무진장한 자기 가능성을 부여하는 심리적 에너지의 원천이 된다. 이렇게 주격 나와 목적격 나를 심리적 갈등과 대립관계로 파악한다면, 개인의 자아란 단지 일반화된 타자의 관점을 내면화함으로써 형성되는 것이 아니다. 주체는 자신 속에서 사회적 기대와 일치할 수 없는 내적 충동을 감지할 때 자신의 목적격 나를 의심할 수밖에 없기 때문이다. 미드는 이러한 내적 긴장관계를 개인과 사회의 도덕적 발전을 설명할 수 있는 기본 틀로 본다. 우선 기존의 공동체의 규범적 요구를 구체화한 목적격 나에 저항하는 주격 나의 내적 충동은 행위 주체로 하여금 기존의 사회적 환경에 저항하게 하지만, 자신의 내적 충동을 실현하기 위해서는 역으로 사회구성원의 인정이 필요하다는 점에서 주격 나는 자신의 내적 충동에 사회적 표현을 부여할 뿐 아니라 이를 인정하는 이상적 공동체를 염두에 둘 수밖에 없다. 즉 이제 행위 주체는 주격 나 때문에 목적격 나를 상실함으로써 자기의식을 정당화해줄 수 있는 토대 역시 상실했다는 점에서 주격 나의 요구를 인정해줄 수 있는 새로운 일반적 타자를 필요로 한다는 것이다. 이렇게 주체가 자신의 새로운 요구를 인정받을 수 있는 미래사회를 가상적으로 그려볼 수 있다면, 주격 나 때문에 발생한 저항은 기존의 사회적 기대지평을 확장함으로써 자신의 새로운 정체성 요구를 인정받기 위한 인정투쟁의 형태를 띠게 된다. 따라서 결국 한 사회의 도덕적 발전이란 주격 나를 통해 지속적으로 제시되는 새로운 정체성 요구가 사회적으로 수용되면서 사회구성원이 자신의 개성을 자주적으로 실현할 수 있는 가능성이 확대되는 것을 의미하게 된다. 이런 점에서 미드는 인류의 도덕적 발전 과정을 '개성의 해방' 과정으로 본다.

이러한 미드의 입장을 전제한다면 인간의 자아형성은 근본적으로 주격 나와 목적격 나의 화해 속에서 이루어지지만, 이것은 일회적으로 완결되는 것이 아니라 역동적 변화의 과정에 놓이게 된다. 왜냐하면 주격 나와 목적격 나는 구조적으로 갈등과 화해의 관계에 있기 때문이다. 내가 생각하기에 사실 이러한 입장에는 특정한 자아관이 암묵적으로 전제된 것이나 마찬가지이다.[7] 즉 인간의 자아는 근원적으로 볼 때 이미 정해진 것이 아니라 단지 무한한 가능성으로 존재할 뿐이지만, 인간이 실제로 존재하기 위해서는 어떤 형태로든 그 모습이 정해져야 한다는 것이다. 다시 말해 인간은 무한한 가능성의 존재이지만, 또한 인간은 항상 유한한 현실성으로 존재한다는 것이다. 이렇기 때문에 현재 인간의 자아는 하나의 가능성이 현실화된 특정한 모습을 갖고 있지만, 인간의 자아가 이러한 가능성으로 제한될 수는 없다. 무한한 가능성으로 존재하는 인간의 자아는 다른 모습으로도 존재할 수 있기 때문이다. 비유적으로 말한다면 물은 어떤 모습도 갖고 있지 않지만, 현실적으로 존재하는 물은 항상 특정한 형태를 갖고 있게 마련이다. 그것이 강물의 모습이든, 호수의 모습이든, 아니면 둥근 그릇 속에서 둥근 모습이든, 네모난 그릇에서 네모난 모습이든, 어떤 구체적 형태를 갖고 있다는 것이다. 이런 자아관을 전제할 때 주격 나란 인간의 자아를 현실적으로 존재하는 자아와 구별시켜주는 무한한 가능성으로서의 자아를 말하며, 목적격 나란 이런 주격 나에 대해 구체적 형태를 부여하라는 현실적 요구일 수 있다. 따라서 주격 나는 목적격 나 없이는 현실적 존재가 될 수 없지만, 주격 나가 목적격 나로 환원될 수는 없다. 목적격 나는 무한한 가능성으로서 존재하는 주격 나가 취할 수 있는 하나의 유한한 가능성일 뿐이기 때문이다. 따라서 유한한 자아가 무한한 자아를 대체하려고 한다면 이는 무한한 자아에 대한 억압이 되지만, 무한한 자아가 이러한 억압을 해소하기 위해서는 비록 또 다른 하나의 가능성일 수밖에 없지만 유한한 자아가 되어야 한다. 이런 점에서 인간의 자아란 결정된 것이 아니라 항상 변화의 과정 속에 존재한다고 할 수 있으며, 미드는 이를 주격 나와 목적격 나라는 이중적 구조 속에서 개념화한 것이라 볼 수 있다.

자아형성에 대한 이러한 입장이 가질 수 있는 장점은 자아형성의 역동성을 개념적으로 포착해낼 수 있을 뿐 아니라, 자아형성을 둘러싼 왜곡된 현상 역시 유형화시킬 수 있다는 점이다. 첫째로 우리는 '비개성적 자아' 유형을 떠올려볼 수 있다. 이는 사회적 인정을 위해 사회가 요구하는 자아상과 자신을 동일화시킨 경우로서 주격 나에 대한 억압을 함축한다. 따라서 개인은 사회와의 합일을 이루지만 사실 이는 개인의 독립성을 포기한 경우라 할 수 있다. 두 번째 유형은 '반항적 자아'이다. 이는 목적격 나에 반발하는 주격 나의 모습과 자신을 동일시하지만, 이러한 반발을 어떤 대안적 자아상으로 구체화시키지 못한 경우를 말한다. 따라서 이 경우 개인은 자신의 독립성만을 주장할 뿐, 사회와 합일을 이루지 못한다. 세 번째 유형은 '도피적 자아', 혹은 '자폐적 자아'이다. 이는 목적격 나에 반발하는 주격 나를 특정한 자아상으로 구체화시키고 있지만, 사회적 인정지평을 확대하기 위한 인정투쟁에 나서지 않는 경우를 말한다. 따라서 개인은 비록 미래적 관점이더라도 목적격 나와 화해를 이룸으로써 사회적 인정을 획득할 수 있는 가능성을 상실하게 되며 결국 사회 도피적이거나 사회와 분리된 삶을 영위할 수밖에 없다. 물론 이 경우에도 상상으로나마 자신을 인정하는 사회를 그려볼 수 있지만, 이러한 인정은 단지 주관적 상상에 그칠 뿐 사회적 인정을 의미하는 것은 아니다.

이렇게 볼 때 사회적 인정이 자아실현의 조건이라는 것은 개인의 자아형성을 주격 나와 목적격 나의 합일 과정으로 봄으로써 개인의 '정상적' 자아형성을 사회적 인정의 산물로 본다는 것을 의미한다. 왜냐하면 이러한 합일 과정이 전제되지 않는 한 개인은 자신의 독립성과 사회와의 합일 중 어느 하나를 희생하거나, 사회적 삶 자체를 포기할 수밖에 없기 때문이다.

긍정적 자기의식과 인정

이렇게 호네트는 미드의 이론을 통해 개인의 자아형성과 인정을 연결시킴으로써 자아실현의 사회적 조건을 인정으로 규정하지만, 더 나아가 왜 인정이 자아실현의 조건인지를 '긍정적 자기관계'라는 개념을 통해 입증하려고 한다. 즉 개인은 사회적 인정을 경험하면서 사회적 지지를 획득할 뿐 아니라 자기 자신에 대한 긍정적 관계를 형성함으로써 적극적으로 자아실현에 나설 수 있다는 것이다. 호네트가 이러한 주장을 논증하기 위해 택한 방법은 인정의 유형학으로서 이제 그는 인정, 그리고 이와 반대되는 무시의 유형을 구별하고, 이에 상응하는 자기관계가 어떻게 다른지를 실증적으로 보여주면서 인정

이 성공적 자아실현의 조건임을 밝히려 한다.[8]

우선 호네트는 개인의 정체성 차원에 따라 인정 행위의 일반적 유형을 구별함으로써 인정 유형이 인간관계의 맥락에 따라 어떻게 다양화할 수 있는지를 경험적으로 구체화한다. 호네트에 따르면 인간은 무엇보다도 세 가지 정체성 차원에서 이해될 수 있다. 즉 인간은 본능적 욕구와 정서를 지닌 자연적 존재, 이성을 지니고 있다는 점에서 다른 사람과 동일한 보편적 존재, 그리고 개성을 지니고 있다는 점에서 다른 사람과 구별되는 특수한 존재라는 것이다. 따라서 인간이 다른 사람과 상호작용을 함으로써 일정한 관계를 형성한다면 이는 무엇보다도 이 세 가지 정체성 차원에서 이루어진다고 할 수 있다. 즉 본능적 욕구나 정서, 이성, 혹은 개성과 관련하여 인간관계가 형성되고 상호작용이 이루어진다는 것이다. 따라서 인정 유형 역시 이러한 인간관계에 따라 구별될 수 있으며, 여기에 상응하여 특정한 유형의 긍정적 자기관계가 구별된다.

첫째, 본능적 욕구와 정서를 지닌 자연적 존재로서 인간 상호 간에 이루어진 인정관계는 사랑을 통해 표현된다. 사실 사람들 사이의 사랑이란 이들의 욕구나 감정이 서로에게 향하고 있다는 사실에 다름 아니다. 따라서 사람들은 자신의 욕구나 감정이 타인에 의해 정서적으로 수용될 때, 자신이 타인에 의해 사랑받고 있음을 느끼게 된다. 이러한 사랑을 인정의 한 유형이라고 규정할 수 있는 것은, 바로 나의 욕구나 감정이 타인에 의해 수용된다는 것은 결국 내가 타인으로부터 수용가치가 있는 욕구나 감정의 담지자로 인정되고 있다는 것과 마찬가지이기 때문이다. 즉 사랑이란 해당 당사자들이 서로의 구체적인 욕구와 정서를 긍정함으로써 이러한 욕구와 정서의 충족을 서로 기대하고 배려하는 상호관계라는 것이다.

호네트는 위니캇의 대상관계이론에 근거하여 이러한 인정 경험을 '자신감'이라는 특수한 형태의 긍정적 자기관계와 연결시킨다. 이미 1장에서 서술했듯이 위니캇에 따르면 유아기의 성숙 과정은 '절대적 의존성'에서 벗어나 '상대적 의존성'으로 이행하는 과정이다. 우선 갓 태어난 젖먹이와 어머니는 서로 분리되지 않은 일체적 공생 상태에 있다. 왜냐하면 이들은 서로의 욕구를 충족하기 위해 전적으로 서로에 의존해 있기 때문이다. 젖먹이는 어머니의 보호 없이는 생존할 수 없으며 자신의 욕구를 충족시킬 수 없다. 마찬가지로 어머니 역시 젖먹이와 떨어져 살 수 없다. 왜냐하면 임신 기간 동안 어머니는 아이와 자기 자신을 동일시함으로써 아이의 모든 움직임과 반응을 자신의 일부처럼 체험했기 때문이다. 따라서 출산 직후에도 어머니는 흡사 자기 자신을 보호하듯 본능적 충동에 따라 아이를 보호하게 된다. 그러나 어머니가 다시 일상생활로 돌아가면서 다른 사람과의 관계를 복원하고, 점차 젖먹이를 혼자 있게 하는 시간이 길어지면 길어질수록 젖먹이는 어머니와의 일체적 공생 상태에서 벗어나게 되지만, 그럼에도 불구하고 여전히 어머니에 대한 의존성을 유지하는 상대적 의존기로 이행한다. 즉 젖먹이는 어머니의 청각적 혹은 시각적 신호를 차후에 있게 될 자신에 대한 어머니의 보호의 표시로 지각함으로써 어머니의 부재를 견딘다는 것이다. 이러한 상태를 절대적 의존이 아닌 상대적 의존 관계로 규정하는 것은 이러한 상태에서 젖먹이는 어머니를 자신과 서로 의존해 있는 동일체로 지각하면서도 동시에 어머니가 자신으로부터 독립된 독자적 존재임을 인정하게 되기 때문이다.

이러한 유아기 성숙 과정에 대한 위니캇의 분석은 사랑과 자신감과의 연관성을 입증하는 실마리가 된다. 왜냐하면 젖먹이가 상대적 의존기에 혼자 있을 수 있는 능력은 자신감에 있다고 할 수 있으며, 이는 다시 어머니의 사랑과 보살핌에 근거한 것이기 때문이다. 즉 유아기의 어린 아이는 어머니의 반복적인 보살핌을 경험하면서 어머니가 항상 자신을 보살필 것이라는 믿음을 갖게 되며, 이러한 믿음은 아이가 어머니와의 일체적 공생 상태에서 벗어나 있을지라도 아무런 불안감 없이 혼자 있을 수 있는 자신감의 원천이라는 것이다. 왜냐하면 아이는 어머니가 없어도 자기 안에 내사된 어머니를 통해 어머니와 함께 있는 셈이기 때문이다. 이러한 자기관계가 바로 자신으로부터 독립된 타인에게서 사랑받고 있다는 경험이 누적될 때 형성되는 긍정적 자기관계이다.

둘째, 이성적 존재로서 인간 상호 간에 이루어진 인정관계는 동등한 권리 부여를 통해 표현된다. 왜냐하면 개개인은 공동체 내에서 다른 사람들과 동등한 권리를 부여받을 때 비로소 자신 역시 타인과 동등한 인격체로 인정받고 있음을 경험하며, 이를 토대로 각 개인은 서로를 동등한 권리의 주체로 존중하는 상호인정관계를 형성하기 때문이다. 더구나 민주주의 사회는 신분적 질서에 따라 권리가 차등화되는 전통사회와는 달리 모든 인간에 대한 동등한 권리 부여를 근본이념으로 삼고 있다. 왜냐하면 민주주의는 사회적 정당성을 구성원들의 자발적 동의에서 찾을 수밖에 없으며, 이런 점에서 사회구성원 모두를 합리적 판단능력이 있는 권리의 주체로 인정해야 하기 때문이다. 따라서 다른 사람과 동등한 권리를 부여받는다는 것은 사실 사회적으로 합리적 판단능력이 있는 이성적 존재로 인정받는다는 것과 마찬가지이다.

물론 권리의 역사적 과정을 살펴보면 동등한 권리 부여가 이루어진 것은 신분사회가 붕괴한 근대 이후의 일이다. 그러나 근대 이후라고 해도 권리 부여가 모든 사회구성원에게 이루어진 것은 아니며, 이런 점에서 근대사회에서 사회구성원 모두가 항상 이성적 존재로 인정받았던 것도 아니다. 호네트는 시민권에 대한 마셜의 연구에 근거하여[9] 권리의 역사가 바로 동등한 권리 향유자가 확대되어가는 역사임을 보여준다. 마셜은 시민의 권리가 18세기 자유권적 기본권에서 19세기 참정권적 기본권으로, 그리고 20세기에 와서는 사회복지권으로 확대된 것으로 본다. 호네트의 해석에 따르면 이는 모든 사람이 해당 공동체의 완전한 구성원으로서의 지위를 갖고자 하는 사회적 요구를 반영한 것으로서, 개인이 자신의 합리적 판단능력을 실질적으로 행사할 수 있는 사회적 조건을 확립하는 과정이었다. 이런 점에서 권리의 역사는 모든 공동체 구성원이 합리적 판단능력이 있는 존재로, 그리고 공동체의 완전한 구성원으로 인정되는 과정이라고 할 수 있다.

호네트는 권리 부여라는 인정 유형이 긍정적 자기관계를 가능하게 한다는 점을 파인버그의 사고 실험을[10] 통해 설명한다. 파인버그는 권리가 없는 사회를 가상적으로 설정해봄으로써, 역으로 권리 부여를 통해 해당 개인이 다른 사람으로부터 존중받고 있음을 경험하고, 이를 통해 자기 자신에 대한 존중 의식을 갖게 됨을 입증한다. 즉 그에 따르면 권리 부여가 없는 상황에서 공동체 구성원은 비록 자신들의 요구가 정당한 것이라 하더라도 이를 공식적으로 제기할 수 없다. 왜냐하면 사회구성원의 요구를 제도적으로 보장하는 것이 다름 아닌 권리이기 때문이다. 따라서 공동체 구성원은 자신의 요구가 사회적으로 존중됨을 경험할 수도 없으며, 자기 자신에 대한 존중 의식 역시 가질 수 없다는 것이다. 파인버그가 제시한 가상적 상황을 전제한다면, 권리란 공동체 구성원에게 자신의 요구를 정당하게 제기할 수 있는 기회를 부여해주며, 이를 통해 공동체 구성원은 사회적으로 활동할 수 있는 기회를 합법적으로 획득하게 된다고 할 수 있다. 이런 점에서 공동체 구성원은 자신이 정당하게 활동할 수 있는 공간이 권리 부여를 통해 마련될 때, 자신의 합리적 판단능력이 사회적으로 존중되고 있음을 경험하며, 이러한 경험이 결국 자신에 대한 '존중감'을 갖게 하는 토대가 된다.

셋째, 인간은 개성을 지니고 있다는 점에서 다른 인간과 구별되는 특수한 존재이며, 특수한 존재 간의 인정은 사회적 연대를 통해 표현된다. 즉 공동체 구성원은 자신이 공동체의 가치와 목적 실현에 기여하는 개인적 특성을 갖고 있다고 사회적 가치평가를 받을 때 사회적 연대에 포함되며, 해당 개인은 이러한 사회적 연대를 경험하면서 자신이 타인에게 인정받고 있음을 느끼게 된다는 것이다. 물론 개인적 특성에 대한 가치부여와 사회적 연대를 통한 인정 경험은 과거 전통사회에서는 볼 수 없는 오늘날의 새로운 현상이다. 비록 전통사회에서도 공동체 구성원은 신분에 따라 자신에게 부과된 특수한 삶을 실천하면서 사회적 명예를 획득했지만 신분적 삶의 가치란 이미 신분의 귀천을 결정하는 위계적 인정질서에 따라 정해져 있었기 때문에 개인의 명예 정도 역시 신분 간의 위계를 벗어날 수 없었다. 이에 반해 현대사회의 가치부여는 더 이상 신분적 질서에 구속된 것이 아니라 개인적 특성에 대하여 이루어진다.

이러한 역사적 변화는 사회적 가치관의 근본적 변화를 반영한 것으로서, 이제 누가 사회에 기여하는가에 대한 평가는 신분적으로 규정된 삶의 형태가 아니라, 개개인이 공동체의 목적 달성에 기여할 수 있는 개별적 특성을 지니고 있는가에 대한 평가로 이전된다. 따라서 사회적 가치부여 역시 공동체 내의 개별적 구성원 간의 관계로 이전되며, 공동체 구성원들이 서로에게 가치를 부여한다는 것은 해당 개인들이 서로를 공동체의 개별적 구성원으로, 그것도 가치 있는 구성원으로 인정한다는 것을 의미하게 된다. 더구나 우리가 공동체의 목적 달성은 누가 혼자 이루어낼 수 있는 것이 아니라 구성원 간의 연대를 통해 이루어진다는 점을 받아들인다면, 사실 사회적 가치부여는 개인적 가치에 대한 인정일 뿐 아니라 동시에 해당 개인과 함께 공동생활을 유지하려는 사회적 연대감의 표현이기도 하다. 이런 점에서 사회적 가치부여는 해당 개인으로 하여금 사회적 연대를 경험하게 하며, 이를 통해 개인은 자신도 해당 공동체의 가치 있는 구성원이라는 '자긍심'을 갖게 된다.

이처럼 세 가지 유형의 인정과 이를 통해 형성된 긍정적 자기관계를 전제한다면 사회적 인정이 성공적 자아실현의 조건이 됨을 어렵지 않게 알 수 있다. 인간은 사회적 인정을 경험하면서 자신의 욕구와 필요를 충족할 수 있을 뿐 아니라 자신의 이성적 능력과 개성을 실현할 수 있기 때문이다. 그리고 인간이 이에 대한 심리적 동반 현상으로 자기 자신, 즉 욕구와 필요, 이성적 능력과 개성을 가지고 있는 자기 자신에 대한 긍정적 의식을 가질 수 있다면 결국 개인은 이를 적극적으로 실현함으로써 삶의 만족에 도달할 수 있다. 이렇게 호네트는 인정 유형과 긍정적 자기관계 유형을 구분함으로써 왜 사회적 인정이 성공적 자아실현의 조건인가를 경험적으로 증명하고 있지만, 여기서 그의 논의가 마무리되는 것은 아니다. 왜냐하면 그는 더 나아가 인정에 반대되는 무시 유형을 구분하면서 이것이 어떻게 긍정적 자기관계를 훼손하여 개인적 삶을 파괴하는가를 보여줌으로써 자신의 입장을 더욱 강화하기 때문이다.

첫 번째 무시의 유형은 성폭력, 고문, 폭행과 같이 신체에 가해지는 '학대행위'로서 이는 가장 근본적이고 가장 파괴적인 무시 행위이다. 왜냐하면 신체적 학대를 통해 해당 개인은 신체적 고통을 당할 뿐 아니라 자신에 대한 믿음과 세계와의 관계 자체를 상실하기 때문이다. 즉 신체적 학대는 해당 당사자에게 아무런 보호 없이 자신의 신체가 타인의 의지에 내맡겨져 있다는 의식을 갖게 함으로써, 자신의 몸을 자주적으로 움직이면서 자신의 의지를 실현할 수 있다는 '자신감'을 상실하게 한다. 그뿐 아니라 신체적 학대는 해당 개인이 자신의 몸을 움직이며 자신의 의지를 실현할 수 있는 모든 가능성을 파괴함으로써 해당 개인이 자신의 세계와 맺을 수 있는 모든 관계를 단절시킨다.

비록 호네트가 지적하고 있지는 않지만, 폭행과 같이 직접적인 무시만이 아니라, 개인에게 신체적 부자유를 느끼게 함으로써 자신감뿐 아니라 세계와의 관계 자체를 상실하게 하는 간접적인 무시 또한 존재한다고 할 수 있다. 즉 장애인이나 노약자는 비록 폭행과 같은 신체적 학대를 당하지 않더라도, 자신들에 대한 아무런 보호 장치나 보조 시설이 설비되어 있지 않을 경우, 자신의 신체를 자유롭게 움직일 수 있는 가능성을 상실하게 되며, 따라서 세계와 관계를 맺으며 자신의 의지를 관철시킬 수 있다는 믿음 자체를 갖기 어렵다. 이런 점에서 이들은 자신들을 위한 보조 시설이 미비되어 있을 때 사회적 무시를 경험한다고 할 수 있다.

두 번째 무시의 유형은 '권리의 배제'로서, 이는 자기 자신에 대한 존중 의식, 즉 '자존감'을 파괴한다. 앞서 지적했듯이 개인은 제도적으로 보장된 권리를 통해 다른 사람과 마찬가지로 공동체의 제도적 질서에 참여함으로써 자신의 합리적 의사능력을 실현한다. 따라서 자신이 권리에서 배제된다는 것은 자신이 다른 사람과 동등한 능력을 지닌 존재가 아니라는 것을 함축한다. 이로부터 결과하는 것은 해당 개인이 자신의 합리적 의사능력을 정당하게 실현할 수 있는 제도적 수단을 가질 수 없다는 것이며, 또한 이러한 권리 배제를 경험하면서 해당 개인은 자신 역시 다른 사람과 마찬가지로 합리적 판단능력을 지닌 존재라는 자기 존중 의식을 상실하게 된다. 그런데 여기서 말하는 권리의 배제는 단지 국가가 제도적으로 보장하는 권리 향유에서의 배제만을 의미하지는 않는다. 이런 거시적 공동체뿐 아니라 미시적 공동체 내에서의 권리 배제 역시 해당 당사자로 하여금 사회적 무시를 경험하게 하기 때문이다. 즉 다양한 사회적 단체나 조직에서 어떤 개인이 다른 사람이 향유하는 권리를 향유하지 못할 때, 자신 역시 동등한 존재로 존중받고 있음을 경험할 수 없다는 것이다.

이러한 호네트의 주장이 얼마나 설득력을 가질 수 있는지는 권리의 차등을 두는 신분사회를 떠올려본다면 어렵게 않게 알 수 있다. 신분사회에서 신분에 따라 사람을 차별한다는 것은 신분에 따라 향유할 수 있는 권리가 다르기 때문이다. 따라서 피지배 계급에 속한 사람은 지배 계급에 속한 사람에 비해 자신이 사회적으로 존중되고 있음을 경험할 수 없으며, 스스로도 자신이 다른 신분과 마찬가지로 존엄성을 갖고 있고 또한 동일한 이성적 능력을 갖고 있는 존재라고 생각하기 어렵다. 즉 동등한 권리를 향유할 때 긍정적 자기의식을 갖는다는 것은 반대로 동등한 권리 부여에서 배제될 때 긍정적 자기의식을 갖기 어렵다는 점을 통해 잘 드러난다는 것이다. 이는 신분 제도가 철폐된 오늘날의 사회에서도 경험할 수 있는 일이다. 외국인 노동자들은 내국인에 비해 권리에서 차별을 겪는다. 이들은 내국인이 누리는 권리를 동등하게 향유하지 못한다는 것이다. 그렇다면 이들이 과연 해당 국가에서 자신이 내국인처럼 존중받고 있다는 생각을 할 수 있을까? 그리고 이들이 과연 이 나라에서 이러한 권리의 차별을 일상적이고 장기간 겪을 때 자기 자신에 대한 존중 의식을 가질 수 있을까?

세 번째 무시의 유형은 개인의 속성 또는 삶의 방식에 대해 '가치부여를 유보'하거나 열등한 것으로 '평가 절하'함으로써 사회적 연대에서 배제하는 것을 말한다. 한 사회의 문화적 전통은 특정한 개인적 속성이나 삶의 방식을 높게 평가하는 가치 척도를 포함하고 있다. 만약 이러한 가치 척도가 반대로 특정한 개인적 속성이나 생활 방식을 열등한 것으로 평가하는 위계적 가치질서 형태를 띤다면, 이와 관련된 해당 당사자는 자신의 정체성과 삶에 사회적 가치를 부여할 수 있는 기회를 송두리째 빼앗기게 된다. 이로부터 결과하는 것은 해당 당사자가 특정한 인간상을 전제로 형성된 사회적 공동체에서 배제되고 고립화될 뿐 아니라, 그 자신 역시 해당 공동체의 가치 있는 구성원이라는 자긍심을 상실하게 된다는 점이다. 예를 들어 어떤 개인이 가정에서, 학교에서, 직장에서, 그리고 사회 전체에서 따돌림을 당한다면 사실상 이 사람은 자신이 속한 공동체 내에서 소중하고 가치 있는 존재로 평가받고 있다는 의식을 가질 수 없다. 더구나 이런 일은 흔히 특정 개인이나 집단의 존재 가치를 폄하하는 데에서 비롯된다는 점에서 해당 당사자들은 자신에 대한 긍정적 의식을 갖기 어려울 뿐 아니라 열등감이나 자기 비하와 같은 자기 파괴적인 모습을 보이기 쉽다. 물론 이런 무시의 유형은 권리의 배제라는 무시 형태와 구별되어야 한다. 즉 사회적 연대에서의 배제와 권리의 배제는 개념적으로 서로 다르다는 것이다. 왜냐하면 전자는 개인의 특수성에 대한 무시이지만, 후자는 개인의 보편적 능력에 대한 무시이기 때문이다. 그러나 이 양자가 항상 경험적으로 분리되어 나타나는 것은 아니다. 왜냐하면 사회적 연대에서 배제된 사람은 흔히 권리 부여에서도 배제되기 때문이다.

이렇게 인간의 정체성 차원에 따라 세 가지 인정 유형과 이에 상응하는 무시를 유형화하는 것은 다양한 인간관계에 따라 인정과 무시가 무엇을 의미하는지를 구체화시킬 수 있다는 장점을 갖는다. 그러나 그렇다 해도 역으로 사랑, 권리 부여, 연대가 다름 아닌 인정 유형으로 개념화될 수 있는 이유는 무엇일까? 단지 그것이 욕구와 필요를 인정하고, 합리적 판단능력을 인정하고, 개인적 특수성을 인정하기 때문일까? 이에 대해서는 사실 인정이란 단어 말고도 다른 유사 단어를 사용할 수 있는 것은 아닌가? 이런 의구심에서 벗어나기 위해서는 사랑, 권리 부여, 연대가 다름 아닌 인정관계로 개념화될 수 있는 어떤 공통점을 밝혀야 한다. 그러나 이러한 작업이 어려운 것은 아니다. 호네트의 이론적 작업은 타인을 인정한다는 것이 상호주관성이라는 특수한 인간관계를 말한다는 것을 보여주기 때문이다.[11]

먼저 사랑의 예에서 나타나는 것은 타인의 욕구를 자신의 욕구처럼 체험하면서 타인을 정서적으로 배려하려는 상호관계로서 이는 사랑하는 사람들이 타인 속에서 자기 자신으로 존재할 때 가능하다. 즉 타인이 내 안에 존재하기 때문에 나는 타인의 욕구, 혹은 타인의 고통과 기쁨을 나의 욕구, 나의 고통과 기쁨으로 체험한다. 그러나 이 욕구, 고통, 기쁨은 나의 것이 아니라 타인의 것이기 때문에 나는 나 자신을 배려하는 것이 아니라 타인을 배려한다. 둘째, 내가 타인에게 권리를 부여한다는 것은 타인이 나와 마찬가지로 사리판단 능력을 소유한 이성적 행위자라는 판단 하에 그가 자신의 요구를 충족하는 것을 정당한 것으로 보고, 이러한 정당한 요구 충족을 바로 나의 의무로 삼는 일종의 계약관계에 들어섬을 의미한다. 따라서 이 역시 타인이 내 안에서 바로 그 자신으로 존재함을 의미한다. 물론 권리 부여와 사랑이라는 인정관계는 서로 구별된다. 사랑이 감정적 일체감 속에서 이루어지는 정서적 배려라면, 권리 부여는 합리적 판단에 따른 이성적 존중이기 때문이다. 셋째, 타인과 사회적 연대를 맺는다는 것은 그가 지닌 개성이 공동체에 기여한다는 가치부여 하에 가능하며, 따라서 이는 서로가 공동체 구성원이라는 정서적 일체감 속에서 타인의 개성 실현을 격려하고 지원하기 위해 스스로의 행동을 조절할 수 있음을 말해준다. 왜냐하면 타인은 이미 내 안에서 거부할 수 없는 존재로 자리 잡고 있기 때문이다. 사회적 연대는 물론 사랑 및 권리 부여와 구별되지만, 그 차이는 오히려 정서적 배려와 이성적 존중의 합일에 있다고 할 수 있다. 왜냐하면 사회적 연대는 사랑과 같이 특수한 개인 간의 정서적 일체감을 말하는 것은 아니지만, 일종의 우리라는 공동체적 일체감을 표현한 것이며, 그렇다고 이성적 사리판단 하에 이루어진 권리 의무 관계를 말하는 것은 아니지만, 공동체 구성원 간의 동등한 관계가 형성될 수 있는 토대를 제공하기 때문이다.

이렇게 인정 행위를 타인 속에서 자기 자신으로 존재하는 특수한 인간관계로 이해한다면, 이는 동시에 이 인간관계를 구성하는 상호 행위자들의 특정한 주체성을 전제한다고 할 수 있다. 흔히 주체성을 개개의 행위자를 주체로 만드는 자기반성적 태도로 이해한다면, 전통적 의미의 주체성이란 개개의 행위자가 자신이 설정한 보편적 원칙에 맞게 자신의 인식과 행동을 반성하고 규율하는 것을 말한다. 이에 반해 인정 행위를 통해 형성된 특수한 인간관계가 유지되기 위해서는 이런 주관주의적 주체성이 아니라, 상호주관주의적 주체성이 필요하다. 즉 타인의 시각에서 자신의 행동을 규율하고 반성하면서 서로 화해를 이루려는 태도가 필요하다는 것이다. 그렇지 않으면 개개의 주체는 타인의 요구가 무엇인지, 이에 대한 자신의 배려, 존중, 격려가 어떻게 이루어져야 하는지를 가늠하기 어렵기 때문이다. 그러나 이것이 타인에 대한 일방적 종속을 의미하는 것은 아니다. 왜냐하면 이러한 상호주관주의적 주체성은 어느 일방에게만 요구되는 것이 아니라, 상호인정관계를 형성하는 모든 행위자에게 요구되는 태도이기 때문이다. 따라서 나는 타자의 시각에서 나 자신을 반성하지만, 타자는 또한 그의 타자인 나의 시각에서 자신을 반성한다는 점에서 나와 타자는 각기 독립된 개체로서 존재해야 한다. 이런 점에서 인정관계란 일종의 탈중심화된 주체들이 바로 자기 자신으로서 존재하면서도 동시에 타인에 의존하여 행동하는 상호작용 관계라 할 수 있다.

그런데 인정관계를 이렇게 상호주관적 관계로 볼 때 호네트가 말하는 세 가지 인정 유형은 일정한 한계를 갖게 된다. 즉 호네트가 구분한 세 가지 인정 유형은 타인을 인정한다는 것이 구체적으로 어떤 행위를 말하는 것인지를 분석적 차원에서 명료화시킬 수는 있지만, 이러한 인정 유형이 각각 타인을 어떤 존재로 이해하고 대우하는가에 있어서는 불충분성을 드러내기 때문이다. 개인의 정체성 형성 과정에서 볼 수 있듯이 인정이란 근본적으로 개인의 정체성, 즉 나는 누구이고, 누구이어야 하고, 누구이고 싶은가에 대한 자기이해, 내지 자기의식을 타인으로부터 긍정 받으려는 욕구와 결합되어 있다. 따라서 인정이란 간단히 말해서 자기이해에 대한 타인의 긍정이라고 말할 수 있다.

그렇다면 호네트가 말하는 세 가지 인정 유형은 각기 어떤 자기이해를 긍정하는 것일까? 물론 세 가지 인정 유형은 인간의 세 가지 정체성 차원과 관련된 것임을 이미 지적했다. 즉 사람은 욕구를 갖고 있는 정서적 존재, 이성을 갖고 있는 보편적 존재, 개성을 갖고 있는 특수한 존재라는 세 가지 정체성 차원을 갖고 있으며, 따라서 각각의 정체성에 대한 긍정으로서 인정 행위 역시 세 가지 유형으로 구분될 수 있다는 것이다. 그러나 이러한 세 가지 정체성은 인간을 이해하는 일반적 틀일 수는 있어도 역사적이고 사회적인 구체적 조건 하에서 자신의 삶을 영위하는 사회구성원들의 자기이해가 어떤 것인지를 보여주는 것은 아니다. 왜냐하면 타인의 욕구와 정서, 이성과 개성을 긍정한다는 것이 동시에 그가 누구이며, 그가 구체적 사회관계에서 어떤 존재로 등장하는지를 보여주는 것은 아니기 때문이다.

물론 세 가지 인정 유형은 분명 근대사회라는 시대적 조건을 전제한 것으로서 근대 인간의 자기이해를 반영한 것이라 할 수 있다. 호네트에 따르면,[12] 사랑이란 인정 유형이 등장한 것은 아동에 대한 보살핌이 의무화되고, 남녀 간의 관계가 경제적, 사회적 강제로부터 벗어나 자유의사에 맡겨진 근대적 제도화 과정의 결과이며, 권리는 신분사회라는 위계적 질서가 붕괴되면서 모든 인간의 보편적 평등이라는 근대적 이념과 함께 등장한 인정 유형이다. 또한 이는 사회적 가치부여에 따른 연대라는 인정 유형에도 해당된다. 왜냐하면 개인에 대한 사회적 가치부여는 이제 인간이 신분적 구속으로부터 벗어난 개별적 존재로 등장함을 전제하기 때문이다. 구체적으로 살펴보면 이러한 인정은 귀족에 대항하여 경제적으로 성장한 근대 시민들의 가치의식을 반영한 것으로서 '개인적 업적'이라는 새로운 가치평가 모형으로 나타난다. 이렇게 볼 때 세 가지 인정 유형은 정서적 보살핌이 필요할 뿐 아니라, 자유롭고 평등하며, 노동을 통해 사회적 업적을 산출한다는 새로운 인간상을 전제한다. 그러나 세 가지 인정 유형이 강조점을 둔 것은 사실 인정 행위의 특징일 뿐 이를 통해 형성되었을 뿐 아니라 이것이 실현되는 인간관계의 특징은 아니다. 왜냐하면 이러한 인정이 실현되는 대상에 주목해본다면 동일한 인정 유형이 다양한 인간관계로 분화될 수 있음을 알 수 있기 때문이다. 이런 점에서 세 가지 인정 유형은 다양한 인간관계에서 서로가 서로를 어떤 존재로 인정하고 또한 어떤 존재로 인정받고 싶어 하는지를, 즉 개개인의 자기이해를 충분히 반영한 것이 아니다. 이를 구체적으로 살펴보면 다음과 같다.

첫째, 사랑이라는 인정 행위는 호네트의 지적처럼 타인의 욕구를 나의 욕구처럼 충족가치가 있는 것으로 인정한 것으로서 이에 대한 배려 행위를 동반한다. 그러나 같은 사랑이라도 그것이 누구에 대한 사랑이며, 그를 어떤 존재로 인정하느냐에 따라 그 특징이 달라진다. 즉 부모자식 간의 사랑과 이성

간의 사랑, 그리고 친구 간의 사랑은 타인의 욕구를 나의 욕구처럼 충족가치가 있는 것으로 배려한다는 점에서는 동일성을 갖지만, 자신과 상대방이 어떤 존재인가에 대한 이해는 부모, 자식, 애인, 친구 등과의 관계에서 서로 차별성을 보인다는 것이다. 이런 점에서 부모자식 간의 자애와 보은, 이성 간의 열애, 친구 간의 의리처럼 같은 사랑이라도 이를 규정하는 표현들이 다양성을 보인다. 물론 부모란 어떤 존재이며, 자식, 애인, 친구란 어떤 존재인가에 대한 이해가 달라진다면 이들 간에 표현되는 사랑의 방식 또한 달라질 것이다. 예를 들어 남녀 간의 사랑은 역사적으로 변모하고 있으며, 이는 남녀가 서로를 어떤 존재로 이해하고 또한 어떻게 이해받고 싶은지 역시 변화함을 말해준다. 즉 앤서니 기든스의 연구가[13] 보여주듯 근대 자유연애의 기반이 되었던 '낭만적 사랑'은 남녀 간의 역할분담과 이를 토대로 한 위계적 관계를 전제한 것이지만, 이를 넘어서 오늘날 요구되는 '합류적 사랑'은 남녀가 서로를 개성적 존재일 뿐 아니라 자유롭고 평등한 존재로 인정함을 전제한다.

둘째, 권리 부여라는 인정 행위는 모든 사회구성원이 평등한 존재임을 전제하지만, 이는 역사적으로 볼 때 자유권에서 참정권으로, 그리고 다시 사회권으로 변화하고 있다. 이러한 변화는 이전 권리가 갖는 한계를 극복함으로써 인간의 평등을 실질적으로 보장하기 위한 것이지만, 그 이면에는 권리의 주체를 누구로 보느냐, 내지를 권리를 통해 인정받고 싶은 사회구성원의 자기이해가 무엇인지가 역사적으로 변모하고 있음이 전제되어 있다. 즉 자유권은 모든 사회구성원이 자유로운 경제 활동 주체임을 인정한 것이지만, 이는 사회구성원을 정치적 참여 주체로 인정한 것은 아니다. 따라서 참정권의 도입은 사회구성원이 경제 활동 주체라는 제한된 자기이해를 넘어 정치적 의미에서도 자기 자신을 한 사회의 주체로 인식하기 시작했음을 의미한다. 마찬가지로 사회권의 도입은 모든 사회구성원이 적정한 생활수준마저 보장받을 수 있을 만큼 동등한 사회구성원으로 인정받고 있음을 말해주며, 동시에 이런 존재로 자기 자신을 이해하고 있음을 말해준다.

셋째, 개인적 업적에 따른 가치부여는 사회에 기여할 수 있는 개인의 특성에 대한 인정을 표현한 것이지만, 이러한 인정 유형은 개인적 업적이 과연 무엇인가에 따른 사회구성원의 자기이해를 반영한 것이다. 즉 개인적 업적이 단지 고용노동을 의미한다면, 가사노동은 정당한 사회적 가치부여 대상에서 제외되며, 이에 상응하여 가사노동을 전담하는 여성은 사회적 연대에서 배제된다. 다시 말해 여성은 한 사회의 정상적 구성원이 아니라는 것이다. 마찬가지로 사회에 대한 기여로 평가될 수 있는 개인적 업적이 고용을 통한 생산노동만을 의미한다면, 가사노동뿐 아니라 한 사회의 유지에 필요한 모든 재생산노동 역시 사회적 인정에서 배제된다. 이런 점에서 사실 개인적 업적이라는 가치부여 방식은 정상적 사회구성원을 경제적 의미에서의 생산주체로 이해함을 의미하며, 역으로 경제적 생산주체만을 정상적 사회구성원으로 이해함을 말해준다. 따라서 만약 개인적 업적에 대한 가치부여가 고용노동을 통한 생산 활동만이 아니라 사회 재생산에 필요한 모든 사회적 활동으로까지 확대될 것을 주장한다면, 이는 사회구성원들이 자기 자신을 사회적 활동주체로 규정하게 되는 새로운 자기이해를 반영한 것이다.

이렇게 볼 때 오늘날 사회구성원들이 자신을 어떻게 이해하고 있고, 또 어떤 존재로 인정받기를 원하는지를 살펴보기 위해서는 사랑, 권리, 연대라는 일반적 인정 유형이 아니라, 구체적 자기의식의 변화에 따른 다양한 인정관계를 분석의 대상으로 삼아야 한다. 따라서 2부에서 수행될 '현대사회 변동과 인정관계 구조변화'라는 연구 주제는 호네트의 인정 유형 구분이 갖는 한계를 극복하면서도 자아실현의 사회적 조건을 인정관계로 파악하려는 호네트의 통찰을 강화하는 데 기여할 것이다.

2. 인정이론과 사회 발전

호네트의 입장처럼 인정 행위가 개인의 긍정적 자기관계를 형성하고, 반대로 무시 행위가 개인의 삶 자체를 파괴할 수 있다는 점을 받아들인다면, 인정은 성공적 자아실현을 위한 가능 조건이 된다. 그런데 이러한 정당화 방식은 사실 윤리를 기능주의적으로 파악할 때 가능하다. 왜냐하면 지금까지 설명한 인정과 무시의 유형학은 인정이라는 행위가 그 수혜자의 삶을 위해 어떤 기능을 하는가에 초점이 맞추어져 있기 때문이다. 그렇다면 어떻게 이러한 입장이 도덕적으로 정당화될 수 있을까? 호네트는 인정 행위를 도덕적으로 정당화하기 위해 인정 행위의 도덕적 위상을 밝힐 뿐 아니라, 이를 통해 한 사회의 발전을 평가할 수 있는 도덕적 기준을 제시한다.

인정과 도덕

호네트의 인정이론은 인정 경험이 개인의 긍정적 자기의식을 형성하게 할 뿐 아니라 적극적 자아실현을 가능하게 한다는 점에서 이를 인간 상호 간의 의무로 규정하려는 윤리적 입장으로 발전한다.[14] 이러한 입장은 종래의 윤리학이 전통적으로 취하고 있는 두 가지 경쟁적 노선인 목적론과 법칙론의 대립을 넘어선 것이다. 호네트에 따르면 윤리란 목적론적으로 설명될 수 있는 것도, 그렇다고 법칙론적으로 설명될 수 있는 것도 아니다. 왜냐하면 각각의 입장은 일정 정도 편향성을 지닐 수밖에 없기 때문이다.

우선 목적론적 입장을 살펴보자. 이는 모든 것이 목적을 갖고 있다는 전제하에서 인간의 삶의 궁극적 목적을 실현하기 위한 행위를 윤리적 행위로 간주한다. 그런데 인간이 자신의 삶의 목적을 달성하기 위해 타인에 대해 취해야 할 아무런 의무도 없는 것일까? 예를 들어 목적론적 윤리관의 기원을 이루는 아리스토텔레스는 인간을 이성적 존재로 보았을 뿐 아니라 인간의 삶의 목적을 행복에서 찾았다. 그렇다면 인간에게 행복은 어떻게 가능한가? 그의 대답은 인간의 고유한 능력인 이성을 가장 잘 실현할 때 행복에 이른다는 것이다. 따라서 그는 이성의 지성적 측면이 교육을 통해, 그리고 도덕적 측면이 습관을 통해 잘 실현될 때 인간은 행복한 삶에 이른다고 보았다. 분명 이러한 입장은 내가 나의 행복을 위해 어떻게 행동해야 하는가를 가르쳐주지만, 나의 행복이 타인과는 어떤 관계에 있으며, 타인과의 관계에서 어떻게 행동해야 하는가에 대해서는 아무런 대답도 주지 않는다. 이런 점에서 목적론적 윤리관은 윤리가 인간관계를 규율하는 규범으로서의 성격을 지닐 수 있다는 점을 간과하고 있다.

이에 반해 법칙론적 입장에 따르면 인간의 행위는 옳고 그름에 따라 평가할 수 있고, 올바른 행위가 무엇인지를 제시할 수 있는 도덕적 법칙이 존재한다. 따라서 모든 개인은 이러한 도덕적 법칙에 따라 행동해야 할 의무가 있으며, 그렇지 못할 경우 비도덕적이라 비난받는다. 칸트는 아리스토텔레스와 마찬가지로 인간을 이성적 존재로 보았지만, 그는 윤리적 행위가 이성을 잘 실현하는 데 있는 것이 아니라, 바로 인간이 이성적 존재로서 자기 자신에게 부여한 이성적 법칙, 즉 정언명법에 따라 행동하는 것을 윤리적 행위로 보았다. 그렇다면 윤리란 단지 도덕 법칙을 실현하기 위해 필요한 것이며, 개인의 삶과는 무관한 것일까? 도대체 개인이 이러한 법칙에 따라 행동해야 할 동기는 있는 것일까? 만약 윤리가 단지 도덕적 법칙에 복종해야 할 의무로만 규정된다면 이것이 개인의 삶에 어떤 의미가 있는지를 설명하기란 어려운 일이 되고 만다.

호네트는 윤리를 삶의 목적 실현을 위해 필요한 행위나 법칙에 대해 의무로 규정하는 것이 아니라, 인간의 삶을 보호하기 위한 보호 장치로 규정한다. 따라서 이는 인간의 행복한 삶에 기여할 수 있으면서도 동시에 인간 상호 간에 준수해야 할 의무로서의 성격을 지닌다. 그렇다면 호네트는 왜 윤리를 일종의 보호 장치로 규정했을까? 그것은 무엇보다도 인간의 삶이 타인으로부터 훼손될 수 있다는 가정 때문이다. 1장에서도 서술했듯이 인간은 자신의 삶의 의미에 대해 질문하면서 자기의식을 갖게 된다. 즉 인간은 자신이 누구이고 또한 어떤 삶을 살아야 하는지 나름대로 상을 가지고 있다는 것이다. 이런 점에서 인간의 삶은 단순한 생존 유지가 아니라, 자기실현을 의미한다. 마찬가지로 인간은 이렇게 자기의식을 지니고 있기 때문에 타인이 이를 긍정하느냐, 부정하느냐에 따라 삶의 경험이 달라질 수밖에 없다. 인정이 타인 그리고 세계와의 새로운 합일을 형성할 수 있는 길이라면, 이제 인간은 자기의식이 부정당했을 때 독립성을 유지하면서 동시에 합일을 이루는 것이 아니라, 자신의 독립성을 희생한 채로 세계와 합일하거나, 아니면 다시 세계로부터의 분리와 고립에 빠질 수밖에 없다는 것이다.

인정 윤리는 개인의 행복한 삶이 성공적 자아실현을 통해 가능하며 성공적 자아실현의 가능성이 타인의 긍정적 태도에 달려 있다고 본다. 그러나 반대로 타인의 부정적 태도를 경험할 때 심리적 상처는 물론 자신의 정체성과 삶에 대한 긍정적 관계가 훼손될 위험성 하에 놓이게 된다고 본다. 따라서 개인의 삶을 보호하기 위해서는 인간 상호 간의 윤리적 의무가 필요하며, 그 의무의 내용이란 각 개인이 자신의 삶에 대해 긍정적 태도를 가질 수 있게 하는 상호인정이다. 즉 인정이란 타인의 자아실현을 보장하는 필수적 조건이며, 이런 점에서 상호인정은 인간 상호 간의 의무로 설정될 수 있다는 것이다.

인정과 진보

이렇게 사회적 인정을 개인의 성공적 자아실현, 긍정적 자기의식, 그리고 행복한 삶의 가능 조건이란 점에서 도덕적으로 정당화한다면 한 사회의 도덕적 발전을 평가할 수 있는 규범적 기준을 획득하게 된다. 이는 단적으로 말해서 현존 사회가 어떤 개인이나 집단을 정상적 구성원으로 인정함으로써 이들로 하여금 사회적 배려, 제도적 권리 부여, 사회적 연대를 경험할 수 있도록 하고, 어떤 개인이나 집단에 대해서는 이들을 무시함으로써 이러한 경험을 불가능하게 만들고 있느냐의 문제다. 그런데 사실 사회적 인정과 무시는 개인의 취향에 따라 결정되는 자의적인 것이 아니다. 왜냐하면 인정과 무시의 현상은 사회적으로 볼 때 일종의 일반성을 띠고 나타나기 때문이다. 즉 사회적으로 영향력을 발휘하는 특정한 인간상이 있고, 이에 맞는 사람은 사회적 인정을 향유하고, 그렇지 못한 사람은 사회적 무시의 대상이 된다는 점에서 인정과 무시는 개인적이고 자의적인 기준이 아니라, 흡사 객관적이고 필연적인 기준에 따라 이루어지는 것처럼 보인다는 것이다. 이런 점에서 비록 제도적으로 명시된 것은 아니지만 인정과 무시의 일반적 기준을 통해 사회 구성원들 사이의 일상적 관계에 모세혈관처럼 파고드는 일종의 사회적 질서가 존재함을 알 수 있다. 즉 어떤 사람과는 서로 교류하고 유대관계를 맺으며 서로의 동등한 가치를 인정하게 하고, 어떤 사람과는 교류나 유대는 고사하고 이들을 사회에서 배제하거나 폄하하게 하는 '사회적 인정질서'가 존재한다는 것이다. 따라서 이제 인정이론은 윤리적 행위라는 개인적 지평을 넘어 사회적 인정질서에 주목하면서 사회적 인정의 대상과 내용을 사회 비판의 규범적 기준으로 삼을 수 있다.

호네트는 이러한 비판 방식을 특히 '병리적'이란 개념을 통해 정식화한다.[15] 병리적이란 말은 흔히 의학 용어로, 신진대사가 정상적으로 이루어지지 않는 병적 상태를 지칭한다. 마찬가지로 이는 신체적 상태만이 아니라 정신적 상태에도 적용된다. 즉 정신병리학이란 용어가 있듯이 인간의 심리 상태가 왜곡될 때도 병리적이란 용어를 사용한다. 그렇다면 이러한 용어를 사회에 대해 적용할 수는 없을까? 물론 정상적 사회상을 전제하고 이에 어긋난 사회적 현상이 만연할 때 이러한 사회를 병리적이라고 진단할 수 있다. 그러나 호네트가 사회에 대해 병리적이란 용어를 사용하는 방식은 다소 우회적이다. 왜냐하면 호네트는 정상적 사회가 아니라, 개인의 정상적 삶을 전제하고 이를 왜곡시키는 사회적 조건, 혹은 사회적 현상을 병리적으로 규정하기 때문이다. 즉 현존하는 사회가 그 구성원들의 삶을 왜곡하고 병들게 만든다면 이는 병리적 사회이고, 따라서 반대로 현존하는 사회가 그 구성원들의 삶을 정상화시키고 건강하게 만든다면 이는 건강한 사회로 규정될 수 있다는 것이다. 그렇다면 개인의 정상적 삶이란 무엇을 의미할까? 이것은 지금까지 설명했듯이 '주격 나'와 '목적격 나'가 화해하고, 이를 통해 형성된 개인의 정체성이 긍정적 자기의식 아래 실현되는 것을 말한다. 왜냐하면 이럴 때 개인은 비로소 적극적 자아실현에 나설 수 있기 때문이다. 이런 점에서 우리는 적극적 자아실현의 가능 조건인 사회적 인정이 보장된 사회를 건강한 사회로, 그리고 사회 구성원들이 사회적 무시로 고통당하는 사회를 병리적 사회로 볼 수 있다.

그러나 현실적으로 존재하는 사회를 고찰해본다면 모든 사람에게 사회적 인정이 보장되는 것도 아니고, 그렇다고 모든 사람이 사회적 무시 때문에 자기실현의 기회를 상실하는 것도 아니다. 개인의 자기의식이 타인과의 관계에서 형성될 뿐 아니라 이를 통해 성장한다면, 이에 따라 사회적 인정 역시 그 대상과 내용이 지속적으로 변화할 수밖에 없기 때문이다. 따라서 현실 사회에서는 비록 사회적 인정을 향유하고 있다 하더라도 새로운 자아 정체성 요구가 등장하면서 기존의 인정질서와 대립할 수밖에 없고, 또한 기존의 인정질서에서 배제된 사람들 역시 자아실현의 조건을 확보하기 위해서는 현실사회에 저항할 수밖에 없다. 이런 점에서 사회적 인정질서와 갈등하는 개인이 증가하면서 또한 이들의 갈등 경험이 일반화되고 집단화될 때 현실사회는 사회적 인정의 대상과 내용을 확장하려는 인정투쟁에 직면하게 된다. 즉 자신의 자아실현과 행복한 삶을 위한 사회적 저항과 병리적 사회 극복을 위한 집단적 투쟁이 가시화된다는 것이다. 이러한 투쟁은 자신을 무시한 상대방을 파괴하려는 것도, 자신을 배려, 권리 부여, 연대 형성에서 배제하는 사회 자체를 철폐하려는 것도 아니다. 이는 새로운 인정질서를 형성함으로써 모든 사회 구성원이 동등한 존재로서 서로 공존하고 화해할 뿐 아니라 각자의 자아실현을 보장하는 건강한 사회를 목적으로 한다. 인정투쟁은 바로 이런 점에서 도덕적 정당성을 갖는다.

호네트는 인정투쟁을 통한 도덕적 사회 발전을 주장하면서 규범적 차원에서는 그 최종 목적을 개인의 보편성과 특수성이 실현된 사회로 본다. 즉 인간인 한 모든 개인이 공유하는 보편적 특성으로서 이성적 능력을, 그리고 개인과 개인을 구별하게 하는 각자의 개성적 특성을 발휘할 수 있는 사회를 이상적 사회로 규정한다는 것이다. 물론 그 가능 조건은 사회의 모든 구성원을 보편적이고 특수한 존재로 인정함으로써 이들에게 성공적 자아실현을 보장하는 사회적 인정질서의 형성에 있다. 그러나 개인을 보편적이고 특수한 존재로 인정한다는 것이 무엇을 의미하는지 그 구체적인 내용은 항상 현실사회의 실제적 상황을 통해 규정될 수밖에 없다. 즉 개인이 어떤 존재로 인정되는 것이 바로 개인의 보편성과 특수성을 실현하게 하는 것이냐는 사회 변동 과정에서 구체적으로 제기되는 개인의 정체성 요구를 통해서만 이해될 수 있다는 것이다.

3장

인정투쟁과 진보적 사회 변혁

1. 인정투쟁의 구조

지금까지 서술했듯이 호네트의 인정이론에 따르면 인간은 사랑, 권리, 연대를 통해 타인의 인정을 경험함으로써 긍정적 자기의식을 갖게 됨은 물론, 성공적 자아실현의 조건을 확보하게 된다. 이런 점에서 인정이란 도덕적 정당성을 확보할 수 있으며, 사회 비판의 규범적 토대가 된다. 그러나 역설적이게도 인정은 사회 비판의 규범적 토대가 아니라, 기존 사회를 유지하기 위한 지배의 도구일 수 있다.[1] 왜냐하면 인정 획득이란 투쟁을 통해서만 이루어지는 것이 아니라, 사회적으로 영향력을 발휘하는 특정한 인간상에 따라 자신의 삶을 영위할 때도 가능하기 때문이다. 즉 인정이란 기존의 인정질서에 저항하는 것이 아니라, 역으로 이에 복종함으로써 획득될 수도 있다는 것이다. 본 글에서는 이러한 인정에 대한 이중적 해석이 어떤 근거에서 등장하는지를 밝히고, 이러한 이중성을 극복할 수 있는 인정투쟁의 역동적 구조를 설명할 것이다.[2]

인정투쟁의 이중성

인간의 성공적 자아실현의 조건인 인정 획득이 투쟁을 통해 이루어지는가, 아니면 복종을 통해 이루어지는가를 판단하는 데 분기점을 이루는 것은 무엇보다도 사회적 인정을 정당화하는 방식과 관련이 있다. 앞서 설명했듯이 호네트는 인정 행위를 일종의 도덕적 의무로 설정함으로써 이를 정당화한다. 즉 도덕이란 개인의 자아실현을 타인의 훼손 행위로부터 보호함으로써 개인의 행복한 삶을 보장하는 일종의 보호 장치로서의 기능을 한다. 따라서 타인의 성공적 자아실현을 보장하는 인정 행위는 도덕적으로 정당하다는 것이다. 그러나 이는 인정 수혜자의 입장에서 인정이 어떤 기능을 하느냐에 초점을 맞춘 것으로서 인정 행위자의 입장을 고려한 것은 아니다. 왜냐하면 인정 행위자의 입장에서 중요한 것은 인정이 그 수혜자에게 어떤 기능을 하느냐가 아니라, 인정의 정당한 기준이기 때문이다. 즉 인정 행위자는 구체적인 상황에서 어떤 사람을 인정하고 어떤 사람은 인정하지 말아야 올바른 행동인가를 고민한다는 것이다. 이 경우 인정 행위자가 인정에 대한 아무런 합리적 기준도 갖고 있지 않다면 인정 행위 자체가 불가능할 뿐 아니라 이를 정당화할 수도 없다. 그렇다고 무조건 모든 사람을 인정한다는 것은 사실 무의미하다. 왜냐하면 이는 인정받는 사람이 어떤 사람인지도 몰라도 그를 인정해야 한다는 것과 같은 의미라는 점에서 인정 행위가 타자를 통한 자기반성이라는 상호주관적 구조를 가질 수 없기 때문이다. 따라서 무조건 모든 사람을 인정한다는 것은 상호주관성에 근거할 때 사실 아무도 인정하지 않는 것과 마찬가지이다. 그렇다면 인정 행위자의 인정 행위를 결정하는 기준은 무엇일까? 흔히 인정 행위자에게 인정 행위의 기준이 되는 것은 한 공동체 내의 일반적 가치질서이다. 왜냐하면 이를 통해 어떤 개인적 속성이나 정체성이 인정 가치가 있는지를 판단할 수 있을 뿐 아니라 이에 근거한 인정 행위를 올바른 인정 행위로 정당화할 수 있기 때문이다. 이런 점에서 인정 행위는 도덕적 기능이란 측면에서만이 아니라 실체적 가치에 근거하여 내용적으로도 정당화될 수 있다.

물론 인정 행위에 대한 이러한 두 가지 정당화 방식이 반드시 대립하는 것은 아니다. 어떤 특정한 개인이나 집단에 대한 인정 행위가 현존하는 가치질서에 따라 이루어질 때 이는 한편으로 올바른 인정 행위이면서도 동시에 인정 수혜자에게 성공적 자아실현을 가능하게 하기 때문이다. 그러나 문제는 두 가지 정당화 방식이 서로 대립하는 경우이다. 예를 들어 인정 행위가 기존의 가치질서를 벗어난 것이라면, 이것이 비록 인정 수혜자에게 성공적 자아실현을 가능하게 한다 하더라도 이는 기존 가치질서에서 볼 때 올바른 행위가 아니다. 그러나 역으로 볼 때 기존의 가치질서는 특정한 인간상을 전제함으로서 이에 어긋나는 개인이나 집단의 성공적 자아실현을 불가능하게 한다는 점에서 도덕적으로 정당화되기 어렵다. 이렇게 두 가지 정당화 방식이 대립하는 지점에서 '투쟁을 통한 인정'과 '복종을 통한 인정'이 분기점을 이루게 된다. 기존의 가치질서를 통한 인정을 원하는 사람은 이에 복종함으로써 인정을 획득할 뿐 아니라 이 가치질서를 통해 자신을 정당화할 수 있다. 그러나 반대로 기존 가치질서를 통해 인정받을 수 없는 사람은 미래의 사회적 인정을 위해 기존의 가치질서에 저항하며 인정투쟁을 전개해나갈 수밖에 없다. 물론 이러한 인정투쟁이 정당성을 가질 수 없는 것은 아니다. 그러나 이는 인정이 성공적 자아실현을 가능하게 하는 도덕적 보호 장치라는 입장을 통해서만 가능하다.

이렇게 인정 행위의 규범적 정당화 방식에서 나타나는 인정 획득 방식의 차이는 인정 행위가 보장하는 성공적 자아실현이 과연 무엇을 의미하는지 역시 다르게 이해하게 한다. 왜냐하면 두 가지 인정 획득 방식은 이미 서로 다른 자아형성 과정을 전제하기 때문이다. 즉 복종을 통한 인정 획득이 전제하는 자아형성이란 기존의 가치질서를 내면화함으로써 이루어진다. 다시 말해 현존하는 가치지평 내에서 자신의 삶의 방식을 습득하고 이를 통해 삶의 목표를 설정한다면 사회적 인정을 획득할 수 있다는 것이다. 그러나 이에 반해 투쟁을 통해 인정 획득은 이러한 일방적 사회화 과정을 전제하지 않는다. 인정투쟁은 기존의 가치질서에서 인정될 수 없는 것을 인정받으려 한다는 점에서 이미 이러한 질서를 넘어서 있기 때문이다. 따라서 인정투쟁은 사회화를 통한 자아형성이 아니라, 발생적으로 볼 때 기존의 가치질서에 대한 반발 속에서 이루어진 창조적 자아형성을 전제할 수밖에 없다. 따라서 복종을 통한 인정 획득이 사회화된 자아의 성공적 실현 조건이라면, 인정투쟁은 창조적으로 형성된 자아의 성공적 실현 조건이라 할 수 있다.

이처럼 똑같은 인정 행위를 전제하면서도 이를 통해 가능해진 자아실현의 형태가 달라진다면, 인정 행위의 사회적 기능에 대한 평가 역시 이를 사회 비판의 규범적 토대로 보는 입장과 한 사회의 문화적 통합을 위한 이데올로기적 지배 도구로 보는 입장으로 갈리게 된다. 만약 성공적 자아실현이 사회화 과정을 통해 내면화된 사회적 가치의 실현으로 이해된다면 이는 기존의 가치질서에 대한 복종과 동일하며, 이를 가능하게 하는 사회적 인정은 기존의 가치관을 절대화함으로써 문화적 통합을 가속화시키는 지배수단이 된다. 따라서 인정 획득을 위한 개인의 노력은 복종을 통해 이루어지며, 이를 위해 기존의 가치질서에 배치되는 다른 삶의 가능성은 포기되어야 한다. 그러나 역으로 기존의 가치질서에 배치되는 삶의 방식을 포기하는 것이 자기 자신과 자신의 삶 자체에 대한 부정으로 경험된다면 이제 행위 주체는 이에 저항하면서 투쟁을 통한 인정 획득을 추구할 수밖에 없다. 이렇게 사회적 인정이 투쟁을 통해 획득된다면 이제 사회적 인정이란 기존의 가치질서를 유지하기 위한 지배수단이 아니라, 반대로 기존의 가치질서를 비판할 수 있는 규범적 토대가 된다. 기존의 가치질서는 결국 새로운 정체성이나 삶의 방식을 억압하고 성공적 자아실현을 가로막는 무시의 질서가 되기 때문이다. 따라서 인정투쟁은 기존의 가치질서를 상대화시키고 문화적 변동을 가속화시키는 사회 변혁의 수단이 된다.

이렇게 복종을 통한 인정과 투쟁을 통한 인정은 각기 다른 정당화 방식과 각기 다른 자아형성 과정을 전제함으로써 기존 사회에 대한 통합이나 저항이라는 대립적 관계로 발전하지만, 이러한 구분은 일종의 관찰자적 관점, 내지 중립적 관점에서 서술된 것으로 실제로 복종이냐, 투쟁이냐를 선택하는 것은 해당 당사자가 사회적 인정을 요구하는 심리적 동인이 무엇인가에 달려 있다. 왜냐하면 기존의 가치질서를 수용하려는 심리적 동인이 없다면 사회적 인정이 문화적 통합수단이 될 수 없으며, 마찬가지로 인정투쟁 역시 이를 추동하는 개인적 동인이 없다면 실현 가능성 자체가 문제시되기 때문이다. 그렇다면 과연 기존 가치질서에 대한 복종을 통해서라도 사회적 인정을 획득하려는 심리적 동인과 이에 대한 갈등을 무릅쓰고서라도 사회적 인정을 획득하려는 심리적 동인을 서로 구분해낼 수 있을까?

호네트가 말하는 '정해지지 않음의 고통'은 이에 대한 실마리를 제공해준다.[3] 이에 따르면 만약 삶의 구체적 목표와 방향을 제시하는 모든 가치표상이 존재하지 않는다면 인간은 무한한 자유를 향유하는 것이 아니라, 역설적이게도 행위불능 상태에 빠질 수 있다. 왜냐하면 인간은 타인과 공유하는 가치질서가 존재하지 않을 때 매순간 구체적 삶의 상황에서 타인과 상호작용할 때 무엇을 어떻게 해야 할지를 스스로 판단해야 하는 부담을 져야 하며, 이런 판단에 대한 타인의 인정을 받는다는 것은 실로 어려운 일이기 때문이다. 그러나 사회적 가치질서란 각 개인이 무엇을 어떻게 해야 하고, 또 어떤 사람이 되어야 사회적 인정을 획득할 수 있는지를 정해준다. 따라서 개인은 이러한 가치질서에 복종함으로써 이른바 '정해지지 않음의 고통'에서 벗어나 구체적 행위 방향성을 정할 수 있을 뿐 아니라, 이를 통해 사회적 인정을 획득하게 됨으로써 자신의 삶의 정당성을 사회적으로 보장받게 된다. 이런 점에서 개인이 복종을 통해 사회적 인정을 획득하려는 것은 이를 통해 '정해지지 않음의 고통'에서 벗어나 무엇을 하고 무엇을 하지 말아야 할지, 그리고 어떤 사람이 되고 어떤 사람이 돼서는 안 되는지를 스스로 판단할 수 있기 때문이다. 이렇게 보면 사실 기존 가치질서에 복종한다는 것은 행위 당사자 자신에 대한 어떤 억압을 의미하는 것이 아니라, 역설적이게도 자유를 가능하게 한다.

이러한 '정해지지 않음의 고통'과는 반대로 '정해짐의 고통'을 이야기할 수 있다면 인정투쟁을 추동하는 심리적 동인이 무엇인지를 밝히는 것은 어려운 일이 아니다. 이미 상식화되었듯이 프로이트의 정신분석학은 노이로제의 원인을 특정한 생활방식을 강요함으로써 무의식적 충동을 억압하는 사회 문화적 질서에서 찾고 있다. 따라서 정신분석학적 억압 개념을 전제한다면 이제 '정해짐의 고통'을 현존하는 가치질서에 대해 저항하게 만드는 심리적 동인으로 설정할 수 있다. 즉 복종을 통한 인정 획득이 '정해지지 않음의 고통' 때문에 촉발된다면, 인정투쟁은 사회구성원이 원하던, 원하지 않던 반드시 어떤 것을 해야 하는 억압적 상황 때문에 발생하는 '정해짐의 고통' 때문에 촉발된다는 것이다. 이런 점에서 인정투쟁은 이를 통해 자신의 삶을 사회적으로 보장받음으로써 성공적 자아실현의 기회를 확보하기 위함일 뿐 아니라, 근본적으로 자신을 노이로제 상태에 빠지게 하는 이미 정해져 있음의 강제에서 벗어나 자신의 내적 충동을 해방시키기 위함이라 할 수 있다.

인정투쟁의 역동성

이렇게 인정 행위가 갖는 이중성을 전제한다면 인정투쟁을 통한 인정 획득과 복종을 통한 인정 획득은 서로 대립관계에 있다. 따라서 만약 이를 양자택일의 문제로 본다면 하나의 인정 획득 방식은 다른 인정 획득 방식이 갖는 장점 모두를 부정하게 된다. 단적인 예로 투쟁을 통한 인정 획득은 일견 가치질서를 통한 정당화, 사회화의 필요성, 내지 문화적 통합 모두를 부정하는 것처럼 보인다는 것이다. 그러나 호네트의 인정이론이 전제하는 인정투쟁은 인정 행위의 이중성을 사실상 양자택일 관계에서 보지 않는다. 왜냐하면 인정이론은 인정투쟁을 사회 발전의 역동적 구조 속에 위치시키고 있기 때문이다.

앞서 서술했듯이 인정이론이 전제하는 사회 발전관은 인정투쟁을 통해 사회적 인정의 대상과 내용이 확장됨으로써 해당 사회의 도덕적 수준이 향상된다는 것이다. 왜냐하면 이를 통해 개인의 인정 가치에 대한 사회적 표상들이 역사적 제한성을 넘어 더욱 풍부해진다는 점에서, 더 많은 사람들이 긍정적 자기의식 하에 자신의 삶을 영위할 수 있는 자아실현의 조건이 형성되기 때문이다. 앞서 설명했듯이 호네트가 인정이론의 경험과학적 토대를 마련하기 위해 도입한 미드의 두 가지 자아 개념은 왜 인간이 사회적으로 요구되는 인간상을 넘어서 새로운 정체성 요구에 이르게 되는가를 간명하게 보여준다. 즉 '목적격 나'에 반발하는 '주격 나'의 차원은 '목적격 나'에 저항하는, 내지 '목적격 나'가 억압하는 내적 충동을 보여준다는 것이다. 따라서 해당 개인은 자신의 무의식적 반발력에 대해 의식적 실현 형태를 창조해냄으로써 기존의 가치지평을 넘어선 새로운 정체성 요구로 나아가게 된다. 그러나 이러한 정체성 요구는 기존의 인정질서에서 인정될 수 없는 것이라는 점에서 '목적격 나'와의 갈등이 불가피하지만, 그럼에도 새로운 정체성 요구가 사회적 인정을 포기해야 하는 것은 아니다. 사회적 인정이 전제되지 않는 한 개인의 성공적 자아실현이 불가능할 뿐 아니라 해당 개인은 '목적격 나'와 '주격 나'의 갈등을 해소하지 못한 채 자기 분열 상태에 빠지게 되기 때문이다. 따라서 이제 '목적격 나'에 저항하는 '주격 나'를 체험한 개인은 자신의 정체성 요구가 수용됨으로써 '목적격 나'와 '주격 나'가 화해를 이루게 되는 미래의 인정질서를 머릿속에 그리며 기존의 인정질서에 대해 저항하게 된다.

이렇게 '목적격 나'와 '주격 나'라는 두 가지 자아의 차원 속에서 이해된 인정투쟁은 어떻게 인정 행위의 이중성이 역동적으로 매개되는지를 이미 분명하게 보여주고 있다. 우선 '목적격 나'와 '주격 나'는 각각 사회적 가치의 내면화와 창조적 자아 형성이라는 두 가지 정체성 형성 과정을 전제한다. 개인이 '목적격 나'와 자신을 동일화한다는 것은 '목적격 나'로 대변되는 해당 사회의 일반적 기대를 내면화한다는 것이며, 따라서 기존 사회에서 그 가치가 인정되는 개인상에 따라 자신의 정체성을 형성한다는 뜻이 된다. 이와 반대로 개인이 '주격 나'의 반발력에 그 실현 형태를 부여하려 한다는 것은 '목적격 나'로 대변되는 기존의 가치지평을 넘어서 자기 자신을 창조적으로 형성한다는 것을 의미한다. 따라서 '목적격 나'와 '주격 나'는 인정 행위에 대한 서로 다른 정당화 방식과 결합된다. 즉 개인이 '목적격 나'를 자기 자신과 동일시함으로써 사회적 인정을 획득할 경우 이러한 인정 행위는 기존의 가치질서 속에서 정당화된다. 왜냐하면 '목적격 나'는 해당 공동체의 구성원들이 공유하고 있는 가치관이 일반화된 타자의 기대라는 방식으로 내면화된 것이기 때문이다. 이에 반해 '주격 나'에 대한 사회적 인정은 그것이 수행하는 기능에 따라 정당화될 수밖에 없다. 왜냐하면 '주격 나'의 정체성 요구는 이미 기존의 가치지평을 넘어서고 있다는 점에서 이에 대한 정당화는 성공적 자아실현을 보장하라는 상호주관적 의무를 통해 이루어질 수밖에 없기 때문이다. 인정 행위의 이중성이 '목적격 나'와 '주격 나'와 관련해서 설명될 수 있음은 인정이 사회 비판의 토대인가 아니면 지배의 도구인가 하는 문제에도 적용될 수 있다. 한편으로 개인이 '목적격 나'와 자기 자신을 동일화시킴으로써 사회적 인정을 획득한다는 것은 기존의 가치기준을 통해 자신이 누구이며 또한 누구이여야 하는가를 인식한다는 것이다. 따라서 사회적 인정은 기존 사회의 가치관에 대한 복종을 유도함으로써 이를 재생산하고 결국 개인에 대한 사회적 지배력을 강화시키는 기능을 하게 된다. 그러나 이에 반해 '주격 나'는 '목적격 나'에 의해 억압된 내적 충동력을 해방시키는 역할을 한다는 점에서 기존 사회의 인정질서가 갖는 제한성을 비판할 수 있는 규범적 토대가 된다.

이처럼 인정 행위의 이중성을 '목적격 나'와 '주격 나'의 갈등 구조로 해석한다면 인정 행위의 이중성은 화해 불가능한 내적 모순이 아니라, 역동적 사회발전 과정을 통해 서로 통일될 수 있다. 왜냐하면 미래의 확장된 인정질서를 선취하며 현재의 인정질서에 저항하는 것은 비록 그 동인이 '목적격 나'와 '주격 나'의 갈등이지만, 그 저항의 목표는 양자 간의 화해이기 때문이다. 다시 말해 '주격 나'에서 비롯된 새로운 정체성 요구는 현재의 '목적격 나'에 대한 반발이지만 미래의 확장된 인정질서에서는 '목적격 나'의 위상을 갖는다는 것이며, 이와 마찬가지로 현재의 '목적격 나' 역시 비록 현재의 '주격 나'에 대한 억압을 의미하지만 그것은 과거의 제한된 인정질서에 저항한 '주격 나'의 현재태라는 것이다. 이렇게 '목적격 나'와 '주격 나'를 갈등과 화해라는 역동적 관계로 이해한다면 인정 행위의 이중성 역시 사회동학이라는 차원에서 통합된다. 즉 '주격 나'의 저항이 현재의 시각에서는 창조적 자아형성으로 나아가지만 선취된 미래의 시각에서는 이것은 이미 사회적으로 가치 있는 것으로 인정된 개인상을 내면화한 것이나 마찬가지이며, '주격 나'의 요구가 현재의 가치질서를 넘어섰다는 점에서 이에 대한 실체적 정당화가 불가능하고, 단지 기능적 정당화만 가능하지만, 미래의 확장된 가치기준 하에서는 이미 실체적 정당화가 가능하다는 것이다. 마찬가지로 '주격 나'가 추구하는 사회적 인정은 현존 사회를 비판할 수 있는 토대가 되지만, 이는 미래의 가치질서 하에서 역으로 새로운 저항을 촉발하는 지배의 도구이기도 하다. 이런 점에서 사회적 인정에 대한 이데올로기적 입장은 인정 개념 자체에 대한 부정이 아니라 인정질서의 제한성을 드러내는 것이며, 사회적 인정에 대한 사회 비판적 입장은 사회적 인정질서의 지속적 확장을 위해서도 경직된 인정질서가 가질 수 있는 이데올로기적 기능을 전제해야만 한다.

이렇게 인정투쟁을 인정 행위가 갖는 이중성의 역동적 통일로 이해한다면, 인정투쟁이 결국은 무엇에 대한 투쟁이며, 이 투쟁은 어떻게 진행될 수밖에 없는가를 어렵지 않게 알 수 있다.[4] 즉 인정투쟁은 결국 개인의 정체성을 둘러싼 문화적 해석 영역에서 수행되는 상징적 투쟁으로서 사회적 의사소통 과정에서 기존의 가치관을 문제 삼고 이를 넘어선 새로운 정체성 요구에 대한 사회적 긍정을 유도하는 방향으로 진행될 수밖에 없다는 것이다. 이런 점에서 인정투쟁의 성공을 위해서는 무엇보다도 현재의 인정 행위를 지배하는 인간에 대한 이해가 단지 사회적이고 역사적 산물일 뿐 보편타당한 것이 아니라는 점을 폭로할 수 있어야 한다. 왜냐하면 이런 인식이 없다면 인정관계 확장 요구는 아무런 정당성을 가질 수 없기 때문이다. 또한 인정투쟁은 미래의 확장된 인정관계가 기존 사회의 통합을 파괴하는 것이 아니라 오히려 이를 가속화시킬 수 있다는 점을 지적해야 한다. 다시 말해 새로운 정체성 요구를 받아들임으로써 사회적 인정관계를 확장하는 것은 결코 이를 인정하지 않은 사람에 대한 공격이 아니라 상호 화해를 추구하는 것이며, 더구나 사회적 인정관계가 확장되면서 지금까지 여기에서 소외된 사회적 소수자나 주변부 세력이 기존 질서에 편입됨으로써 사회적 통합력이 강화된다는 인식을 확산시켜야 한다는 것이다. 이러한 인식이 전제되지 않는다면 현재의 인정질서에 저항하려는 사람들뿐 아니라 이를 유지하려는 사람들에게도 새로운 미래를 설계한다는 것은 사실상 아무런 의미도 없을 것이다.

2. 투쟁의 유형들

지금까지 서술했듯이 인정투쟁은 한 사회가 도덕적으로 발전하는 역동적 구조를 보여줄 뿐 아니라 사회변혁운동으로서의 위상을 갖는다. 사회적 인정이란 개인 간의 자의적인 판단에 의해 이루어지는 것이 아니라, 일종의 사회적 인정질서라고 규정할 수 있는 일반적 질서에 따라 이루어지기 때문이다. 따라서 인정투쟁은 사회적 인정을 규제하는 사회적 인정질서를 변혁하려는 사회운동적 성격을 띤다. 그렇다면 인정투쟁은 여타의 투쟁, 내지 여타의 사회변혁운동과 어떤 점에서 차별성을 갖는다고 할 수 있을까? 이런 문제 제기가 필요한 이유는 무엇보다도 이러한 차별성 속에서 인정투쟁이 갖는 의미와 중요성이 드러날 뿐 아니라 이를 통해 기존의 투쟁들이 포괄하지 못하는 새로운 사회적 갈등과 사회적 진보의 층위를 드러낼 수 있기 때문이다.

이하의 글에서는 투쟁의 주체나 목표와 관련하여 투쟁의 형태를 구분하고 이를 인정투쟁과 비교함으로써 그 차별성을 드러낼 것이다. 투쟁의 주체와 관련하여 중요한 구분점이 된 것은 개인적 투쟁과 집단적 투쟁이며, 투쟁의 목표와 관련해서는 우월성 확보, 권력 쟁취, 생산관계 변혁, 적으로부터 자기 집단 보호, 그리고 헤게모니 장악에 이르기까지 다양한 목표가 준거점이 되었다. 물론 이러한 구분이 각 투쟁 형태 간의 완전한 분리를 의미하는 것은 아니다. 실제로 벌어지는 사회적 투쟁들에서는 다수의 투쟁 형태가 갖는 특징들이 중첩된 양상을 보이는 경우가 많기 때문이다. 예를 들어 우월성 확보를 위한 투쟁에서 만약 권력이 우월성을 확인받는 수단이 된다면 이는 권력투쟁과 공통점을 갖게 된다. 또한 권력투쟁은 개인적 투쟁으로 구분되었지만, 생산관계 변혁을 목표로 하는 계급투쟁 역시 집단적 형태의 권력투쟁이란 특성을 동반한다. 그리고 집단적 투쟁으로 구분된 헤게모니 투쟁은 궁극적으로 생산관계 변혁을 위한 전 단계로 이해된다면 계급투쟁과 연결된다. 그러나 비록 개념 분석적 차원이지만 투쟁의 주체나 목표에 주목한다면 여기서 소개될 투쟁의 형태들은 분명 서로 구별될 만큼 독자성을 갖는다.

개인적 투쟁—권력투쟁, 우월성 투쟁

권력투쟁

권력투쟁이 무엇인지를 규정하기 위해서는 무엇보다도 1장 2절에 서술한 홉스의 입장으로 돌아갈 필요가 있다. 왜냐하면 홉스는 자연 상태의 인간관계를 설명하면서 권력투쟁 개념을 끌어들이고 있기 때문이다. 그에 따르면 자연 상태의 인간은 자기 보존이라는 본능적 욕구에 따라 살고 있기 때문에 자신의 생명을 보호하기 위해서는 어떠한 행동도 마다하지 않는다. 따라서 자연 상태의 인간에게 삶의 목적이 있다면 그것은 생존이며, 인간에게 삶이란 생명 연장과 다를 바 없다. 이러한 목적 달성을 위해 자연 상태의 인간은 타인에 대해 공격적일 수 있으며, 타인의 생명까지 빼앗는다. 이는 역으로도 마찬가지이다. 즉 인간에게는 항상 타인으로부터 공격받을 수 있는 가능성도 상존하고 있다는 것이다. 이런 점에서 인간관계는 근원적으로 적대적 상태에 있으며, 권력투쟁이 등장하는 것은 장차 미래에 있을 수 있는 타인의 공격에 대비하기 위해 모든 개인은 자신의 잠재적 권력을 미리 확장할 수밖에 없기 때문이다. 더구나 이러한 권력투쟁은 죽음에 이르러서야 비로소 멈추는 항구적인 것이다. 왜냐하면 현재만이 아니라 앞으로도 더 많은 권력을 획득하지 않고서는 현재 그가 갖고 있는 권력조차 지속적으로 보존할 수 없기 때문이다.

이렇게 인간관계를 항구적인 권력투쟁 개념으로 설명하는 것은 사실 마키아벨리의 사고에 기원한다. 마키아벨리는 많은 역사적 사례를 탐구하면서 어떻게 하면 정치적 권력을 현명하게 유지하고 확장시킬 수 있느냐에 관심을 가졌으며, 이는 그가 인간 간의 관계를 권력을 둘러싼 영원한 적대적 경쟁 상태로 보고 있음을 말해주기 때문이다. 즉 마키아벨리 역시 인간을 자기중심적 존재, 오직 자기 보존을 위해 전략적으로 행동하는 존재로 보았으며, 이런 점에서 인간들은 자기 보존을 위한 항구적 투쟁이 만들어낸 전략적 상호작용망 위에 놓이게 된다는 것이다.

그렇다면 홉스나 마키아벨리가 말하는 투쟁의 목표인 권력이란 무엇을 의미할까?[5] 우선 마키아벨리에게 권력이란 타인을 지배하고 통제할 수 있는 구체적 힘으로서 이는 물리적 폭력에서부터 자연적 힘, 권위, 제도화된 기구를 통한 명령 등 실제로 인간관계에 영향을 끼칠 수 있는 모든 개념들을 포함한다. 그러나 마키아벨리가 권력을 뒷받침하는 최고의 기반으로 간주한 것은 막강한 군사력이란 점에서 그는 권력의 핵심을 물리적 폭력으로 보고 있으며, 이를 통해 타인과의 관계는 지배와 복종이라는 위계적 관계로 재편된다. 이와 유사한 맥락에서 홉스에게 권력이란 미래에 자신이 원하는 것을 얻을 수 있는 현재의 힘을 의미하며, 이러한 힘은 신체적, 정신적 능력뿐 아니라, 부, 명성, 친구 등을 얻을 수 있는 수단과 방법 등을 포괄하는 굉장히 광범위한 개념이다. 그러나 자신이 원하는 것을 얻는다는 것은 무엇보다도 동일한 것을 놓고 다른 사람과 경쟁한다는 것을 전제한다는 점에서 권력이란 타인이 자신이 원하는 것을 얻지 못하도록 방해하거나 저지할 수 있도록 타인보다 더 큰 힘을 가질 때 적용될 수 있는 개념이다. 즉 권력은 타인과의 관계에서 비교우위를 갖는 비대칭적 힘이라는 것이다.

이렇게 보면 마키아벨리나 홉스에게서 권력이란 그것이 지배와 종속의 관계이든, 비대칭적 관계이든 인간 간의 위계적이고 일방적 관계를 의미한다는 점에서, 한편으로 이는 권력자가 타인의 의사와 상관없이 자신의 의지를 관철시킬 수 있는 힘이며, 다른 한편으로 권력자가 타인으로 하여금 비록 그의 의지에 반하더라도 자신이 원하는 행동을 강제하는 힘을 의미한다고 할 수 있다. 그리고 이러한 권력 행사가 가능한 것은 근본적으로 강제 수단을 확보하고 있기 때문이다. 이렇게 권력을 타인을 제압할 수 있는 강제력으로 이해하는 것은 거의 상식화된 일상적 권력관이다. 그러나 권력이 꼭 강제력으로 이해될 필요는 없다. 사실 권력이 강제력이란 형태를 띤다는 것은 오히려 권력의 약함만을 말해주기 때문이다. 이에 반해 권력이 강하면 강할수록 권력은 강제 없이도 영향력을 발휘한다. 즉 더 고차적인 권력은 권력자 자신이 원하는 것을 타인이 스스로 원하게 만듦으로써 권력자의 의지가 마치 자신의 의지인 양 이에 복종하도록 한다는 것이다.[6]

미셸 푸코의 권력관에 따르면 권력은 억압적 권력과 생산적 권력이라는 두 가지 형태로 구별될 수 있다.[7] 우선 억압적 권력이란 타인에게 어떤 것은 할 수 있도록 하고 어떤 것은 하지 못하도록 하는 강제적 권력을 의미하며, 이러한 권력은 대개 법과 제도적 폭력을 통해 국가 기구에 집중되어 있다. 그러나 이에 반해 생산적 권력이란 타인에게 어떤 행동을 강제하는 것이 아니라, 타인 스스로 자신의 행동을 주도하도록 만드는 것으로서, 국가 기구에 집중된 것이 아니라, 모든 사회적 관계 속에 탈중심화 되어 있다. 즉 권력은 다양한 사회적 관계에서 진리 생산, 행위 수행, 자아 형성의 가능 조건을 제시함으로써 개인 스스로가 진리를 생산하고, 행위를 수행하고, 자아를 형성하게 한다는 것이다. 그러나 이러한 생산적 권력 역시 억압적임을 부정할 수는 없다. 왜냐하면 권력이 비록 진리 생산, 행위 수행, 자아 형성을 가능하게 한다는 점에서 생산적일 수는 있지만, 이는 항상 특정한 기준을 진리 생산, 행위 수행, 자아 형성의 기준으로 절대화함으로써 여타의 가능성을 배제하기 때문이다. 따라서 권력은 분명 생산적이지만, 우리를 특정한 진리관, 행위관, 자아관에 묶어둔다는 점에서 억압적이다.

분명 이러한 생산적 권력은 억압적 권력에 비해 고차적인 권력 형태라 할 수 있다. 왜냐하면 생산적 권력은 강제력을 통해 관철되는 것이 아니라, 일종의 자발적 복종을 통해 관철되기 때문이다. 즉 어떤 행위자가 옳은 말을 하고, 올바른 행동을 하고, 올바른 인간이 되려 한다면 무엇이 옳은지를 알려주는 권력에 복종할 수밖에 없다는 것이다. 그러나 억압적 권력이든 생산적 권력이든 그것이 권력인 이유는 수용 방식이 강제적이든, 자발적이든 두 가지 형태의 권력 모두 타인의 행동에 방향을 정하기 때문이다.

인정투쟁이 권력투쟁과 구별될 수 있는 것은 무엇보다도 인정투쟁의 목표가 권력의 획득이 아니라, 인정의 획득에 있기 때문이다. 권력투쟁이 수행되는 것은 권력을 획득함으로써 타인을 지배하고 자신의 생존 보존을 더 효과적으로 수행하기 위함이다. 그러나 이에 반해 인정투쟁은 자신의 생존을 보존하기 위한 것이 아니다. 왜냐하면 인정투쟁에서 삶이란 생명의 보존이라기보다 자신의 정체성을 실현하는 자아실현의 과정이기 때문이다. 따라서 성공적 자아실현을 위해서는 경우에 따라 자신의 생명마저 포기할 수 있다. 그럼에도 타인의 인정이 필요한 것은 타인의 인정을 통해서만 이러한 자아실현이 과연 의미 있고 가치 있는지를 확인할 수 있기 때문이며, 또한 이를 통해서만 아무런 방해 없이 성공적 자아실현이 가능하기 때문이다. 이런 점에서 인정투쟁을 통해 형성되는 상호인정관계는 권력투쟁이 만들어내는 위계적 관계가 아니다. 반대로 이는 서로가 인정의 주체로 등장하는 동등한 관계이다.

이렇게 인정투쟁은 근본적으로 권력투쟁과 다른 형태의 투쟁이지만 그렇다고 권력과 무관한 것은 아니다. 만약 권력이 타인에 대한 강제력이 아니라, 타인이 자기 행위를 주도할 수 있도록 그 가능 조건을 제시하는 권력이라면 이는 사회적 인정과 밀접한 연관을 갖기 때문이다. 즉 권력이 어떤 특정한 인간상을 절대화하고 이를 통해 정상적 인간과 비정상적 인간을 구별한다면, 사회적 인정 획득은 다름 아닌 복종을 통해 가능하다. 왜냐하면 내가 정상적 인간으로 인정받기 위해서는 권력에 의해 절대화된 정상적 인간상을 내면화해야 할 뿐 아니라 여타의 가능성을 포기해야 하기 때문이다. 그러나 인정투쟁이 사회적 인정 획득을 목표로 하지만, 그 방법이 투쟁이란 점에서 권력에의 복종이 아니라, 권력에 대한 저항을 의미한다. 즉 인정투쟁은 권력이 절대화한 정상적 인간상과는 다른 인간상, 즉 권력이 허용하지 않는 인간상을 추구한다는 것이다. 그렇다고 인정투쟁이 어떤 대항적 권력을 추구하는 것은 아니다. 인정투쟁의 목표는 새로운 인정관계라는 점에서 이는 권력관계와 구별된다.

우월성 투쟁

우월성 투쟁은 권력투쟁과 마찬가지로 개인적 주체를 전제로 한 투쟁으로서 권력투쟁을 전제하면서도 이와 구별된다. 앞서 서술했듯이 루소에 따르면 인간이 태고 시대의 고독한 삶에서 벗어나 공동생활을 시작하면서 이전에는 전혀 생각지 못했던 새로운 대립과 갈등이 등장했다. 즉 인간은 자신과 타인을 비교하면서 자신이 타인보다 우월하길 원하고, 또한 타인으로부터 자신의 우월성을 인정받기 위해 서로 대립하고 갈등하기 시작했다는 것이다. 그리고 그 징표로서 부와 권력에 눈을 뜨고, 또한 더 많은 부와 권력을 통해 타인에게 자신의 우월성을 인정할 것을 강요하고 투쟁하게 되었다. 그 결과 승자는 부와 권력을 통해 더욱더 우월해지고, 패자는 빈곤과 예속의 굴레에 빠지고 만다. 이런 점에서 우월성 투쟁을 통해 이른바 불평등 사회가 도래했다는 것이다.

이렇게 볼 때 우월성 투쟁은 현상적으로 볼 때 권력투쟁의 형태를 띤다고 할 수 있다. 왜냐하면 우월성 투쟁은 타인에게 자신의 우월성을 인정할 것을 강요할 수 있는 수단으로서 권력 획득을 목표할 뿐 아니라 이를 통해 일종의 지배와 피지배 관계를 형성하려 하기 때문이다. 그러나 우월성 투쟁이 권력투쟁과 구별될 수 있는 것은 각각의 투쟁이 어떠한 삶에 기여하는가 하는 점에 있다. 주지하다시피 권력투쟁이 전제하는 삶은 자기 보존이다. 그러나 우월성 투쟁이 전제하는 삶은 단순한 자기 보존이 아니다. 왜냐하면 우월성 투쟁은 무엇보다도 자신이 남보다 우월하다는 자기의식에 따른 삶을 전제하기 때문이다. 즉 우월성 투쟁은 단지 본능적 욕구를 충족하면서 자신의 생명을 보존하는 것이 아니라, 남보다 우월한 자로서 사는 것을 삶의 목표로 삼는다는 것이다. 그런데 역설적이게도 남보다 우월하다는 자기의식은 타인의 인정 없이는 확인될 수 없다는 점에서 우월성 투쟁은 타인의 인정에 의존해 있다. 그렇지만 이러한 인정은 자발적 인정은 아니다. 왜냐하면 이는 부와 권력과 같이 타인에게 강제력을 행사할 수 있는 수단을 통한 인정이기 때문이다.

인정투쟁은 우월성 투쟁과 유사점을 갖는다. 왜냐하면 이 두 가지 형태의 투쟁 모두에서 문제가 되는 것은 자기의식에 대한 인정이기 때문이다. 그러나 인정투쟁과 우월성 투쟁은 인정 획득 방법과 이를 통해 형성된 인간관계라는 면에서 볼 때 정반대의 투쟁이라고 할 수 있다. 인정투쟁은 인정 획득을 목표로 하지만, 그 방법은 우월성 투쟁처럼 강제력을 행사하는 것이 아니라, 일종의 가치지평의 확대에 있다. 즉 인정투쟁이 투쟁을 통해 더 많은 사람들이 더 다양한 삶의 방식을 영위할 수 있도록 기존의 가치지평을 확대시키려 한다면, 우월성 투쟁은 타인에 대한 영향력 강화를 통해 타인의 인정을 강요한다는 것이다. 따라서 인정투쟁은 동등한 인정 주체로서의 새로운 인정관계를 형성시키지만, 우월성 투쟁은 우월한 자와 열등한 자라는 위계적 관계를 형성하게 된다. 이러한 두 가지 인간관계는 원리적으로 볼 때 상호주관적 관계냐, 아니면 잠재적 갈등관계냐에 따라 구별될 수 있다. 상호주관적 관계란, 앞서 서술했듯이, 타자의 입장이나 시각에서 자신의 행동을 반성하는 상호적 관계를 말하며, 상호인정관계는 상호주관적 관계의 전형이다. 사랑, 권리 부여, 연대 형성이라는 상호인정관계 속에서 각 개인들은 상대방이 욕구를 충족할 수 있도록 배려하고, 상대방의 권리 실현을 보장하는 의무를 지며, 상대방이 동등한 공동체의 일원으로 자신의 개성을 발휘할 수 있도록 격려하고 지원한다는 점에서 상호주관적 태도를 견지하기 때문이다. 그러나 우열관계는 상호주관적 관계가 아니라, 잠재적 갈등관계라 할 수 있다. 우열관계는 우월한 사람이 타인으로부터의 인정을 위해 강제력을 사용하고, 열등한 사람은 이러한 강제력에 굴복하여 이를 인정함으로써 형성된 것이지만, 열등한 사람 역시 자신의 권력을 강화함으로써 관계를 역전시키려 한다는 점에서 이는 불변적 관계가 아니기 때문이다.

그런데 우월성 투쟁이 반드시 강제적 인정을 통해 진행되는 것은 아니다. 왜냐하면 우월성 투쟁은 사회적으로 정당화된 일정한 원리에 따른 경쟁의 형태를 띠기도 하기 때문이다. 따라서 모든 참여자들이 수용한 경쟁의 규칙에 따라 경쟁의 승자와 패자가 결정된다면, 우월성 인정은 강제성을 띠지 않는다. 하지만 이런 경쟁은 우월성을 둘러싼 투쟁이라기보다 분배의 절차에 가깝다고 할 수 있다. 경쟁은 대개 경쟁 참여자가 어떤 존재인지를 인정하는 데 주안점을 두는 것이 아니라, 경쟁 참여자들의 동등성을 전제하면서 이들이 원하는 사회적 재화를 어떻게 분배할 것인가를 결정하는 절차적 역할을 하기 때문이다. 즉 경쟁이란 특정한 기준 하에 우열을 평가하고, 이에 따라 보상의 차등을 두는 분배의 방식이라는 것이다. 물론 경쟁에서 보상의 차등은 경쟁이 공정하게 진행됐을 때 정당성을 갖는다. 예를 들어 올림픽 육상 경기에서 금메달이 경쟁 참여자들이 원하는 재화라면 이를 분배하는 기준은 더 빨리 뛰든지, 더 멀리 던지든지, 더 높이 오르는 데 있으며, 특별한 반칙이나 속임수 없이 경기가 진행되는 한 이를 통해 이루어진 보상은 정당성을 갖는다는 것이다.

그런데 만약 경쟁이 사회적 재화를 분배하는 절차에서 벗어나 어떤 사람의 정체성이나 그 사람 자체의 인격을 평가하는 수단이 되고, 더 나아가 인간을 등급화하는 기준이 된다면 이는 강제적 인정에 근거한 우월성 투쟁과 차별화되기 어렵다. 왜냐하면 시장 경쟁을 통해 부의 분배가 이루어진 후, 부를 축적한 사람이 그렇지 못한 사람을 상대로 자신의 우월성을 인정받으려 한다면 이제 부는 우월성을 획득하기 위한 강제 수단의 역할을 하게 되기 때문이다. 그러나 경쟁에서의 승패의 기준은 누구에게 어떻게 재화가 분배되어야 하는지를 말해줄 수 있을 뿐, 경쟁 참여자들의 인격 자체를 어떻게 평가할 수 있는지에 대해서는 아무것도 말해주지 않는다. 따라서 경쟁의 결과를 통해 인격 자체의 우열을 정한다는 것은 우월성 투쟁처럼 경쟁 속에 포함되어 있지 않은, 내지 경쟁의 원리와 무관한 강제성을 동반한다.

경쟁은 분명 인정투쟁과 다르지만, 일상 언어적 표현을 보면 경쟁과 인정을 연결시키는 경우가 종종 있다. 예를 들어 다른 사람보다 열심히 일하는 직장인을 보고, 그 이유를 "이 사람이 직장 상사로부터 인정받으려는" 것이라고 말하는 경우가 그것이다. 즉 능력을 인정받기 위해, 혹은 유능한 사원으로 인정받기 위해 열심히 일하는 경우 '인정'이라는 단어를 사용한다는 것이다. 물론 이러한 인정은 남보다 유능한 능력, 다른 사원보다 유능한 사원임을 인정받기 위한 것이라는 점에서 경쟁을 통한 인정을 말한다. 그러나 인정투쟁은 이러한 인정을 위한 것이 아니다. 인정투쟁은 더 유능한 사원으로 인정받음으로써 승진과 보수에서 더 나은 대우를 받으려는 것이 아니기 때문이다. 인정투쟁에서의 인정은 어떤 개인이 갖고 있는 능력이 아니라, 그 사람의 정체성과 관련된 인정이다. 따라서 직장에서 유능한 사원으로 인정받았다고 해서 이 사람 자체가 우월한 인간으로 인정받은 것은 아니다. 이 사람은 비록 나보다 유능하지만, 나와 같은 인간이요, 그의 개성 역시 나의 개성과 마찬가지로 가치를 가질 뿐 인격 자체를 비교하는 것은 불가능하기 때문이다.

그러나 경쟁이 사회적 재화를 분배하는 유일한 방법이자 절차가 되고, 이에 따라 경쟁에서 발휘되는 개인의 능력을 숭상하는 실력사회가 형성된다면 개인의 능력은 바로 사회적 인정의 토대가 된다. 즉 개인의 능력이 인격 자체를 평가하는 기준이 된다는 것이다. 이런 점에서 경쟁의 원리가 전 사회로 확대되었을 뿐 아니라 이윤 추구에서의 경쟁력을 최고의 가치로 삼는 현대사회는 실력사회라 할 수 있다. 그런데 과연 이러한 실력사회를 한 사회의 도덕적 진보라고 할 수 있을까? 개인의 능력에 따라 개인의 인격을 평가하는 사회가 발전된 사회라 할 수 있을까? 앞서 설명했듯이 사회적 인정관계의 확대를 도덕적 진보라고 평가할 수 있는 이유는 이를 통해 더 많은 사람들이 타인과 동등할 뿐 아니라 개성을 가진 존재로서 성공적 자아실현에 이를 수 있기 때문이다. 그러나 실력사회는 실력이라는 기준, 특히 오늘날에는 이윤 추구를 목적으로 한 시장에서의 경쟁력을 보편적 인정의 기준으로 삼고 있다는 점에서 이는 인간을 경쟁력이라는 하나의 잣대를 통해 서열화할 뿐 아니라 다양한 개성을 허용하지 않음으로써 성공적 자기실현이 아니라, 극심한 자기 억압을 낳는다. 왜냐하면 이제 모든 인간은 시장에서 경쟁력 있는 인간이 되기 위해 이를 저해하거나 이와 무관한 욕구, 꿈 따위는 모두 포기해야 하고, 오직 경쟁력 향상을 위해 자신의 모든 것을 바쳐야 하며, 경쟁력을 갖춘 뒤에도 남에게 밀리지 않기 위해 항상 스스로를 강제해야 하기 때문이다. 이런 점에서 경쟁을 통한 인정 획득은 경쟁력이라는 잣대에 복종할 것을 강요하지, 이에 대한 투쟁을 전제하지 않는다. 그러나 한 사회의 도덕적 진보를 추동하는 인정투쟁은 기존의 인정 기준에 저항하여 더 많은 사람들이, 그리고 더 다양한 사람들이 사회적 인정을 향유하도록 한다는 점에서 경쟁을 통한 서열화와 인정투쟁과 상반된 것이다.

집단적 투쟁—계급투쟁, 적대적 투쟁, 헤게모니 투쟁

지금까지 살펴본 우월성 투쟁이나 권력투쟁은 무엇보다도 개인 대 개인 간의 투쟁이라는 특성을 갖는다. 투쟁의 목표가 우월성이든 권력이든 이는 결국 개인의 삶을 위한 것이기 때문이다. 이에 반해 계급투쟁은 집단적 투쟁의 형태를 띨 뿐 아니라 투쟁의 목표 역시 단순히 개인의 삶과 관련된 것이 아니라 사회 변혁에 있다. 이런 점에서 계급투쟁의 주체 역시 말 자체가 의미하듯이 개인이 아니라 계급이 된다.

계급투쟁

주지하다시피 역사유물론에 따르면[8] 인간이 생존하고 사회가 재생산되기 위해서는 물질적 재화가 필요하며, 이를 생산할 수 있는 사회의 능력이 사회적 생산력이다. 그리고 생산력을 이루는 핵심적 요소들은 노동 대상과 노동 도구, 그리고 이를 사용하는 인간이다. 그러나 물질적 재화를 생산하는 데 있어서 생산력만이 유일한 요소는 아니다. 왜냐하면 인간의 노동이 조직되어야 비로소 생산력에 기초한 생산 활동이 이루어질 수 있기 때문이다. 즉 생산을 위해서는 사회적 생산관계가 형성되어야 한다는 것이다. 이러한 생산관계의 형태는 무엇보다도 노동 대상 및 노동 수단을 포괄하는 생산수단에 대한 소유 형식과 이에 따른 분배 형식, 그리고 생산 과정에서 누가 어느 위치를 차지하느냐에 따라 결정된다. 이러한 생산관계 개념이 역사유물론에서 중요한 이유는 이것이 한 사회를 구성하는 데 결정적 요소가 되기 때문이다. 즉 사회란 생산관계를 토대로 하고, 그 위에 이를 정당화하고 방어하기 위한 상부구조, 즉 정치적, 법적, 철학적, 도덕적, 예술적, 종교적 견해나 이에 상응하는 관계, 제도, 조직 등이 결합하여 이루어진다는 것이다.

따라서 사회가 변화한다는 것은 근본적으로 사회의 토대가 되는 생산관계가 변화한다는 것을 말하며, 이는 근본적으로 생산력과 생산관계의 모순 때문에 발생한다. 사회는 역사적으로 볼 때 인구의 증가, 풍족한 생활 욕구 등으로 인해 더 많은 물질적 재화를 필요로 하게 되었으며, 이런 필요를 충족시키기 위해 생산 도구를 개선하고 인간의 노동 효율을 높이면서 생산력을 발전시켜왔다. 그리고 이러한 생산력의 발전 때문에 생산관계 역시 변화하게 된다. 왜냐하면 일정한 생산력 수준은 이에 조응하는 생산관계가 형성될 때 제대로 발휘될 수 있기 때문이다. 따라서 현존하는 생산관계 형태가 생산력 수준에 미치지 못하고 뒤떨어진다면 양자는 서로 충돌할 수밖에 없고, 이 때문에서 사회는 모순에 빠지고 만다는 것이다.

역사유물론에 따르면 계급투쟁은 생산력과 생산관계의 모순을 극복하고 새로운 생산관계를 형성하려는 혁명적 활동으로서 사회 변화를 추동하는 원동력이다. 우선 역사유물론에서 말하는 계급이란 사회구성원들 사이에 형성된 대규모 집단으로서 누가 어느 계급에 속하는가는 이들이 한 사회의 생산과정에서 차지하는 위치와 역할, 부의 획득 방법 및 규모, 그리고 핵심적으로 생산수단의 소유 여부에 따라 결정된다. 그러나 역사적으로 볼 때 계급이 항상 존재했던 것은 아니다. 계급이 존재하게 된 것은 사적 소유가 출현하면서부터이다. 즉 생산력이 발전하고 노동 생산량이 증가함에 따라 사람들이 자신이 소비하는 것보다 많은 것을 생산하기 시작했고, 이를 사적으로 소유하게 되면서 어떤 사람들은 물질적 부를 축적할 뿐 아니라 생산수단마저 소유할 수 있게 되었다. 그 결과 생산수단을 소유하지 못한 사람들은 생산수단을 소유한 사람들을 위해 노동하지 않을 수 없게 되었으며, 이는 결국 지배 계급과 피지배 계급의 분화로 이어졌다는 것이다. 이렇게 계급의 발생을 이해하게 되면, 인류의 역사는 계급투쟁의 역사로 이해될 수 있다. 즉 인류 역사는 피지배 계급이 지배 계급의 억압과 착취에 맞서 자신들의 자유와 행복을 획득하려는 계급투쟁을 통해 혁명적으로 발전해왔다는 것이다. 이런 점에서 계급투쟁은 사회변혁운동의 핵심적 추동력이다.

자본주의 사회에 이르러 계급투쟁은 자본가의 억압과 착취에 저항하는 노동자 계급의 투쟁을 의미한다. 왜냐하면 자본주의 사회의 생산수단인 자본의 소유 유무에 따라 자본주의 사회는 자본가 계급과 노동자 계급이라는 두 개의 기본 계급으로 양분되어 있기 때문이다. 즉 자본주의 사회에서는 자본가가 지배 계급으로 등장하며, 이에 반해 노동자는 자본이 구매하는 노동력 상품으로 전락함으로써 피지배 계급을 이룬다는 것이다. 따라서 노동자 계급은 자본주의적 생산양식을 변혁하려는 혁명 계급으로 자리매김하게 된다. 그러나 노동자 계급의 계급투쟁이 항상 혁명운동을 의미하는 것은 아니다. 계급투쟁의 최고 형태는 사회혁명에 있지만, 자본주의 사회에서 계급투쟁은 근로조건을 개선하기 위한 경제투쟁에서부터 노동 계급의 정치 세력화를 통해 국가권력을 장악하려는 정치투쟁, 그리고 부르주아 이데올로기에 맞서 사회주의 이데올로기를 전파하려는 이데올로기 투쟁에 이르기까지 다양한 투쟁 형태를 포괄하는 개념이다.

이렇게 계급투쟁을 이해한다면 인정투쟁은 두 가지 점에서 이와 차별화된다. 첫째, 인정투쟁은 생산관계를 변화시키기 위한 것이 아니라, 인정질서의 변혁을 목표로 한다는 것이다. 앞서 지적했듯이 개인 간의 관계를 보면 인정행위가 흡사 개인적 기준에 따라 이루어지는 것 같지만, 사실 이러한 개인적 인정 역시 일종의 일반적 기준 하에서 일어난다. 왜냐하면 개인의 가치관이 사회적으로 형성된다면 이는 사회의 일반적 가치관을 반영할 수밖에 없기 때문이다. 이런 점에서 인정은 사회적으로 가치 있다고 여겨지는 특정한 인간상에 따라 이루어지며, 그 결과 사회적 인정을 둘러싼 일반적 질서, 즉 인정질서가 형성된다. 인정투쟁은 이러한 인정질서를 변혁하려는 사회적 투쟁이란 점에서 생산관계 변혁을 목표로 한 계급투쟁과는 차별화된다. 이렇게 인정투쟁과 계급투쟁이 공통적으로 사회 변혁을 위한 투쟁임에도 불구하고 그 목표가 다른 것은 사회를 보는 관점이 다르다는 데 근본적 이유가 있다. 즉 계급투쟁이 사회의 토대를 생산관계로 보고 여타의 사회적 관계를 토대에 의해 결정되는 상부구조로 본다면, 인정투쟁은 생산관계로 환원될 수 없는 독자적 사회관계로서 인정질서를 설정하고 있다는 것이다.

둘째, 인정투쟁이 인정질서의 변혁을 목표로 한다는 것은 투쟁의 주체 역시 계급투쟁과 달라질 수밖에 없음을 의미한다. 계급투쟁은 생산관계의 변혁을 목표로 하면서 생산관계에서 한 축을 담당하는 피지배 계급, 즉 자본주의 사회에서는 노동자 계급을 변혁 주체로 설정한다. 그러나 이에 반해 인정투쟁은 사회적 인정에서 배제된 사람들, 즉 사회적 무시를 받는 사람들에 의해 추동된다. 물론 노동자 계급 역시 사회적으로 무시 받는 계급이라고 할 수 있다. 왜냐하면 이들은 자본주의적 생산관계 속에서 착취와 억압으로 인해 불평등한 생활을 영위하고 있을 뿐 아니라 인격적으로도 열등한 사람 취급받기 십상이기 때문이다. 물론 그 이유는 노동자가 동등한 생산주체가 아니라, 노동력이라는 사고팔 수 있는 상품으로 취급되고 있기 때문이다. 즉 노동자가 무시당하는 것은 노동자를 상품으로 취급하는 자본주의 사회의 특정한 인정질서의 산물이라는 것이다. 그러나 자본주의 사회라 해서 반드시 노동자를 노동력 상품으로 취급해야 할까? 노동자 역시 동등한 생산주체로 인정한다는 것은 자본주의적 생산관계를 철폐할 때만 가능한 것일까? 만약 사회적 인정질서를 사회적 생산관계로 환원될 수 없는 독립된 사회적 관계로 규정한다면, 노동자에 대한 사회적 인정의 변화는 자본주의적 생산관계 철폐와 반드시 일치하는 것은 아니다.

적대적 투쟁

이렇게 인정투쟁이 무시당한 사람들에 의해 촉발된다면, 이는 당연히 무시하는 사람들에 대한 반감을 전제한다. 그런데 이러한 반감은 흔히 자신에게 위해를 가한 사람에 대한 적대감과 같은 것일까? 물론 무시당한 자의 울분이 상대방에 대한 적대감으로 분출될 수도 있지만, 그렇다고 인정투쟁이 상대방에 대한 적대적 투쟁과 동일시될 순 없다. 왜냐하면 인정투쟁은 단순히 울분의 표출로만 이해될 순 없기 때문이다. 그렇다면 인정투쟁은 어떤 점에서 적대적 투쟁과 차별화될 수 있을까?

적대적 투쟁의 특성은 칼 슈미트가 말하는 '정치적인 것'의 개념 속에서 잘 드러난다. 칼 슈미트의 「정치적인 것의 개념」에 따르면 '정치적인 것'이란 '적과 동지를 구분'하는 데 있으며, 따라서 모든 정치적 동기나 행위는 결국 이러한 구분으로 귀결된다. 이러한 슈미트의 개념은 대략 다섯 가지 특징 하에 파악될 수 있다.[9] 첫째, 적과 동지를 구분한다는 것은 여타의 행위 차원으로 환원될 수 없는 정치적인 것의 특수성, 내지 정치적인 것의 고유한 논리이자 본질을 보여준다는 것이다. 즉 도덕적인 것은 선과 악을 구분하고, 미적인 것은 아름다움과 추함을 구분하고, 경제적인 것이 수익성과 비수익성을 구분한다면, 정치적인 것은 이와 무관한 차원에서 적과 동지를 구분한다. 따라서 어떤 사람들이 도덕적으로 선하고, 미적으로 아름답고, 경제적으로 수익을 준다고 해서 이들이 정치적으로 동지가 되는 것은 아니며, 마찬가지로 도덕적으로 악하고, 미적으로 추하고, 경제적으로 이익이 되지 못한다고 해서 적이 되는 것도 아니다. 둘째, 적과 동지를 구분하는 데 기준이 되는 것은 무엇보다도 상대방이 자신과 구분되는 타인 혹은 낯선 자인가 하는 점이다. 물론 여기서 말하는 타인이란 단지 자신과 다른 사람을 말하는 것이 아니라, 자기 자신의 고유한 존재방식을 부정하는 자를 말하며, 역으로 자신의 존재방식을 수호하기 위해 저항하고 투쟁해야 할 대상을 말한다. 셋째, 슈미트가 말하는 적이란 사적인 적을 말하는 것이 아니다. 즉 적이란 사적인 의미에서 원수를 말하는 것이 아니라, '공적인 적'을 의미한다는 것이다. 따라서 적이란 한 집단의 존재방식을 부정하는 낯선 집단이며, 이에 반해 동지란 이러한 도발에 맞서 자신들의 존재방식을 지키려는 동질적 집단, 즉 정치적 공동체를 말한다. 이런 점에서 적의 존재는 공동체의 동질성을 강화시킬 뿐 아니라 공동체의 동질성을 유지하기 위해서도 반드시 필요한 것이다. 넷째, 적과 동지의 구별에 따른 대립은 여타의 비정치적인 대립에 비해 가장 강한 대립일 뿐 아니라 비정치적 대립 강도의 양적 증가에 따른 질적 비약의 결과이다. 즉 비정치적 대립이 점차 강화되면 결코 비정치적 대립으로 환원될 수 없는 정치적 대립으로 비약한다는 것이다. 예를 들어 기독교 단체가 종교 단체로서 적과 동지를 구분하여 투쟁을 전개하는 경우, 이는 이미 종교 단체의 경계를 넘어선 정치적 통일체가 된다는 것이다. 그리고 이러한 정치적 대립의 가장 극단적인 표현이 내적, 외적 적에 대한 전쟁이다. 다섯째, 적과 동지를 결정하는 주체는 주권자로서의 국가이며, 일반 국민은 여기에 복종함으로써 국가라는 정치적 통일체가 유지된다. 그리고 이러한 결정 권한은 교전권까지 포함한 것이다. 즉 국가가 적을 규정할 수 있는 권한을 갖는다는 것은 경우에 따라 이 적을 상대로 전쟁을 수행할 수 있음을 의미한다는 것이다. 따라서 국가는 국민에게 적을 살해할 것과, 적에 의해 살해당할 각오를 해야 한다고 강제할 수 있는 권한 또한 갖게 된다. 전쟁이란 결국 서로 죽고 죽이는 투쟁의 양상을 띠기 때문이다.

이렇게 정치적인 것을 적과 동지의 구분에서 찾는다면, 정치적 행위란 불가피하게 투쟁의 형태를 띨 수밖에 없다. 물론 동지를 형성하는 행위가 투쟁적 행위인 것은 아니다. 그렇지만 동지를 형성하는 행위는 사실 적이 없다면 무의미하며, 이런 점에서 적을 규정하는 행위가 정치적 행위에서 우선성을 가질 수밖에 없다. 따라서 정치적 행위의 핵심은 적과의 투쟁에 있으며, 이를 위해 동지를 형성한다고 할 수 있다. 이러한 적대적 투쟁과 인정투쟁이 어떻게 차별화될 수 있을지는 적과 동지의 구별이라는 정치적인 것의 특성에 비추어 볼 때 분명히 드러난다.

우선 적대적 투쟁은 도덕적 투쟁도 아니고, 경제적 투쟁도 아니다. 왜냐하면 적과 동지를 구분하는 정치적 행위가 도덕적 선이나 경제적 이익을 위한 것이 아니라는 점에서, 적대적 투쟁은 악이나 경제적 불이익에 맞선 투쟁이 아니기 때문이다. 적대적 투쟁의 목표가 되는 것은, 적과 동지를 구분하는 기준이 집단이나 정치적 공동체의 동질적 존재방식에 있듯이, 바로 동지로 규정된 집단의 동질성을 적대 세력의 훼손으로부터 지키는 것이다. 인정투쟁 역시 어떤 도덕적 선을 위한 투쟁도 아니며, 경제적 투쟁도 아니다. 인정투쟁은 자신의 정체성을 인정받기 위한 집단적 투쟁으로서 이 역시 도덕적 선이나 경제적 이익을 위한 것이 아니기 때문이다. 더구나 동지와 적을 구분하는 기준인 집단적 동질성이란 사실 집단적 정체성과 다를 바 없다. 이런 점에서 적대적 투쟁과 인정투쟁은 집단적 정체성을 보호하려 한다는 유사성을 갖는다.

그러나 인정투쟁이 적대적 투쟁과 구별되는 핵심적 이유는 바로 집단적 정체성을 보호하는 방법에 있다. 인정투쟁은 집단적 정체성을 보호하기 위해 상대방을 적대시하는 것이 아니라, 역으로 상대방의 인정을 요구하며, 상대방과의 새로운 인정관계 형성을 목표로 한다. 이에 반해 적과 동지를 구별하는 행위는 상대방에 대한 적대관계를 전제하며, 이러한 적대관계는 극단적인 경우 전쟁으로 치닫는다. 즉 적대적 투쟁은 상대방에 대한 파괴로까지 이어진다는 것이다. 물론 인정투쟁은 무시당한 자들의 울분을 추동력으로 한다는 점에서 투쟁 당사자들에게는 자신을 무시한 자들에 대한 반감이 존재한다. 그러나 인정투쟁이 성공적으로 이루어지기 위해서는 이런 반감이 적대감으로 표출되어서는 안 된다. 만약 인정을 요구하면서도 동시에 상대방을 적대시하거나, 상대방을 파괴하려 한다면 자신을 인정해줄 인정의 주체를 상실하게 되기 때문이다. 이런 점에서 인정투쟁이 상대방에 대한 적대관계로 변질된다면 인정투쟁은 결코 성공할 수 없다.

헤게모니 투쟁

이렇게 볼 때 개인이나 집단의 정체성을 인정받기 위한 인정투쟁은 도덕적 선이나 경제적 이익을 목표로 한 것이 아니며, 그렇다고 적과 동지를 구분하는 정치적 행위 차원에서의 적대적 투쟁도 아니다. 그렇다면 인정투쟁은 어떤 방식으로 전개될까? 도덕적 선이나 경제적 이익을 둘러싼 투쟁이 아니면서, 상대방과의 적대관계를 전제하지 않는 비경제적, 비정치적 투쟁이라는 점에서 인정투쟁과 비교될 수 있는 투쟁의 양식으로는 그람시가 말하는 헤게모니 투쟁이 있다.[10]

그람시가 헤게모니를 둘러싼 투쟁 개념을 제시한 것은 자본주의의 지배방식을 드러낼 뿐 아니라 마르크스의 생산관계론에 근거한 계급투쟁의 한계를 극복하기 위한 대안적 투쟁을 설정하기 위함이었다. 우선 그람시에 따르면 러시아에서와는 달리 서구에서 사회주의 혁명이 성공하지 못하고 자본주의 체제가 유지된 이유는 시민사회가 강력하게 자본주의를 지탱하고 있었기 때문이다. 이를 더욱 일반화시킨다면 현대 자본주의는 마르크스가 생각하듯이 상부구조에 해당하는 국가라는 강압적 기구에 의해 유지되는 것이 아니다. 국가는 단지 외곽에 둘러쳐진 외호에 불과할 뿐 이를 뒷받침하는 요새와 토루(土樓) 역할을 하는 것은 강력한 시민사회라는 것이다.

시민사회란 자본주의의 경제적 토대와 정치적 국가 기구와 구별될 뿐 아니라 이를 매개하는 영역으로서 정당에서부터 노동조합, 교회, 학교, 신문, 방송, 그리고 각종 시민단체에 이르기까지 국가의 강제력에서 벗어나 시민들 사이의 자유로운 의사소통이 이루어지는 자율적이고 중립적인 영역을 말하며, 여기서 여러 계급들 간의 이데올로기 경쟁이 이루어진다. 자본주의가 오늘날까지 유지될 수 있었던 결정적 이유는 자본가 계급이 이러한 이데올로기 경쟁 속에서 지적, 도덕적 지도력, 다시 말해 헤게모니를 발휘함으로써 자신들의 생활양식과 사고방식을 전 사회로 확산시켰기 때문이다. 즉 자본가 계급이 피지배 계급을 억압하거나 속이는 것이 아니라, 이들로 하여금 자신들의 도덕, 취향, 관습, 정치관, 세계관을 수용하도록 함으로써 자본주의는 강한 버팀목을 확보할 수 있었다는 것이다.

이렇게 볼 때 자본주의의 지배방식은 자본가 계급이 시민사회에서 형성된 헤게모니를 통해 사회구성원들의 자발적 동의를 형성하는 데 있다고 할 수 있으며, 따라서 자본주의에 저항하기 위해서는 자본가 계급의 헤게모니에 도전해야 한다. 이런 점에서 시민사회는 다름 아닌 헤게모니를 둘러싼 투쟁의 장이 되며, 여기에서의 승리 없이 사회 변혁은 불가능하다. 그런데 이런 헤게모니 투쟁에서 결정적 역할을 하는 것은 특정한 계급성을 가진 유기적 지식인이다. 즉 지식인들이 자신이 지지하는 계급과의 유기적 관계 속에서 이 계급에 정체성, 기능, 역할을 부여할 뿐 아니라 이 계급의 이익을 사회 전체의 이익으로 정당화함으로써 시민사회 내에서 헤게모니를 장악한다는 것이다.

헤게모니 투쟁과 인정투쟁을 비교한다면, 무엇보다도 이 두 가지 형태의 투쟁에서는 담론을 둘러싼 투쟁이 중요한 역할을 한다. 즉 헤게모니 투쟁이나 인정투쟁의 성패는 시민들 간의 자유로운 의사소통을 통해 동의를 유도하는 데 달려 있다는 것이다. 다시 말해 시민사회 내에서의 헤게모니 장악은 담론을 통한 의사소통을 통해 가능하며, 무시당한 자들의 인정 요구 역시 의사소통을 통해 형성된 동의에 기반을 둔다는 것이다. 이런 점에서 자신의 정체성을 인정받으려는 인정투쟁 역시 지식인 계층과의 유기적 협력에 기초할 수밖에 없다. 의사소통을 통해 상대방의 동의를 획득하기 위해서는 자신들의 인정 요구를 담론적으로 정당화하는 것이 필수적 요소이기 때문이다. 그러나 지식인이 담론 투쟁에서 중요한 역할을 한다 하더라도 인정투쟁의 주체가 지식인이라는 것은 아니다. 왜냐하면 인정투쟁의 추동력은 근본적으로 무시당한 자들의 울분에 있기 때문이다. 물론 담론을 둘러싼 투쟁은 무시당한 자들의 울분을 정당화하는 데 기여한다는 점에서 분명 필요하지만 이것이 절대적 조건은 아니라는 것이다. 역사적으로 볼 때 인정투쟁은 노동운동, 흑인들의 인권운동이나 여성운동, 소수자 운동 등에서 나타나듯이 다양한 형태의 불복종과 저항의 형태를 띠고 있으며, 결국 이들의 집단적 힘이 사회적 인정질서를 바꾸어놓았기 때문이다.

이렇게 헤게모니 투쟁이나 인정투쟁은 담론의 역할과 관련하여 유사성을 보이지만, 이 두 가지 형태의 투쟁이 결정적으로 차별화될 수 있는 이유는 담론 투쟁의 목표가 다르다는 데 있다. 헤게모니 투쟁은 말 그대로 담론 영역에서 주도권을 장악함으로써 특정 집단의 인식, 가치, 세계관을 전 사회로 확대시키는 데 목적이 있지만, 인정투쟁은 무시당한 자들의 사회적 인정을 목표로 할 뿐 이들의 의식을 전 사회로 확산시키려는 것은 아니다. 만약 이렇게 되면 이로 인해 자신의 삶의 방식이나 정체성을 부정당하는 사람들이 속출할 수 있기 때문이다. 이런 점에서 인정투쟁은 무시당한 자들이 헤게모니를 장악하려는 투쟁일 수 없으며, 헤게모니 투쟁이 일종의 동일성 논리를 따른다면, 인정투쟁은 차이의 논리를 따른다고 할 수 있다. 즉 헤게모니 투쟁이 수행하는 담론 투쟁은 하나의 의식을 절대화함으로써 사회구성원의 의식적 동일화를 꾀한다면, 인정투쟁이 수행하는 담론 투쟁은 다양한 의식이 서로 공존할 수 있는 확장된 담론 지평을 만드는 데 그 목적이 있다는 것이다.

3. 인정투쟁과 사회 구조

이렇게 투쟁의 유형을 개인적 투쟁과 집단적 투쟁으로 구분한다면 사실 사회 변혁과 밀접한 연결을 갖는 투쟁은 집단적 투쟁이라 할 수 있다. 왜냐하면 개인적 투쟁은 그것이 권력투쟁이든, 아니면 우월성 투쟁이든 기존의 사회 질서를 전제할 뿐 아니라, 이 틀 내에서 이루어지는 개인 대 개인 간의 투쟁이기 때문이다. 즉 개인적 투쟁에서는 누가 권력을 갖고, 누가 우월한 존재로 인정되느냐가 중요할 뿐 이러한 배분이 이루어지는 권력 구조나 서열화 구조는 큰 변화 없이 유지된다는 것이다. 이에 반해 집단적 투쟁으로 서술된 계급 투쟁, 적대적 투쟁, 헤게모니 투쟁은 특정한 사회적 질서를 전제할 뿐 아니라 이를 변혁하려는 투쟁이다. 왜냐하면 계급투쟁은 경제적 차원을, 적대적 투쟁은 정치적 차원을, 헤게모니 투쟁은 문화적 차원을 각기 독립된 투쟁의 장으로 설정할 뿐 아니라 그 기본 구조를 변화시키려는 것이기 때문이다. 그렇다면 인정투쟁은 이러한 투쟁들과 비교할 때 어떤 점에서 독자적 차원의 투쟁이라고 할 수 있을까? 다시 말해 사회적 인정질서를 변혁한다는 것은 과연 어떤 사회적 차원에서의 변혁을 말하는가? 아니면 인정투쟁은 특정한 사회적 차원의 투쟁에 종속된 하부 투쟁의 성격을 갖는 것일까?

정치적인 것, 경제적인 것, 문화적인 것, 사회적인 것

인정투쟁을 여타의 집단적 투쟁과 구별하고 인정질서의 사회 구조적 의미를 밝히기 위해서는 경제적인 것, 정치적인 것, 문화적인 것과 구별되는 독립된 사회적 차원을 지적할 수 있어야 한다. 왜냐하면 인정투쟁이 앞의 세 가지 차원으로 수렴된다면 인정투쟁은 여타의 투쟁의 하부 영역에 놓일 수 있을지는 모르지만 독자적 형태의 사회변혁운동으로 이해되기는 어렵기 때문이다. 에밀 뒤르켐의 '사회적인 것'에 대한 통찰은 인정투쟁과 관련된 독립된 사회 영역을 구별하는데 도움을 준다.[11] 그러나 이것이 경제, 정치, 문화에 이어 제4의 영역으로 병치될 수 있는 사회적 차원을 말한다는 것은 아니다. 왜냐하면 인정투쟁은 인정질서를 변혁하고자 하는 사회적 운동이며, 이러한 변혁의 차원인 '사회적인 것'은 오히려 경제, 정치, 문화의 토대를 의미하기 때문이다. 즉 인정질서는 사회의 가장 토대가 된다는 점에서 '사회적인 것'이며, 이러한 기반 위에서 비로소 경제, 정치, 문화의 영역에서 각기 고유한 사회적 관계가 형성될 수 있다는 것이다. 따라서 각각의 사회적 차원은 각기 독자성을 갖고 있기 때문에 서로 구별되지만, 이러한 독자성은 또한 특수한 인정관계라는 측면도 갖게 된다. 이렇게 본다면 인정투쟁은 여타의 사회적 투쟁에 비해 가장 근본적인 차원에서의 사회 변혁을 목표로 한다고 할 수 있다.

흔히 홉스, 로크와 같은 사회계약론자들은 어떻게 인간이 자연 상태를 극복하는가에 초점을 맞추어 사회의 발생을 설명한다. 즉 '만인에 대한 만인의 투쟁'이란 개념이 말해주듯 자연 상태가 인간들이 서로 대립과 갈등에 빠져 있는 무질서 상태를 말한다면, 사회란 인간이 서로 간의 대립과 갈등을 통제하기 위해 일종의 계약관계를 수립하고 공동의 질서를 형성함으로써 이루어진다는 것이다. 그런데 여기서 질서란 국가나 권력체를 통해 이루어진다는 점에서 사회계약론자들이 말하는 사회의 발생은 사실 광의의 의미에서 사회 자체가 아니라, 정치적 사회 영역의 발생이라 할 수 있다. 사회계약론자들이 말하는 자연 상태에서는 정치적 권위체가 부재할 뿐 이미 노동하고, 생산하고, 소비하는 경제활동이 이루어진다는 점에서 이것 역시 사회라 할 수 있기 때문이다. 이런 점에서 헤겔은 사회계약론자들이 생각하듯이 사회와 국가를 등치시키는 것이 아니라, 경제활동 영역을 시민사회로 규정하기에 이른다.

즉 그람시와는 달리 그의 시민사회 개념이 말해주는 것은, 사회란 일차적으로 이기적인 개인들이 자신의 욕망을 충족하기 위해 함께 노동하는 욕망 충족 체계라는 것이다. 이런 점에서 사회계약론자들이 주목한 것은 사실상 경제적인 것과 구별되는 정치적인 것의 등장이라 할 수 있다. 그리고 그것이 경제적인 것이든, 정치적인 것이든 여기서 사회라고 이야기되는 것은 근대사회를 말한다. 왜냐하면 사실상 이들이 말하는 정치적인 것은 입헌적 국가를 전제한 것이며, 경제적인 것은 자본주의적 시장교환 체제를 말하기 때문이다.

그렇다면 근대사회란 단지 경제적 차원과 정치적 차원으로만 이해될 수 있는 것인가? 앞서 서술했듯이 그람시는 이와는 다른 차원의 사회적 영역에 주목한다. 즉 그는 경제적 영역도 아니고 정치적 영역도 아닌, 이 둘 사이를 매개하는 영역, 즉 사적이라 불리는 유기체적 관계들의 총체에 주목한다는 것이다. 비록 그람시는 이를 시민사회로 규정했지만, 이는 헤겔이 말하는 경제적 영역과는 달리 시민들 사이에 자유로운 의사소통이 이루어지는 자율적이고 중립적인 영역으로 이해된다. 이러한 영역을 정치적인 것, 경제적인 것과 구분하여 규정한다면 아마도 이는 문화적 영역에 가깝다고 할 수 있다. 왜냐하면 시민들 사이의 자유로운 소통에서 문제가 되는 것은 정치도 아니고 경제도 아니며, 결국 세계에 대한 이해와 이와 결부된 생활방식의 문제이기 때문이다. 따라서 그람시가 시민사회로 규정한 영역은 문화적 영역에 수렴될 수 있다.

뒤르켐의 '사회적인 것'의 개념은 이렇게 정치적, 경제적, 문화적으로 구분된 사회적 영역과는 다른 차원의 영역으로 이해될 수 있다. 우선 '사회적인 것'이란 개념은 무엇보다도 경제적 영역과 구별되는 사회적 영역을 지칭하기 위해 도입된 개념으로서 이는 무엇보다도 정치경제학적 학문 연구 방법에 대한 비판을 통해 등장한다. 즉 뒤르켐에 따르면 당시 정치경제학자들은 노동 분업에 토대를 둔 경제체제를 독립된 개인 간의 계약관계로 환원시킴으로써 사회를 독립된 개인들의 단순한 결합으로 이해하는 원자론적 가정에 사로잡혀 있었다. 물론 이는 사회계약론에서 비롯된 자유주의적 사회관을 계승한 것이다. 사회계약이란 근본적으로 계약주체로서의 개인을 독립된 존재로 보는 원자론적 입장을 전제하기 때문이다. 그러나 뒤르켐은 경제활동이 이루어지는 곳이 바로 이미 사회가 구성된 곳이라고 생각함으로써 경제적 영역이 사회적인 것의 토대 위에서 이루어지는 것으로 보았다. 그렇다면 여기서 뒤르켐이 말하는 사회적인 것이란 무엇을 의미할까?

이에 대한 대답은 그의 근대사회론 속에서 찾아질 수 있다. '사회적인 것'이란 근본적으로 근대사회의 특징을 해명하기 위해 등장한 개념이기 때문이다. 뒤르켐에 따르면 전통사회에서 근대사회로의 변화는 '분업'과 '연대'를 통해 설명된다. 즉 전통사회가 사회구성원들이 갖고 있는 공통의 신념과 정서에 따라 직접적으로 연결되고 조직된 '기계적 연대'의 사회라면, 근대사회는 노동 분업을 통해 점차 자율적 존재가 된 사회구성원들이 자신들을 포괄하는 어떤 상위의 목적이나 이해에 따라 행위함으로써 '유기적 연대'를 이루는 사회라는 것이다. 이런 점에서 근대사회에서 특징적인 것으로 나타나는 '사회적인 것'이란 자율적이고 원자화된 사회구성원들을 결속시키는 연대성을 말한다.

또한 이렇게 '사회적인 것'을 연대성의 의미로 본다면, '정치적인 것' 역시 '사회적인 것'으로부터 구별해낼 수 있다. 즉 뒤르켐에게 민주주의란 분산되고 조직화되어 있지 않은 개인의 의식과 국가의 조직화된 통치의식이 서로 소통하면서 개개인을 연결시키는 감성, 믿음, 사고방식 등 집단적 표상을 형성하는 과정이며, 이런 점에서 정치적인 것이란 국가권력을 통해 특수한 개별적 힘들이 서로 중화되는 과정을 말한다. 그러나 이런 정치적 과정이 국가와 대중 간의 직접적 소통의 과정인 것은 아니다. 왜냐하면 뒤르켐은 다양한 직업 및 경제 집단들에게 대중과 국가의 소통을 위한 대표 기능을 부여할 뿐 아니라, 국가가 바로 이러한 이차 집단에 의해 통제되어야 함을 강조하기 때문이다. 따라서 국가란 결국 대중을 대표하는 이차 집단과의 소통을 통해 국가 구성원들을 하나의 공동체로 통합하는 역할을 담당한다.

이렇게 국가와 이차 집단 간의 소통을 통한 대중의 갈등 해결과 통합을 정치적인 것으로 이해한다면 국가가 한 사회의 연대성을 강화하는 기능을 한다는 것은 분명하지만, 국가를 통해 비로소 연대성이 형성되는 것은 아니다. 왜냐하면 국가와 이차 집단 간의 소통이 이루어진다는 것은 이미 연대성을 토대로 한 사회적인 것이 전제되어 있다는 것을 말해주기 때문이다. 즉 정치적인 것을 통해 다양한 이해관계가 조정된다는 것은 이미 다양한 이해관계를 발생시키는 경제적인 것이 존재한다는 것을 말하며, 또한 경제적인 것이 자유로운 개인 간의 계약을 통해 형성된 노동 분업 관계를 말한다면, 이 역시 계약이 이루어지는 공간으로서 사회적인 것을 전제해야 하기 때문이다. 따라서 정치적인 것은 경제적인 것과 마찬가지로 연대란 의미의 사회적인 것의 토대 위에서 등장한다고 할 수 있다. 물론 뒤르켐 자신은 지적하지 않았지만 문화적인 것 역시 마찬가지라 할 수 있다. 국가와 시민사회에 대한 그람시의 구분에서 알 수 있듯이 문화적 영역으로 간주될 수 있는 시민사회는 국가의 간섭에서 벗어난 자율적이고 중립적인 영역을 의미한다. 시민사회란 사회구성원들의 자유로운 의사소통 공간이기 때문이다. 그렇다면 여타의 사회적 영역과 마찬가지로 의사소통 활동이 이루어지기 위해서는 먼저 사회가 존재해야 한다. 즉 연대에 기초한 사회적인 것이 존재해야 한다는 것이다.

이렇게 사회적인 것을 정치적인 것, 경제적인 것, 문화적인 것과 구별하면서도 그 토대로 본다면 어떤 점에서 연대가 인정과 관련되는지도 그 윤곽을 잡을 수 있다. 즉 뒤르켐이 말하는 연대란 사회구성원들이 다양한 사회적 관계에 참여할 수 있는 권능을 서로 인정하는 관계를 말한다는 것이다. 뒤르켐이 '사회적인 것'을 연대로 해석하면서 사회복지를 강조한 것은 바로 이러한 해석을 뒷받침하게 한다. 왜냐하면 사회복지란 사회구성원들이 처해 있는 각종 위험들을 개인적 책임의 영역이 아니라, 사회적 책임의 영역으로 간주할 때 가능하며, 이를 사회적 권리로까지 주장할 수 있는 것은 다양한 사회적 관계에 참여할 수 있는 개개인의 권능을 보장하기 위함이기 때문이다. 즉 사회복지는 모든 사회적 관계를 형성하고 참여할 수 있는 능력을 상실한 사람들에게 다시 그 능력을 회복하게 하기 위한 것으로 이는 사회의 기초인 연대성을 강화하기 위함이라는 것이다. 이런 점에서 연대란 자유로운 개인들이 형성하는 모든 계약관계에 선행하여 이러한 계약능력을 갖추도록 보장하는 유사 사회계약이다.

이렇게 연대를 사람들이 서로에게 다양한 사회적 관계를 형성할 수 있는 권능을 부여하는 상호인정관계로 해석한다면 사회적 인정질서란 경제, 정치, 문화의 영역에서 각각의 기능이 수행될 수 있도록 사회적 통합을 이루어내는 가장 기초적 질서라 할 수 있으며, 각각의 사회적 관계에서 요구되는 특수한 권능에 따라 다양한 형태를 갖는다. 따라서 사회적 인정질서를 둘러싼 인정투쟁은 다양한 사회적 영역에서 가능할 뿐 아니라 다양한 사회적 관계를 가능하게 하는 사회적인 것을 강화한다는 의미에서도 정당성을 갖는다. 이렇게 볼 때 결국 인정투쟁은 다양한 사회적 관계를 형성하고 사회적 관계에 참여할 수 있는 권능을 누구에게 부여하느냐 하는 문제와 관련된 것으로 사회적 연대의 폭을 확대시키는 사회변혁운동이라 할 수 있다.

정치 변혁, 생산양식 변혁, 주체양식 변혁, 인정질서 변혁

이처럼 사회적 인정질서를 경제적인 것, 정치적인 것, 문화적인 것과 구별되는 별도의 독립적 영역으로 이해하는 것이 아니라, 각각의 사회적 영역이 존립할 수 있는 기본 토대에 해당하는 것으로 본다면, 사회적 인정질서는 각각의 사회적 관계에 따라 다양한 형태를 갖는 제반 인정관계의 총체라고 할 수 있다. 따라서 인정투쟁과 제반 사회변혁운동의 관계 역시 이처럼 이해될 수 있다. 즉 정치적, 경제적, 문화적 영역에서 일어나는 다양한 사회변혁운동과 인정투쟁은 서로 구별되는 별개의 것이 아니며, 오히려 다양한 사회변혁운동은 사회적 인정질서 변혁을 목표로 하는 인정투쟁을 토대로 한다는 것이다. 왜냐하면 사회 변혁의 대상인 제반 사회적 관계가 이미 특정한 인정관계 위에서 형성된 것이기 때문이다. 이하에서는 오늘날 각각의 사회적 영역에서 영향력을 발휘하는 몇 가지 사회변혁운동과 인정투쟁이 갖는 상호연관성을 간략하게 언급하면서 인정투쟁에 대한 설명을 마무리할 것이다.[12]

앞서 지적했듯이 인정투쟁 개념이 다시금 주목받게 된 실천적 배경에는 이른바 새로운 사회운동, 즉 여성이나 성적 소수자, 소수 민족, 외국인 노동자 등을 중심으로 개인이나 집단의 정체성을 인정받기 위한 사회적 투쟁이 있다. 그러나 사정이 이렇다고 해서 인정투쟁이 정체성 투쟁으로 축소됨으로써 전통적 의미의 사회변혁운동과 구별되는 새로운 사회변혁운동이라는 것은 아니다. 흔히 전통적 의미의 사회변혁운동에서 문제가 되었던 것은 한편으로 기존의 정치적 의사결정 체제를 독재 체제로 폭로하면서 민주화 혹은 지속적 민주화를 추구하거나, 기존의 경제적 생산 체제를 착취 혹은 불평등 체제로 폭로하면서 대안적 생산 체제 혹은 분배정의 실현을 실현하는 것이었다. 일견 이러한 정치경제적 변혁운동은 사회적 인정질서의 변혁을 목표로 하는 인정투쟁과는 무관해 보이지만, 오히려 인정투쟁은 한 사회의 정치경제적 질서가 어떻게 해당 사회구성원에 대한 사회적 인정질서와 연관되어 있는가에 주목하게 함으로써 사회운동의 폭을 확장시킬 수 있다. 왜냐하면 정치적 의사결정 질서는 근본적으로 국민을 어떤 존재로 인정하느냐에 따라 달라지며, 경제적 질서 역시 자본가나 노동자를 어떤 존재로 인정할 것인가와 밀접한 관련을 맺기 때문이다. 예를 들어 지속적 민주화 요구가 대의제 민주주의의 한계를 넘어서 참여민주주의의 확대로 이어진다면, 이러한 변혁운동은 이제 국민들이 스스로를 단지 투표 때 한 표 행사하는 유권자가 아니라, 주권적 의사결정 주체로 인정받기 위한 투쟁을 동반할 수밖에 없다. 마찬가지로 자본주의 사회에서는 비록 생산이 사회적으로 이루어지지만 노동자는 노동력이라는 상품으로 취급될 뿐, 생산주체로서의 지위를 인정받지 못한다. 따라서 자본주의 사회에 대한 저항은 단지 자본주의적 생산양식의 극복이 아니라, 생산주체로 인정받기 위한 인정투쟁의 위상을 가질 수 있으며, 대안적 생산양식은 노동자가 사회적 생산주체로 인정되는 새로운 인정질서로 이해될 수 있다.

마르크스주의의 변이를 위한 새로운 사유 공간을 '근대적인 주체의 문제'에서 찾았던 이진경의 시도는 이와 유사한 문제의식을 함축하고 있다.[13] 우선 그에 따르면 마르크스는 사회적 존재가 사회구성원의 의식을 규정한다고 주장했지만, 현실 사회주의에서는 사회주의적 인간이 존재하지 않았다. 그리고 현실 사회주의에서는 오히려 자본주의 사회에서 일상적으로 접할 수 있는 인간형이 첨예하게 확산되어 있었고, 이런 점에서 현실 사회주의의 붕괴는 이미 필연적 원인을 가지고 있었다는 것이다. 그가 이로부터 도출해낸 이론적 귀결은 인간을 특정한 개인으로 만들어내는 '주체 생산양식'과 '경제적 생산양식'의 구별이며, 이러한 구별에 근거하여 말한다면, 비록 현실 사회주의가 자본주의적 생산양식을 철폐하고 등장했지만, 오히려 근대적 주체 생산양식이 변혁되지 못함으로써 붕괴의 길을 걷고 말았다는 것이다. 이런 점에서 주체 생산양식이란 비록 경제적 생산양식과 무관하지는 않지만, 이것으로 환원될 수 없는 독립적 차원을 말한다. 그런데 표현상의 차이는 있지만 주체 생산양식이 사회적 인정질서 개념과 그렇게 다른 것은 아니다. 사회적 인정질서는 특정한 인간상을 사회적 인정의 기준으로 삼음으로써 한 사회구성원의 주체화 양식을 결정하기 때문이다. 이런 점에서 사회적 인정질서란 사실 주체를 생산해내는 사회적 주체 생산양식이라고 할 수 있다.

이렇게 볼 때 인정투쟁은 정치경제 중심의 기존의 사회변혁운동에 대해 새로운 차원을 보여준다고 할 수 있다. 또한 인정투쟁이 최근 소수자들의 투쟁에 의해 주목받기 시작했다고 하더라도 이것이 '소수자 운동'의 논리로 축소되는 것은 아니다. 왜냐하면 인정투쟁은 사회적 인정에서 배제된 소수자들뿐 아니라 더욱 일반적인 차원에서 사회적 인정을 향유하는 다수자들에 대한 사회적 억압 역시 전제하고 있기 때문이다. 즉 한 사회구성원이 사회적 인정을 향유하기 위해 지배적 인간상에 따라 자신을 형성해야 한다면, 이는 역으로 이와 다른 정체성 욕구를 스스로 억압해야 한다는 것과 동일하다는 것이다. 이런 점에서 인정투쟁은 사회적 인정에서 배제된 소수자들의 투쟁으로 축소되는 것이 아니라, 사회적 인정을 향유하는 다수자들에게도 자신의 새로운 정체성 욕구를 계발하고 실현할 수 있는 가능성을 확대시킨다고 할 수 있다.

그러나 소수자들의 사회적 투쟁을 인정투쟁으로 보지 않고, 또한 이들의 투쟁 목표 역시 사회적 인정질서의 확대로 설정하지 않는 이론적 입장도 존재한다. 예를 들어 소수자 운동을 '미시 코뮌'과 연결시키는 것이 바로 그것이다.[14] 이러한 입장에 따르면 우선 사회적 소수자란 한 사회의 표준적 인간상을 거부하는 사람을 말한다. 따라서 표준적 인간상을 내면화한 사람은 다수자가 되며, 이들이 자신의 정체성을 토대로 권력화함으로써 소수자를 차별하고 배제하는 사회적 중심 세력을 형성한다. 사실 이러한 견해는 사회적 인정질서 개념과 그렇게 다르지 않다. 왜냐하면 이 역시 특정한 인간상이 절대화됨에 따라 이를 기준으로 사회적으로 인정받는 사람과 그렇지 못한 사람들이 구조적으로 구별됨을 말하기 때문이다. 그러나 전자의 입장이 차별성을 갖는 이유는 인정투쟁과는 정반대의 투쟁 전략을 제시한다는 점에 있다. 즉 이 입장에 따르면 소수자 운동은 소수자들이 자신들만의 자치공간인 '미시 코뮌'을 형성하면서 표준적 인간상에 기초한 사회적 권력, 특히 국가의 지배 영역을 축소하고 이를 무력화하는 데 목표가 있다. 따라서 이런 유형의 소수자 운동이란 소수자나 다수자 모두를 포괄하는 사회적 인정질서의 변혁을 목표로 하지 않으며, 더구나 소수자들을 차별하고 배제하던 다수자와의 새로운 인정관계 수립은 고려의 대상조차 되지 못한다. 이런 점에서 소수자 운동을 미시 코뮌과 연결시키는 이론적 입장은 사회적 인정질서의 변혁과 이를 통해 사회구성원 간의 새로운 인정관계 형성을 목표로 하는 인정투쟁과는 근본적 차이를 보인다.

그러나 사회적으로 배제된 사람들이 자신들만의 공동체를 만든다는 것이 과연 투쟁의 목표일 수 있을까? 물론 미시 코뮌 내부만을 볼 때 이곳에서는 다수자들이 주장하는 표준적 인간상이란 더 이상 영향력을 행사할 수 없으며, 따라서 이는 소수자들만의 해방구일 수 있을 것이다. 그러나 미시 코뮌은 개념적으로 볼 때 두 가지 위험성을 내포하고 있다. 첫째, 미시 코뮌은 사회적 배제를 극복하는 것이 아니라, 이를 고착화시킬 수 있다. 미시 코뮌이라는 소수자들만의 해방구는 현존하는 사회적 인정질서의 변혁을 전제한 것이 아니기 때문에, 소수자들이 해방구를 벗어나는 순간 이들은 사회적 배제와 차별에 노출될 뿐 아니라 다수자들이 이를 위해 행사하는 권력의 지배 대상이 된다. 그렇다면 결국 미시 코뮌은 소수자를 배제하려는 권력의 책략에 저항한 것이 아니라, 역으로 이를 수용한 것과 마찬가지가 된다. 다시 말해 보이지 않는 곳에 배치되면서 보이지 않도록 만들어졌던 소수자들이 이제 스스로 보이지 않는 공간으로 도피함으로써 배제와 고립을 자초한다는 것이다. 둘째, 미시 코뮌의 논리를 따를 때 이는 소수자들의 해방구가 아니라, 오히려 서로의 차이를 발산하며 무한히 세분화되는 미시 코뮌으로 다시 분열될 수 있다. 예를 들어 내국인에게 차별받는 외국 노동자가 미시 코뮌화할 때, 이들 내부에서 다시 차이가 부각된다면, 즉 남성에 대해 여성, 이성애자에 대해 동성애자의 차이가 부각된다면 이들은 다시 미시 코뮌화해야 한다는 것이다. 왜냐하면 이들은 외국 노동자 미시 코뮌에서 다시 소수자가 되기 때문이다. 이러한 미시 코뮌의 무한 분열은 개인의 원자화를 초래할 뿐이며, 이런 점에서 미시 코뮌의 논리는 차별과 배제의 극복이 아니라, 차별과 배제로부터의 탈주를 시도하다 결국은 모든 사회적 관계를 해체하고 고립된 단독자의 삶을 결과한다는 예기치 않은 위험성을 내포하고 있다.

2부

현대사회 변동과 인정관계 구조변화

지금까지 1부에서는 현대사회 변동과 인정관계 구조변화를 구체적으로 분석하기 위한 방법론적 전제로서, 어떤 점에서 인간의 삶과 인정이 밀접한 연관성을 갖고 있으며, 또한 어떤 점에서 사회적 관계를 인정관계로 해석할 수 있는지를 서술했다. 그리고 실천적 차원에서 인정관계의 구조변화를 추동하는 사회변혁운동으로서 인정투쟁이 어떤 특징을 갖고 있는지를 살펴보았다. 아마도 이로부터 도출할 수 있는 방법론적 전제는 세 가지 주장으로 압축될 수 있을 것이다.

첫째, 인정이 인간의 삶과 밀접한 연관성을 갖는다는 것은 개인의 자아가 상호인정관계를 통해 형성될 뿐 아니라 이를 통해 적극적 실현 조건을 확보할 수 있다는 점이다. 물론 이러한 연관성은 근대사회라는 시대적 조건 하에 특별한 중요성을 갖는다. 왜냐하면 근대사회에 이르러 인간은 이전까지 사회구성원의 사회적 인정을 결정하던 신분적 구속으로부터 벗어나 비로소 개인으로 존재하기 시작했으며, 이제 이런 개인을 어떤 존재로 인정할 것인가는 항상 열려진 문제가 되었기 때문이다. 둘째, 근대사회는 정치적, 경제적, 문화적 영역 등 다양한 영역으로 분화된 사회이지만, 이 모든 영역은 항상 특정한 인정관계를 토대로 두고 있다는 점에서 제반 사회적 관계는 인정관계로 해석될 수 있다는 점이다. 이런 관점은 각각의 사회적 영역이 갖는 독자성을 부정하는 것이 아니라, 이러한 각각의 독자성이 바로 인정관계라는 더욱 심층적 틀 속에서 발휘되고 있음을 말해준다. 셋째, 사회적 관계를 인정관계로 해석한다면, 이제 사회 변동은 인정관계의 구조변화로 해석할 수 있으며, 이런 점에서 사회변혁운동이란 근본적으로 사회적 인정질서 변혁이라는 새로운 형태를 갖게 된다. 물론 여기서 핵심적 역할을 하는 것은 기존의 사회적 인정질서를 변혁함으로써 사회적 인정의 내용과 폭을 확장시키려는 인정투쟁이다.

이 책의 2부에서는 이러한 세 가지 전제 하에 현대사회 변동을 인정관계 구조변화로 해석하면서 어떤 대안적 인정질서가 현대사회에 내재된 갈등을 해결하면서도 사회적 인정의 내용과 폭을 확장시킬 수 있는지를 친밀성, 정치, 경제, 문화, 세계질서라는 5개 영역으로 나누어 추적할 것이다. 앞서 살펴보았던 사회적 관계들이나 이에 상응하는 사회적 투쟁들을 전제한다면 의당 사회적 영역은 정치적, 경제적, 문화적 영역으로 구분되어야 하지만, 이 책에서는 친밀성 영역과 세계질서 영역을 추가했다.

일찍이 청년기 헤겔은 사회를 인간의 자기의식과 이에 상응하는 상호인정관계에 따라 가족, 시민사회, 국가로 구분한 바 있다.[1] 즉 인간은 성적 결합에 기초한 사랑이라는 상호인정관계를 통해 부모자식으로 구성된 최초의 공동체, 즉 가족을 형성하며, 여기에서 인간의 자기의식은 무엇보다도 생존 욕구를 통해 규정된다. 그런데 가족구성원이 자신의 생존 욕구 충족을 위해 다른 가족과 갈등관계에 빠지게 되면서 이를 해소하기 위해 동등한 권리 의무 계약에 기초한 시민사회가 등장하고, 여기에서 인간은 생존욕구 차원에서 벗어나 자신을 보편적 권리 인격체로 이해하게 된다. 또한 시민사회가 국가라는 고도화된 공동체로 이행하게 되는 것은 보편적 권리 인격체라는 추상적 규정 속에서 개인의 특성이 존중되지 못하기 때문이며, 이는 시민사회에서 계약

위반이나 불이행의 계기가 됨으로써 보편적 인격체는 갈등관계에 빠지게 된다. 국가는 바로 시민사회 내의 갈등을 해소하는 더욱 고차원적인 공동체로 등장하며, 여기에서 인간은 인륜적 보편성을 토대로 정치적 의지 형성에 참여하는 공민으로서의 자기의식에 도달한다.

이러한 헤겔의 통찰을 사회적 관계의 발전 과정이 아니라, 사회 체계론적 관점에서 본다면 사회가 가족, 시민사회, 국가로 구성됨을 의미하며, 이에 상응하여 사회 영역을 구분한다면 친밀성, 정치, 경제 영역을 구분해낼 수 있다. 물론 현대사회의 등장 과정을 분석한 막스 베버에 따르면, 현대사회는 다원적으로 분화된 사회이다. 왜냐하면 현대사회에 이르러 전통사회에서 미분화된 채 서로 융합되었던 다양한 가치 영역들이 분화되고, 경제가 정치로부터 분리됨으로써 자본주의적 경제체제와 관료적 근대국가가 등장했기 때문이다. 이런 점에서 정치적 영역과 경제적 영역을 구분한 헤겔과 베버의 입장은 일맥상통하며, 이는 뒤르켐도 마찬가지이다. 여기에 더해 친밀성 영역과 문화적 영역이 사회적 영역으로 추가될 수 있는 이유는 가족과 문화 역시 근대에 이르러 정치와 경제 모두로부터 분리되었기 때문이다. 한편으로 근대 가족은 전통적 가족이 가졌던 정치적, 경제적 역할로부터 분리되어 '사적 영역'으로 자립화되었으며, 다른 한편 문화 역시 그람시의 분석이 말해주듯 정치와 경제로부터 분리된 채 도덕, 취향, 관습, 정치관, 세계관 등 생활방식과 가치관을 둘러싼 시민들 사이의 자유로운 의사소통 영역으로 자립화되었다는 것이다. 내가 여기에 더해 세계질서라는 또 다른 영역을 추가한 것은 친밀성, 정치, 경제, 문화 영역을 통해 사회를 이해하는 것은 근본적으로 일국적 관점이기 때문이다. 그러나 오늘날 급격히 확산되는 세계화 흐름은 우리 자신을 일국적 사회에 존재하는 국적적 존재가 아니라, 국가의 경계를 넘어 전 세계로 이동하는 탈국적적 존재라는 새로운 위상을 부여하고 있다. 이런 점에서 현대사회 변동을 인정관계의 구조변화로 해석하기 위해 나는 불가피하게 사회적 영역을 5가지로 구분할 수밖에 없었다.

이러한 구분을 전제로 내가 핵심적으로 주목하려는 것은 각각의 영역에서 등장하는 사회구성원의 자기이해이다. 왜냐하면 사회구성원의 자기이해가 달라진다면, 이에 대한 사회적 인정의 내용과 폭 역시 달라질 수밖에 없기 때문이다. 앞으로 설명하게 될 것이지만, 사회구성원이 자신을 역할 담당자 혹은 유일무이한 존재, 유권자 혹은 주권자, 생산주체 혹은 사회적 활동주체, 동질적 존재 혹은 차이의 존재, 국적적 존재 혹은 세계시민 중에서 어떤 존재로 이해하느냐에 따라 사회적 인정 요구의 실체적 내용이 달라지고, 따라서 이에 대한 제도적 표현 역시 달라질 수밖에 없다는 것이다.

이러한 시도는 분명 호네트의 인정이론과는 구별되는 새로운 시도이다. 왜냐하면 호네트의 인정이론은 현대사회를 사회적 인정질서로 해석한다는 점에서 이 책의 입장과 동일하지만, 사회적 인정질서를 단지 사랑, 권리, 연대라는 세 가지 인정행위 유형을 통해 해명하고 있기 때문이다. 앞서 서술했듯이 이러한 접근 방법에서는 각각의 사회적 인정 행위가 전제하고 있는 사회구성원의 자기이해, 내지 정체성이 어떤 것인지가 불분명한 채로 남는다. 왜냐하면 세 가지 인정 행위가 말해주는 것은 거시적 의미에서 서로 다른 인정 영역에 대한 구분이지, 이 각각의 인정 영역에서 어떻게 자기이해가 변화하고 있고, 이에 따라 어떻게 인정관계가 변화하고 있는지를 보여주는 것은 아니기 때문이다. 그러나 사회구성원의 자기이해가 달라진다면 사랑의 형태는 물론, 권리의 내용, 그리고 연대의 기준이 달라진다. 이런 점에서 사회적 인정질서의 구체적 변화를 포착해내기 위해서는 사랑, 권리, 연대라는 일반적 인정행위 유형이 아니라, 다양한 사회적 영역에서 일어나는 자기이해의 변화와 이로 인한 인정관계 변화에 주목해야 한다.

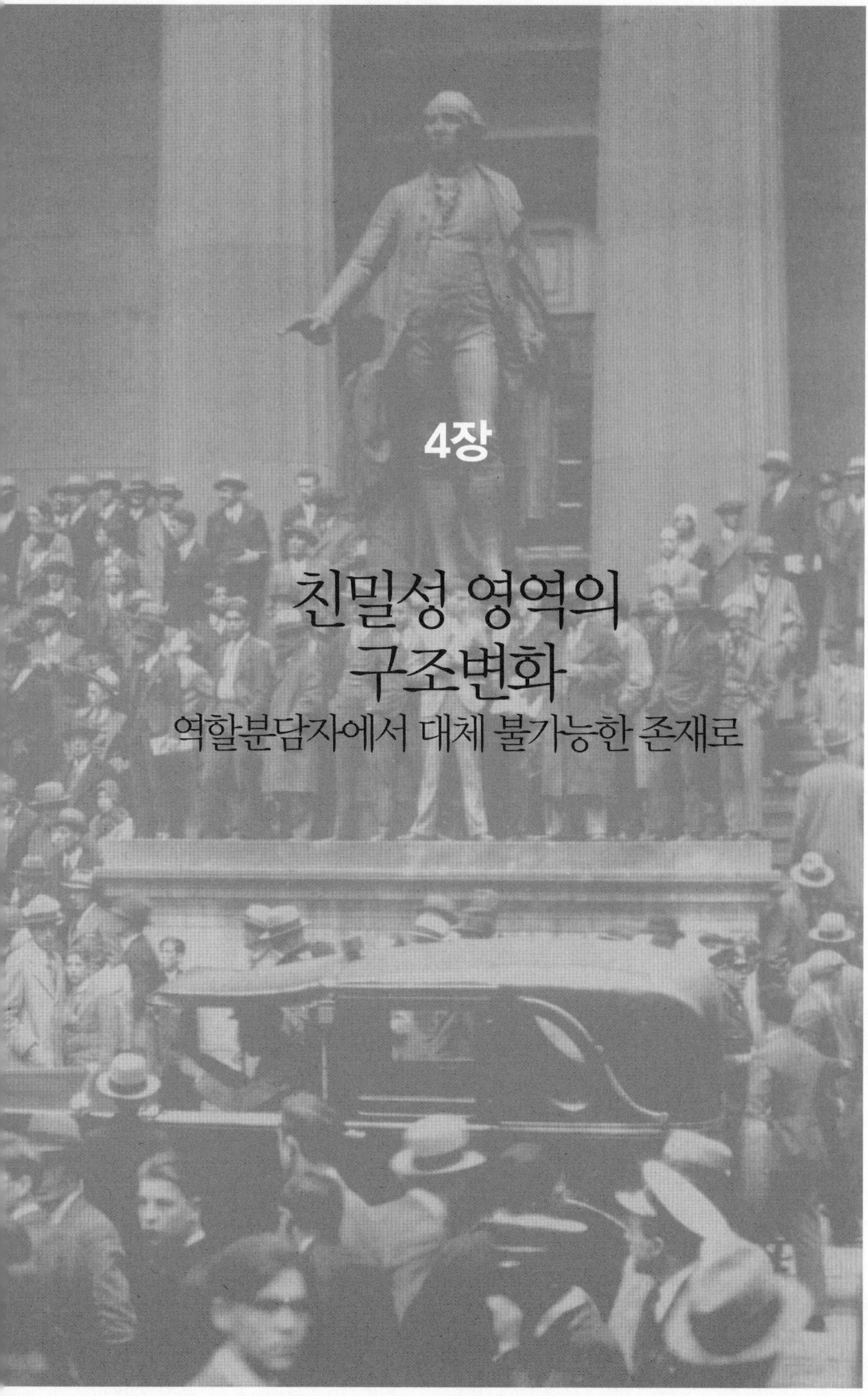

4장

친밀성 영역의 구조변화

역할분담자에서 대체 불가능한 존재로

오늘날 한국사회는 이혼율 증가, 혼인율 저하, 결혼연령 상승, 출산율 감소 등으로 인해 가족구조의 급격한 변화를 겪고 있다.[2] 왜냐하면 근대사회의 전형적 가족형태인 양 부모와 자녀로 이루어진 핵가족이 감소하면서 가족형태가 무자녀 가족, 한 부모 가족, 재혼 가족, 독신 가족, 비혼인 가족 등으로 다양화하고 있기 때문이다. 2003년 한 조사에 따르면 한국사회에서 부모와 자녀로 구성된 전형적인 핵가족은 전체 가구 가운데 51.2%를 차지하고 있고, 나머지는 비전형적 가족형태를 취하고 있는 것으로 나타났다.[3] 이러한 가족구조 변화의 결정적 요인은 부부관계의 구조변화라 할 수 있다. 왜냐하면 부부관계의 구조변화가 광범위한 차원에서 가족구조의 변화를 일으키는 핵심 요인이 되고 있기 때문이다. 사실 가족이란 남녀가 부부관계를 맺음으로써 형성된다는 점에서 부부관계의 구조변화가 가족구조의 변화를 일으킨다는 것은 필연적인 일이다. 그런데 이는 비단 한국사회에서만 일어나는 특수한 현상이 아니다. 왜냐하면 이는 이미 서구에서도 1990년대 이래로 많은 학자들이 주목했던 일반적 경향이기 때문이다.[4] 이런 점에서 서구가 앞서 겪었던 경험적 사실들에 대한 논의 역시 한국사회에서 일어나는 친밀성 영역의 구조변화를 이해하는 데 유용한 자료가 될 수 있다.

본 글에서는 오늘날 친밀성 영역에서 일어나는 변화 과정의 핵심적 요소인 부부관계의 변화를 인정관계의 구조변화로 해석하고자 한다. 부부관계란 여타의 인간관계와 마찬가지로 상호인정관계로 이해될 수 있으며, 상호인정관계 당사자들의 인정 요구가 고도화되면서 구조변화를 겪게 되기 때문이다. 따라서 부부관계의 변화가 어떤 새로운 인정 요구를 함축하고 있는가를 파악한다면, 이에 따라 부부관계의 변화 과정을 인정관계의 구조변화로 재구성할 수 있다. 이를 위해 본 글에서는 첫째, 근대 가족의 등장과 함께 확산되기 시작한 부부관계의 이상을 살펴보면서 실제로 이러한 이상이 근대사회에서 어떻게 실현되었는가를 추적한다(1절). 둘째, 오늘날 부부관계에서 일어나는 변화는 무엇이며, 이것이 어떤 문제를 낳고 있는지를 분석한다(2절). 셋째, 이러한 부부관계의 변화를 인정관계의 구조변화로 해석하기 위해 여기에 함축된 새로운 인정 요구가 무엇인지를 밝힌다(3절).

1. 근대 가족의 등장과 실상

일반적으로 가족이란 공동거주, 경제적 협동, 배타적 성관계, 자녀 양육을 통해 형성된 운명공동체로 규정된다.[5] 이런 점에서 가족구성원은 여타의 사회집단에서는 볼 수 없는 일체감을 형성하고 있으며, 서로가 독립된 존재라기보다 행복과 불행을 같이 하는 상호의존적 관계를 형성한다. 그러나 가족이 항상 고정된 형태를 갖는 것은 아니다. 가족은 사회 변동에 민감하게 반응하며 역사적으로 다양한 형태를 보이고 있기 때문이다. 예를 들어 고대사회에서 가족은 확대 가부장제 형태를 띠고 있었지만, 이는 중세에 이르러 조부모, 부모, 자녀 등 3대로 이루어진 소가부장제 가족 형태로 대체된다. 그리고 이는 다시 18세기 후반의 산업혁명 이후 등장한 산업자본주의 시대를 거치면서 이른바 부모, 자녀로 구성된 핵가족 형태로 변모하게 된다.

물론 핵가족 형태가 반드시 근대 산업혁명 이후에만 존재했던 것은 아니다. 산업혁명 이전에도 지역적으로 볼 때 영국, 프랑스, 북아메리카 지역에서는 이미 핵가족 형태가 일반적이었으며, 계층별로 볼 때 가난한 계층에서 핵가족이 많이 발견되는 것으로 나타났다. 왜냐하면 전통사회에서 확대가족을 형성하기 위해서는 평균수명, 결혼연령, 자녀수와 같은 인구학적 조건뿐 아니라 충분한 토지 같은 경제적 조건도 갖추어져야 하기 때문이다. 이는 한국사회에서도 마찬가지이다. 핵가족이 보편적 가족형태를 이룬 것은 1960년대 산업화 시대 이후이지만, 산업화 이전에도 핵가족은 높은 비율로 존재했다. 그 이유는 무엇보다도 농촌사회의 가족 주기상 장남 중심의 대가족 형태 외에도 차남 중심의 핵가족이 존재했다는 데 있다. 이와 더불어 평균 수명이 길지 않았기 때문에 대가족이 유지되는 기간이 짧았다는 점도 핵가족의 비율을 높이는 요인이 되었다.[6] 그러나 규모 면에서 가족이 핵가족 형태를 띤다고 해서 모든 핵가족이 동일화될 수는 없다. 근대 핵가족은 사회적 위상, 구성 원리 그리고 기능 면에서 종래의 가족과 구별되는 고유한 특성을 지니고 있기 때문이다. 이는 대략 사적 공간, 낭만적 사랑, 역할분담이라는 세 가지 특징을 통해 파악될 수 있으며, 근대 부부관계란 바로 이런 특징을 통해 규정될 수 있다.

근대 가족의 특징

서구에서 산업혁명 이전까지만 해도 가족은 경제적 생산단위였을 뿐 아니라 다양한 사회적 활동의 장이었다. 단적인 예로 농경사회에서 가족은 토지를 매개로 한 자급자족적 가족생산을 통해 의식주에 필요한 생계수단을 직접 조달하는 생산활동 영역이었으며, 중세 귀족의 가족 거주지는 통치의 역할과 군대의 역할을 겸하는 경우가 일반적이었다고 한다. 그러나 산업혁명을 거쳐 근대 산업사회로 들어오면서 가족은 경제적 생산 및 여타의 사회적 기능으로부터 분리된 사생활의 영역, 즉 '사적 영역'이 된다. 경제적 생산과 관련된 활동은 공장이나 회사로, 통치는 국가 관료 기구로, 그리고 군대는 직업군대로 이관되었기 때문이다.[7] 따라서 가족 형성의 토대가 되는 부부는 모든 사회적 연관으로부터 독립하여, 그리고 모든 정치적, 경제적 활동으로부터 벗어나 순수한 인간적 관계를 형성하게 된다. 즉 부부관계는 남편과 아내 각자가 자기의식을 지닌 인격적 존재로서 아무런 외적 간섭이나 강제 없이 자유롭게 서로 교류하는 관계가 되었다는 것이다.[8] 이런 점에서 가족이 근대에 이르러 사적 영역이 되었다는 것은 가족이 일종의 자율성 영역이 되었다는 의미로 이해될 수 있다. 즉 가족은 그 어떤 외적 간섭 없이 가족 구성원의 자율적 결정에 따라 운영되고 통제될 수 있도록 그 권리가 보장된 곳이라는 것이다.

그러나 가족이 모든 사회적 연관으로부터 독립된 사적 공간이라 하더라도 아무런 사회적 기능도 하지 않는다는 것은 아니다. 파슨스가 지적하듯이[9] 이른바 핵가족으로 불리는 근대 가족은 자녀를 양육하고 사회화할 뿐 아니라 성인에게 정서적 안정을 제공하는 심리적 지원 기관으로서의 기능을 수행하기 때문이다. 파슨스는 이러한 핵가족을 근대 산업사회의 기능적 요구에 가장 적합한 가족제도로 보았다. 왜냐하면 핵가족은 규모 면에서 빈번한 직업적 이동을 요구하는 근대 산업사회의 특성에 잘 부응할 수 있으며, 인간관계가 경쟁적이고 계산적 관계로 변질되어가는 근대 산업사회에서 정신적 쉼을 제공하는 안식처 역할을 할 수 있기 때문이다. 이런 점에서 근대에 이르러 가족이 사적 영역이 되었다는 것은 가족이 모든 사회적 구속으로부터 벗어난 자율적 공간일 뿐 아니라 모든 사회적 이해관계로부터 벗어나 친밀성과 감정적 유대의 공간이 되었다는 뜻으로 이해될 수 있다.

이렇게 자율적 영역이자 감정적 유대관계로 이해된 가족을 사적 영역으로 규정한다는 것은 분명 공과 사에 대한 새로운 구분법에 근거한다.[10] 고대 그리스의 아리스토텔레스는 시민들의 자율적 참여를 통해 운영되는 폴리스를 공적 영역으로 보고, 이와 구별하여 종족 보존을 위한 생식과 개체 보존을 위한 생산의 장소인 가정을 사적 영역으로 규정하였다. 그러나 근대에 이르러 가정은 더 이상 생산 영역이 아니다. 왜냐하면 이제 시장이 인간의 생존에 필요한 물질적 수단들이 생산, 분배, 소비되는 공간으로 출현하였기 때문이다. 따라서 이제 생산이 시장이라는 사회적 영역으로 이전되면서 사적인 것은 공적인 것으로도 경제적인 것으로도 환원될 수 없는 새로운 영역, 즉 자율성을 토대로 한 친밀성 영역으로 등장한 것이다.

사적 공간이라는 사회적 위상과 함께 근대 가족의 두 번째 특징은 이를 형성시키는 결혼이 자율적 개인 간의 사랑이라는 낭만적 이상에 기초하고 있다는 점이다. 즉 결혼이란 친족이나 가족의 영향, 또는 그 어떤 외적 강제로부터 벗어나 개인 스스로 배우자를 선택할 수 있는 권리를 전제하며, 개개인은 자신의 감정에 대해 스스로 반성하고 고민하면서 자신의 배우자를 결정한다는 것이다. 즉 개개인은 상대방이 자신에게 어떤 감정을 주는가, 상대방은 자신에 대해 어떤 감정을 가지고 있는가, 서로의 사랑은 장기적으로 지탱될 수 있는가 등을 자문하면서 배우자를 선택한다는 것이다. 사실 근대 이전 시기만 해도 결혼은 가문이나 집안의 정치적, 혹은 경제적 목적 하에서 이루어지기 십상이었으며, 결혼 당사자들의 개별적 의사는 결혼이 이루어지는 데 중요한 요소가 되지 못했다. 그러나 가족이 모든 사회적 연관으로부터 분리된 사적 영역이 되면서 이제 그 어느 때보다 결혼은 개인과 개인의 자율적 관계로 자립화되었으며, 상대방을 선택하는 데 있어서 사랑이 결정적 요소가 되기 시작했다.

물론 인류 역사상 사랑이 존재하지 않은 적은 없으며, 그 중요성 또한 폄하될 수는 없다. 그러나 사랑의 형태는 항상 역사적으로 변모해왔으며, 사랑이 결혼과 결합한 것은 근대 부부관계에서 나타나는 특수한 현상이다.[11] 예를 들어 고대 그리스에서 사랑이란 전적으로 성인 남성의 열정으로 간주되었으며, 그 대상은 미소년이었다. 이런 점에서 고대 그리스의 사랑은 동성애로서 결혼이나 출산, 그리고 가족 구성과 무관한 것이었다. 또한 12세기경 프랑스 남부의 음유시인들이 첫눈에 반해 운명처럼 이어지는 이성 간의 열정적 사랑을 노래했다 하더라도 그것은 결혼관계 밖에서 일어나는 하나의 사건일 뿐이었다. 또한 영국 가족사를 연구한 스톤에 따르면 17세기 가족에서 부부 간의 사랑은 부차적이었으며, 사랑보다는 사회적 예의가 일반적이었다고 한다.[12]

이런 점에서 고대와 중세를 거쳐 18세기 말까지 이어지는 긴 기간 동안 사랑은 결혼과 무관하며, 이에 반하는 것이기도 했다.[13] 그러나 19세기를 지나면서 사랑은 오직 하나뿐인 대상에 대한 영원한 사랑을 의미하는 '낭만적 사랑'의 형태를 띠기 시작하였으며, 결혼이란 바로 이러한 사랑을 지속시키고 완성시키는 매체가 되었다. 즉 사랑해서 결혼하고, 결혼이 영원히 지속되면서 사랑은 완성된다는 것이다.[14] 이런 점에서 근대의 부부관계란 사랑을 통해 형성되고 지속되는 정서적 결속관계라 할 수 있다.

이렇게 낭만적 사랑이란 이상에 토대를 둔 근대 가족은 기능 면에서 성별에 따른 부부간의 역할분담관계에 기초하고 있다. 이것이 근대 가족이 갖는 세 번째 특징이다. 즉 파슨스가 지적하듯이 남편에게는 가족의 생계를 담당하는 '도구적 역할'이, 그리고 아내에게는 자녀의 사회화와 심리적 지원을 담당하는 '표현적 역할'이 부여된다는 것이다.[15] 사실 이러한 부부간의 역할분담은 역사적으로 볼 때 19세기 영국 빅토리아 시대의 부르주아 계급에게 전형적으로 나타난다.[16] 당시 새로이 등장한 부르주아 계급에게 가족은 사회적 노동으로부터 분리되었을 뿐 아니라 모든 외부 세계로부터 차단된 사적인 영역이었다. 그리고 여기서 남성은 남편이자 아버지로서 경제활동을 통해 가족 구성원의 생계를 부양하고, 여성은 아내이자 어머니로서 가사노동과 자녀 양육 그리고 정서적 보살핌이란 역할을 담당한다는 것이다. 그러나 부부간의 역할분담이 비단 부르주아 계급에게만 한정된 것은 아니다. 19세기 후반부터는 남성을 가정 밖의 경제활동자로 끌어내고, 여성을 가정 내의 가사노동에 배치하는 성별화 과정이 전 계급으로 확산되었기 때문이다. 이를 가능하게 한 것이 바로 '가족임금제'였다. 18세기 말에서 19세기 전반기에 이르기까지 산업혁명을 통한 자본주의적 축적 체계가 본격화되면서 노동자 계급은 열악한 노동조건 하에서 장시간 노동에 허덕이며 자신이 만들어낸 잉여가치를 착취당하며 살아야 했다. 그러나 이는 단지 남성 노동자에게만 해당하는 것이 아니라 연소자와 기혼여성에게도 해당되는 것이었다. 왜냐하면 당시 노동자 계급은 전 가족원의 전일제 취업을 통해서만 가족 구성원의 생계를 유지할 수 있었기 때문이다. 그러나 이는 출산율 저하, 유아 사망 증가 등으로 이어졌고 결국 노동력 재생산 위기라는 사회적 문제를 낳게 된다. 이런 상황 때문에 19세기 후반부터는 비록 불완전한 형태이기는 하지만 가족임금제가 실시됨으로써 남성가장-전업주부라는 성별 역할분담이 근대 가족의 전형적인 현상이 된다.[17]

이렇게 사적 영역, 낭만적 사랑, 성별 역할분담에 기초한 근대 가족이 한국사회에서 본격적으로 등장하기 시작한 것은 대개 산업화가 시작된 1970년대 이후로 본다. 왜냐하면 이때부터 낭만적 사랑과 부부 중심의 결혼이라는 근대 가족의 이상이 외견상으로나마 일반적 사회 규범으로 자리 잡으면서 연애결혼이 중매결혼을 대체하게 되었고, 부모와 자녀로 이루어진 핵가족이 보편화되기 시작했기 때문이다. 그리고 산업화는 평생직장을 위해 몸 바쳐 일하는 남성 가정과 이러한 가장을 뒷바라지하며 자녀를 돌보는 전업주부라는 성별 역할분담을 확산시키는 주된 요인이 되었다.[18]

근대 가족의 실상

이렇게 근대 가족은 산업혁명 이후 산업자본주의라는 시대적 배경 하에 사적 공간, 낭만적 사랑, 성별 역할분담이라는 이상이 결합하여 이루어졌다는 점에서 여타의 핵가족 형태와 구별된다. 그런데 사실 이러한 세 가지 이상이 아무런 교란 없이 실현된 것은 아니다. 산업혁명을 통해 확립된 자본주의 체제는 이 세 가지 이상 모두를 왜곡시킬 뿐 아니라 이들 간의 결합을 기형화시키고 있기 때문이다. 여기서 그 통로 역할을 하는 것이 바로 성별 역할분담이다. 근대 가족이 비록 모든 사회적 연관으로부터 독립된 사적 공간이라 하더라도 바로 성별 역할분담을 통해 근대 가족은 자본주의 체제의 기능적 구성요소로 편입되었기 때문이다. 바로 이러한 모순적 성격 때문에 근대 가족의 특징을 이루는 세 가지 이상 역시 기형화되고 만다.

자본주의 체제의 인적 재생산

앞서 지적했듯이 파슨스는 근대 가족을 기능적 측면에서 자녀를 양육하고 사회화할 뿐 아니라 성인에게 정서적 안정을 제공하는 심리적 지원 기관으로 규정했다. 사실 이러한 입장은 근대 가족의 핵심적 역할이 자본주의적 사회체제가 필요로 하는 인적 구성원을 재생산하는 데 있다는 것과 다를 바 없다. 왜냐하면 이는 가족이 남성 성인에게 심리적 지원을 통해 매일매일 경제적 활동을 수행할 수 있는 에너지를 제공하고, 자녀를 양육하고 사회화함으로써 다음 세대에 경제적 활동을 담당할 성인 남성들을 재생산해낸다는 것을 의미하기 때문이다. 그런데 자본주의가 필요로 하는 인적 재생산은 자본주의의 특성상 두 가지 의미를 갖는다. 우선 마르크스가 밝히고 있듯이 자본주의란 자본을 생산수단으로 하는 체제이며, 이는 사적 소유의 대상이다. 그리고 자본의 축적을 가능하게 하는 것은 노동력을 통한 잉여가치의 창출이며, 이는 노동자에 의해 공급된다. 이렇게 본다면 자본주의 체제는 자본과 노동의 결합에 의해 생산이 이루어지는 체제로서 한편으로 자본가는 노동력을 상품화시켜 이를 구매하며, 그 대가로 임금을 지급하고, 노동자는 이를 통해 생계를 유지한다. 그리고 다른 한편으로 자본가는 구매된 노동력을 통해 잉여가치를 창출함으로써 자본을 축적할 뿐 아니라 이를 사적으로 소유한다. 따라서 자본주의 체제란 자본과 노동이 지속적으로 공급되어야 유지될 수 있으며, 이것이 가능하기 위해서는 자본 소유자인 자본가와 노동력 공급자인 노동자라는 인적 구성원 역시 지속적으로 재생산되어야 한다.

가족이 담당하는 인적 재생산 기능이 두 가지 의미를 갖는다는 것은 자본가와 노동자를 재생산하는 방식이 다르기 때문이다. 즉 자본가는 자본의 자녀 상속을 통해 다음 세대 자본가를 재생산하고, 노동자는 여성의 가사활동을 통해 자신의 노동력을 재생산할 뿐 아니라 사회화를 통해 다음 세대의 노동자 역시 재생산한다는 것이다. 엥겔스의 연구가 밝히고 있듯이 역사적으로 볼 때 신석기 농업혁명 이후 남성이 소유하던 생산수단이 주된 생산력의 원천이 되면서 이러한 생산수단의 상속 문제가 가족형태를 변화시키는 중요한 요인이 되었다.[19] 왜냐하면 남성이 자신의 재산을 자식에게 물려주려 할 경우 부자관계를 확실하게 할 수 있는 가족형태가 필요해졌기 때문이다. 따라서 여성이 한 남성의 자식만을 출산함으로써 친자 상속을 보장할 수 있는 가부장적 일부일처제가 이에 가장 적합한 혼인제도로 등장하게 되었으며, 자본주의 체제하의 핵가족은 이러한 혼인제도로 구성된 가족형태에 다름 아니다. 이렇게 친자 상속을 보장하는 가족제도가 자본가 계급 재생산의 핵심 기제로 작용한다면, 이에 반해 노동자 계급의 재생산에서 중요한 것은 가사, 출산, 육아 등 여성의 가정활동이다. 즉 노동자는 여성에 의해 수행되는 가사노동을 통해 생존에 필요한 기본적 욕구를 충족함으로써 자신의 소진된 노동력을 회복하고, 또한 여성이 자녀를 출산하고 양육함으로써 다음 세대 노동자를 재생산한다는 것이다. 물론 이러한 여성의 가사활동이 가능한 것은 남성이 임금을 통해 가족의 생계를 부양하기 때문이다.

이렇게 근대 가족은 인적 재생산이란 역할을 통해 자본주의 체제에 기능적으로 통합되면서 부부간의 성별 역할분담을 부부간의 경제적 예속관계로 바꾸어놓을 뿐 아니라 가정 내에서 여성을 도구화시키는 일종의 사물화 현상을 낳게 된다. 왜냐하면 자본가 계급에게 가족이 생산수단의 상속을 위한 목적 하에 형성된다면 이제 부인은 남편의 사유재산을 상속할 수 있는 자식을 낳아주고 키워주는 출산 및 양육 도구와 다를 바 없기 때문이다. 더구나 자녀 상속이 부자관계에서 이루어지게 되면 여성은 재산 소유에서 배제된 채 아무런 경제적 능력을 갖출 수 없게 된다. 따라서 출산과 양육의 도구로 전락한 부인은 생존을 위해 경제적으로 남편에게 예속된 존재로서 남편의 소유물처럼 취급되기 십상이다.

이는 노동자 가족의 경우에도 마찬가지이다. 가족임금제란 사실 노동자 계급의 재생산을 필요로 하는 자본가 계급의 이해와, 가정에서의 가부장적 지위를 확보하려는 남성 중심적 노동조합의 이해가 결합하여 만들어진 것이기 때문이다.[20] 즉 이는 남성 노동자에게 가족 구성원의 생계를 유지할 만한 임금을 지급함으로써 가부장으로서의 권한을 확보하도록 하고, 여성은 남성 노동자의 임금을 토대로 출산, 육아 그리고 가사노동을 전담할 뿐 아니라 남성 노동자에게 쉼을 제공하게 함으로써 자본주의 체제가 필요로 하는 노동력을 재생산할 수 있도록 한다는 것이다. 그러나 이러한 여성의 가사활동은 사회적으로 아무런 보상도 받을 수 없는 무불노동이며, 따라서 여성은 생존을 위해 전적으로 남성의 유불노동에 의존하게 된다.

이런 점에서 자본주의 체제하에서 근대 가족형태는 여성에 대한 남성의 지배를 정당화할 뿐 아니라 여성의 희생을 통해서만 존속될 수 있다. 가정이 심리적 안정을 위한 정서적 지원이라는 안식처로서의 역할을 수행한다는 것은 가정이 자본가이든 노동자이든 남편을 위한 안식처로서의 역할을 수행한다는 뜻일 뿐, 아내에게는 단지 수고와 희생만이 요구된다. 또한 아내가 정서적 지원 역할을 담당하면서 사회적 지불 노동에서 배제된다는 것은 여성의 무력화를 의미한다. 왜냐하면 이를 통해 여성은 사회활동에서 고립되며, 경제적으로 자립할 수 있는 능력을 상실하게 됨으로써 결국 자신의 생계유지조차 할 수 없는 무력하고 무가치한 존재가 되기 때문이다.

이렇게 부부간의 성별 역할분담이 남성에 대한 여성의 종속화, 그리고 여성의 사물화와 무력화 등을 낳게 된다면 이는 근대 가족의 또 다른 특징인 사적 공간으로서의 가족, 그리고 낭만적 사랑이라는 이상 역시 왜곡시키게 된다. 왜냐하면 사적 공간으로서의 가족은 가부장의 권력 공간으로, 그리고 낭만적 사랑은 여성만의 사랑으로 변질되기 때문이다.

하버마스가 지적하고 있듯이 근대 가족은 모든 사회적 연관으로부터 분리됨으로써 자율적 개인들에 의해 성립된, 아무런 강제 없이 유지되는 순수한 인간성의 영역으로 인식되었다.[21] 아마도 칸트의 결혼관은 이러한 인식을 가장 잘 반영한 것이다. 왜냐하면 그는 근대 계약론의 영향 하에서 결혼이라는 사건을 자율적 주체 간의 계약으로 보았기 때문이다. 즉 칸트에 따르면 결혼이란 남성과 여성이 상대방의 성적 특성을 소유하려는 법적 계약관계이다.[22] 따라서 결혼이라는 법적 계약관계 이전에 성적 관계를 갖는 것은 매우 부도덕하며, 동물적 본성에 따른 것이다. 이런 점에서 칸트는 결혼 이전의 성적 관계에 의해 태어난 아이를 인격적 존재로 인정하지 않았다. 또한 칸트에게 결혼이란 법에 따른 성적 결합일 뿐 아니라 자율적 존재 간의 인격적 결합이기도 하다. 이는 칸트가 법에 따른 성적 결합을 통해 욕망을 추구하는 길을 열어놓되 결혼 당사자들이 욕망의 대상으로 전락하는 것을 막기 위한 규정이기도 하다. 칸트에게 그 방법은 단적으로 말해서 부부가 서로를 성적 욕망의 대상으로 삼을 수 있는 권리를 상호적으로 부여하는 것이다. 만약 부부 중 어느 한쪽만이 상대방을 성욕의 대상으로 삼는다면, 이는 타인을 수단화하는 것으로 인간을 목적으로 대우하라는 도덕 원칙과 대립한다. 칸트에게는 이런 위험성을 방지할 수 있는 방안이 부부 모두에게 성적 권리를 부여하는 것이었다. 이럴 경우 부부 모두는 성적 대상을 넘어서 권리의 주체가 되기 때문이다. 따라서 결혼이라는 법적 계약관계는 단지 성적 결합관계가 아니라, 자율적 주체 간의 권리-의무 관계가 된다.

이렇게 칸트가 성적 결합관계를 동등한 권리의무 관계로 변형시킨 것은 이를 통해 결혼 당사자의 자율성이 실현될 수 있으며, 또한 바로 이런 점에서 본능적 욕망 충족을 넘어서 인간성을 실현시킬 수 있다고 보기 때문이다. 따라서 결혼이란 남녀가 서로의 성적 특성을 자유롭고 평등하게 소유할 수 있는 일부일처제이어야 하며, 둘 중 어느 한쪽만이 상대방의 성적 특성을 일방적으로 소유하는 것은 배제되어야 한다. 이런 점에서 칸트는 혼외관계는 매춘계약일 뿐 아니라 수치스러운 계약으로서 금지되어야 하며, 사회적 지위의 차이가 큰 사람들 간의 결혼은 한쪽의 지배와 다른 쪽의 희생을 낳는다는 점에서 허용되지 말아야 한다고 보았다. 그러나 실제 상황은 달랐다. 근대 가족은 자본주의 체제의 인적 재생산 기능을 담당하면서 자본주의 체제의 생산관계에 종속하게 되었고, 결국 남성에 대한 여성의 종속으로 이어졌기 때문이다. 따라서 여성은 가족 내에서 더 이상 자율적인 존재가 아니며, 부부관계 역시 자기의식을 갖춘 인격적 존재 간의 관계가 아니라, 일종의 주체-객체 관계로 변질된다. 왜냐하면 이제 남편은 자율적 존재이자 가부장으로서 가부장적 권력을 행사하게 되지만, 출산, 양육, 정서적 보살핌을 담당하는 수단적 지위로 전락한 부인은 남성의 통제 대상이 되고 말았기 때문이다.

이렇게 볼 때 근대 가족을 구성하는 결혼제도를 자율적 주체 간의 법적 계약관계로 규정한 칸트의 입장은 분명 사적 공간이라는 근대 핵가족의 이상을 개념화한 것이지만, 자본주의 체제하의 현실을 반영한 것은 아니다. 부부관계가 법적 계약을 통해 형성된다 하더라도 부부관계가 성별 역할분담에 토대를 두는 한 여성의 권리와 이에 따른 여성의 자율성은 파괴되고, 부부관계는 남성에 대한 여성의 종속관계로 변질되고 말기 때문이다. 따라서 남성은 가정 내에서 자신의 권리를 유지하며 자율적 존재로 남지만, 여성은 자신의 권리를 상실한 채 타율적 존재로 남을 뿐이며, 더 이상 목적이 아닌 수단적 존재로 전락한다. 그러나 여성에 대한 이러한 도덕적 위험이 방지될 수 있는 보호 장치는 거의 마련되어 있지 않다. 가족은 사적 공간으로서 가족 내부의 일은 가족 구성원에게 일임되어 있으며, 외부의 간섭이란 오히려 사생활 침해로 간주되기 때문이다. 따라서 남편 폭력, 부부 강간 등 여성에 대한 남성의 물리적 학대가 일어난다 해도 이는 사적인 문제로 취급될 뿐 공공기관이 간섭할 성질의 것이 아니라는 의식 때문에 여성은 보호받지 못하고 방치되기 쉽다. 과거 우리나라에서 실시된 한 설문조사에 따르면 가정 폭력은 75.4%가 가정 내에서 처리되는 것이 좋다고 응답하였고, 남편 폭력을 목격하였을 때 이를 신고하겠다고 응답한 사람은 47.8%에 그치고 있었다. 그리고 신고하지 않겠다는 이유의 80.5%는 이를 남의 가정 일에 대한 참견으로 본다는 데 있었다. 더구나 우리나라 형법 257조와 258조가 직계존속에 대한 상해행위에 대한 구체적 형량을 명시하고 있지만, 배우자에 대한 상해행위에 대해서는 구체적 형량을 명시하지 않고 있는 것도 아내에 대한 남편의 폭력은 문제 삼지 않는다는 사회적 의식의 산물로 볼 수 있다.[23]

여성만의 사랑

사적 공간으로서의 가족이 가부장의 권력 공간으로 변질되면서 낭만적 사랑이란 이상 역시 왜곡된다. 근대 가족은 결혼을 통해 형성되며, 이는 어떤 외적 강제가 아니라 당사자들의 자율적인 선택에 의해 이루어진다. 그리고 근대 가족이 남녀 간의 낭만적 사랑에 기초해 있다는 것은 이 자율적 선택의 기준이 바로 상대방에 대한 사랑에 있기 때문이다. 사실 결혼이 사랑을 토대로 이루어진다면 이는 자율적 존재를 전제할 수밖에 없다. 사랑이란 어떤 외적 강제에 의해 생길 수 없는 자발적인 것이며, 상대방을 사랑하느냐 그렇지 않느냐를 판단하는 것은 전적으로 개인의 자율적 영역에 속하기 때문이다. 그러나 결혼이 사랑을 전제로 한 자율적 판단에 의해 이루어진다고 해도 결혼의 지속, 즉 부부관계의 지속이 자율적 사랑을 전제한다는 것은 아니다. 성별 역할 분담으로 인해 부부관계가 남성에 대한 여성의 종속관계로 변모하면서 사랑은 상호적인 관계가 아니라, 여성만의 일방적인 관계로 변질되기 때문이다.[24]

앞서 서술했듯이 근대 가족은 성인에게 정서적 안정을 제공하는 심리적 지원 기관으로서의 기능을 담당하고 있으며, 이 역할이 여성에서 부여된다는 것은 바로 부부간의 사랑을 유지하는 일이 여성의 과업이 된다는 것을 의미한다. 이에 반해 남성은 가족의 생계수단을 확보해야 한다는 점에서 사랑과 무관한, 도구적 합리성이 지배하는 생산 영역에 배치됨으로써 사랑을 유지하는 과업에서 벗어난다. 물론 이는 자식에 대한 사랑의 경우도 마찬가지이다. 근대 가족에서 강조되는 모성애의 등장은 과거와 달리 여성이 생산 활동에서 배제된 채 자녀 양육에만 전념하면서 어머니와 자녀 간의 배타적인 감정적 연대가 형성되었기 때문이라고 한다.[25] 이런 점에서 급진적 여성해방론자인 파이어스톤의 말처럼, 남성이 문화적 걸작을 창조하는 동안 여성은 자녀들을 창조했고, 남성이 창조적 활동에 몰두하는 동안 여성은 사랑에 사로잡혀 남성에게 창조적 에너지를 제공하는 역할만을 떠맡았다고 할 수 있다.[26]

이렇게 부부간 역할분담은 사랑을 여성만의 일방적 과업으로 만들어놓고 있지만, 흡사 이러한 일방적 과업 부과가 여성과 남성의 본질에 기인한 것처럼 간주됨으로써 이제 부부간의 역할분담은 필연성마저 갖게 된다. 왜냐하면 여성다움과 남성다움이 여성을 사랑의 전담자로, 그리고 남성을 사랑의 주변인으로 간주하는 데 핵심적 근거가 되기 때문이다. 남성과 여성의 역할이 다르다는 것은 남성과 여성의 사회화 방식이 다르다는 것을 의미한다. 즉 남성에게는 독립심을 강조하고, 목표가 뚜렷한 활동을 권장하고, 감정은 가능한 한 억제해야 함을 가르친다면, 여성에게는 정서적으로 풍부한 인성을 권장하고, 타인을 돌보고 배려하고 격려해주는 것을 진정한 여성다움으로 내면화시킨다는 것이다. 이렇듯 사회화 방식이 다르기 때문에 결국 남성과 여성은 존재방식에서도 차이를 보이게 된다. 즉 남성의 존재방식은 주체적 활동을 통해 타인과의 구별 속에서 자신을 규정하고 경계를 뚜렷이 하면서 자기 보호와 자기주장 그리고 자기 확장을 꾀하는 것이다. 따라서 남성은 상대방과의 분리를 유지할 때 편안함을 느끼고, 다른 사람과 하나가 된다는 것은 자기 상실에 대한 두려움을 낳게 된다. 이에 반해 여성의 존재방식은 관계성을 추구함으로써 타인과의 관계 속에서 자신을 규정하는 것이다. 여성은 남성과 반대로 상대방과의 친밀성을 형성할 때 편안함을 느끼고, 상대방으로부터 감정의 공유를 거부당할 경우 관계 자체에 대해 실망하게 되기 때문이다. 따라서 여성에게 사랑이란 자신의 존재방식에 부합하는 행위라는 점에서, 여성들은 친밀한 관계에 들어가는 것을 즐길 뿐 아니라 익숙해 하며, 결국 사랑이라는 정서적 지원 행위를 담당해야 한다는 것이다.[27]

이렇게 사랑이 남성의 존재방식과 모순될 뿐 아니라 남성의 역할이 사랑으로부터 벗어나 있다면 남성은 전적으로 사랑을 유지하는 과업과 무관하게 된다. 그러나 사랑이 여성의 존재방식이자 가정에서 여성의 과제가 된다면, 여성에게 남성이란 분명 사랑의 대상으로 존재한다. 그렇다면 반대로 남성에게 여성이란 어떤 존재인가? 분명 남성에게 여성은 자신의 아이를 낳아주고 양육하는 존재라는 점에서 재산 상속을 위해 필수적이며, 또한 여성은 가사를 전담한다는 점에서 남성의 노동력 재생산을 위해 필수적이다. 따라서 남성에게 여성이란 어머니와 아내라는 역할의 담당자일 뿐 사랑의 대상으로 존재하지 않는다. 그렇다면 남성에게 어머니와 아내라는 역할로부터 벗어난 여성 자체란 아무런 의미가 없는 것일까? 분명 남성에게 여성은 아무런 의미도 없는 존재인 것은 아니다. 남성은 여성을 성적 대상으로 삼을 뿐 아니라 여성의 사랑을 원하고 있기 때문이다. 그러나 이는 전적으로 여성에 대한 이중적 태도를 전제한다. 즉 남성은 여성을 성적 대상으로 삼지만 자신은 여성에게 사랑의 대상으로 남고 싶어 하고, 남성 자신은 성적 자유를 추구하면서도 여성에게는 성적 정절을 요구한다는 것이다. 이러한 점은 남성들이 낭만적 사랑에 대해 냉소적 태도를 취하면서도 이를 암묵적으로 수용하는 데서 나타난다.[28] 즉 남성은 여성의 사랑을 통해 유지되는 가정에 만족감을 갖고 이를 포기하지 않지만, 그럼에도 외도를 통한 성적 욕망의 충족 역시 포기하지 않는다는 것이다. 따라서 이러한 이중성은 여성의 희생을 전제한 것이다. 여성은 자신을 사랑하지 않는 사람을 사랑하며, 성적 자유를 추구하는 남성을 위해 정절을 지켜야 하기 때문이다.

과연 이것이 가능할 수 있을까? 만약 남성과 여성이 자율적 존재로서 공존한다면 이는 불가능하다. 결혼을 자율적 계약으로 규정한 칸트에게서 발견할 수 있듯이 남성과 여성이 자율적 존재로 공존할 수 있는 것은 오직 동등한 권리가 보장될 때 가능하기 때문이다. 그러나 부부간의 성별 역할분담이 부부관계를 자율적 권리 주체 간의 관계가 아니라, 남성에 대한 여성의 예속과 여성의 수단화로 변질시키고 있듯이, 여성의 희생을 전제로 한 여성만의 사랑이란 이렇게 여성이 더 이상 자율적 존재가 아니라, 남성에 대한 예속적 존재임을 전제한다. 즉 부부간의 성적 역할분담은 여성의 자율성 상실로 이어지고, 이는 결국 여성만의 사랑으로 귀착된다는 것이다.

2. 부부관계의 구조변화

앞서 설명했듯이 근대 가족은 사적 공간, 성별 역할분담, 낭만적 사랑이라는 세 가지 요소가 결합하여 이루어졌지만, 이는 자본주의 체제하에서 각기 인적 재생산, 가부장의 권력 공간, 여성만의 사랑으로 변질됨으로써 근대 가족의 본질적 특징을 바꾸어놓는다. 즉 근대 가족은 자율적 개인 간의 사랑을 통해 형성되며, 부부간의 역할분담을 통해 유지되는 사적 공간이 아니라, 가부장의 권력과 여성의 희생을 토대로 유지되면서 자본주의 체제의 인적 재생산에 기여한다는 것이다. 그러나 이렇게 변질된 근대 가족은 20세기 후반부터 근본적 변화를 겪게 된다. 왜냐하면 근대 가족을 유지시켰던 가부장적 역할분담관계가 붕괴되기 시작하면서 근대 가족 형성의 토대가 되는 부부관계 역시 근본적 변화를 겪게 되었기 때문이다.

그러나 이것이 근대 가족을 왜곡시켰던 제반 요소들이 제거되었다는 것은 아니며, 그렇다고 근대 가족 본래의 이상이 실현되었다는 것도 아니다. 근대 가족을 구성한 핵심 요소들은 새로운 대립 상황을 만들어내고 있다. 즉 자본주의 체제의 인적 재생산 기능으로 변질된 성별 역할분담은 이제 여성의 이중적 희생으로, 여성만의 사랑으로 변질된 낭만적 사랑의 이상은 불안정한 사랑으로, 그리고 가부장적 권력 공간으로 변질된 가정이라는 사적 공간은 사적 자율성과 공적 개입 간의 대립을 낳고 있다는 것이다.

역할분담의 재구성과 여성의 이중적 희생

가부장적 역할분담관계는 서구에서 산업혁명 이후 19세기 중반부터 100여

년을 지속해온 근대 가족의 핵심적 토대였다. 그러나 이는 20세기 후반부터 여성의 노동참여 확대를 통해 붕괴되기 시작하였으며, 그 결과 오늘날 여성의 노동시장 참여는 더 이상 개인적 선택이 아니라, 자신과 가족을 위한 필수적 전제가 되고 있다.[29] 2007년 OECD 보고서에 의하면 남유럽국가를 제외한 대부분의 국가들에서 여성의 경제활동참가율은 70%를 넘어서고 있으며, 한국에서는 상대적으로 낮은 수치이기는 하지만 1960년 26.8%였던 여성 경제활동참가율이 1970년대 산업화 시기를 거치면서 지속적으로 증가하여 2012년에는 55%에 이르고 있다.[30] 이렇게 여성의 노동 참여가 확대된 데는 무엇보다도 세 가지 요인을 들 수 있다.

첫째는 물질적 요인으로서 가부장적 일인생계 구조의 위기이다. 근대 가족은 남성 가장의 완전 고용이나 평생직장 보장을 통해 생계가 유지된다. 그러나 신자유주의 정책의 확산과 제조업 중심의 산업이 지식기반 및 서비스 산업으로 이동함에 따라 노동시장 내 유연성이 확대되었고, 이에 따라 고용 불안이 가중되고, 불완전 고용이 증가한다. 그 결과 남성 가장의 수입만으로는 가족의 생계를 유지하기 어렵게 되었으며, 남성 혼자 버는 가구가 맞벌이 가구에 비해 빈곤에 처할 가능성이 높아졌다. 실제 OECD 국가의 빈곤율을 보면 2인 소득자 가족에 비해 1인 소득자 가족의 빈곤율이 4배에 이르는 등 이들 간의 격차가 현저히 큰 것으로 나타났다.[31] 따라서 가족의 생계유지를 위해 여성의 노동 참여가 필수불가결한 요소가 되었으며, 여성의 역할을 가사활동으로 한정하는 것은 더 이상 가능하지도 필요하지도 않게 되었다.

둘째는 관념적 요인으로서 남녀 평등의식 확대이다. 2차 세계대전 이래로 오늘에 이르기까지 여성운동이 확대되면서 여성 참정권의 보장, 양성 평등을 규정하는 헌법 조항, 그리고 부부간의 평등을 보장하는 가족법 개정 등 남녀 평등의 제도화가 확대되었을 뿐 아니라 여성의 교육 기회가 비약적으로 확대되었다. 이러한 과정에서 강화된 여성들의 평등의식은 무엇보다도 여성과 남성의 동등대우에 관한 것이었으며, 그 핵심을 이룬 것은 여성도 직업을 가져야 한다는 것이었다. 왜냐하면 여성이 직업을 가져야 경제적으로 독립할 수 있으며, 이것이 남성에 대한 예속에서 벗어날 수 있는 결정적 방법이라 생각되었기 때문이다. 그리고 여성이 남성과 동등하다는 것은 바로 이러한 물적 기반 하에서 스스로의 인생을 기획하고 조정하는 자율적 존재가 된다는 것과 다를 바 없었다.

셋째는 기술적 요인으로서 피임약과 의학적 낙태술의 발전이다. 가부장적 역할분담관계에서 여성에게 의무로 부과된 역할은 출산이다. 그리고 이는 여성이 모성을 갖고 있는 한 필연적으로 담당할 수밖에 없는 자연적 운명으로 간주되었으며, 부부간에 성적 관계를 맺는다는 것은 의도하든 의도치 않든 아이를 갖고 출산하는 것과 불가분하게 결합되어 있었다. 그러나 피임약과 의학적 낙태술의 발전은 성적 관계와 임신, 출산 사이의 필연적 고리를 끊어버림으로써 임신과 출산을 선택적으로 만들어놓았다. 즉 아이는 여성 자신이 원해야 낳는 것이며, 원한다면 언제 얼마나 많은 아이를 낳을지 계획 가능하게 되었다는 것이다. 따라서 임신과 출산의 계획 가능성은 여성을 상시적 임신과 출산 가능성의 부담으로부터 벗어나게 함으로써 여성의 노동 참여를 가능하게 했다.

이렇게 물질적, 관념적, 기술적 조건이 뒷받침되면서 여성의 노동 참여가 확대될 수 있었고, 이는 당연히 기혼여성의 노동참여 확대로도 이어졌다. 실제로 한국에서는 1980년대 말부터 기혼여성 노동자가 급증하기 시작하면서 2000년에는 기혼여성의 경제활동참가율이 미혼여성을 앞지르게 되었으며, 이에 따라 여성 배우자의 가족경제기여도가 크게 향상되었다. 그리고 이러한 상황은 계속해서 확대될 전망이다 왜냐하면 남성고용 중심의 제조업이 전체 산업에서 차지하는 비중이 감소하는 반면 여성 노동자를 필요로 하는 각종 서비스산업의 비중이 증가하기 때문이다. 더구나 점증하는 고령인구는 이미 고령화 시대를 예고하고 있으며, OECD 국가 평균 고령화율은 13.8%에 이르고 있다. 이러한 상황은 생산가능인구 확보를 위해 여성의 노동 참여를 필연적으로 확대시킬 수밖에 없다.[32] 또한 노동 공급자인 여성들의 의식 변화 역시 여성의 노동 참여를 지속적으로 확대시킬 것이다. 왜냐하면 오늘날 대부분의 여성들은 가정과 관계없이 취업하기를 희망하며 평생 일하겠다는 태도를 보이고 있기 때문이다.[33] 이런 점에서 여성의 노동참여 확대를 위한 주관적, 객관적 조건이 마련되어 있다고 할 수 있다.

이렇게 여성의 노동 참여가 확대된다면 부부간의 역할은 가부장적 성별 역할분담관계를 넘어서 재구성될 수밖에 없다. 여성 역시 노동 참여를 통해 가족의 생계유지에 기여하는 한 가정 외에서의 경제적 활동은 더 이상 남성만의 전유물이 아니며, 가정 내에서의 가사활동 역시 여성에게만 한정될 수 없기 때문이다. 부부 모두가 일을 한다면 부부 모두가 가사활동에 참여해야 하며, 부부 모두가 가족의 생계부양자로서의 역할을 한다면, 부부 모두가 양육자로서의 역할을 다해야 한다. 따라서 남녀 모두가 생산노동과 가사노동이라는 이중 역할을 함께 하기 위해서는 가부장적 생계부양자 모델에서 벗어나 성별로 분리되지 않는 "보편적 부양자-양육자" 관계를 대안적 역할분담관계로 형성해야 한다.[34]

그러나 실제 상황은 그렇게 낙관적이지 않다. 기혼여성의 노동 참여가 확대되고 있음에도 불구하고 여성은 가사노동에서 해방된 것도 아니며, 남성에 대한 경제적 예속에서 벗어난 것도 아니기 때문이다. 첫째, 맞벌이 기혼여성의 가사노동 시간은 전업주부에 비해 거의 차이가 없는 것으로 나타나고 있으며, 기혼남성은 가사노동 참여는 자녀교육이나 시장 보기에 집중되고 있을 뿐이다. 이런 점에서 맞벌이 부부 중 가사노동을 공평하게 분담하는 비율은 현저히 낮다고 할 수 있으며, 이는 부부간 결혼만족도를 낮추는 요인으로 작용하고 있다.[35] 또한 여성이 출산과 육아의 부담에서 벗어난 것도 아니다. 왜냐하면 여성들은 출산과 더불어 퇴직하거나 고용 지위상의 변화를 겪고 있는 것으로 나타나기 때문이다.[36] 이는 무엇보다도 여성에게 일과 육아 중 육아를 선택하게 하는 사회적 풍토 때문일 것이다.

둘째, 여성의 노동 참여는 여성 노동의 비정규직화 경향 속에서 이루어지고 있다. 즉 여성 노동자 대부분은 임시직이거나 일용직, 내지 시간제 등 비정규직이며, 이는 특히 출산 및 양육 시기인 30세 이후에서 두드러지게 나타난다.[37] 이런 점에서 여성은 주변부 노동자로서 경제적 자립 가능성이 낮으며, 더구나 출산과 양육이라는 전통적 역할 때문에 경제적 자립을 방해받는다.

셋째, 비록 남녀평등과 가사활동에 대한 남성의 의식이 변화하고 있지만 이것이 실천으로 이어질 정도로 충분하지는 않다. 남성들이 말로는 개방적 정신을 가졌다고 주장하지만 행동은 더욱 완고해진 모습마저 보이고 있기 때문이다. 남성들은 여전히 출산능력을 가진 여성들이 당연히 아이들을 책임져야 한다는 모성 의식에 사로잡혀 있기 때문에 가사와 육아를 위해서는 여성이 집에 머물러야 한다고 생각한다. 그리고 비록 여성의 의사결정권을 존중하며 여성의 독립성을 수용한다 하더라도 이는 여성이 자신의 일도, 그리고 가사 일도 함께 책임지고 처리하는 것을 의미하곤 한다. 이는 새로운 종류의 이상적 여성상의 등장을 암시한다. 즉 독립적인 동시에 남성에게 이익이 되는 것들에 기꺼이 순응하려는 여성 말이다.[38] 이런 점에서 가사와 육아를 도와주는 남편은 칭찬받지만, 반대로 전업주부는 왜 직업 갖는 것을 경시했냐고, 직장 여성은 왜 어머니의 의무를 다하지 않았냐고, 혹은 자신의 야심 때문에 남편의 직장 생활을 망쳐놓았다고 비난받는다.[39]

이렇게 여성의 노동참여 확대가 여전히 가부장적 역할분담관계에 가로막혀 평등한 역할분담관계로 발전하지 못하고 여성의 이중적인 희생만을 결과한다면 다음과 같은 문제를 야기할 수밖에 없다. 첫째는 돌봄노동의 위기라고 지칭될 수 있는 아동방임 현상이다. 즉 여성이 직장에 매여 있음에도 불구하고 가사활동 역시 담당해야 한다면 직장과 달리 강제적 통제가 없는 가정에서의 역할이 소홀해지기 쉬우며, 이는 특히 아동 보육에서 나타난다는 것이다. 둘째는 부부간의 갈등 증폭이다. 즉 여성의 평등의식 확대는 더 이상 여성만의 희생을 강요하는 불평등한 현실과 조화를 이룰 수 없기 때문에 남편과의 갈등은 필연적이라는 것이다. 셋째로 부부간의 갈등이 증폭된다면 부부관계뿐 아니라 이로 인해 가족의 인적 재생산 기능 역시 위기에 빠질 수밖에 없다. 남성평등 의식이 확산된 상태에서 여성에게만 생산노동과 가사노동 모두를 요구한다면 부부관계는 정당성을 확보하기 어려우며, 따라서 이로 인한 이혼 역시 예측 가능한 일이기 때문이다. 물론 이혼을 통하지 않고 부부간의 갈등이 해소할 수 있는 길이 있다면, 이는 아이를 낳지 않음으로써 출산과 육아를 둘러싼 갈등의 소지를 없애는 것이다. 그러나 이혼도 아이 없는 가족도 소망스런 해법이 아니고, 결혼 자체가 자신의 직업에 장애가 된다면 남성과 여성은 결혼 자체를 꺼리게 될 것이다. 결국 이러한 현상들이 누적되면 될수록 출산율 저하로 인한 인적 재생산에 문제가 생기는 것은 필연적인 일이다. 오늘날 사회적 문제로 나타나는 이혼율 증가, 혼인율 저하, 출산율 저하 현상은 이러한 위기가 단지 가능성이 아니라 현실임을 증명한다.

사랑의 재구성과 불안한 사랑

오늘날 근대 부부관계가 겪고 있는 두 번째 변화는 부부관계가 사랑이라는 정서적 유대관계로 순수화되고 있다는 점이다. 물론 근대 부부관계는 낭만적 사랑이란 이상을 통해 형성되었지만 실제로 부부간의 사랑이란 여성에게만 부과된 일방적 의무였다. 왜냐하면 성별 역할분담 때문에 가족 구성원에 대한 정서적 지원 역할은 여성의 의무가 되었기 때문이다. 더구나 이러한 여성의 의무는 여성다움이라는 여성의 존재방식으로 절대화됨으로써 흡사 이것이 여성의 본성에 기인한 것으로 간주되기도 했다. 이에 반해 남성에게 여성이란 사랑의 대상이라기보다 아내와 어머니 역할을 담당하는 사람이거나 성적 욕망의 대상일 뿐이었다. 이런 점에서 남성에게 부부관계란 사랑이라는 정서적 유대관계라기보다 성별 역할분담관계로 귀착되며, 단지 여성에게만 부부관계가 정서적 유대관계일 뿐이었다. 그러나 과연 이것을 사랑으로 해석할 수 있을까? 사실 여성에게 부부관계가 정서적 유대관계를 의미한다는 것 역시 여성에게 부과된 역할 때문이라고 본다면 이 역시 순수한 사랑은 아니다. 이는 단지 여성의 의무일 뿐이기 때문이다. 이런 점에서 근대 부부관계는 비록 정서적 지원을 주된 기능으로 삼고 있다고 하더라도 사실상 역할분담관계로 환원될 수 있으며, 부부관계의 유지란 남편과 아내가 자신의 역할을 충실히 수행하느냐에 달려 있었다고 할 수 있다. 따라서 성별 역할분담에 기초한 근대 부부관계에서 남편은 남편다워야 하고, 아내는 아내다워야 했을 뿐 서로 간의 사랑은 필수적 요소가 아니다.

그런데 여성의 노동참여 확대를 통해 성별 역할분담관계가 붕괴되기 시작한다는 것은 사실상 근대 부부관계가 자신을 유지시켜온 토대를 상실하게 된다는 것과 같은 의미이다. 즉 여성은 더 이상 아내와 어머니 역할 담당자로 환원되지 않으며, 남성 역시 더 이상 생계 부양자로만 규정되지는 않는다는 것이다. 생산노동이나 가사노동은 더 이상 성별에 따라 부과되는 것이 아니기 때문이다. 따라서 부부관계를 지탱시켜주는 새로운 토대가 필요하게 되었으며, 그것이 다름 아닌 사랑이라는 정서적 유대관계이다. 이런 점에서 부부관계는 성별 역할분담관계가 붕괴되면서 비로소 그 어떤 외적 요소로부터도 독립된 서로 간의 감정적 결속관계로 재구성되기 시작했고, 이제 남성과 여성은 사랑 때문에 결혼하고, 사랑 때문에 부부관계를 유지하는 새로운 시대에 진입하게 되었다.

분명 오늘날 사랑은 모든 사람이 갈구하는 하나의 이상으로 등장하고 있다. 이는 무엇보다도 실존적 고독과 관련되어 있다. 20세기 후반부터 두드러진 현상이지만 사람들은 물질적 풍요를 통해 빈곤에서 벗어나게 됨으로써 이제 단순한 생존이 아니라, 자신이 원하는 삶을 추구하려고 한다. 그리고 교육 기회의 확대는 자신이 원하는 삶이 어떤 것인지에 대해 자유롭게 사고할 수 있는 길을 열어놓았다. 즉 사람들은 경제적으로 다소 풍족해지면서 생계의 문제가 아니라, 자신의 삶의 의미의 문제에 대해 고민하게 되었다는 것이다. 그러나 자신의 삶의 의미에 관한 문제는 자신만이 대답할 수 있다. 이에 대답을 주었던 모든 권위체들이 사라졌기 때문이다. 그러나 자기 스스로 답을 내린다고 해도 이를 확신하기는 어렵다. 그 어디서도 이를 확인해줄 수 있는 권위체가 없기 때문이다. 이런 점에서 오늘날 사람들은 그 어느 때보다 고독하며, 또한 삶의 의미의 불안정성을 경험한다. 따라서 사람들은 실존적 좌절이라 할 만큼 삶의 무의미함과 이에 따른 허무감 때문에 고통받는다.

전근대 사회에서만 해도 사람들은 혈연이나 지연, 신분 등을 매개로 한 다양한 유대관계 속에서 살고 있었으며, 인간, 사회, 자연을 하나의 전체로 보는 통일적 세계관을 공유하면서 이 속에서 삶의 의미를 확인할 수 있었다. 더구나 신분질서는 사람들로 하여금 무엇을 하며 살아야 하는지를 이미 정해놓는다. 이런 점에서 전근대 사회에서 사람들은 고독과 삶의 불안정성 때문에 고통받지 않았으며, 실존적 좌절에 빠지지도 않았다. 그렇다면 전통적 유대관계가 해체되고 통일적 세계관과 신분질서가 붕괴된 오늘날, 사람들은 고독과 삶의 불안정성에서 벗어날 수 있는 피난처를 어디에서 찾을 수 있을까? 사랑이 주목받는 이유는 바로 여기에 있다. 사랑은 감정적 보호 역할을 하며 개인의 정서적 안정을 유도할 수 있기 때문이다. 또한 부부는 사랑을 통해 서로 교류하면서 서로에 대해 이야기하고 세계에 대해 이야기하면서 서로의 입장을 확인하고 수정하면서 공유된 입장을 개발하게 된다. 이런 점에서 부부간의 사랑은 삶의 의미를 상대방으로부터 확인할 수 있으며, 따라서 삶의 무의미감과 허무감에서 벗어날 수 있게 한다.

물론 여기에 더해 부부간의 사랑이 모든 사람들이 갈구하는 하나의 이상이 된 것은 여기서 사람들이 가정 밖의 생산 활동에서 오는 정신적 피로를 해결할 수 있는 안식처를 찾을 수 있기 때문이다. 신자유주의가 확대되면서 그 어느 때보다 경쟁이 격화된 오늘날 도구적 합리성과 시장 논리가 지배하는 생산 영역은 감당하기 어려운 스트레스를 주고 있다. 이런 점에서 정신적 안식에 대한 요구는 그 어느 때보다 강하다고 할 수 있다. 그러나 이것이 가족이 정신적 안식처라는 정서적 지원 기능을 하며, 이는 전적으로 여성의 역할로 귀착되는 근대 가족의 이상을 말하는 것은 아니다. 왜냐하면 여성의 노동참여 확대로 인해 가부장적 역할분담은 더 이상 의미를 갖기 어려우며, 이제는 여성들 자신도 안식을 필요로 하기 때문이다. 즉 직장 생활에 고달픈 여성들에게도 이를 정서적으로 보살펴줄 '아내'가 필요하다는 것이다.[40] 이런 점에서 오늘날 정서적 지원 기능은 남성과 여성 모두로부터 요구된다고 할 수 있다.

그렇다면 여성만의 사랑으로 변질되었던 근대사회의 낭만적 사랑이 이제 그 실현의 길이 열린 것일까? 사랑이 여성만의 의무가 아니라, 남녀 모두가 갈구하는 것이라면, 분명 오늘날에야 비로소 낭만적 사랑은 가능하다고 할 수 있다. 그러나 현실은 그렇지 못하다. 사랑 때문에 결혼하고, 사랑 때문에 부부관계가 유지되지만, 사랑이 영원히 지속되는 것은 아니다. 부부관계가 사랑에 의존하는 만큼 사랑이 식으면 부부관계는 해체되기 쉽기 때문이다. 그리고 이는 무엇보다도 서구의 모든 산업 국가에서 나타나는 이혼율의 지속적 증가에서 확인할 수 있다. 예를 들어 독일은 상대적으로 낮은 이혼율임에도 불구하고 거의 3분의 1 정도의 결혼은 이혼으로 끝난다. 오랫동안 결혼 생활을 지속해온 부부의 이혼이 증가하는가 하면, 재결합한 부부의 이혼, 자녀가 딸린 부부의 이혼 역시 증가하고 있다. 여기에 더해 이른바 '사실혼' 관계에 있는 비공식적 결혼이 급격히 증가하면서 부부관계의 안정성을 약화시키고 있으며, 1인 가구의 증가는 부부관계의 필요성마저 약화시킨다. 그러나 대다수 젊은이들은 여전히 사랑을 추구하며, 안정적 관계 형성을 이상이자 목표로 삼는다고 한다.[41] 왜 이런 역설적인 현상이 일어나는 것일까? 왜 사람들이 사랑을 갈구함에도 불구하고 사랑은 깨지는 것일까?

이에 대한 대답은 무엇보다도 근대사회의 이중성에서 찾을 수 있다. 앞서 설명했듯이 근대사회의 등장은 전근대 사회를 지배하던 공동체적 유대관계, 통일적 세계관, 신분질서의 붕괴를 의미한다. 따라서 사람들은 고독해지고 삶의 의미를 상실하기 쉽지만, 이는 역으로 사람들이 무엇을 하며 어떻게 살지를 스스로 결정하게 되었다는 점에서 선택의 폭을 그 어느 때보다 확대시켰다고 할 수 있다. 이러한 선택의 자유 확대가 가져온 결과는 무엇보다도 개인화 경향이다. 즉 사람들은 자신의 삶을 자유롭게 계획하면서 자신의 잠재력을 향상시키고 진정한 자아를 실현하려고 함으로써 자기만의 공간을 만들기 시작했다는 것이다. 이런 점에서 부부 각자는 자신만의 계획과 이상, 그리고 문제를 갖고 있는 각기 다른 독립적 세계이다. 즉 나는 나의 일을 하고, 너는 너의 일을 하고, 나는 나고, 너는 너라는 것이다. 따라서 부부간의 만남은 서로 다른 세계의 만남으로서 비록 서로가 감정적인 합일을 갈구한다고 해도 두 사람의 공동생활은 거의 무제한적 다툼에 빠질 수 있다. 물론 부부 각자가 독립적인 존재가 된다면, 이제 남성과 여성은 공동의 삶을 계획하고 이와 관련된 모든 문제에 있어서 의사결정권을 공유하는 진정한 파트너가 될 수도 있을 것이다. 즉 부부가 공동의 삶의 가치를 추구하며 평생을 함께하는 반려자가 될 수도 있다는 것이다. 그러나 각기 다른 삶의 목표를 갖고 있고 이를 실현할 권리가 있는 독립적인 개인이 타인과 삶을 공유한다는 것은 결코 말처럼 쉬운 일이 아니다. 오히려 부부 각자는 서로 다른 삶의 목표와 서로 다른 삶의 기대를 갖고 있다는 점에서 오해하고, 상처받고, 배신감을 느낄 때가 더 많다.

따라서 부부관계가 독립적이고 자율적인 개인 간의 사랑이라는 순수한 관계가 된다는 것은 부부 간의 끊임없는 갈등을 내포한 것이다. 과거에는 부부간에 당연시 여겨졌던 것들이 이제는 협상과 동의의 문제가 되었으며, 이런 점에서 부부관계는 언제라도 취소될 수 있는 것이 되었기 때문이다. 다시 말해 누가 시장을 보고, 청소를 하느냐 하는 문제에서부터 휴가 선택, 자녀 교육, 재산 관리에 이르기까지 그것이 사소한 것이든 중요한 것이든 부부간에 일어나는 모든 일들이 서로 논의해야 할 쟁점이 되었으며, 이런 점에서 부부관계는 서로 간의 사랑과 개인적 자유가 충돌하는 새로운 시대를 맞게 되었다는 것이다. 그 결과는 부정적이다. 개인의 자유는 증대하지만, 역으로 사랑은 불안정해지고, 사랑에 대한 요구가 증가함에도 그만큼 사랑은 파괴되고 있기 때문이다.[42]

사적 공간의 재구성과 사적 자치-사회 정의의 대립

앞서 서술했듯이 근대사회에서 부부관계는 이상적으로 볼 때 자율적 존재 간의 사랑을 매개로 형성되며, 이런 점에서 가정이란 경제적, 정치적 이해를 매개로 형성된 제반 사회적 관계로부터 분리된 사적 영역이었다. 그러나 근대가족은 성별 역할분담을 통해 자본주의 체제의 인적 재생산 구조에 편입됨으로써 두 가지 변질을 겪게 된다. 즉 한편으로 여성이 남성에게 경제적으로 예속될 뿐 아니라 가사노동을 제공하는 수단적 지위로 전락함에 따라 가정은 남성 가부장의 권력 공간으로, 그리고 다른 한편으로 부부관계 형성의 토대가 되었던 사랑은 자율적 존재 간의 상호적 관계가 아니라, 남성에 대한 여성의 일방적 의무로 변질되고 말았다. 하지만 여성의 노동 참여가 확대되면서 아직 완전한 것은 아니지만 여성들도 자신의 생계를 유지할 수 있는 자립능력을 갖게 되었다. 이러한 변화는 여성들이 자신의 삶에 대해 갖는 태도 자체를 바꾸어놓게 된다. 즉 여성들은 자신이 삶에서 무엇을 기대하는지 스스로 묻게 되었으며, 가족을 중심에 둔 인생 계획이 아니라, 자기 자신의 개성에 초점을 맞춘 인생을 설계하려고 한다는 것이다. 여성들은 더 이상 자신을 가족의 부속물로 생각하지 않으며, 자신의 인생을 설계하고 영위하는 하나의 자율적 인격체라는 자기의식을 갖게 되었다. 이런 점에서 미혼 여성들을 상대로 한 설문조사에 따르면 결혼하고 싶지 않은 이유 중 첫 번째가 자신의 일에 열중하고 싶기 때문으로 나타나고 있다.[43] 따라서 부부간의 사랑의 의미 역시 바뀌게 된다. 즉 사랑은 이제 더 이상 남성에 대한 여성의 일방적 의무가 아니라, 자립적 존재로서 각기 자신만의 삶을 영위하는 동등한 개인 간의 정서적 결속관계가 되었다는 것이다.

이렇게 부부관계가 동등한 존재 간의 정서적 결속관계가 되었다는 것은 이제 새로운 문제를 낳게 된다. 즉 부부가 어떻게 공동생활을 영위해야 하겠는가 하는 점이 그것이다. 과거에는 이런 문제가 제기되지 않았다. 여성이 남성에 예속되어 있는 한 부부 공동의 생활이란 남성의 삶을 위한 것이기 때문이다. 여성에게 삶이란 남편을 뒷바라지하고 남편의 자식을 키우는 것 이상을 의미하지 않았다. 따라서 여성이 자신의 삶을 갖게 되었다는 것은 이제 부부의 공동생활이 서로 계획하고 함께 실행해야 하는 공동의 과제가 되었다는 것을 의미한다. 이런 점에서 공동생활 공간인 가정은 더 이상 가부장적 권력 공간일 수 없으며, 이제야 비로소 서로 동등한 존재들이 그 어떤 외적 강제도 없이 자율성을 발휘할 수 있는 사적 영역이 되었다고 할 수 있다. 그런데 부부간의 공동생활이 과연 부부간의 자율성만으로 유지될 수 있을까? 크든 작든 가정의 모든 일을 과연 부부가 자체적으로 해결할 수 있을까? 가정이 사적 공간이 되었던 것은 가족이 사회적 생산 역할로부터 분리되었기 때문이었다. 그러나 근대 가족이 자본주의적 인적 재생산 구조에 편입되어 있는 한 근대 가족이 비록 생산을 담당하지 않는다 하더라도 이와 무관한 사적 공간은 아니다. 그럼에도 과연 가정이 여전히 부부간의 사적 공간으로 남아 있을 수 있을까?

여성의 노동참여 확대가 여성을 경제적으로 자립시킴으로써 가정이 가부장의 권력 공간으로 변질되는 것을 막을 수 있는 방어막을 형성하였지만, 그렇다고 가정이 자율적 존재들의 사적 공간으로 유지되는 것은 아니다. 왜냐하면 오늘날 가정은 두 가지 차원에서 국가의 개입 대상이 되고 있기 때문이다.

첫째, 생산노동과 가사활동 간의 양립 불가능성을 해소하기 위해 국가의 개입이 요구되고 있다. 여성의 노동 참여가 확대된다는 것은 역으로 여성이 가사와 육아로부터 해방됨을 의미한다. 그렇다면 이제 문제는 가사활동을 누가 담당해야 하는가에 있다. 이에 대한 가장 손쉬운 대답은 부부 모두가 직장 생활을 하면서 가사활동을 공동으로 담당하는 것이다. 즉 부부가 생산노동과 가사활동을 구별하는 성별 역할분담에서 벗어나 생산노동과 가사활동을 공동으로 담당하는 이중 역할을 수행해야 한다는 것이다. 과연 이것이 가능할까? 생산노동과 가사활동이 과연 양립 가능할까? 가사활동 중 특히 문제가 되는 것은 육아, 즉 아이들 돌보는 돌봄노동이다. 기타 가사노동의 부담은 가전제품, 가공식품, 외식 등 상품 소비를 통해 완화시킬 수 있지만 자녀를 돌보는 일만은 상품 소비로 대체될 수 없으며, 남성이든 여성이든 직장에서 일을 하는 시간에 돌봄노동을 한다는 것은 불가능하기 때문이다. 앞서 서술했듯이 돌봄노동과 생산노동의 양립 불가능성은 결국 여성의 희생이나 저출산, 혹은 출산 기피를 통해 해소된다. 즉 여성이 출산과 더불어 고용상의 지위 변화를 겪는 현상은 사회적으로 여전히 육아가 여성의 의무라는 의식이 팽배해 있음을 보여주며, 이 때문에 결국 여성이 육아의 부담을 떠안게 된다는 것이다. 그렇지 않을 경우 직장과 육아의 양립 불가능성은 아이를 적게 낳거나 아예 낳지 않음으로써 해소된다. 출산율 저하와 무자녀 가정 확대 현상은 이러한 경향을 반영한다. 그러나 육아는 한 사회의 인적 재생산 문제와 결부되어 있다는 점에서 사회가 필요로 하는 노동력을 장기적으로 공급하기 위해서는 국가적으로 해결되어야 할 문제이며, 여성의 노동참여 활성화를 위해서도 그 해결이 필수적이라 할 수 있다. 이런 점에서 오늘날 가정은 그것이 탄력적 근무제이든, 아니면 육아 휴직이나 보육비, 혹은 보육서비스 지원이든 이른바 가족친화 정책을 통한 국가의 개입이 불가피한 영역이 되고 있다.

둘째, 부부간의 동등한 권리 보장을 위한 국가의 개입이 요구되고 있다. 부부가 자율적일 뿐 아니라 동등한 파트너가 된다는 것은 가정이 가부장적 권력 공간화에서 벗어나 사적 자치 영역이 될 수 있는 토대이다. 그러나 역설적이게도 부부관계가 동등한 관계가 되면 될수록 국가의 개입 역시 확대된다. 왜냐하면 가정이 가부장의 권력 공간이었던 시기에는 제기되지 않았던 새로운 문제가 등장하기 때문이다. 부부간의 동등한 권리를 둘러싼 다툼이 바로 그것이다. 부부관계 역시 자율적 개인 간의 동등한 관계이기 때문에 그 누구도 타인에 의해 자신의 권리를 침해받지 않도록 법적인 보호가 이루어져야 하며, 개인의 권리는 가족 이외의 영역에서와 마찬가지로 불편부당한 보편화 원칙에 따라 보장되어야 한다. 이런 점에서 가정은 더 넓은 법제화를 위해 개방되거나 공적 영역에서 통용되던 사회 정의의 적용 범위에 속한다고 할 수 있다. 예를 들어 폭행이나 부부 강간 같은 남편의 물리적 학대로부터 아내를 보호하기 위해 법적 권리를 보장해야 하며, 가사나 육아 때문에 여성들이 겪는 사회적 불이익과 희생에 대해서도 그 보상책이 간구되어야 할 것이다.[44] 특히 남편 폭력은 피해자에게 육체적 후유증은 물론 심리적 후유증을 남길 뿐 아니라 장기적으로 폭력에 노출될 경우 자존감 붕괴로까지 이어지기 때문에 이를 방지하기 위한 각종 법규와 제도가 마련되어 있다. 또한 가사와 육아 때문에 여성이 겪는 경제적 손실에 대해서도 가사노동의 객관적 가치를 평가, 공시, 정책화하자는 논의가 활발히 전개되고 있다. 예를 들어 이에 대한 연구는 물론이고, 1995년 베이징 세계여성대회에서는 여성의 무불노동에 대한 적극적인 평가를 각국에 권고한 바 있으며, 1990년대 후반부터 유엔경제사회연구회나 유엔개발계획 등은 여성의 무불노동 평가 작업을 위한 다양한 방법론을 개발하고 있다.[45] 따라서 가정이 사적 자치의 공간이 아니라, 국가의 개입 대상이 되는 것은 가족 내에서 부부간의 평등하고 공정한 관계를 확보하고, 가정 내에서 일어나는 여성의 불이익을 해소하기 위해 절실히 필요하다고 할 수 있다.

이렇게 가정이 서로 동등한 자율적 개인 간의 사적 자치의 영역이 아니라 국가에 의한 공적 개입 공간으로 재구성된다면 여성들이 육아의 부담에서 벗어날 수 있으며, 또한 가정 내에서도 남성과 여성의 동등한 관계가 확보될 수 있을 것이다. 그러나 이러한 재구성은 동시에 새로운 갈등을 내포하고 있다. 이는 한편으로 가정이라는 사적 자치 공간에 국가권력이 침투하는 것을 뜻하기 때문이다. 사실 돌봄노동이 국가 정책을 통해 수행될 수 있다는 것은 국가가 이를 인적 재생산의 시각에서 보기 때문이다. 오늘날 국가는 인구학적 관점에서 개인의 신체를 통제하는 생명권력을 행사한다. 즉 성을 통제하고, 결혼, 임신, 낙태, 출산, 육아를 통제한다. 한국사회의 예를 보면 국가가 1970년에는 산아제한 정책을 추진했다면, 오늘날에는 출산장려 정책을 추진한다. 이와 같은 생명권력의 행사가 낳는 일반적 결과는 개인이 자신의 신체에 대한 자기결정권을 잃고, 점차 사회의 인적 재생산을 위한 하나의 도구로 사물화된다는 점이다. 이런 점에서 가정이란 사적 자치 공간에 국가권력이 개입한다는 것은 부부간의 공동생활이 각 개인의 자율적 인생 설계 속에서 이루어지는 것이 아니라 국가 정책에 종속될 위험성이 있다. 따라서 개인의 사생활과 국가권력의 대립이라는 새로운 갈등이 발생할 수 있다.

다른 한편으로 가정이라는 사적 자치 공간에 국가가 개입하는 것은 사랑이라는 정서적 유대관계를 해칠 위험성이 있다. 국가의 개입을 통해 평등하고 공정한 부부관계를 유지한다는 것은 사실 부부관계를 권리-의무 관계로 보는 것이나 마찬가지이다. 부부관계가 결혼이라는 법적 절차에 따라 이루어진다는 점에서 이 역시 권리-의무 관계의 측면이 있지만, 부부관계는 또한 사랑을 통해 맺어진 정서적 유대관계이다. 따라서 부부관계에서 중요한 가치는 권리-의무의 실행이 아니라 배려와 헌신이다. 아내에 대한 남편의 학대로부터 아내를 보호하는 것은 당연한 일이지만, 이것은 역으로 부부간의 사랑이 얼마나 중요한 것인가를 단적으로 보여준다. 부부간의 감정적 결속이 유지되면서 서로 간에 배려와 헌신이 이루어진다면 이러한 일은 일어나지 않기 때문이다. 더구나 부부관계를 형성하는 데 그 토대가 되는 것이 사랑이라는 점을 전제한다면 부부간의 관계는 법적 권리의 주체인 추상적 개인과의 관계가 아니다. 부부관계는 서로가 상대방을 자신의 관심과 돌봄을 받을 만한 특별한 존재로 인정할 때 성립하기 때문이다.[46] 이런 점에서 동등한 권리 보장을 위해 부부관계에 국가가 개입한다는 것은 사랑이라는 극히 사적인 차원에서 이루어지는 정서적 배려와 헌신관계를 해칠 위험성이 있다.

3. 역할분담에서 사랑의 관계로

이렇게 볼 때 오늘날 부부관계는 여성의 노동참여 확대로 말미암아 가부장적 역할분담관계로부터 벗어나 오직 사랑으로 맺어진 순수한 관계로, 자율적 존재 간의 동등한 관계로, 그리고 생산노동과 가사활동의 공동담당 관계로 거듭날 수 있는 발판을 마련하였지만, 이러한 부부관계의 이상이 곧바로 실현되고 있는 것은 아니다. 왜냐하면 생산노동과 가정활동의 공동담당 요구는 여성의 이중적 희생으로 변질되었고, 사랑이라는 순수한 관계는 부부관계의 불안정이라는 문제를 낳게 되었으며, 자율적 존재 간의 동등한 관계에는 국가의 권력이 개입하기 시작했기 때문이다. 이러한 문제는 과연 해결될 수 있을까? 가능하다면 방안은 어떤 것일까? 아마도 오늘날 부부관계가 겪고 있는 변화 과정을 새로운 인정 요구 등장에 따른 인정 구조의 재편 과정으로 해석할 수 있다면, 이로부터 우리는 향후 부부관계가 추구해야 할 규범적 방향을 도출해낼 수 있을 것이다. 따라서 오늘날 부부관계가 겪고 있는 문제들에 대한 해법은 이러한 규범적 틀 속에서 간구되어야 한다.

사랑이란 무엇인가?

오늘날 부부관계의 변화 과정에서 제기되는 새로운 인정 요구를 포착해낼 수 있는 핵심 축은 사랑이다. 여성의 노동참여 확대를 통해 여성이 경제적으로 자립화됨으로써 이제 남성과 동등한 관계를 형성할 수 있게 되었고, 가정활동을 여성의 영역으로 한정짓는 가부장적 역할분담관계를 붕괴시킬 수 있게 되었다는 것은 부부관계가 형성되는 배경 조건으로 이해될 수 있을 뿐, 이것 자체가 부부관계를 가능하게 하는 것은 아니다. 또한 부부관계가 자율적 존재 간의 동등한 관계라는 특징을 갖는다 하더라도, 자율적 존재 간의 동등한 관계가 부부관계만으로 한정되는 것은 아니다. 이는 다른 모든 계약관계에서 나타나는 일반적 특징이기 때문이다. 이런 점에서 오늘날 부부관계에서 일어나는 본질적인 변화는 부부관계가 사랑의 관계로 순수화되고 있다는 점이다. 즉 부부관계는 사랑이 있으면 유지되고, 사랑이 없으면 해체되는 정서적 결속관계가 되었다는 것이다. 이런 점에서 동등한 부부관계나 역할분담관계는 모두 사랑으로 유지되는 부부가 공동생활을 영위하는 방식과 관련된 문제일 뿐, 그것 자체가 부부관계를 여타의 인간관계와 구별시켜주는 본질적 요소는 아니다. 따라서 부부관계가 변화하면서 새로운 인정 요구가 등장하고 있다면 여기서 관건이 되는 것은 사랑이 부부관계에서 어떤 인정 요구를 제기하는가 하는 점일 것이다. 그렇다면 과연 사랑이란 어떤 인간관계를 말하며, 이는 어떠한 인정 요구를 함축하고 있을까? 더구나 사랑이 단지 일방적 의무로 부과된 여성만의 사랑이 아니라, 남녀 상호 간의 순수한 정서적 결속관계를 말한다면 이는 여타의 정서적 결속관계와 어떻게 다를까? 사실 모든 정서적 결속관계를 남녀 간의 사랑과 동일시할 수는 없다. 부모자식 간의 사랑, 친구 간의 우정 역시 정서적 결속을 나타내지만 이를 남녀 간의 사랑이라고 말할 수는 없기 때문이다. 그렇다면 어떤 인간관계, 어떤 정서적 결속관계를 남녀 간의 사랑이라 규정할 수 있을까?

우선 사랑에 대한 사회학적 분석에 따르면[47] 사랑이란 무엇보다도 상대방에 대한 특정한 감정을 통해 표현된다. 예를 들어 사랑에 대한 경험적 연구의 효시를 이루는 루빈에 따르면[48] 사랑은 호감과 구별되는 것으로서 상대방에 대한 애착과 배려 그리고 서로 간의 친밀성을 의미한다. 또한 사랑에 대한 삼각형 이론을 제시한 스턴버그에 따르면[49] 사랑은 열정, 헌신, 친밀성이라는 세 가지 구성요소로 이루어지며, 여기서 말하는 열정은 성적 기대를 포함하는 상대방에 대한 강한 욕구를, 헌신은 자신의 희생을 무릅쓰고 상대와의 관계를 지속하려는 신념을, 친밀성은 사적인 감정과 생활을 상대방과 공유하는 능력을 뜻한다. 이렇게 볼 때 스턴버그가 말하는 사랑은 루빈의 입장과 그렇게 다르지 않다. 왜냐하면 사랑이란 서로에 대해 갖고 있는 열정이 성적 결합에 대한 욕구를 넘어서 애착, 배려, 헌신으로 표현되고, 이를 통해 사랑하는 사람들이 서로의 삶에 깊이 개입하게 됨으로써 결국 친밀한 사이가 됨을 뜻한다고 할 수 있기 때문이다.

그러나 사랑이라고 해서 다 똑같은 것은 아니며, 또한 불변적인 것도 아니다. 왜냐하면 사랑의 구성요소들이 주어진 상황과 조건, 그리고 사랑하는 사람들의 성격과 특성에 따라 다양한 결합을 이루면서 사랑의 형태 역시 다양해진다고 할 수 있으며, 시간이 경과하면서 사랑의 모습 또한 변하기 때문이다. 이런 점에서 스턴버그는 이 세 가지 구성요소들 간의 조합을 통해 7가지 형태의 사랑을 구별하기도 한다.[50]

스턴버그와 유사하게 리 역시 일찍이 사랑의 유형론을 제시한 바 있다.[51] 즉 리는 성경과 그리스, 로마, 중세 및 현대에 걸쳐 수많은 픽션과 논픽션 작품들로부터 사랑에 관한 풍부한 문구들을 수집하고, 또한 사랑에 관한 설문조사를 실시하여 사랑의 일차적 형태로서 열정적 사랑, 유희적 사랑, 우애적 사랑을 구별하고, 이들 중 각각 두 종류씩을 결합시켜 사랑의 이차적 형태인 실용적 사랑(유희적 사랑과 우애적 사랑의 결합), 소유적 사랑(열정적 사랑과 우애적 사랑의 결합), 이타적 사랑(열정적 사랑과 우애적 사랑의 결합) 등 총 6가지 사랑의 유형을 도출하였다. 여기에서 열정적 사랑은 성적이고 감각적이며 강한 정서적 감정이 특징인 사랑이며, 유희적 사랑은 깊은 헌신이나 관여 없이 재미나 기쁨을 느끼기 위한 사랑으로서 상대방에 의존하지도 집착하지도 않는다. 이에 반해 우애적 사랑은 많은 시간과 활동을 공유하며 서서히 발전해 가는 사랑의 유형이다. 또한 소유적 사랑은 질투와 소유욕이 강하고 상대방에 의존적이며 감정의 기복이 심하고 사랑받고 있음을 확인하고자 하는 경향을 보이는 사랑이며, 실용적 사랑은 상대가 자신의 기준에 적합한지를 의식적으로 고려하여 적절한 상대를 찾는 경우를 말한다. 마지막으로 이타적 사랑은 헌신적, 타인 중심적, 자기상실적 사랑으로서 사랑을 선물, 혹은 책임이라고 여긴다.

물론 리는 이렇게 사랑의 유형을 구별하면서 어떤 이상적, 내지는 정상적 형태의 사랑을 찾으려 하지는 않았다. 그러나 리의 유형론을 스턴버그의 구별과 비교한다면 사실 이는 열정, 헌신, 친밀성이라는 사랑의 세 가지 구성요소 중 어떤 것이 지나치게 강조된다든지, 아니면 결여되어 있는 경우라 할 수 있으며, 이런 점에서 스턴버그처럼 이 세 가지 요소를 모두 갖춘 경우를 완전한 사랑, 내지 정상적 사랑이라 말할 수 있을 것이다. 물론 정상적 사랑이란 사랑의 유형을 구별하기 위해 이상화된 사랑의 형태일 뿐 실제 일어나는 사랑이 이런 이상화된 형태를 갖기는 어렵다. 사랑이 다양한 개성을 가진 사람 사이에서 행해지는 한 사랑은 개인적 강조점이 무엇이냐에 따라 다양한 형태를 가질 수밖에 없으며, 비록 강조점이 같다 하더라도 사랑이 행해지는 다양한 삶의 맥락에 따라 편차가 날 수밖에 없다. 그런데 이러한 다양성에도 불구하고 여전히 이를 사랑이라고 규정할 수 있다면, 그 근거는 무엇일까? 그것은 아마도 사랑의 구성요소인 열정, 헌신, 친밀성이 나타나기 때문일까? 사실 사랑에 대한 사회학적 분석은 사랑하는 사람들이 서로 어떤 행동을 하는지를 보여주지만 이는 사랑의 현상일 뿐, 이러한 현상을 가능하게 하는 사랑의 본질을 보여주는 것은 아니다. 다시 말해 사회학적 분석은 사랑을 당사자들 간의 열정, 헌신, 친밀성 등을 통해 설명하지만, 사랑이 어떤 관계이기에 이런 현상으로 나타나는가를 설명하는 데까지는 나가지 못하고 있다는 것이다. 오히려 이러한 현상을 가능하게 하는 사랑의 본질이 무엇인가는 하는 점은 철학적 사랑 개념, 특히 헤겔의 사랑 개념을 통해 규정될 수 있다.

일찍이 헤겔은 부부관계를 결혼을 통한 계약관계로 보는 칸트와는 달리 사랑을 통해 형성된 감정적 결합으로 보았으며, 여기서 사랑은 세 가지 측면을 갖는다.[52] 첫째, 사랑은 사랑하는 사람들 서로가 타인 속에서 각자 자기 자신을 인식하는 상태를 말한다. 따라서 사랑은 흔히 서로 다른 두 사람이 하나가 됨을 의미하지만, 이것이 타인을 자신과 동일화시키거나 각자의 고유성이 부정됨을 뜻하는 것은 아니다. 사랑은 내가 나 자신 속에 존재함을 넘어서 타인 속에서 존재할 뿐 아니라 타인과 구별되는 고유한 나 자신으로 존재함을 말한다. 이런 점에서 사랑이란 합일과 분리라는 이중적 과정의 통일이라고 할 수 있다. 둘째, 사랑은 자신을 희생하며 타인에게 헌신하는 것이다. 내가 타인 속에서 나 자신으로 존재한다는 것은 타인과 내가 구별되지 않는다는 것을 의미하며, 타인 속에 존재하는 나 자신은 바로 타인 속에 존재한다는 점 때문에 나 자신의 것이 아니라, 타인에게 속한다. 따라서 내가 나 자신을 위해 존재한다는 것은 동시에 타인을 위해 존재함을 의미하며, 이런 점에서 사랑이란 자기희생과 헌신을 동반하지만 역설적이게도 이는 자신을 위한 희생이자 헌신이기도 하다. 셋째, 사랑은 단지 주관적 인식으로서만 존재하는 것이 아니라, 객관적 실체로 존재한다. 즉 사랑이란 타인 속에서 자신이 존재함을 발견하고 인식함을 뜻한다고 할 때 사랑은 단지 두 개별자들의 관념 속에서만 존재한다고 할 수 있다. 그러나 사랑은 단지 인식이 아니라 서로에 대한 활동이며, 이런 점에서 사랑은 이러한 인식이 구체적으로 실현된 객관적 형태를 띤다. 즉 사랑은 두 개인들의 상호 인격적이며 동시에 사회적인 행위인 결혼을 통해 삶의 공동체로 구체화되며, 부부의 생존 기반이 되는 가족 재산을 통해 실제 존재하는 대상이 되고, 또한 자녀를 통해, 그리고 자녀의 의식 속에서 객관적으로뿐 아니라 정신적으로 존재하게 된다는 것이다.

이러한 헤겔의 사랑 개념은 사랑에 대한 사회학적 입장에 비해 두 가지 장점을 갖는다. 한편으로 헤겔의 사랑 개념은 앞서 지적했듯이 사랑에 대한 사회학적 입장을 본질과 현상의 관계로 해석할 수 있게 한다. 왜냐하면 타인 속에 자기 자신으로 존재하는 상호적 관계를 사랑의 본질로 규정한다면, 타인에 대한 열정, 친밀성, 헌신 등은 사랑이 현실화하는 현상 형태로 설명할 수 있기 때문이다. 앞서 서술했듯이 열정이 상대방에 대한 강한 욕구를 의미한다면, 사실 이는 타인이 이미 자기 자신 속에 거부할 수 없는 존재로 등장함으로써 이루어진 관념적 합일을 넘어서 실제로 타인과 하나가 되려는 것과 다를 바 없다. 그리고 친밀성이 사적인 감정과 생활을 상대방과 공유하는 능력을 뜻한다면, 이는 이미 상대방 속에서 자신을 인식함으로써 서로 다르면서도 하나가 된 상호적 관계의 표현이라고 할 수 있기 때문이다. 즉 사랑하는 사람들은 서로 다른 사람이라는 점에서 각기 다른 사생활을 갖고 있지만, 하나라는 점에서 이미 서로의 감정과 생활을 공유한다는 것이다. 헌신의 경우 또한 마찬가지이다. 헌신이 자신의 희생을 무릅쓰고 상대와의 관계를 지속하려는 신념을 의미한다면, 이 역시 타인 속에서 자기 자신으로 존재함의 표현이라고 할 수 있다. 타인은 이미 나 자신과 한 몸이지만, 나는 타인 속에 존재한다는 점에서 타인에게 헌신하는 것이 바로 나 자신을 위해 사는 것을 의미하며, 나의 삶을 유지한다는 것은 바로 타인과의 관계를 지속하는 것과 같기 때문이다.

이렇게 볼 때 헤겔의 사랑 개념은 한편으로 사회학적 분석에서 등장한 사랑의 구성요소를 일종의 본질과 현상 관계로 해석할 수 있게 하지만, 더 나아가 헤겔의 사랑 개념은 사랑을 당사자 간의 역동적 발전관계로 이해하게 함으로써 사랑의 다양한 현실태 역시 개념적으로 포괄할 수 있게 한다. 우선 타인 속에서 자기 자신으로 존재함이란 두 주체가 서로 하나이면서도 동시에 서로 다른 개체로 존재한다는 뜻이며, 이런 점에서 사랑이란 두 주체가 완전한 합일 상태에 도달함으로써 더 이상 서로 구별되지 않는 상태에 있는 것이 아니라, 끊임없는 갈등과 화해의 과정을 거치면서 합일하면서도 분리되는 이중성 속에서 지속된다. 그리고 사랑이 단지 주관적 인식이 아니라, 객관적 실체로 존재한다는 것은 이러한 역동적 과정을 통해 사랑은 변화할 뿐만 아니라 갈등과 화해를 거치면서 더 높은 단계로 고양됨을 뜻한다. 따라서 사랑이란 열정, 친밀성, 헌신과 같은 합일과 분리의 다양한 차원 중 어떤 것이 강조되느냐에 따라 다양한 형태를 가질 뿐 아니라 강조되지 않은 부분에 대한 기대가 서로 간의 갈등을 야기하면서 저차원적 사랑에서 좀 더 고차원적 사랑으로 발전한다고 해석할 수 있다. 즉 사랑이 상대방에 대한 욕구 충족 차원에서의 합일과 분리의 통합체로 머무느냐, 아니면 이를 전제한 친밀성 관계로 발전하느냐, 그리고 이를 넘어 상대방을 위한 헌신의 차원으로까지 나아가느냐에 따라 사랑은 다양해질 뿐 아니라 일종의 발전 과정을 밟는다는 것이다.

사랑과 인정

이렇게 사랑을 합일과 분리, 화해와 대립의 역동적 과정으로 이해한다면, 과연 사랑하는 사람들은 상대방에게 어떤 인정 요구를 제시한다고 할 수 있을까? 다시 말해 우리가 누군가를 사랑할 때 이 상대자를 어떤 존재로 인정한다고 할 수 있으며, 마찬가지로 어떤 존재로 인정받고 싶어 할까? 사랑하는 사람들은 사회학적 분석이 함축하고 있듯이 서로에게 열정, 헌신, 친밀성을 기대하는 존재로 서로를 인정하고 인정받기를 원할까? 더 나아가 사랑하는 사람들은 헤겔의 개념 규정처럼 이를 가능하게 하는 '타인 속에서 자신을 인식'하는 상호관계의 주체가 되기를 원할까?

흔히 우리가 타인에 대한 긍정적 태도를 갖게 되는 것은 이 사람이 어떤 가치 있는 속성을 지닌 존재라는 점을 인정하기 때문이다. 예를 들어 우리가 누구를 존경한다면 그 이유는 우리가 그를 어떤 존경할 만한 속성을 지닌 존재로 인정하기 때문이다. 로저 램은 이러한 평범한 사실로부터 보편화 공식을 도출한다.[53] 이에 따르면 우리는 우리가 원래 그 가치를 인정했던 사람과 똑같은 특징을 갖는 다른 모든 사람에 대해서도 긍정적 태도를 취해야 한다. 다시 말해서 만약 내가 어떤 덕성을 이유로 X라는 사람을 존경한다면, 나는 그와 동일한 덕성을 지닌 다른 모든 사람들 역시 존중해야 한다는 것이다. 그런데 램은 여기에서 더 나아가 보편화 공식을 사랑에도 적용한다. 그에 따르면 타인에 대한 여타의 긍정적 태도들처럼 사랑 역시 타인의 가치 있는 속성에 기초하기 때문이다. 다시 말해 누군가를 사랑한다고 할 때 그를 사랑스럽게 만드는 그의 특성을 지적함으로써 그에 대한 자신의 감정을 정당화시킬 수 있다는 것이다. 만약 그렇다면 우리는 기이한 결론에 도달할 수밖에 없다. 즉 우리는 우리가 사랑하는 사람이 갖고 있는 특징과 동일한 특징을 지닌 다른 모든 사람 역시 사랑해야 한다는 것이다. 그러나 정말 그럴까? 우리가 일일이 나열할 수 있는 어떤 가치 있는 속성을 지닌 사람이 나타나면 곧바로 사랑의 감정이 생길까? 역으로 말해서 우리가 첫눈에 반해 서로 사랑하게 된 사람이 있다면, 우리는 과연 이 사람이 어떤 가치 있는 속성을 지니고 있는지 이를 조목조목 나열하면서 이를 사랑하게 된 이유라고 주장할 수 있을까?

만약 우리가 사랑하는 사람의 가치 있는 속성을 나열할 수 있고, 또 이 때문에 이 사람을 사랑한 것이라면 어떤 사람의 가치 있는 속성은 사랑을 발생시키는 원인이자 이를 정당화하는 근거가 되며, 이런 점에서 사랑은 합리적 행위가 된다. 그러나 과연 자신이 누군가를 사랑하게 되었을 때 그 이유를 설명할 수 있는 사람이 있을까? 사랑에 대한 수많은 통속적 이야기들이 보여주듯이 사랑이란 불가항력적인 느낌일 뿐 아니라 상대방에 대한 형언하기 어려운 감정은 아닐까? 만약 사랑이 이런 것이라면 우리가 사랑하게 된 이유에 대해 말할 수 있는 것은 오직 그 사람 때문이라는 사실뿐일 것이다. 즉 내가 사랑하는 사람은 나에게 그 누구도 그를 대신할 수 없는 대체 불가능한 존재라는 것이다. 물론 나는 내가 사랑하는 사람을 사랑스럽게 만드는 일련의 속성들을 지적할 수 있을지도 모른다. 그러나 이와 동일한 속성을 지닌 사람이 나타난다고 해서 그 사람에게 곧바로 사랑의 감정을 느낀다고 말할 수는 없다. 이 차이를 어떻게 설명할 수 있을까? 동일한 속성을 지닌 사람들인데도 어떤 사람은 사랑하고, 어떤 사람은 사랑하지 않는 이유는 무엇일까? 이 경우에도 여전히 우리는 사랑하는 사람의 유일무이함을 지적할 수 있다. 즉 그 사람에게는 이 속성들이 유일무이한 방식으로 조합되었다고, 아니 이 속성들이 형용하기 어려운 독특한 형태로 어우러져 있다고 말할 수 있다는 것이다. 이런 점에서 사랑하는 사람들에게 상대방은 누구에 의해서도 대리될 수 없는 대체불가능성의 존재이다.

사실 상대방의 어떤 가치 있는 속성 때문에 생기는 긍정적 감정과 대체불가능성에 기초한 사랑의 차이는 루빈이 구별한 '좋아함'(like)과 '사랑'(love)의 차이와 비교할 만하다.[54] 루빈에 따르면 좋아함의 경우 사람들은 상대방이 어떤 속성을 지니고 있는지, 내지 상대방이 어떤 사람인지를 잘 인식하고 있고 또한 이를 긍정적으로 평가한다. 이런 점에서 내가 좋아하는 사람은 사실 누구나 좋아할 수 있는 좋은 인간이며, 누구나 좋아할 수 있는 사람을 나 역시 좋아하고 있다는 것이다. 이런 점에서 좋아함의 대상은 대체 불가능한 존재가 아니다. 나는 이 사람만이 아니라 그와 동일한 속성을 지니고 있다면 다른 사람 역시 좋아할 것이며, 따라서 내가 좋아하는 사람은 다른 사람에 의해 대체될 수 있으며, 유일무이하지도 않다. 이에 반해 사랑은 전혀 다른 차원을 보여준다. 왜냐하면 사랑하는지, 사랑하지 않는지를 구별하는 데 있어서 중요한 것은 좋아함과 달리 상대방이 어떤 속성을 지니고 있느냐가 아니라, 상대방에 대한 자신의 태도가 어떠한가와 관련되어 있기 때문이다. 이런 사실은 사랑하게 될 때 상대방이 어떤 속성을 지닌 사람인지에 대해 크게 의식하고 있지 않다는 점을 보여주며, 이는 상대방이 그 자체로서 다가옴을 말해준다고 할 수 있다. 즉 비록 사랑하는 상대방을 형언하기는 어렵지만, 나는 바로 그 사람을 사랑하며, 그는 나에게 그 누구도 대신할 수 없는 대체 불가능한 존재라는 것이다.

애밀리 로티는 이러한 대체불가능성에 기초하여 사랑하는 사람들이 서로에 대해 품고 있는 기대를 다음과 같이 정리하고 있다.[55] 첫째, 우리는 내가 사랑하는 사람이 나의 특징 때문이 아니라, 바로 나 자체 때문에 나를 사랑하길 원한다. 왜냐하면 우리는 나 자신의 어떤 특징이 사라진다 해도 여전히 그가 나를 사랑해줄 것을 기대하기 때문이다. 둘째, 우리는 사랑이 우리 자신이 변화함에 따라 함께 변화하는 역동적 성격을 갖기를 바란다. 즉 우리는 원래 만났던 그 사람으로 사랑받고자 하는 것이 아니라, 이를 넘어서 새로운 경험에 의해 예기치 못한 방향으로 우리 자신의 개인성이 변한다 해도 여전히 사랑이 이를 따르기를 기대한다. 셋째, 우리는 사랑이 과거와 현재를 넘어 미래에도 지속되기를 기대한다. 바로 이러한 세 가지 기대 때문에 사랑은 극도의 개별성을 드러낸다. 즉 우리는 사랑을 할 때 단지 타인이 갖고 있는 현재의 속성만이 아니라 미래적 의미에서 그가 갖고 있을 속성과도 관계없이 서로에게 대체 불가능한 존재로 남길 원한다는 것이다. 다시 말해서 우리는 구체적 특성을 넘어서 대체 불가능한 개별자로 존재하는 그에게 사랑을 베풀 뿐 아니라 미래의 정체성과 관련해서도 지금 그에게 사랑을 베풀려고 한다는 것이다. 이렇게 본다면 사랑하는 사람들은 서로에 대해 대체 불가능한 존재일 뿐 아니라 대체 불가능한 존재로 인정받기를 원한다고 할 수 있으며, 현재의 사랑이 미래에도 이어지기를 바란다는 점에서 대체 불가능한 존재로의 인정이 단지 현재만이 아니라 미래에도 이어지길 원한다고 할 수 있다.

그렇다면 상대방을 대체 불가능한 존재로 인정한다는 것은 무슨 뜻일까? 분명한 것은 대체 불가능함이란 말뜻 그대로 내가 누군가를 사랑한다면 이는 바로 그 사람 때문이며, 다른 누구도 이를 대신할 수 없다는 것을 의미한다는 것이다. 이런 점에서 대체 불가능성은 타인과의 차이를 전제하며, 따라서 사랑한다는 것은 그것이 형언 가능하든 불가능하든 상대방을 그 사람만의 개성을 지닌 존재, 즉 유일무이한 존재로 인정함을 뜻한다. 또한 상대방을 유일무이한 존재로 인정한다는 것은 그저 모든 개인들이 서로 동일화될 수 없는 각자의 개성을 지닌다는 사실 확인이 아니라, 그것이 인정인 한 사랑하는 상대방을 누구도 대신할 수 없는 소중한 가치를 지닌 존재로 대우함을 뜻한다고 할 수 있다. 그런데 과연 대체 불가능한 존재로의 인정은 상대방의 개성과 가치의 인정이란 의미만 갖는 것일까? 사랑하는 사람들 사이에서는 상대방이 한 인간으로서 갖는 여타의 속성, 즉 그만의 개성이 아니라, 다른 개인과의 동일성 같은 것은 아무런 의미도 없는 것일까?

이러한 문제에 대답하기 위해서는 사랑이 무엇을 의미하는지를 좀 더 심도 깊게 분석할 필요가 있다. 우선 사랑을 대체 불가능한 존재로서의 상호인정으로 이해한다면 앞서 설명한 헤겔의 사랑 개념을 좀 더 구체화시킬 수 있다. 즉 이제 사랑이란 서로 다른 주체들이 서로를 자신에게 대체 불가능한 유일무이한 존재로 인정함으로써 형성된 합일과 분리, 즉 '타인 속에서 자기 자신으로 존재'하는 관계라는 것이다. 물론 역으로 타인 속에서 자기 자신으로 존재함으로써 사랑하는 사람들은 서로에게 대체 불가능한 유일무이한 존재가 된다고도 할 수 있다. 아마도 이러한 관계 속에서 사랑의 주체들 사이에 어떠한 상호작용이 일어나는지를 염두에 둔다면 대체 불가능성의 인정이 과연 실천적 의미에서 무엇을 뜻하는지를 좀 더 다양하게 파악할 수 있을 것이다.

무엇보다도 서로 사랑하는 사람들은 상호의존적 존재이다. 왜냐하면 사랑하는 사람은 타인 속에 존재한다는 점에서 타인의 행위를 단지 타인의 행위로서 받아들이는 것이 아니라, 마치 이를 자신의 행위인 것처럼 이에 대해 책임감을 갖게 되며, 자신 속에서 타인을 인식한다는 점에서 자신의 판단에 따라 행위함에 있어서도 단지 자신만이 아니라 타인을 의식할 수밖에 없기 때문이다. 더구나 이는 더욱 강한 의미에서 감정적 의존으로 발전한다. 즉 사랑하는 사람은 상대방의 기쁨과 슬픔을 자신의 기쁨과 슬픔처럼 경험한다는 것이다. 이것이 가능한 것은 내가 타인 속에 존재하고, 타인이 내 속에 존재한다는 점에서 사랑하는 사람들은 서로 하나이기 때문이다. 그러나 서로 사랑하는 사람들은 자율적으로 행동하는 자립적 존재이기도 하다. 비록 상대방의 기쁨과 슬픔을 나의 기쁨과 슬픔인 것처럼 느끼지만 이것이 진짜 나에게 기원한 기쁨과 슬픔인 것은 아니다. 나는 타인 속에 존재하지만 나 자신으로 존재하는 자립적 존재이며, 내 속에 존재하는 타인 역시 그 자신으로 존재하는 자립적 존재이기 때문이다. 이런 점에서 내가 사랑하는 사람의 고통을 공유한다 해도 내가 그 사람을 위로하고 치유하려 하지, 반대로 내가 위로받고 치유받으려 하지는 않는다.

이렇게 사랑하는 사람들은 사랑하는 자신의 기쁨과 슬픔을 상대방이 공유하기를 바랄 뿐 아니라 상대방이 행동하는 데 있어서 자신의 존재를 고려하기를 기대한다. 그러나 이러한 기대가 반드시 충족되는 것은 아니다. 사랑하는 사람들은 서로에게 의존적이지만 자율적으로 행동하는 독립적 존재라는 점에서 사랑하는 사람들은 상대방에 대해 기대를 품을 수는 있지만, 이를 충족시켜주느냐 마느냐는 상대방의 요구나 강요와는 무관하게 사랑하는 주체들의 자율적 의사에 달려 있기 때문이다. 그러나 이런 기대가 다른 사람에 의해 충족될 수는 없다. 사랑이 대체 불가능한 유일무이한 존재로서의 상호인정에 기초하고 있다는 것은 이런 기대가 내가 사랑하는 바로 그 사람에 의해서만 충족될 수 있음을 의미하기 때문이다. 분명 사랑하는 사람들이 서로 배려하고 책임감을 갖고, 또한 이런 행동을 서로에게 기대하는 것은 오직 한 가지 이유, 즉 사랑하기 때문이며, 진정으로 사랑할 때 이런 행동들은 일종의 자연발생적이고 불가항력적인 충동으로 등장한다. 그리고 이러한 충동을 스스로 확인하고 실행해 옮기는 것은 전적으로 사랑하는 사람들 자신의 문제이다. 이런 점에서 사랑이란 사랑하는 사람들 간의 합일과 충족만을 의미하는 것이 아니라, 끊임없는 기대와 좌절, 그리고 갈등과 대립의 과정이기도 하다.

결국 사랑하는 사람들은 한편으로 상대방에게 책임감을 갖고 상대방을 의식하면서 행동한다는 점에서, 그리고 다른 한편으로 상대방을 통해서만 충족될 수 있는 특정한 기대감을 갖고 있다는 점에서 상호의존적일 뿐 아니라, 이런 행동이나 기대의 충족 여부는 상대방에 대한 강제나 요구에 의해서가 아니라, 사랑하는 사람 본인의 자율성에 따라 이루어진다는 점에서 상호 독립적이다. 이런 이중성을 전제한다면 사랑하는 사람들 사이의 상호의존성은 위계적 관계에서 일어나는 종속성을 말하는 것이 아니며, 이들은 비록 상호의존관계에 있지만 동등한 의미에서 자율적 존재라고 할 수 있다. 타인 속에서 자신으로 존재하고, 자신 속에서 타인을 인식한다는 것은 어느 누구의 일방적 태도를 말하는 것이 아니라, 사랑하는 사람들의 공통된 태도이며, 바로 이렇기 때문에 상호관계로서의 사랑이 성립한다. 또한 사랑이라는 관계 속에서 나와 타인은 이미 동등한 존재이기 때문에 사랑하는 사람들 사이에서 누구의 기대가 더 중요하고, 누가 주도적으로 타인을 배려하고 책임감을 가져야 하는가 하는 문제는 무의미하다.

따라서 타인 속에서 자신으로 존재한다는 헤겔의 개념 규정을 전제한다면 사랑이란 상대방을 개성적이고 소중한 가치를 지닌다는 의미에서 대체 불가능한 유일무이한 존재로 인정할 때 형성된 인간관계일 뿐 아니라, 실천적 의미에서 상대방을 의존적이고 자율적이라는 점에서 자신과 동등한 존재로 대우하는 특수한 인간관계라고 할 수 있다. 이런 점에서 사랑이 함축하는 인정요구란 대체 불가능한 존재로서의 상호인정이지만, 이것이 구체적으로 의미하는 것은 상대방을 개성적, 자율적이며, 또한 의존적이고, 소중한 가치를 지니는 존재로 인정하는 것이다.

역할분담자에서 대체 불가능한 존재로

이렇게 오늘날의 사랑이 함축하고 있는 인정 요구를 대체 불가능한 존재로서의 상호인정으로 규정한다면 오늘날 발생하고 있는 부부관계의 구조변화를 인정관계의 변화로 해석할 수 있다. 즉 부부관계가 역할분담관계에서 사랑이란 정서적 유대관계로 변화한다는 것은 이제 부부가 상대방으로부터 역할담당자가 아니라, 대체 불가능한 존재로 인정받기를 원하기 때문이라는 것이다. 사실 역할분담관계와 사랑의 차이는 대체가능성과 대체불가능성의 차이라고 볼 수 있다. 즉 부부관계가 역할분담관계일 경우, 부부에게 서로는 반드시 '바로 당신'이어야 하는 것이 아니라, 다른 사람에 의해 대체될 수 있다. 왜냐하면 그 누구라도 서로가 요구하는 역할을 충실히 수행할 수 있다면 부부관계에 자리할 수 있기 때문이다. 따라서 역할분담관계로서의 부부관계에서 이혼이 발생한다면 아마도 그 주된 사유는 부부 중 어느 한쪽이 자신에게 요구된 역할을 충실히 수행하지 못하기 때문일 것이다. 물론 부부관계가 다른 어떤 사람보다도 어느 한 사람을 더 선호함으로써 이루어질 수는 있다. 그러나 이 경우에도 부부관계가 대체불가능성에 기초해 있다고 말하기는 어렵다. 왜냐하면 역할분담관계에서 개인적 선호란 자신이 기대하는 역할을 바로 그 사람이 가장 잘 수행할 수 있으리란 판단에 기인한 것이기 때문이다. 더 나아가 이런 선호가 상대방의 개성으로까지 확대된다면 이는 좋아함이 의미하듯이 상대방의 긍정적 속성 때문이며, 따라서 이는 나에게만 긍정적인 것도 아니며, 그만이 이런 긍정적 속성을 지닌 것도 아니라는 점에서 대체 가능한 것이다.

그러나 산업혁명 이후 근대 부부관계가 이렇게 대체가능성에 기초한 역할분담관계로 존재했지만 여성에게는 역설적이게도 대체불가능성으로 귀착되고 말았다. 앞서 서술했듯이 근대 가족은 정서적 안정을 제공하는 심리적 지원 기관으로서의 기능을 담당했지만 이는 전적으로 여성의 과업이었다. 즉 부부간의 사랑을 유지하는 일, 그리고 자식에 대한 사랑 역시 아내와 어머니로서의 여성의 역할이었다는 것이다. 그러나 이 역할은 자율적 선택에 따른 것이 아니며, 남편에 대한 여성의 종속 하에서 이루어졌다는 점에서 사랑이란 여성만의 일방적 의무였다. 따라서 여성에게 부부관계는 원하던 원하지 않던 사랑이라는 정서적 유대관계에 기초한 대체 불가능한 관계였으며, 남편 역시 대체 불가능한 존재로서 인정해야만 했다. 그러나 이에 반해 남성은 생계수단 확보를 위해 도구적 합리성이 지배하는 생산 영역에 배치됨으로써 사랑의 과업에서 벗어났으며, 부부관계에서 여성은 아내이고 어머니일 뿐이었다. 따라서 남편에게 부부관계는 여전히 역할분담관계였으며, 부인은 역할수행을 이행하지 못할 때 언제든지 대체될 수 있는 존재였다. 더구나 여성에게는 정절이 요구됨에도 불구하고 남성은 성적 자유를 누릴 수 있었다는 것은 여성과 달리 남성에게 부인은 유일무이한 대체 불가능한 존재가 아니라, 얼마든지 다른 여성에 의해 대체될 수 있는 역할담당자였음을 단적으로 보여준다.

이에 반해 부부관계가 사랑으로 맺어진 정서적 유대관계일 경우 부부에게 서로는 반드시 '바로 당신'이어야 하며, 이를 누구로 대신할 수 없다. 사랑이란 단지 상대방의 긍정적 속성 때문에 생긴 것이 아니라, 상대방이 나 자신 속에 존재하게 되면서 그의 유일무이성에 소중한 가치를 부여하려는 불가항력적 충동에 기인한 것이기 때문이다. 또한 가부장적 역할분담관계가 붕괴하면서 돌봄노동과 생산노동이 부부 모두의 공동 과제가 되었다면, 이제 사랑 역시 여성만의 일방적 의무가 아니라, 남녀 모두의 의무라 할 수 있다. 따라서 사랑을 통해 형성된 부부관계는 남녀 모두에게 서로를 대체 불가능한 존재로 인정할 것을 요구한다. 이런 점에서 사랑의 관계로서의 부부관계에 이혼이 발생한다면 그 주된 사유는 사랑이 식음으로써 서로가 대체 불가능한 존재에서 대체 가능한 존재로 변했다는 사실, 다시 말해 상대방을 더 이상 개성적이고 자율적이며, 또한 의존적이고, 소중한 가치를 지니는 존재로 인정하지 않는다는 점에 있을 것이다.

이혼 및 부부폭력에 관한 한 연구에 따르면,[56] 우리나라 민법 840조는 배우자의 부정한 행위, 배우자의 악의의 유기, 본인에 대한 배우자 또는 그 직계 존속의 심히 부당한 대우, 본인의 직계존속에 대한 배우자의 심히 부당한 대우, 배우자의 3년 이상의 생사불명 그리고 기타 결혼을 계속하기 어려운 중대한 사유 등 6개 항을 재판이혼이 성사되기 위한 이혼 사유로 인정하고 있으며, 이 중 가장 빈번히 제기되는 이혼 사유는 '배우자의 부정한 행위'이며, 이에 이어 두 번째 이혼 사유로 나타나는 것은 '본인에 대한 부당한 대우'이다. 이러한 사실에서 알 수 있는 것은 배우자가 부정한 행위를 함으로써 자신이 더 이상 대체 불가능한 유일무이한 존재로서 인정받고 있지 않다고 느낄 때 이는 중대한 이혼 사유가 된다는 점이다. 또한 '본인에 대한 부당한 대우' 역시 중대한 이혼 사유가 된다는 것은 어느 한편이 상대방의 개성이나 자율성을 무시함으로써 사랑이 함축하는 인정 요구를 훼손했기 때문이라고 할 수 있다.

또한 이 연구에 따르면, 이혼소송이 아니라, 이혼신고서의 결과를 토대로 한 이혼 사유의 추세 변화를 살펴볼 때 '부부 불화' 때문에 이혼하는 비율이 점차 증가하고 있음을 알 수 있으며, 불화의 주된 원인은 부인과 남편이 각기 서로에 대한 기대가 다르기 때문인 것으로 나타난다. 즉 부인은 동등한 대우를 원하지만, 남편은 위계적인 관점에서 충실한 역할 수행을 원한다는 것이다. 실제로 한국의 남편들은 여전히 부부관계를 위계적 역할분담관계로 보는 경향이 강하다. 가정 조정 사건 사례들을 보면 여성의 경우 이혼 사유로는 '폭언, 폭행 등 배우자의 부당한 대우'가 30.1%로 가장 높고, '주벽, 음주, 외박, 늦은 귀가, 단정치 못한 행동'이 12.5%, 그리고 '성 역할 불충실'이 8.8%

를 차지하고 있는 데 반해, 남성의 경우는 이혼 사유 중 '주벽, 음주, 외박, 늦은 귀가, 단정치 못한 행동'이 17.9%, '유기, 가출'이 16.3%, '성 역할 불충실'이 15.7%를 차지하는 것으로 나타나기 때문이다. 이러한 통계가 보여주는 것은 남편들은 여전히 부인이 여성이자 아내 그리고 어머니로서 역할을 다 해주기를 기대하며, 이를 소홀히 할 경우 이혼 사유가 된다는 점이다. 그러나 이에 반해 부인들은 남편이 자신을 동등한 인격체로 대우해줄 것을 요구하고 있으며, 이러한 요구가 충족되지 못하고 역으로 부당한 대우를 받게 될 경우 이혼 사유가 된다는 점이다.

이러한 상황은 아내에 대한 남편 폭력의 원인을 살펴보더라도 마찬가지이다.[57] 왜냐하면 가부장적 의식을 갖고 있는 남편의 사회적 좌절과 욕구 불만이 남편 폭력의 주된 원인으로 추정되기 때문이다. 즉 가부장적 의식에 젖어 있는 남편은 실직이나 사회적 실패 등으로 경제적 곤궁에 빠지게 됨으로써 부양자로서의 역할을 제대로 하지 못할 경우 자신의 권위가 손상되었다고 느끼기 쉬우며 이러한 손상된 권위를 회복하기 위해 폭력적이 되기도 한다는 것이다. 물론 부부간의 갈등 역시 폭력의 중요한 요인이 된다. 즉 가치관의 차이, 기대의 차이, 역할분담, 일방적 주도권 행사 등이 갈등을 유발할 때 폭력이 일어날 수 있다는 것이다. 그리고 부부간의 대화가 없는 경우, 남편이 부인에게 열등감을 느끼는 경우, 남편이 부인을 인격적으로 무시하는 경우 부부간의 폭력 발생 빈도가 높은 것으로 나타난다. 물론 드문 경우이지만 부인이 남편에게 폭력을 행사하는 경우도 있다. 이는 여성이 직업을 가지고 있을 때, 남편보다 소득이나 학력이 높을 때, 처가의 생활수준이 시가보다 높을 때 나타난다고 한다. 이 두 가지 원인을 종합해보면 남편 폭력의 주된 원인은 아내를 자신의 종속물로 여기는 가부장적 의식에 있으며, 가부장의 권위가 무너지거나 아내와의 다양한 갈등 상황에서 이러한 권위가 유지되지 못할 때 폭력이 등장한다고 할 수 있다. 그런데 과연 아직도 남편들을 지배하는 가부장적 의식과 이에 기초한 위계적 역할분담관계가 지속될 수 있을까? 여성의 사회적 진출이 확대된다는 것은 여성이 더 이상 남성에게 경제적으로 종속되지 않는다는 것을 의미하며, 따라서 부부간의 위계적 관계를 형성하던 물적 토대가 붕괴되고 있음을 보여준다. 이런 점에서 부부간의 동등성에 대한 요구는 필연적이라 할 수 있다. 더구나 부부관계가 사랑이라는 정서적 결속관계로 순수화된다면 이는 비록 부부가 상호의존적이지만 각기 자율적 존재로 동등해진다는 것을 말해주며, 이런 점에서 부부간의 불화를 줄이면서 안정된 부부관계를 유지하기 위해서는 동등 대우에 대한 여성의 요구가 충족되어야 한다. 그리고 부부간의 권력 구조와 결혼만족도 간의 상관관계를 연구한 많은 자료들이 일치하고 있듯이 평등한 부부관계가 결혼만족도를 높여준다는 사실은 이미 상식이나 다름없다.

사랑의 위기와 상호주관적 사랑

따라서 부부가 서로를 동등한 존재로 인정할 뿐 아니라 누구도 대신할 수 없는 서로의 가치를 인정함으로써 부부관계가 형성된다면, 이는 자유의 신장이라는 점에서 일종의 진보로 평가할 수 있다. 왜냐하면 이제 배우자를 선택하거나 부부관계를 유지하는 것이 모든 외적 강제로부터 벗어나 자신의 감정에 대한 자율적 자기 판단에 의존하게 되었기 때문이다. 그러나 앞서 지적했듯이 이러한 자유의 신장이 부부관계의 안정성마저 보장하는 것은 아니다. 오히려 부부관계의 유지를 강제하는 모든 외적 요인이 사라지고, 부부관계가 사랑이라는 감정적 요인에 의존하게 되면서 점차 부부관계는 감정에 따라 좌우되는 불안정한 관계가 되고 말았기 때문이다. 그러나 과연 부부관계의 불안정은 사랑의 자유라는 점에서 얼마든지 포기할 만한 것일까? 앞서 서술했듯이 현대사회에서 사랑에 대한 요구는 더욱 절실해지고 있다. 전통사회에 있었던 지연, 혈연 중심의 정서적 결속이 해체된 상황에서 실존적 무의미와 정신적 피로를 극복하기 위해 사랑을 통한 정서적 안식이 그 어느 때보다 중요해지고 있기 때문이다. 이런 점에서 오늘날 부부관계가 사랑의 관계로 순수해짐으로써 부부관계가 불안정해지고 있다는 점은 현대인의 정서적 안식을 저해한다는 점에서 중대한 문제가 아닐 수 없다. 과연 이러한 문제를 해결하는 것은 가능할까? 사랑의 자유를 확대하면서도 사랑의 안정성을 확보할 수 있을까?

사랑이란 흔히 타인과 하나가 되고자 하는 강력한 갈망, 즉 열정으로 간주된다. 비록 사랑이 고통과 비극을 가져다줄 수 있지만 인간에게 무한한 환희와 희망을 갖게 한다는 점에서 자아를 압도하는 불가항력적 힘을 갖고 있기 때문이다. 이런 점에서 열정으로서의 사랑, 즉 '열정적 사랑'은 틀에 박힌 일상생활과 구별될 뿐 아니라 일상생활과의 갈등도 마다하지 않는 어떤 급박함으로 특징지어지기도 한다. 열정적 사랑에 빠진 사람들은 가히 종교적이라 할 만큼 서로에 대한 감정적 갈망이 너무나 강렬하여 통상적 책무, 이익, 관심사 따위를 무시하곤 하기 때문이다.[58] 그러나 열정적 사랑은 수명이 길지 못하다. 서로에 대한 갈망이 크면 클수록 이것이 충족된 순간 극도의 엑스타시를 경험하게 되지만, 충족의 희열이 크면 클수록 충족 이후 분리의 경험은 무엇으로도 채울 수 없는 허무감을 불러일으키며 결국 서로에 대한 열정도 사라진다. 이런 점에서 열정적 사랑은 삶과 무관하게 순간의 감정에 몰두하는 사랑이라고 할 수 있다.

하지만 모든 사랑이 다 열정적 사랑 같은 것은 아니다. 근대 부부의 이상으로 등장한 '낭만적 사랑'은 열병처럼 갑자기 찾아왔다 사라지는 열정적 사랑과 다르다. 낭만적 사랑은 결혼을 통한 장기적 삶을 지향하고, 부부가 공유된 역사를 창조함으로써 서로의 관계에 특별한 우선성을 부여하기 때문이다.

낭만적 사랑은 서로의 부족한 부분을 메워주는 정신적 교감, 내지 영혼의 만남을 가정한다. 낭만적 사랑에 빠진 사람들에게 그 상대방은 단지 그가 다른 사람이 아니라 바로 그 사람이란 이유 하나만으로 자신의 부족함을 메워줄 수 있는 존재이다. 이런 점에서 낭만적 사랑은 사랑하는 사람들의 관계를 영원한 삶의 동반자 관계로 보게 할 뿐 아니라 사랑을 통해 서로의 불완전성을 극복하고 인격의 완성을 추구하게 한다.[59]

그러나 낭만적 사랑의 문제는 과연 이러한 사랑이 어떻게 가능한가 하는 점이다. 낭만적 사랑이 근대사회에서 단지 여성만의 사랑, 내지 여성만의 의무로 귀착되었다는 사실은 자율성을 상실한 사람들, 즉 사랑의 자유를 추구하는 것이 봉쇄된 사람들에게나 영원한 사랑이 가능하다는 점을 말해주는 것은 아닐까? 그것도 이데올로기적으로 말이다. 그렇다면 사랑의 자유를 향유하면서도 한 사람과의 삶의 동반자 관계를 유지하는 것은 불가능한 일일까? 또한 서로에 대한 열망이라는 순간적 감정에서 벗어나 정신적 교감을 통해 인격의 완성을 추구하는 것이 과연 가능하기나 한 것일까? 사실 열정적 사랑과 낭만적 사랑의 결정적 차이는 단지 사랑이 순간적이냐 아니면 영원하냐에 있는 것이 아니라, 감정으로서의 사랑이냐, 아니면 삶으로서의 사랑이냐는 차이에 있다고 할 수 있다. 열정적 사랑은 삶과 분리된 감정으로서의 사랑이기 때문에 단기적일 수밖에 없고, 낭만적 사랑은 오히려 감정을 넘어선 삶의 동반자로서의 사랑이기 때문에 영원할 수 있다는 것이다. 그렇다면 감정으로서의 사랑과 공동의 삶으로서의 사랑은 영원히 상충되는 것일까? 감정에 충실하다면 공동의 삶은 불가능한 것일까? 감정에 따라 사랑을 하는 자유는 삶에서의 안식을 추구하는 사랑의 안정성 요구와 대립하는 것일까?

헤겔의 사랑 개념으로 다시 돌아가 본다면 사랑이란 단지 합일과 분리, 의존과 독립이라는 독특한 관계방식만을 말하는 것이 아니라, 이러한 역동적 관계 속에서 끊임없이 변화하고 발전하면서 객관적 형태로 구체화된다. 즉 사랑은 단지 합일이라는 감정만이 아니며, 그렇다고 각자의 정체성을 전제한 분리만을 의미하지도 않는다. 사랑은 사랑하는 주체들의 감정과 정체성이 합일과 분리 속에서 서로 교차하면서 공동의 삶 속에서 구체적 현실성을 갖는다는 것이다. 이런 점에서 헤겔의 사랑 개념은 사랑을 단지 서로에 대한 열정이라는 감정으로 축소하지 않으며, 또한 사랑을 단지 공동의 삶으로만 보지도 않는다. 사랑은 서로에 대한 감정을 토대로 한 공동의 삶이기 때문이다. 그렇다면 사랑이 공동의 삶을 통해 객관화되면서도 점차 고도화되는 방식은 무엇일까? 아마도 이에 대한 단상을 얻기 위해서는 사랑하는 사람들이 서로를 어떤 존재로 인정하는가를 떠올려보아야 할 것이다. 사랑하는 사람들의 공동의 삶이란 결국 이러한 상호인정 속에서 일어나는 상호작용을 통해 형성된다고 볼 수 있기 때문이다. 앞서 설명했듯이 사랑 속에 함축된 인정 요구는 서로를 대체 불가능한 유일무이한 존재로 인정하는 것으로서, 이는 서로를 개성적 존재이면서도 가치 있는 존재로, 자율적 존재이면서도 의존적 존재로 대우하는 것을 말한다. 이러한 인정관계에서 도출할 수 있는 상호작용 방식이란 가장 단순하게 말해서 서로의 차이와 자율성을 인정하면서도 끊임없이 공동의 삶을 통해 하나가 되려는 노력일 것이며, 이는 일회적으로 종결되는 것이 아니라 끊임없이 지속되는 것이다.

이른바 기든스가 말하는 '합류적 사랑'은 개념적 측면에서 볼 때 이런 식의 상호작용에 해당하는 사랑의 형태라고 할 수 있다.[60] 이는 각기 따로 흐르던 두 개의 지류가 합쳐져 하나의 강물이 되듯이, 서로 다른 정체성을 지닌 두 사람이 미래의 시간을 향해 사랑의 유대를 공유하면서 공동의 삶을 협상해가는 사랑을 말하기 때문이다. 물론 이러한 개념적 유사성에도 불구하고 합류적 사랑의 특징이 헤겔의 사랑 개념으로부터 직접 도출될 수 있다는 것은 아니다. 왜냐하면 합류적 사랑이란 열정적 사랑, 낭만적 사랑의 한계를 극복하면서 사랑의 안정성을 확보하려는 기든스의 이론적 전략에서 비롯된 것으로서 여기에는 헤겔이 경험하지 못했던 새로운 시대 경험이 반영되어 있기 때문이다. 그럼에도 여전히 이를 헤겔의 사랑 개념틀 속에서 볼 수 있는 것은 합류적 사랑을 통해 형성된 남녀관계가 기본적으로 합일과 분리, 자율과 의존의 관계라는 독특한 인정관계를 반영하고 있기 때문이다.

기든스가 합류적 사랑의 특징으로 규정한 것은 대략 네 가지 요소이다.[61] 첫째 합류적 사랑은 상대방에 대한 투사적 동일시와 반대된다는 점이다. 기든스에 따르면 낭만적 사랑에서 사랑의 주체들이 상대방에게 매혹된 것은 자신이 갖고 있는 어떤 상을 상대방에 투사함으로써 이와 동일시하기 때문이다. 이러한 동일시는 흔히 자신이 갖고 있는 여성상, 혹은 남성상을 통해 이루어진다는 점에서 주관적 이성상을 강화시킨다. 그러나 합류적 사랑은 투사적 동일시가 아니라, 상대방의 정체성과 차이를 인정하는 데서 출발한다. 따라서 합류적 사랑은 사랑의 주체가 주관적 이성상에서 벗어나 진정한 의미에서 상대방의 유일무이함을 인정할 때 가능하다. 둘째, 합류적 사랑은 평등한 관계를 요구한다. 물론 사랑 자체는 상대방에 대한 순수한 감정이라는 점에서 서로 간의 관계 이외의 어떤 사회적 기준이나 강제로부터 벗어난 평등한 관계를 형성한다. 그러나 낭만적 사랑은 실제의 경우 철저히 위계적이고 비대칭적 관계를 만들었다. 왜냐하면 이는 가부장적 역할분담관계와 결합함으로써 여성의 종속으로 이어졌기 때문이다. 그리고 이런 점에서 낭만적 사랑은 여성만의 의무였다. 이에 반해 합류적 사랑은 가부장적 역할분담관계가 붕괴한 상황을 전제로 한다는 점에서 사랑의 주체들 간의 감정적 평등을 요구할 뿐 아니라, 동등한 관점에서 자신의 관심과 욕구를 드러내면서 서로에게 민감하게 반응할 수 있을 때 그만큼 더 발전한다. 셋째, 합류적 사랑은 영원한 사랑, 유일한 사랑이 아니다. 합류적 사랑은 낭만적 사랑과 달리 이혼하고 별거하는 사회의 사랑이기 때문이다. 즉 합류적 사랑은 서로 간의 관계가 변한다면 얼마든지 깨어질 수 있다는 것이다. 이런 점에서 합류적 사랑에서 중요한 것은 상대방이 얼마나 나에게 특별한 존재인가라기보다 서로 간의 관계가 얼마나 특별한 관계인가에 있다. 그럼에도 우리가 이러한 사랑에서 일종의 안정성을 기대할 수 있다면 그것은 유일무이한 존재 간의 평등한 관계 속에서 이루어지는 소통의 문제로서 이는 합류적 사랑의 네 번째 특징과 관련되어 있다. 넷째, 합류적 사랑은 사랑의 민주화에 부합한다. 여기서 사랑의 민주화란 두 주체들이 자유롭고 개방적인 의사소통이라는 정언명법에 따라 공동의 생활 조건을 결정하고 미래를 기획하는 것을 말한다. 이는 사랑하는 당사자들이 서로의 욕구를 표현할 수 있는 매개체가 될 뿐 아니라 서로 간의 관계를 성찰적으로 조직하는 방법이 된다. 따라서 당사자들은 서로에게 자신의 속마음을 밝히고, 서로의 행동을 충분히 납득할 수 있도록 설명할 수 있어야 하며, 의사소통의 결과는 서로의 행위를 통제하는 규칙 역할을 한다는 점에서 이 결과가 불공정하거나 억압적이라고 느낄 때 이는 얼마든지 취소될 수 있어야 한다. 물론 이러한 의사소통이 여타의 관계에서 이루어지는 자유롭고 개방적인 의사소통과 다른 것은 이것이 서로의 유일무이함과 동등성을 인정하는 조건에서 이루어지기 때문이다.

그렇다면 이러한 합류적 사랑이 왜 사랑의 자유를 증진시킴에도 불구하고 사랑의 안정성을 확보할 수 있게 할까? 합류적 사랑 역시 사랑이라는 점에서 이는 전적으로 당사자들의 감정에 따라 존속 여부가 결정되는 자유로운 관계를 형성한다. 그러나 합류적 사랑이 유일무이함과 동등성의 토대 위에서 이루어지는 의사소통을 통해 유지된다면 이는 사실상 서로 다른 사람들이 하나의 삶 속에 융합되는 과정이기도 하다. 즉 사랑하는 당사자들이 각자 자신의 삶을 기획하고 결정할 뿐 아니라 서로 간의 공동의 삶 역시 기획하고 결정한다면 이들의 삶은 개인적이면서도 동시에 공동의 것이 된다. 따라서 이들에게 각자 자신의 삶의 역사는 자신만이 아니라 공동으로 만든 것이 되며, 이러한 역사 속에서 형성된 각자의 자아정체성 역시 어느 한편의 주관만으로 설명될 수 없는 상호주관적인 것이 된다. 결국 합류적 사랑이 사랑의 자유를 보장하면서도 동시에 사랑의 안정성을 강화할 수 있다는 것은 이를 통해 사랑하는 사람들의 인생과 자아가 서로 다르면서도 하나가 되기 때문이다.

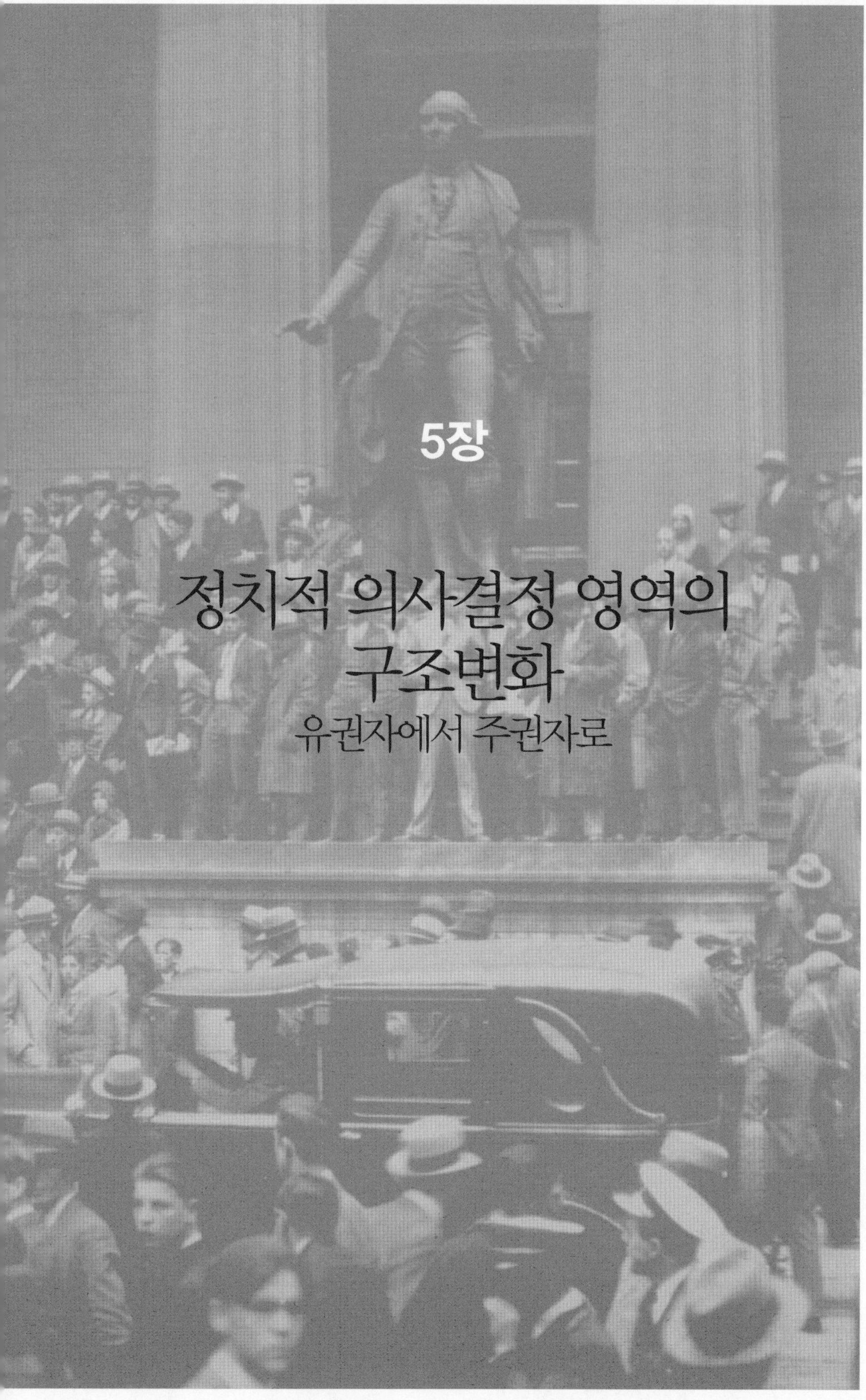

5장

정치적 의사결정 영역의 구조변화

유권자에서 주권자로

본 글에서는 오늘날 정치적 영역에서 일어나는 변동 과정을 인정관계의 구조변화로 해석하기 위해 여기에 함축된 새로운 인정 요구가 무엇인지를 밝히고, 이를 통해 향후 지속적 민주화의 규범적 토대를 제시하고자 한다. 이렇게 새로운 인정 요구를 통해 정치적 변동을 이해하려는 시도가 의미가 있다면, 그것은 바로 여기에 국민들의 자기의식의 변화가 반영되어 있기 때문이다. 국민들이 자신을 어떤 존재로 의식하고 있고, 또한 어떤 존재로 인정받고자 하느냐는 정치적 질서를 형성하고 변혁하는 데 있어서 그 추동력이 된다. 왜냐하면 현존하는 정치적 질서가 국민의 자기의식을 반영하지 못할 경우 국민적 저항에 직면할 수밖에 없기 때문이다.

이렇게 정치적 변동을 인정관계의 구조변화로 해석하는 데 있어서 결정적 역할을 한 것은 두 가지 사건이다. 그 하나는 2008년 미국산 쇠고기 수입에 반대하여 일어난 '촛불집회'이다. 왜냐하면 이는 1987년 민주화의 성과이자 그 한계가 빚어낸 역사적 귀결이며, 향후 지속적 민주화의 방향을 가늠할 수 있는 새로운 인정 요구를 함축하고 있기 때문이다. 따라서 촛불집회는 오늘날 민주주의가 어떤 상황에 처해 있는지를 평가하고, 무엇이 문제이고, 어떤 새로운 대안이 필요한지를 논의하는 데 있어서 일종의 역사적 분기점 역할을 한다. 또한 2011년 뉴욕 월스트리트에서 시작된 'Occupy' 운동(이하 '점령운동') 역시 오늘날 민주주의의 상황을 평가하고 향후 지속적 민주화의 방향을 가늠하는 데 있어서 촛불집회에 버금가는 의미를 갖는다. 왜냐하면 이는 촛불집회와는 다른 차원에서 민주주의를 바라보게 하면서도 향후 지속적 민주화의 필수불가결한 요구를 담고 있기 때문이다. 즉 촛불집회가 민주주의를 절차적 조건이란 차원에서 이해하게 한다면, 점령운동은 실질적 조건이란 차원에서 이해하게 한다는 것이다. 따라서 촛불집회와 점령운동에 함축된 규범적 요구는 사실 하나로 통합될 때 민주주의의 온전한 방향을 제시한다고 할 수 있으며, 이 중 어느 한 차원에만 집중한다면 편향성을 면하기 어렵다.

그렇다면 과연 촛불집회와 점령운동은 오늘날 정치적 영역의 변동 과정을 해석하고 평가하는 데 있어서 어떤 의미를 가질 수 있을까? 이 두 가지 사건은 어떤 점에서 지속적 민주화의 규범적 방향을 함축하고 있다고 말할 수 있을까? 본 글에서는 촛불집회와 점령운동으로 표현되는 정치적 변동을 인정관계의 구조변화로 해석하기 위해 첫째, 이러한 사건의 배경이 되고 있는 오늘날의 민주주의 상황을 일별하면서 이를 민주주의의 위기로 해석할 것이다(1절). 그런데 촛불집회와 점령운동이라는 각기 다른 나라에서 일어난 사건을 공통적으로 민주주의의 위기가 낳은 역사적 사건으로 해석한다는 것은 거시적으로 볼 때 민주주의의 위기는 민주주의를 정체로 삼는 전 세계 국가들에서 공통적으로 나타나는 보편적인 현상이라는 것을 의미한다. 따라서 본 글에서는 각 사건이 갖는 국가적 구속성을 넘어서 여기에 담긴 일반화 가능한 민주주의의 위기를 도출해낼 것이다. 둘째, 본 글은 민주주의의 위기라는 시대적 배경 하에서 촛불집회와 점령운동이 향후 지속적 민주화의 방향을 정립하는 데 어떤 의미를 갖고 있는지를 밝힐 것이다(2절). 이는 무엇보다도 오늘날 민주주의의 위기가 민주주의의 종말을 고하는 것이 아니라, 두 가지 사건을 통해 알 수 있듯이 지속적 민주화에 대한 새로운 요구를 잉태하고 있다는 것이며, 따라서 본 글은 이 두 사건에 함축되어 있는 규범적 요구가 무엇인지를 규명하면서 이를 기존의 인정관계의 변화를 필요로 하는 새로운 인정요구로 해석할 것이다. 즉 본 글에서는 오늘날 확대되고 있는 정치적 변동을 '유권자에서 주권자로의 인정'이라는 인정관계의 구조변화로 규정하면서 이를 지속적 민주화의 규범적 토대로 제시한다. 셋째, 주권자로서의 인정이라는 규범적 요구가 지속적 민주화의 방향으로 어떤 민주주의를 함축하고 있는지를 논의할 것이다(3절). 여기서 핵심 문제가 되는 것은 오늘날 민주주의의 위기를 비판적으로 평가하는 데 기준이 될 민주주의의 이념과 그 실현 방안에 대한 것이다. 따라서 본 글에서는 민주주의의 위기를 극복할 수 있는 대안적 민주주의란 어떤 정치체제로 이해되어야 하는가에 대한 제반 논의를 다루게 될 것이다. 특히 여기서는 민주주의의 절차적 조건과 실질적 조건 간의 관계를 조명하면서 이에 대한 통합적 이해를 제시하는 데 주안점을 둘 것이다.

1. 오늘날 민주주의의 상황

6월 항쟁과 민주화

1987년은 대한민국 역사에 있어서 민주화 원년으로 기록된다. 이는 4.19 혁명으로부터 5.18 민주화운동을 거치면서 수많은 희생과 좌절에도 굽히지 않고 면면히 지속되어온 민주화운동의 결실이자, 직접적으로는 6월 항쟁이 이루어낸 역사적 쾌거였다. 6월 항쟁은 전두환 정권이 1987년 장기집권을 위해 발표한 4.13 호헌조치에 반발하여 일어난 민주헌법 쟁취를 위한 범국민적 저항운동으로서 1987년 6월 10일 민주헌법쟁취국민운동본부가 주최한 범국민대회에서부터 불붙기 시작하였다.[1] 이날 국민대회는 서울을 비롯한 전국 주요도시에서 약 24만 명의 학생, 시민들이 참석한 가운데 이루어졌으며 이는 일시적 집회로 끝난 것이 아니라, 거의 모든 지역에서 야간시위, 철야농성으로 이어졌고, 특히 서울 명동 성당에서는 이날부터 15일까지 농성이 지속되면서 6월 항쟁의 지속적 확산을 낳는 상징적 역할을 하였다. 그리고 이날 이후 각 대학에서는 연일 출정식과 가두진출, 보고대회를 통해 투쟁을 지속시켜 나갔고, 국민운동본부는 6월 18일 또다시 범국민집회를 개최함으로써 투쟁의 강도를 높여갔다. 특히 부산에서는 이날 30여 만 명이 서면 로터리에 집결하면서 민중봉기 양상을 보이기도 했다. 6월 항쟁의 절정은 6월 26일 열린 평화대행진이다. 전국 34개 도시와 4개 군에서 시작된 이 집회는 130여 만 명이 참여한 대규모 집회로 발전하였으며 경찰력이 이를 진압하지 못하고 밀리면서 결국은 무력화되고 마는 등 당시 전두환 정권은 막다른 길목에 도달하고 말았다. 이에 전두환 정권은 6.29 선언을 통해 대폭적인 양보조치를 제시한다. 이 조치의 내용은 직선제 개헌, 시국사범 석방, 정치인

사면복권, 정당 활동 보장 등 정치적 민주화에 관한 것으로서 정치참여 공간의 확대와 선거를 통한 정권교체 가능성을 허용한 것이었다. 그러나 6.29 선언은 아이러니하게도 국민운동본부의 분열을 유도하고, 김대중과 김영삼을 분열시켜 군부세력이 재집권하려는 고도의 전략적 조치였다. 결국 6.29 선언 이후 6월 항쟁에 참여한 저항주체들의 연합은 해체되고, 이에 따라 대중투쟁 역시 급속히 퇴조한다. 물론 이한열 열사의 장례식이 개최된 7월 9일 100만을 헤아리는 엄청난 인파가 시청 앞 광장에 집결했지만 이것은 6월 항쟁의 종식을 알리는 피날레였다.

사실상 이렇게 막을 내린 6월 항쟁의 의미는 무엇일까? 6월 항쟁은 한국 민주주의 발전과 관련하여 무엇을 말해줄까? 6월 10일부터 29일까지 들불처럼 일어난 국민들의 요구는 무엇이었을까? 과연 6월 항쟁을 통해 표출된 시대정신은 무엇이었을까? 이는 단적으로 '군부독재타도, 민주헌법쟁취'라는 6월 항쟁의 투쟁 슬로건이 말해주듯이 공정한 선거에 기초한 대의민주주의의 확립이었다. 당시 군부독재란 군부의 물리력을 통해 권력을 장악하고, 대통령선거인단제도와 자의적인 전국구배분제도 등 불공정한 선거제도를 통해 권력을 연장하던 정권으로서 국민의 지지를 토대로 국민의 뜻을 대표하는 정권이 아니었다. 따라서 군부독재타도란 바로 이러한 권력 장악 방식을 타파함으로써 국민의 지지와 뜻에 따라 국정을 운영하는 대의체제를 확립하자는 것과 마찬가지였다. 이런 점에서 군부독재에 대한 대안으로 제시된 민주헌법쟁취는 대통령 직선제 도입을 핵심으로 하고 있으며, 그렇기에 6. 29 선언 이후 이미 대통령 직선제가 합의된 상황에서 이루어진 민주헌법 제정을 위한 개헌 논의가 국민의 관심을 끌지 못했던 것은 어떻게 보면 당연한 일이었다.

이렇게 대통령 직선제가 6월 항쟁의 목표였다는 것은 6월 항쟁의 지도부 역할을 했던 국민운동본부의 연대 논리를 살펴보아도 쉽게 알 수 있다. 당시 국민운동본부는 재야, 부문운동세력, 야당 등 각계각층의 대표로 구성되었다. 특히 1970년 반독재 민주화 투쟁에 참여했던 재야의 명망가들이 상징적 지도력을 발휘했고, 주력이자 전위 역할을 했던 학생운동권이 있었으며, 1980년대 이후 합법, 비합법 투쟁을 통해 성장한 청년운동세력은 이들을 연결시켰다. 그리고 이들의 배경에는 국민운동본부가 주최한 집회에 참여하거나 혹은 이를 지지하던 수많은 시민들이 포진하고 있었다. 이러한 다양성을 볼 때 국민운동본부가 어떤 통일적 정체성을 가진 조직이었다고 보기는 어려우며, 이념적으로 볼 때도 자유주의적 우파 운동세력과 민중운동을 기반으로 한 좌파 진보세력이라는 상이한 이념 집단이 주축을 이루었다. 그런데도 이들이 연대를 이루어낼 수 있었던 것은 이른바 '최소강령을 통한 최대연합' 논리 때문이다. 즉 가장 큰 연대를 이루어내기 위해 최소한의 정치적 요구를 공통분모로 설정했다는 것이다. 그리고 국민운동본부를 구성한 각 세력들이 최소강령으로 합의한 것이 다름 아닌 대통령 직선제 개헌이었다.

그렇다면 대통령 직선제가 함축하는 민주화란 과연 어떤 의미였을까? 분명 6월 항쟁의 목표였던 대통령 직선제는 어떤 이념이나 특정인의 당선을 전제로 한 것은 아니었다. 대통령 직선제는 말 그대로 대통령을 국민의 손으로 직접 뽑자는 것이며, 이것이 함축하는 것이 있다면 그것은 누가, 혹은 어떤 세력이 권력을 장악하든 이는 공정한 선거라는 평화적 절차를 통한 방법이어야 한다는 것이다. 이런 점에서 6월 항쟁이 목표로 했고, 또한 이루어놓은 한국사회의 민주화란 선거를 통한 권력 획득, 선거를 통한 정권 교체 이상도 이하도 아니었으며, 이를 민주주의 이념으로 규정한다면 그것은 다름 아닌 소박한 의미에서의 대의민주주의라고 할 수 있다. 즉 국민이 선거를 통해 국민의 대표를 선출하고, 국민의 대표가 국정을 운영하고, 국민의 대표는 또다시 선거를 통해 교체되는 민주주의 형태 말이다.

6월 항쟁의 목표였던 대통령 직선제가 이런 식의 대의민주주의를 실현하자는 하나의 상징이었다는 것은 그 이후 전개된 운동정치의 제도화 과정을 볼 때 명약관화한 일이다. 6월 항쟁은 대통령 직선제 관철 이후 두 가지 길을 걷게 된다. 하나는 제도정치의 활성화이며, 다른 하나는 운동정치의 퇴조이다. 흔히 운동정치란 제도정치가 제 기능을 다하지 못함으로써 정치의 중심이 사회운동으로 이전된 상황에서 등장하는 비제도적 정치를 말한다. 물론 6월 항쟁이 발생하게 된 것은 이처럼 제도정치가 민의를 실현하지도 대변하지도 못함으로써 결국 운동정치가 정국을 주도하게 되었기 때문이다. 그리고 제도정치가 제 기능을 다하지 못한 주된 이유는 불공정한 선거제도나 참정권 제한, 정당 활동 규제 같은 억압적이고 비민주적인 조건에 있었다. 6월 항쟁이 얻어낸 민주화 조치는 제도정치가 활성화될 수 있는 기반이었다. 왜냐하면 이제 제반 정치 세력들에게 자유롭게 입후보하여 선거를 통해 집권할 수 있을 길이 열렸기 때문이다. 이는 비단 국민운동본의 한 축이었던 자유주의 세력에게만 한정된 것은 아니다. 민중운동을 통해 성장해온 진보세력에게도 선거를 통한 집권 가능성은 제도적으로 보장된 것이기 때문이다. 이런 점에서 당시까지만 해도 제도정치의 활성화는 신한민주당 정치인들을 중심으로 이루어지지만, 진보정당 건설을 위한 정치적 노력이 지속되면서 2000년에는 결국 민주노동당이 등장하게 된다. 이는 6월 항쟁이 한편으로 자유주의 세력들이 제도정치에 참여하게 함으로써 대의민주주의의 길을 열어놓았을 뿐 아니라, 다른 한편으로 좌파 진보세력에게도 기층 민중을 대변할 수 있는 진보정당 수립의 촉매제가 되었다는 것을 보여준다.

이렇게 볼 때 1987년 6월 항쟁을 통해 표출된 시대정신이란 어떤 특정한 이념이나 정책도 아니며, 어떤 특정한 사회체제는 더더욱 아니다. 6월 항쟁의 원인이었고 그 목표였으며, 또한 6월 항쟁을 지속시켰고 그 이후에도 지속적 영향을 발휘했던 6월 항쟁의 시대정신은 국민의 손으로 국민의 대표자를 뽑자는 것, 그리고 정치인은 선거를 통해 권력을 획득하라는 것, 이 두 마디로 집약될 수 있다. 대통령 직선제란 국민의 입장에서 볼 때 국민이 대통령을 뽑는다는 것을 의미하며, 정치인의 입장에서 볼 때 선거를 통해 대통령이 되어야 함을 의미하기 때문이다. 이런 점에서 1987년 당시 국민들이 생각한 민주주의가 소박한 의미의 대의민주주의였다면, 민주주의라는 정치적 공동체 내에서 자신의 역할을 무엇이라고 생각했을까? 아니, 정치적 의미에서 국민들의 자기의식은 무엇이었을까? 이는 아마도 6월 항쟁이 표출한 시대정신으로부터 쉽게 도출해낼 수 있을 것이다. 즉 국민이 대통령을 직접 뽑기를 원했다는 것은 누구도 대통령을 뽑을 수 있는 권리가 국민에 있음을 부정해서도 부정할 수도 없다는 것을 전제하며, 이런 점에서 국민은 자기 자신을 이러한 권리의 불가침한 담지자, 즉 '유권자'로 보았다고 할 수 있다. 따라서 6월 항쟁이 이루어낸 민주화 조치란 유권자로서의 국민의 자기의식이 제도적으로 인정된 것이라 볼 수 있으며, 이런 의미에서 6월 항쟁은 유권자로 인정받기 위한 인정투쟁이었다. 또한 마찬가지로 6월 항쟁 이후의 민주화가 한계를 노정하게 된다면, 이 역시 이러한 국민적 자기의식에서 비롯된 한계라 할 수 있다.

민주화 이후의 민주주의

그렇다면 1987년 민주화 조치 이후 한국 정치는 국민이 자신의 권리 행사를 통해 국민의 대표를 뽑고, 또한 국민의 대표를 교체하면서 국민의 뜻이 실현되는 정치적 민주화를 이루어냈을까?

최장집은 『민주화 이후의 민주주의』에서 오늘날 한국 민주주의를 위기로 진단한다.[2] 그 핵심적 이유는 참여의 위기에 따른 대표성의 위기에 있다. 최장집에 따르면 현대 민주주의의 기본 원리는 국민의 참여와 정당에 의한 대표에 있다. 그런데도 유권자 다수가 투표권을 행사하지 않았다는 것은 그 자체로 참여의 위기를 말하고 있으며, 한국 기성 정당들이 과연 국민의 정당한 대표자인가에 대한 근본적인 의문을 갖게 한다는 것이다. 실제 상황을 보면 1987년 민주화 이후 투표율은 지속적으로 하락해왔다. 1987년 대통령 직선제 도입 직후에 있었던 13대 대통령 선거의 투표율은 89.2%였지만, 그 이후 1992년 14대 대통령 선거 투표율은 81.9%, 1997년 15대 80.7%, 2002년 16대 70.8%, 2007년 17대 63.0%로 지속적으로 하락했다. 이는 국회의원 선거에서도 마찬가지이다. 1988년 13대 국회의원 선거 투표율은 75.8%였지만, 1992년 14대 71.9%, 1996년 15대 63.9%, 2000년 16대 57.2%, 2004년 17대 60.6%, 2008년 18대 46.1%, 2012년 19대에는 54.3%였다. 이렇게 투표율이 50%대라면, 설사 과반수 득표를 통해 대통령이 선출되고, 국회의원이 선출된다 하더라도 국민의 4분의 1 정도의 지지에 불과하다. 과연 이를 국민의 대표라 할 수 있을까? 참여율 저하가 대표성의 위기를 낳는다는 것은 이런 점에서 필연적 현상이다.

이렇게 투표율이 하락한 원인은 현상적으로 볼 때 무엇보다도 젊은층 유권자의 낮은 투표율에 있다. 지난 1996년 15대 총선에서 20대 유권자의 투표율은 전체투표율보다 20%가 낮은 44%로 추정되고, 2000년 16대 총선에서는 30% 안팎에 그친 것으로 추정된다. 그리고 2004년 17대에서는 44.7%, 그리고 2008년 18대에서는 무려 28.5%로 급락하면서 전체투표율보다 20%가량 밑도는 것으로 추정된다. 비록 2012년에는 20대 유권자의 투표율이 41.7%로 상승했지만, 이는 여전히 전체 투표율 54.3%보다 현저히 낮은 비율이다. 어떤 이유에서 젊은층 유권자들이 투표권을 행사하지 않는지는 쉽게 판단하기 어렵지만 한 설문조사에 따르면 이는 '투표를 해도 정치가 좋아지지 않을 것이란 생각이 들어서'가 24%, '마음에 드는 후보자가 없어서' 20%, 그리고 '정치에 관심이 없어서'가 20%를 차지하는 등 젊은층 유권자의 대다수가 현 정치체제에 아무런 유인력을 느끼지 못하는 것으로 나타났다.[3] 이렇게 볼 때 대다수의 젊은층은 현 정치체제가 자신을 대변한다고 생각지도 않으며, 이에 대해 어떤 기대도 걸지 않는다고 말할 수 있다. 따라서 젊은층의 투표율이 떨어지는 것은 당연한 일이라 할 수 있다.

그러나 정치적 대표 세력 부재는 단지 젊은층에게서만 나타나는 문제가 아니다. 이는 더 일반적인 차원에서 계층적으로도 나타난다. 왜냐하면 저소득층 역시 여타의 계층에 비해 저조한 투표율을 보임으로써 소득과 투표율이 역 상관관계를 보이고 있기 때문이다. 즉 2001년 실시된 한 설문조사에 따르면 소득계층상 상층에 속하는 사람들의 투표율은 하층보다 8.5% 높았으며, 상층과 중상층을 묶어 계산한 투표율 역시 하층과 중하층보다 10% 높았다. 이러한 결과는 2007년 대선을 대상으로 투표불참자와 투표참여자 집단의 사회경제적 차이를 연구한 한 논문에서 통계적으로 증명한 것과도 일치한다.[4] 이에 따르면 소득 계층을 100만 원 단위 6개 소득집단(1~99만 원, 100~199만 원, 200~299만 원, 300~399만 원, 400~499만 원, 500만 원 이상)으로 구분하여 조사한 결과, 특히 200만 원 미만 집단에서의 투표율과 그 이상 집단에서의 투표율 차이가 10% 이상 나타났다. 그리고 투표 행위에 영향을 미치는 변수를 소득, 성별, 연령, 학력으로 나누어 조사한 결과, 투표 참여에 가장 큰 영향을 미치는 변수는 소득수준이며, 그 다음은 연령, 학력, 성별 순으로 나타났다. 이러한 결과는 과거 독재정권 하에서 투표 동원의 주된 대상이었던 저소득층이 높은 투표율을 보였던 것과는 정반대 현상이라는 점에서 주목할 만하다. 그리고 이 연구 결과처럼 저소득층의 투표참여율이 상대적으로 낮은 이유는 젊은층의 낮은 투표율의 원인과 크게 다르지 않다. 2012년 한겨레신문이 한겨레사회정책연구소와 함께 한국사회여론연구소에 의뢰한 여론조사에 따르면 경제적 하층의 28.5%만이 "내가 정치에 대해 발언하는 게 문제 해결에 도움이 된다"고 생각한 반면 상층은 40.5%, 중층은 30.0%로 나타나고 있다.[5] 그리고 "시민이 참여하면 세상이 좋아진다"고 생각하는 하층은 37.6%로 상층 54.9%, 중층 47.8%에 비해 낮았다. 이렇게 볼 때 저소득층의 낮은 투표율은 젊은층의 낮은 투표율과 마찬가지로 정치가 자신의 문제를 해결해줄 수 없다는 기대감 상실에 기인한 것으로 추측해볼 수 있다.

이렇게 젊은층을 비롯하여 저소득층이 기성 정치세력에 대해 실망함으로써 투표에 참가하지 않는다는 것은 단적으로 이들을 대변해줄 정치세력이 부재하다는 것을 말해주지만, 이는 또한 역으로 과잉 대표라는 문제를 낳는다. 왜냐하면 어떤 유권자 층이 투표에 참가하지 않는다면 이는 역으로 이들보다 적극적으로 투표에 참가하는 유권자들의 표가 국민의 대표를 선출하는 데 결정적 역할을 한다는 뜻으로, 결국 이들을 대변하는 정치세력이 더욱 확대되기 때문이다. 다시 말해 한편으로 저소득층 국민을 대변하는 정치세력은 부재하지만, 다른 한편으로 중상층 국민을 대변하는 정치세력은 비대해진다는 것이다. 이런 점에서 투표율 저하를 반영한 정치적 세력 판도는 모든 국민의 요구를 평등하게 대표하는 것이 아니라, 특정 계층의 요구만을 불평등하게 대표한다. 따라서 투표율 저하는 협애한 대표체제에 기인한 것이지만, 또한 협애한 대표체제는 투표율 저하 때문에 고착화된다. 최장집은 이렇게 형성된 한국사회의 정치적 대표체제를 '보수독점의 정치적 대표체제'로 규정한다. 즉 한국사회에서는 냉전반공주의가 여전히 지배적인 정치언어로 기능하고 있기 때문에 한국 정당이 이념적으로 자유롭지도 폭넓지도 못하며, 그 결과 보수와 극우만을 대표하는 협애한 대표체제가 등장함으로써 참여의 위기뿐 아니라 한국 정치체제 자체가 대표성 위기에 빠져버리고 말았다는 것이다.

그런데 저소득층의 낮은 투표율은 기존 정당구조 하에 형성된 정치적 대표체제에서의 소외감을 반영한 것일 뿐 아니라 동시에 경제적 불평등과도 맞물려 있다. 즉 보수독점 정당체제로 규정될 수 있는 협애한 정치적 대표체제는 경제적 불평등 때문에 생긴 현상이자, 동시에 이를 심화시키는 원인이 된다는 것이다. 과거 독재정권은 정치적 정당성의 취약성을 보완하기 위해 소수의 특권화된 엘리트를 제외한 그 아래의 계층들에서는 불평등 구조를 어느 정도 제어해왔다. 독재정권이 추진했던 고도성장 정책은 거시적 자원분배를 통해 중산층을 양산해냈기 때문이다. 반면 민주화 이후 한국사회는 시장체제의 불평등 구조를 제어하지 못한 채 기존의 규제 장치를 하나씩 하나씩 제거해버리고 말았다. 소득불평등을 나타내는 지니계수(가처분소득기준)는 민주화 이후 줄어든 것이 아니라 지속적으로 증대되어 1993년 0.256이었던 것이 2012년에는 0.307에 이르고 있으며, 상대적 빈곤율은 1993년 8.2%였던 것이 2012년 14.5%로 증가하였고, 상위 20%의 소득을 하위 20%의 소득으로 나눈 5분위 배율은 1993년 3.84였던 것이 2012년에는 5.70으로 증가하였다.[6] 이러한 소득불평등의 심화는 결국 민주화 이후 중산층 중심의 사회가 서서히 해체되는 데 결정적 역할을 한다. 주관적 계층의식 변화를 보더라도 자신을 중산층이라고 생각하는 사람들은 줄고 있는 반면 자신을 하층이라고 생각하는 사람들은 늘고 있다. 그 결과 과거에는 자신의 소속계층을 중산층이라고 말하는 사람들이 다수를 차지했지만, 오늘날에는 자신을 중산층 이하라고 말하는 사람들이 전체 인구의 절반에 이르고 있다.[7]

이렇게 사회가 양극화되는 데 결정적 역할을 한 것은 지난 IMF 이후 고용구조 변화에 따른 비정규직의 증가이다. 왜냐하면 비정규직 노동자의 임금은 정규직의 절반 수준에 불과하며, 이들의 증가는 소득수준 하위 계층의 증가로 이어지기 때문이다. 그리고 전체 경제활동인구 중에서 법정 최저임금 미만 노동자의 비율은 현재 12.6%에 이르고 있다.[8] 이렇게 사회적 양극화가 심화된다면, 동시에 양극화 해소에 대한 국민적 욕구 역시 커질 수밖에 없다. 이는 17대 대선에 앞서 시행된 한 패널조사에도 나타난 바 있다. 즉 국민들은 차기 정부의 국정과제 중 경제 양극화 해소를 가장 중요한 국정과제로 뽑고 있다는 것이다. 그러나 이러한 기대와는 달리 양극화 현상이 매년 확대되고 있다면, 현재의 정당체제 자체에 대한 일종의 배신감과 이에 따른 지지철회는 필연적인 일이라 할 수 있다.[9] 따라서 투표율 저하는 사회적 양극화가 지속되고 이에 대한 정치적 해결 가능성이 나타나지 않는 한 불가피한 것처럼 보인다.

이렇게 한국의 정당체제가 투표율 저하, 그리고 이에 맞물려 있는 경제적 양극화로 인해 참여의 위기뿐 아니라 대표성의 위기까지 맞고 있다면, 오늘날 보수독점의 정치적 지배체제라는 협애한 대표체제는 과연 무엇을 하고 있으며, 또한 이 체제가 만들어놓은 정치적 결과는 무엇인가? 나는 이에 대한 답이 이른바 공공성의 위기에 있다고 본다.

공공성의 위기

'공공성'이 무엇을 의미하는지는 이에 상응하는 영어 단어 'public'(公的)의 의미를 통해 알 수 있다. 공공성이란 단어는 '공적'이란 단어의 명사형에 해당하기 때문이다. 이 공적(public)이란 말은 사전적으로 볼 때 사적(private)이란 단어의 반대말로서 흔히 행위의 주체와 관련해서 볼 때 국가나 정부, 혹은 공공기관의 활동을 가리킨다. 그리고 공동체 구성원 모두에게 공통적으로 관련된 사안, 혹은 구성원 모두가 공유하는 것, 구성원 모두의 이익이나 공동체의 보편적 이익과 관련된 경우 공적이란 단어를 사용한다. 물론 바로 이렇기 때문에 공적이란 말은 공동체 구성원 모두에게 공개된다는 의미 또한 갖고 있다.[10]

이렇게 공공성의 의미를 이해한다면 국가의 활동이 공공성을 가져야 한다는 것은 당연한 일이며, 이는 무엇보다도 국가가 구성원 모두와 관련된 사안을 처리할 뿐 아니라, 이를 공익 추구 원칙에 따라, 공개적으로 수행해야 하기 때문이다. 그런데 공익 추구가 비단 구성원 모두에게 관련된 일을 하면서

구성원 모두에게 이익이 돌아가게 하는 적극적 차원만을 의미하는 것은 아니다. 왜냐하면 비록 소극적 차원이지만 개인의 사익 추구가 공익을 훼손하지 않도록 할 뿐 아니라 개인의 사익 추구가 동시에 공동의 이익이 될 수 있도록 규제하고 조정하는 것도 공공성을 실현하는 방편이라 할 수 있기 때문이다. 이런 점에서 공공성이란 국가 활동의 핵심일 뿐 아니라 이를 정당화시킬 수 있는 규범적 토대이자 의무이며, 국가 활동이 공익이 아니라 사익을 위한 도구가 된다든지, 혹은 특정한 세력만의 이익을 추구한다면 국가는 규범적 정당성뿐 아니라 그 존립 근거를 상실하게 된다.

그렇다면 국가가 공익을 추구해야 하는 이유는 무엇일까? 이는 무엇보다도 사회통합과 관련되어 있다. 즉 국가가 공공성을 실현할 때 그 사회가 통합되고 존속된다고 할 수 있으며, 반대로 이러한 국가의 역할 없이 모든 사람이 사익만 추구한다면 그 사회는 구성원 간의 갈등을 피하지 못하고 결국 균열과 대립에 빠지게 된다는 것이다. 이런 점에서 공공성은 사회를 유지시켜주는 통합력을 행사한다고 할 수 있으며, 이는 또한 사회를 어느 특정인이 아니라, 구성원 모두에게 좋은 사회로 만들어주는 힘이기도 하다. 그런데 이렇게 공공성과 사회통합과의 연관성을 전제한다면 반드시 국가의 활동만이 공공성을 유지해야 하는 것은 아니다. 왜냐하면 개인 역시 사회통합을 훼손하고 사회 존속을 방해하는 행동을 해서는 안 되기 때문이다. 이런 점에서 어떤 사회에서든 사회의 존속을 위해 요구되는 공공성이란 단지 국가의 의무만이 아니라 비록 소극적 차원이지만 개인의 의무이기도 하다.

그렇다면 오늘날 한국의 정당체제가 투표율 저하와 사회적 양극화로 인해 참여와 대표성의 위기만이 아니라 근본적으로 공공성의 위기에 빠졌다는 것은 무슨 뜻일까? 사실 공공성이 모든 사람의 이익을 추구하는 것이라면 이는 평등의 가치에 토대를 두고 있다고 할 수 있다. 왜냐하면 모든 사람의 이익을 추구한다는 것은 어느 특정한 사람들의 이익을 우선시하지 않고, 모든 사람을 동등하게 대우하는 것이나 마찬가지이기 때문이다. 또한 공공성은 절차적 민주주의의 실현과도 밀접한 연관성을 갖는다. 왜냐하면 모든 사람에게 이익이 되는 것이 무엇인지는 이미 정해진 것이 아니라, 이것 자체가 중요한 의사결정의 대상이 되기 때문이다. 이런 점에서 무엇이 공익이고 어떤 공익이 확대되어야 하는지가 정당성을 가지려면 민주적 의사결정에 토대를 두어야 한다. 따라서 공공성이란 결론적으로 국가가 민주적 절차에 따라 구현하고자 하는 평등주의적 가치라고 할 수 있다.[11]

이렇게 공공성 개념을 재해석한다면 오늘날 한국 정당체제가 겪고 있는 공공성의 위기란 이른바 공공성의 절차적 차원과 실질적 차원이라는 두 가지 차원에서 해석될 수 있다. 첫째, 한국 민주주의가 투표율 저하로 참여와 대표성의 위기를 맞고 있다면, 이는 무엇이 공익인지를 결정하는 의사결정 과정이 민주적 정당성을 갖지 못한다는 것을 말한다. 왜냐하면 참여와 대표성의 위기는 역으로 과잉 대표라는 또 다른 문제를 동전의 양면처럼 갖고 있다는 점에서, 국가는 결국 과잉 대표된 세력의 이익을 공공의 이익으로 간주하기 때문이다. 이렇게 된다면 투표에 참여하지 않음으로써 자신의 대표를 갖지 못하는 세력들은 국가의 공적 활동을 통해서 아무런 이익도 보장받을 수 없다. 둘째, 투표율 저하가 과잉 대표로 이어진다면 이는 필연적으로 공공성의 실질적 차원을 훼손할 수밖에 없다. 국가가 특정 세력만을 위해 의사결정을 한다면 필연적으로 평등주의적 가치가 훼손될 수밖에 없기 때문이다. 사실 사회적 양극화의 심화는 얼마나 평등주의적 가치가 훼손되고 있는가를 보여주는 결정적 지표이다. 이렇게 볼 때 공공성의 민주주의적 차원과 평등주의적 차원은 불가분의 관계를 갖는다. 민주주의적 의사결정 절차가 훼손된다면 이는 필연적으로 평등주의적 가치를 훼손함으로써 특정 세력의 이익을 공공의 이익으로 바꾸어놓기 때문이며, 역으로 평등주의적 가치가 훼손된다면 이는 특정 세력이 민주주의적 의사결정을 장악할 수 있게 하기 때문이다. 이렇게 공공성이 절차적 차원과 실질적 차원 모두에서 훼손되고 있다면 그 결과가 무엇일지는 분명하다. 앞서 지적했듯이 국가가 공공성을 유지해야 하고, 비록 소극적이나마 개인 역시 공공성을 지킬 의무가 있다면 이는 무엇보다도 사회적 통합을 이룸으로써 공동체를 유지하고 존속시키기 위함이다. 따라서 공공성이 훼손된다는 것은 사회적 통합이 약화됨으로써 공동체의 존속 자체가 위협받게 됨을 의미한다.

1987년 이루어진 민주화가 어떻게 해서 이런 결과를 만들어내고 말았을까? 6월 항쟁을 통해 쟁취한 민주화, 아니 4.19 혁명에서부터 5.18 민주화운동에 이르기까지 어떠한 역경에도 굴하지 않고 한국 현대사를 관통해온 민주화운동이 왜 이러한 역설적 결과에 빠지고 말았을까? 여기서 우리는 이른바 신자유주의가 낳은 한국사회의 시장화를 거론해야 한다. 왜냐하면 한국사회가 공공성의 위기로까지 나아간 것은 근본적으로 한국사회의 시장화에 그 원인이 있기 때문이다. 다시 말해 1987년 민주화를 통해 군사독재정권이 붕괴됨에 따라 이제 권력이 국민의 손으로 돌아왔지만, 신자유주의는 이를 다시 시장에 넘겨줌으로써 민주화의 지속적 발전은 차단되고, 한국사회는 정당성의 위기를 맞게 되었다는 것이다.

신자유주의란 1980년 중반 미국의 레이건과 영국의 대처를 필두로 전 세계로 확산되었던 이념적 흐름으로서 개인의 자유, 자유로운 개인 간의 경쟁, 경쟁을 통한 선택과 도태가 지배하는 경쟁시장 원리를 통해 기존의 사회적 가치, 조직, 제도들을 재구조화할 것을 목표로 삼았다.[12] 왜냐하면 신자유주의는 이를 통해 복지국가 체제가 낳은 사회적 효율성 저하를 극복하고, 이것이 사회의 적응력과 존속 능력을 높여줄 것이라 믿었기 때문이다. 이런 점에서 신자유주의가 추진한 대표적 정책들은 공공부문의 민영화, 공적 사회보장 서비스의 축소, 혹은 전통적인 공공행정 체계와 조직을 시장 원리에 맞게 개조하는 데 집중하였다. 그러나 신자유주의의 도전은 비단 몇몇 사회 부문에 국한된 것이 아니라는 데 그 심각성이 있다. 왜냐하면 경쟁시장 원리가 공적, 사적 영역을 불문하고 사회 전체 영역으로 확장되었기 때문이다. 사회의 시장화란 바로 이렇게 경쟁시장 원리가 전 사회 영역으로 확장됨으로써 지금까지 비시장적 가치를 기반으로 형성된 사회적 관계마저 시장 원리에 따라 재조직화되는 병리적 현상을 말한다. 칼 폴라니는 이미 이를 시장이 사회 조직의 일부가 아니라, 사회가 시장의 일부로 변화해가는 현상으로 규정한 바 있으며,[13] 위르겐 하버마스는 이를 효율성을 추구하는 체제의 논리가 가치 중심적 생활세계를 식민화하는 현상으로 규정하기도 하였다.[14]

사회의 시장화에 대한 단적인 예는 김동춘이 지적하고 있듯이 각 사회 조직이 기업 조직처럼 변화하는 현상에서도 찾아볼 수 있다.[15] 기업이란 분명 이윤 극대화를 목표로 하며, 시장에서의 경쟁력을 높이기 위해 내부 조직과 운영을 합리화한다. 그리고 이러한 노력이 실패할 경우 시장에서 퇴출된다. 그런데 어느덧 이러한 기업 모델이 전 사회적으로 확산되면서 기업의 CEO가 사회의 우두머리가 되고, 이윤 추구와 무관한 사회 조직이 기업 조직처럼 변하고, 인간관계나 사회관계가 기업적 관계 혹은 경제적 관계로 변하고, 기업이 표방하는 가치가 곧 사회구성원 모두가 추구하는 가치가 된다. 그 결과 공공성을 생명으로 하는 정부마저도 효율성을 가장 중요한 목표로 내세우고, 기업을 이상적인 모델로 설정하며, 정부 관리들은 기업 인력 개발원에서 재교육을 받는다. 더구나 이제 사회를 유지하는 데 필요한 주된 덕목인 우애, 협동, 연대 같은 가치는 사라지고 이 자리를 효율성, 이해타산, 경쟁 등이 메우게 된다.

한국사회가 이렇게 시장화하고 기업 모델에 따라 재조직되는 현상이 발생하기 시작한 것은 1997년 IMF 경제 위기 이후라고 할 수 있다. 왜냐하면 역설적이게도 민주화 이후 등장한 민주 정부들이 경제 위기를 극복한다는 명분하에 미국식 자본주의와 시장경제 모델을 받아들이면서 이른바 신자유주의가 전 사회로 확산되기 시작했기 때문이다. 물론 한국사회가 1970년대 이후 산업화를 통해 본격적으로 자본주의화 되면서 시장의 기능이 강화되고 기업의 역할이 중요해진 것은 사실이다. 그러나 1990년 이전까지만 해도 정치권력이 시장권력 위에 군림했으며, 정부 조직이 효율성을 추구한다든지 경쟁력을 강화한다는 말은 없었다. 정부 조직은 나름대로의 공공성을 추구하고 있었다는 점에서 이러한 말은 오직 기업이나 기업가에게 해당되는 말이었다. 민주화가 한국사회의 시장화의 길을 열어놓았다는 것은 바로 민주화를 통해 한국사회가 전례 없는 욕망의 해방을 경험했기 때문이다.[16] 즉 억압이 없어진 자유 공간에서 인간은 바로 욕망을 좇아가기 시작했다는 것이다. 따라서 여기서 중요한 것은 욕망을 충족할 수 있는 능력, 다시 말해 욕구 충족을 위해 상품을 구매할 수 있는 경제적 부이다. 이런 점에서 모든 사람들은 더 많은 부를 위해 시장에서의 경쟁에 참여할 수밖에 없었으며, 또한 경쟁에서의 승리를 위해 자신의 모든 것을 시장에 맞출 수밖에 없었다. 이제 시장은 '부자 되기'라는 장밋빛 환상 속에서 모든 사람의 일상과 영혼을 지배하게 되었고, 민주화된 한국사회는 시장에 포획되었다.

사실 시장의 힘은 막강한 것이다. 시장권력의 실질적 주체인 거대 자본과 이를 기반으로 한 기업들은 정부를 통제하고, 학교, 언론 그리고 여론과 국민대중의 의식 세계를 지배하면서 현존하는 모든 제도와 기관으로 그 권력을 확장해 나가고 있기 때문이다. 이 숨겨진 권력을 보지 못할 때 사람들은 정치권력의 교체를 통해 세상이 바뀔 것이라 믿지만, 이미 시장권력은 정치권력 위에 군림하고 있다. 자본과 기업이 바로 국가와 같은 위상을 차지하고 있기 때문이다. 자본이 있어야 기업이 있고, 기업이 있어야 국가의 세금 수입이 있고, 국민의 일자리가 있다. 따라서 이제 자본과 기업의 이익이 곧 국가의 이익으로 탈바꿈되는 마술이 벌어진다.

이렇게 볼 때 민주화 이후 투표율이 하락하고 경제적 양극화가 심화되면서 공공성의 위기가 발생한 것은 민주화를 통해 사라진 독재권력의 자리를 시장권력이 대신하게 되었기 때문이라 할 수 있으며, 따라서 이제 문제는 어떻게 시장권력으로부터 다시 권력을 되찾아 오느냐 하는 점일 것이다. 그런데 만약 민주화 이후 민주주의가 위기에 봉착한 이유를 이렇게 시장권력의 등장에서 찾는다면, 다시 국민에게 돌려주어야 할 권력은 단지 투표를 통해 국민의 대표를 선출할 수 있는 권리만을 뜻하진 않는다. 한국사회가 총체적으로 시장권력에 예속되었다면 이제 우리가 주목해야 할 것은 대한민국의 권력이 누구로부터 나오며, 또 왜 그래야 하는가 하는 원론적인 문제이기 때문이다. 즉 이제 문제는 누구에게 투표권이 있느냐가 아니라, 누구에게 주권이 있느냐는 문제라는 것이다.

포스트민주주의

지금까지 민주주의의 위기에 대한 설명은 주로 한국 상황에 맞추어 서술되었다. 그러나 민주주의의 위기는 비단 한국적 상황만은 아니다. 왜냐하면 신자유주의가 전 세계적으로 확산되면서 민주주의를 택하고 있는 지구상의 거의 모든 나라가 정도의 차이는 있지만 민주주의의 위기를 경험하고 있기 때문이다. 물론 민주주의의 위기에 대한 지적은 이미 1970년대에 유럽, 미국, 일본의 사례를 분석한 크로저 등의 『민주주의의 위기』에서부터 나타나지만,[17] 이러한 위기는 1980년대 이래로 신자유주의가 확산되고, 1990년대 이르러 이것이 세계화와 결합되면서 더욱 심화되었다고 할 수 있다. 이런 점에서 2000년대에 들어와 유럽회의(Council of Europe)는 많은 시민들이 선거에 참여하지 않고 민주주의 제도 자체를 불신함으로써 유럽 각국이 심한 정통성 위기에 처해 있음을 지적한 바 있다.[18] 콜린 크라우치는 이렇게 전 세계로 확산된 민주

주의의 위기 상황을 그의 시대 진단 개념인 '포스트민주주의'로 규정한다.[19]

콜린 크라우치에 따르면 오늘날 민주주의는 역설적 상황을 맞고 있다. 한편으로 민주주의는 절정을 만끽하고 있는 것처럼 보이지만, 다른 한편으로 포스트민주주의적 상황이 펼쳐지고 있기 때문이다. 분명 자유롭고 공정한 선거를 통해 민주주의적 절차를 실현하고 있는 나라는 오늘날 그 어느 때보다 증가하였다. 미국, 서유럽, 일본을 넘어 남유럽, 동유럽, 과거 소련체제하의 국가들, 남아프리카 공화국, 한국, 동남아시아, 라틴아메리카에 이르기까지 민주주의는 거의 전 세계로 확산되었기 때문이다. 그러나 이것이 포스트민주주의라는 정반대의 상황을 낳게 된 것은 바로 민주주의의 전 세계적 확대가 다름 아닌 미국식 민주주의의 세계화에 지나지 않았기 때문이다. 미국식 민주주의란 흔히 '자유민주주의'로 지칭되며, 이는 정치 참여의 주된 방식으로 선거를 강조하고, 로비 행위에 대한 광범위한 자유를 보장하고, 경제 운영에 대한 정부의 개입을 가능한 축소시키려는 정치체제로 이해될 수 있다. 콜린 크라우치는 이런 식의 민주주의가 낳은 결과를 '포스트민주주의'로 규정한다. 즉 민주적 절차에 따라 선거가 이루어지고, 국민은 선거권을 행사하며 국민의 대표를 선출하지만, 국민의 투표에 지대한 영향을 끼치는 공적 논쟁들은 대중의 요구를 관리하고 조작할 줄 아는 선거 전문가들의 치밀한 계산 속에서 만들어지고, 선거 자체는 쇼 비즈니스, 상품 마케팅, 광고 선전 문구 등을 따르는 호화로운 구경거리가 되며, 일반 국민은 토론과 자율적 조직을 통해 공적 의제 형성에 적극적으로 참여하는 것이 아니라, 단지 이들이 짜놓은 틀에 따라 수동적으로 반응하는 유권자가 되고 말았다는 것이다. 그러나 선거라는 구경거리 배후에서는 정치 엘리트와 기업 이익 대변자들 간의 결탁과 야합을 통한 진짜 정치가 이루어진다. 이렇게 외관상 민주적 절차에 따라 선거가 존재하고, 이를 통해 정부가 교체되는 등 민주주의의 형식적 요소는 유지되지만, 정치는 점점 더 근대 민주주의 시대 이전처럼 귀족과 같은 특권층의 통제 하에 놓이게 된다. 그리고 그 결과 일반 국민의 정치 참여는 극적으로 쇠퇴하고, 평등주의적 요구가 점차 무력화되는 상황, 즉 민주주의의 연장선상에 있으면서도 동시에 민주주의를 벗어난 포스트민주주의적 상황이 연출된다.

이렇게 포스트민주주의적 상황으로 규정된 민주주의의 역설이란 결과적으로 볼 때 민주주의가 정치계와 경제계의 야합을 통해 특권을 추구하는 소수 엘리트 계층에 의해 지배당하는 것을 말하지만, 이를 가능하게 한 원인과 그 결과는 더 복합적이다. 콜린 크라우치에 따르면 이는 대략 네 가지 요소를 통해 파악된다.

첫째, 포스트민주주의적 상황은 탈산업사회적 계급 구조를 배경으로 한다. 20세기 말에 이루어진 정보통신기술의 발달과 생산공정 자동화를 통한 급격한 생산성 향상으로 단위 산출량에 필요한 생산노동 인원이 급격히 감소하고, 제조업 분야 노동자 수 역시 대폭 감소하게 되었다. 그러나 이에 반해 사무직이나 다양한 서비스 분야 종사자의 비율은 꾸준히 증가하고 있다. 그 결과 오늘날 인구의 과반을 차지하고 있는 계급은 더 이상 생산노동자가 아니라, 전문직, 관리직, 사무직, 판매직 노동자, 그리고 금융 부문, 공공 부문, 복지 부문 피고용인 등 다양하고 이질적 구성원으로 이루어진 계급이 되었다. 문제는 이러한 계급의 정치적 지향이 분명하지 않다는 데 있다. 이 계급은 종종 자본 친화적 모습을 보인다. 이 계급은 노동자 정당보다 반사회주의적 정당에 투표하는 경향을 보이기 때문이다. 이에 반해 이 계급은 보편적 의료, 교육, 연금 서비스를 강력하게 지지한다. 왜냐하면 새로운 서비스 부문 종사자는 대부분 비정규직이거나 열악한 노동 조건 하에서 일하기 때문이다. 이렇게 정치적 지향이 분명하지 않다는 것은 동시에 이 계급이 자신들을 표현할 정치적 조직체를 만들어내기가 어려움을 보여주는 것이며, 따라서 이들은 정치적으로 파편화된 수동적 집단으로 머물기 쉽다. 이렇게 사회적 계급 구조가 변화함으로써 생기는 정치적 결과는 전통적으로 생산노동자를 기반으로 하는 정당들이 중도화하거나 모든 계급을 대변하는 국민정당으로 변신한다는 점이다. 그러나 사실 정당에게 특정한 지지 기반이 없다면, 이는 사상누각이나 다를 바 없으며 결코 오래 지속될 수 있는 일도 아니다. 정치계와 경제계의 야합이 가능한 것은 기성 정당이 노동자 계급을 대체하는 새로운 지지 기반을 기업에서 찾기 때문이다.

둘째, 포스트민주주의적 상황의 원인은 기업의 권력화에 있다. 세계화를 통해 경제적 부가 다국적 기업에 집중되면서 다국적 기업은 세계 어느 나라에서도 민주적 절차를 밟지 않고도 막강한 정치적 영향력을 행사한다. 예를 들어 다국적 기업의 소유주는 한 국가의 재정정책이나 노동정책, 혹은 조세정책이 친기업적이지 않다고 생각하면 다른 곳으로 기업을 옮기겠다고 위협하고, 점점 더 많은 국가는 다국적 기업의 투자를 유치하기 위해 이들에게 유리한 조건을 제시하며 서로 경쟁하기 때문이다. 물론 다국적 기업은 민주적 절차에 개입할 필요가 있는 경우 그 절차를 조작할 만한 방대한 자원도 보유하고 있다. 그러나 유권자들은 이에 대해 알든 모르든 친기업적 개혁에 동조할 수밖에 없다. 모든 정당들이 경쟁적으로 친기업적 정책을 추진하는 상황에서는 다른 선택의 여지가 없기 때문이다. 이런 점에서 친기업적 정책은 그 나라 국민들이 민주적으로 선택한 것처럼 보인다. 이뿐만이 아니다. 오늘날 기업에서는 모든 권력이 최고 경영진에게 집중되면서 이들은 경제적 영역을 넘어서 정부 운영을 지배하는 계급이 된다. 이를 가능하게 하는 것은 다름 아닌 공공사업의 민영화 혹은 민간 위탁이다. 이는 정부가 기업의 효율성을 공공 분야에 도입하려고 추진한 정책이지만, 역으로 정부는 이제 예전에는 잘 운영하던 사업에서조차 운영 능력을 잃고 점점 더 기업에 종속되기 때문이다.

셋째, 포스트민주주의적 상황은 무엇보다도 정치계급의 등장을 통해 주도된다. 현대의 정치계급이란 국민의 이해관계보다 정치인 자신의 이해관계와 정당 조직의 안정을 중시하는 직업 정치인, 정치 고문, 로비스트, 선거 컨설턴트 등을 말하며, 이들은 다국적 기업이나 대기업을 중심으로 형성된 경제계급과 결탁하면서 한 사회의 지배 엘리트, 내지 특권층을 형성한다. 이는 어떻게 보면 필연적 현상이다. 노동자 계급의 쇠퇴로 생긴 정치참여 공간의 공백이 사실상 정치계급과 경제계급의 결탁을 가능하게 했기 때문이다. 따라서 이제 한 국가의 정치는 경제계급과 결탁된 정치계급에 의해 주도되며, 그 결과 국민의 정치 참여는 급속도로 저하된다. 민주적 정당 모델에서는 대개 맨 위에 핵심 지도자와 정치 고문이 위치하고, 그 다음으로 소속 국회의원, 정당 활동가, 그리고 일반 당원과 지지자 순으로 층위가 형성된다. 그러나 정치계급의 등장과 함께 정당 지도층과 지지층을 매개해주는 정당 활동가는 쓸모없게 되고, 지도층은 이러한 매개 없이 선거 및 여론 전문가 집단을 통해 하향식으로 대중의 여론을 형성해간다. 따라서 보편적 시민권을 갖춘 광범위한 유권자 층은 적극적 정치 참여로부터 분리된 채 소규모 엘리트들이 마련해놓은 수동적 역할만을 담당하게 됨으로써 민주주의의 위기를 야기한다.

넷째, 포스트민주주의의 결과는 공공성의 붕괴이다. 즉 정치계급과 경제계급의 결탁이 만들어낸 것은 공교육이 민간 기업에 위탁되고, 보건의료 부문이 민영화되고, 전기, 가스, 수도, 교통 등 공공재가 상업화되는 것이며, 이는 결국 시민의 보편적 권리와 관련된 공공사업이나 복지정책을 이윤 추구나 시장의 경쟁에 내맡기게 한다. 자본주의의 팽창은 단순히 새로운 재화를 개발하거나 생산 방법을 발전시킴으로써 이루어지는 것이 아니라, 시장의 바깥에 존재하는 다양한 삶의 영역을 끊임없이 시장의 영역에 편입시킴으로써 이루어진다. 오늘날 제조업이 쇠퇴하고 서비스업이 확장되는 상황에서 공공 및 복지 서비스 분야는 엄청난 잠재력을 지닌 이윤의 원천이 되고 있으며, 이런 점에서 공공 부문이나 복지 부문의 상업화는 자본주의 확장을 위한 결정적 기회가 된다. 그런데 정부는 공적 재화와 서비스를 상업화하면서 주로 그 질이 아니라 쉽게 측정할 수 있는 요소들만을 지표화하기 때문에, 중요한 것임에도 지표화하기 어려운 측면들은 무시되기 십상이다. 더구나 시민들은 민주적 권리와 선거를 통해 정부와 연결되지만, 민간 공급자는 계약을 통해서만 정부와 연결된다. 따라서 시민들은 시민권을 통해서도 시장을 통해서도 공급자와 연결되지 않는다. 이제 시민들은 공적 재화와 서비스 공급에 대해 누구에게도 이의를 제기할 수 없다. 이 모든 것을 넘어서 공공사업이나 복지서비스가 상업화될 때 발생하는 결정적 문제는 접근 장벽이다. 공적 재화와 서비스를 상업화하게 되면 이제 비용을 치루지 않고서는 이에 접근할 수 없도록 만드는 장벽이 세워지게 된다는 것이다. 따라서 시민의 보편적 권리는 무너지고, 공적 재화와 서비스 이용의 불평등이 초래된다.

이렇게 볼 때 한국이나 전 세계적으로 민주주의가 처한 상황은 일종의 위기로 진단할 만한 유사성을 지니고 있다. 즉 한편으로는 사회적 특권층이 정치적 의사결정을 좌우하게 되면서 비록 현 정치체제가 민주주의적 형식과 절차를 유지하고 있지만 국민의 참여가 저조해지면서 대표성의 위기를 맞고 있고, 다른 한편으로는 현 정치체제가 특권층의 이익에 봉사함으로써 공공성을 상실함은 물론 결국 정당성의 위기에 봉착하고 있다는 것이다. 이런 점에서 오늘날 민주주의는 '국민에 의한 민주주의'도 아니며, '국민을 위한 민주주의'도 아니다. 결국 오늘날 국민은 비록 선거에 참여할 수 있는 유권자이지만 진실로 한 국가의 주권자가 아니며, 따라서 '국민의 민주주의'도 존재하지 않는다. 그렇다면 이제 민주주의는 폐기되어야 할 정치이념일까? 형식적인 면에서나 내용적인 면에서나, 아니면 절차적인 면에서나 실질적인 면에서나 민주주의가 모두 위기에 빠져 있다면 우리는 이제 어떤 대안적 정치이념을 상상해야 할까?

2. 민주주의의 종말인가? 지속적 민주화인가?

최근 민주주의가 위기를 맞고 있다는 시대 진단에 상응하여 많은 이론가들은 민주주의의 종언을 선언하고 있다. 그러나 사실 이들이 종언을 선언하고 있는 것은 민주주의 자체가 아니라, 특정한 형태의 민주주의일 뿐이다. 단적으로 말해 콜린 크라우치의 지적처럼 전 세계로 확산된 것은 미국식 민주주의이며, 이것이 지금 위기에 봉착해 있다는 것이다. 사실 냉전 시대까지만 해도 소련의 공산화 전략에 맞서 자유진영의 공동선으로 추구되었던 것이 민주주의였지만, 이는 미국식 민주주의일 수밖에 없었다. 왜냐하면 자유진영의 헤게모니를 장악한 것은 미국이었고, 전 세계의 민주화란 명분하에 민주주의를 확산시킨 장본인도 미국이었기 때문이다. 물론 전 세계의 민주화란 명분은 냉전 이후 최근까지도 지속되고 있다. 2004년 11월 부시 미국 대통령은 재선 뒤 가진 첫 기자회견에서, 독재와 테러에 대한 대안으로서 민주주의를 장려하겠다고 선언했을 뿐 아니라 이것이 미국을 보호하기 위한 최선의 방법임을 천명했다. 그리고 이는 다음 해 '민주주의 증진 법안'으로 구체화되었다. 이 법안의 내용은 전 세계 국가들의 등급을 매기고 비민주주의적 국가들을 평화적 수단에 의해 민주주의 정부로 바꾸기 위해서 비정부기구와 개인들의 민주화운동을 지원한다는 것이다.[20] 이런 점에서 전 세계의 민주화란 미국이 2차 대전 이후부터 지금까지 지속적으로 추진해온 대외정책의 하나이다. 그리고 미국이 민주주의를 평가하는 잣대는 다름 아닌 자국에 뿌리내린 민주주의 모델이라는 점에서 민주주의의 세계화는 미국식 민주주의의 세계화에 다름 아니라고 할 수 있다.

미국식 민주주의

그렇다면 미국식 민주주의란 어떤 민주주의를 말하는가? 현재의 민주주의 상황을 위기로 진단하면서 이 위기에 빠진 민주주의가 어떤 민주주의인가를 밝히지 않는다면 사실 이는 어불성설이다. 왜냐하면 이는 위기를 말하면서 위기의 당사자를 말하지 않는 것과 마찬가지이기 때문이다. 미국식 민주주의가 어떤 민주주의를 말하는가를 알기 위해서는 로버트 달의 민주주의론을 살펴볼 필요가 있다.[21] 달의 이론은 미국적 경험에서 배태된 민주주의 이론으로서 미국식 민주주의의 이상형을 표현하고 있을 뿐 아니라, 2차 대전 이후 미국에 의한 세계질서 재편과 헤게모니 확립에 기여한 핵심적 이데올로기이기도 하다.

우선 달의 민주주의 이론은 슘페터의 관점에 기원하며, 경험적 탐구를 통해 이를 체계화한 것이라 할 수 있다. 슘페터에 따르면 민주주의란 자유롭고 경쟁적인 선거를 통하여 지도자를 선출하는 방법, 제도, 절차에 불과한 것이지, 어떤 이상이나 이념, 철학을 담고 있는 것이 아니다. 달 역시 이를 계승함으로써 민주주의를 경합의 자유와 참여의 포괄성이 보장됨으로써 "보통시민이 지도자에 대해 비교적 높은 통제를 하는 과정"으로 규정한다.[22] 여기서 말하는 자유 경합이란 정부를 비판하거나 저항할 수 있는 권리로서 결사의 자유, 표현의 자유, 선거의 자유, 공직 피선거권, 정치 지도자들이 서로 경쟁할 수 있는 권리, 대안적 정보원, 자유롭고 공정한 선거와 같은 제도적 장치를 통해 뒷받침된다. 그리고 참여의 포괄성이란 얼마나 투표에 참여할 수 있는 권리가 보장되어 있는가를 의미하며, 이는 흔히 보편적 선거권의 확립을 통해 뒷받침된다.[23] 이런 점에서 헌법적 의미에서 모든 국민에게 자유권적 기본권과 참정권적 기본권이 보장되어 있다면 이러한 국가는 민주화가 이루어졌다고 할 수 있다. 즉 달의 시각에서는 자유 경합과 보편적 참여를 제도적으로 보장한다면 한 국가 내에서 개인과 개인이 집단을 형성하고 이들이 경쟁하고 타협하면서 자신들의 이익을 대표하는 지도자들을 선출하고 그들을 의회나 정부에 보냄으로써 자신들의 이해관계를 최종적으로 정책에 반영시킬 수 있다는 것이다. 따라서 달에게서 민주주의란 국민이 선출한 다수의 지도자가 국가를 운영하는 다두제적 특성을 갖는다.

또한 달은 이렇게 민주주의에 대한 최소한의 정의에 입각하여 "민주적이라고 간주되는 사회 조직이 가진 여러 가지 특징"을 분석하여 이러한 특성을 갖기 위해 어떤 조건이 필요한지를 8대 조건으로 제시하였다.[24] 첫째, 모든 국민은 자신이 무엇을 선호하는지를 표현하기 위해 투표를 한다. 둘째, 모든 국민의 투표는 동등한 가치를 지닌다. 셋째, 가장 많은 표를 얻은 대안(정치 지도자 혹은 정책)이 선택된다. 넷째, 모든 국민은 현재 제시된 대안들보다 더 선호하는 안이 있을 때 이를 투표를 위한 대안 속에 포함시킬 수 있다. 다섯째, 모든 국민은 대안에 대한 똑같은 정보를 얻을 수 있다. 여섯째, 가장 많은 득표를 한 대안이 이보다 적은 득표를 한 대안을 대치한다. 일곱째, 선출된 공직자들의 명령이 집행된다. 여덟째, 비선거 시의 결정은 선거 시의 결정을 따라야 한다. 달이 말하는 이러한 8대 조건은 일종의 민주주의에 대한 이념형으로서 현실정치가 얼마나 민주적인지를 측정할 수 있는 척도 역할을 하기도 한다.[25]

이렇게 달이 슘페터의 관점을 계승하면서 민주주의를 어떤 이상이나 가치와 연결시키는 것이 아니라, 선거를 통한 정치 지도자 선출이라는 최소한의 민주주의 규정에 머문 것은 실현 불가능한 민주주의의 이상에서 벗어나 현실적으로 가능한 민주주의를 제시하기 위함이었다. 흔히 지적되고 있듯이 민주주의는 어원상 그리스어 'demos'(인민)와 'kratia'(지배)의 합성어로서 문자 그대로 보면 '인민의 자기 지배'를 뜻한다. 즉 인민이 자기 스스로를 통치한다는 것이다. 달에 따르면 이러한 민주주의는 5가지 조건을 충족시켜야 한다.[26] 첫째, 집단을 구속하는 결정에서 각 시민의 투표는 동등한 가치를 지닌다. 둘째, 안건 상정 단계를 포함하여 집단 결정의 전 과정에 참여할 수 있는 기회가 각 시민에게 동등하게 주어져야 한다. 셋째, 각 시민에게는 안건에 대해 판단할 수 있는 적절하고 동등한 기회가 주어져야 한다. 넷째, 각 시민은 위의 세 가지 기준을 만족하는 절차를 통해 결정되거나, 결정되지 않아야 할 사안을 최종 결정한다. 다섯째, 단기 체류자를 제외한 법적 성인 모두가 위의 권리를 갖는다. 그러나 달에 따르면 이러한 인민 자치의 이상이 고대 그리스나 중세 이탈리아의 도시국가에서 수용되어 왔지만, 17세기에 이르러 정치공동체의 규모가 민족국가로 확대되면서 인민 자치는 이미 실현 불가능한 이상이 되었으며, 결국 현대사회에서 민주주의는 다두제일 수밖에 없다는 것이다. 오늘날 안건이 상정되고 이에 대해 논의하고 결정하는 데 모든 국민이 동등하게 참여한다는 것은 기술적으로도 상상하기 어렵기 때문이다.

하지만 비록 달이 이상적 민주주의가 아니라, 현실적으로 실현 가능한 민주주의로서 다두제를 제시했다고 하지만, 그가 말하는 다두제 역시 모든 조건이 쉽게 충족될 수 있는 것은 아니다. 따라서 달의 다두적 민주주의로는 형식적 차원에서의 민주화를 말할 수 있을지언정, 실질적 차원에서의 민주화를 말하기는 어렵다. 예를 들어 선거와 관련된 모든 의제가 기성 정당체제에 의해 결정될 만큼 정치 엘리트의 권력이 막강해진 상황에서 일반 국민들이 이미 제시된 대안 중에 자신이 선호하는 대안이 없을 때 새로운 대안을 제시한다는 것은 상상하기 어렵다. 또한 근본적으로 달은 민주주의적 과정에 영향을 미치는 재산이나 소득 등 경제적 요소들을 전혀 고려하고 있지 않았다는 점에서 제도적 차원에서의 민주화가 어떻게 현실적으로 제한되거나 왜곡되는지를 논의하지 못했다. 이런 점에서 달이 말하는 다두제 민주주의의 근본적 문제점은 달 자신도 나중에 지적한 것이긴 하지만[27] 경제적 불평등으로 인한 정치적 영향력의 차이에 있다. 왜냐하면 경제적 불평등은 동등한 개인들에 의한 동등한 영향력이라는 민주주의의 기본 전제를 위협하기 때문이다. 흥미롭게도 달은 이러한 문제의 원인 제공자를 거대 기업으로 본다. 오늘날 거대 기업은 최고 경영진의 결정에 종속된 권위적 구조를 보이고 있으며, 이들은 각종 의사결정을 독점한다. 그리고 이들 최고 경영진은 근로자의 급료와는 비교할 수도 없는 천문학적 액수의 급료를 받고 있다. 달에 따르면 바로 이러한 불평등이 전 사회적으로 확대되어 미국사회 전반의 불평등을 심화시킴으로써 다두제 민주주의를 위기로 몰아넣고 있다는 것이다.[28]

이렇게 볼 때 미국 민주주의가 위기에 빠진 것은 다두제 민주주의와 거대 기업 간의 대립, 내지 민주주의적 절차와 경제적 불평등의 대립 때문이지만, 이는 더욱 근본적으로 볼 때 정치적 평등과 경제적 자유 간의 대립을 의미한다.[29] 정치적 평등이란 민주적 절차를 통해 스스로를 통치하는 국민들 사이의 평등을 말하며, 이는 선거에 참여할 수 있는 동등한 기회와, 모든 사람의 선거 참여가 동등한 가치를 갖는다는 점을 뜻한다. 따라서 모든 국민은 정치적 영향력에서 동등하다고 할 수 있다. 그러나 이러한 정치적 평등이 경제적 자유로 인해 훼손될 수 있는 것은 바로 기업의 권력이 역설적으로 경제적 자유로부터 나오기 때문이다. 즉 경제적 자유란 사유재산권에 근거하여 자신의 재산을 마음대로 사용하고, 관리하고, 처분할 수 있는 자유를 말하며, 기업의 소유자는 바로 사유재산권을 토대로 기업을 지배하고 통제하며, 그 결과 정치적 불평등을 야기한다는 것이다. 달이 지적하듯이, 사유재산권에 근거하여 기업을 소유하고 통제한다는 것은 부, 소득, 지위, 기술, 정보와 정치적 선전에 대한 통제권, 정치 지도자에 대한 접근권, 그리고 대체로 예측 가능한 삶의 기회 등에서 시민들 간에 상당한 차이를 유발한다. 결국 이와 같은 차이로 인해 모든 자격 조건을 갖춘 시민들 간에도 국가의 통치에 정치적으로 등등하게 참여하기 위해 필요한 능력과 기회의 측면에서 상당한 불평등이 발생한다.

또한 이보다 훨씬 명백한 문제는 극소수 예외를 제외하면 기업의 내부 통치는 법적으로나 실제적으로나 매우 비민주적이라는 점이다. 왜냐하면 기업의 모든 결정 권한은 소유자나 이들의 위임을 받은 경영자에 집중되어 있기 때문이다. 그러나 달에 따르면 미국인들은 다음과 같은 생각에 익숙하다. 즉 경제적 자유를 요구하는 것은 정치적 자유나 정치적 평등을 요구하는 것만큼이나 타당하며, 경제적 자유가 사유재산권에 근거하고 있고, 사유재산권은 기업을 사적으로 소유한 사람이 기업을 직접 통제하거나 통제를 위임할 수 있는 권리까지 포함하고 있으며, 결론적으로 기업의 활동은 양도할 수 없는 권리에 입각하고 있다는 것이다. 이에 반해 달에 따르면 사유재산권에 관한 어떠한 논증도 사유재산을 무제한으로 축적할 권리까지 정당화하지 못하고 있으며, 다만 최소한의 자원, 특히 생활에 필수적인 자원 확보, 자유와 행복 추구, 민주적 절차와 기본권 실현에 필요한 자원들에 대한 권리만을 보장할 뿐이라는 것이다. 달에 따르면 사실 사유재산을 정당화하는 로크의 이론을 보더라도 이는 노동의 산물에 대한 소유를 의미할 뿐이며, 자본 제공을 통한 기업 소유를 정당화하는 것은 아니다.[30] 이런 점에서 분명 기업이 형성되기 위해서는 자본이 필요하지만, 자본을 제공한다고 해서 반드시 그 기업을 소유하고 통제할 수 있는 것은 아니다. 원칙적으로 기업에 자본을 공급하는 임무가 소유권이나 통제권과 분리될 수 있다는 것이다. 실제로 금융기관이 대출이나 채권 발행을 통해 기업에 자본을 제공했다고 해서 이런 기관이 기업의 소유권이나 통제권을 부여받는 것은 아니다.

기업권력에 대한 달의 비판적 태도는 결국 다두제 민주주의론에서 경제민주주의론으로의 반전을 겪는 전환점이 되면서 그의 민주주의 구상은 기업을 집단적으로 소유하면서 민주적으로 통치하는 '자치기업' 체제로 발전한다.[31] 그리고 그는 더 나아가 민주주의가 반드시 자본주의를 전제한 것은 아니며, 사회주의 역시 민주주의를 실현할 수 있다는 발상의 전환을 하게 된다. 이러한 그의 이론적 발전은 차치하고 그의 다두제 민주주의론과 미국 민주주의에 대한 평가를 통해 알 수 있는 것은 미국식 민주주의가 미국적 공간에 형성된 특정한 형태의 민주주의일 뿐이라는 것이다. 즉 미국식 민주주의는 한편으로 정치적 평등을 단지 선거라는 제도를 통해 실현하려는 민주주의이며, 그 배경에는 소유권이라는 불가침의 인권에 근거한 경제적 자유에 대한 보장이 전제되어 있다는 것이다. 이른바 미국식 민주주의는 협의의 의미에서 자유민주주의이다. 즉 자유주의와 민주주의의 결합으로서의 자유민주주의가 아니라, 경제적 자유주의와 민주주의의 결합으로서의 자유민주주의라는 것이다.

따라서 오늘날 전 세계로 확산된 민주주의를 한편으로 정치적 평등을 선거제도를 통해 실현하려 하면서도, 다른 한편으로 이를 침해할 수 있는 경제적 자유를 보장하는 미국식 민주주의로 이해한다면, 민주주의가 처한 위기상황은 선거라는 민주적 절차가 경제적 자유로 인한 불평등 때문에 더 이상 정치적 평등을 실현하지 못한 데서 비롯된 것이라 할 수 있다. 앞서 지적했듯이 오늘날 많은 정치체제가 민주주의적 절차를 유지하고 있지만 한편으로 사회적 특권층이 정치적 의사결정을 좌우하게 되면서 국민의 참여가 저조해지는 대표성의 위기를 맞고 있다. 그리고 다른 한편으로는 현 정치체제가 특권층의 이익에 봉사함으로써 공공성을 상실하는 것은 물론 결국 정당성의 위기에 봉착하고 있다. 이런 현상들은 결국 경제적 불평등을 배경으로 하면서도 민주주의가 단지 선거라는 절차로 축소되었기 때문에 나타난 현상이라 할 수 있다. 그렇다면 이런 미국식 민주주의를 넘어서 과연 어떤 민주주의를 추구해야 할까?

민주주의를 위한 저항—촛불집회와 점령운동

이러한 문제에 대답하기 위해서 무엇보다 중요한 것은 민주주의란 무엇이고, 이를 실현하기 위한 가장 효과적인 방법은 무엇인지를 논의하는 일일 것이다. 이러한 논의가 전제되지 않는 한 대안적 민주주의를 말한다는 것은 불가능하기 때문이다. 그러나 이러한 논의가 현실을 반영하지 못하는 단순한 이론주의에 빠지는 것을 막기 위해서는 과연 미국식 민주주의를 넘어서 무언가 대안을 찾으려는 현실적 움직임이 무언인가를 찾아야 한다. 최근 일어난 두 가지 사건, 즉 촛불집회와 점령운동은 미국식 민주주의를 넘어 대안적 민주주의를 모색하는 데 있어서 규범적 지침을 제공한다. 왜냐하면 이 두 사건은 위기에 처한 민주주의에 대한 저항일 뿐 아니라 이 위기를 넘어서려는 시대적 요구를 함축하고 있기 때문이다.

촛불집회

촛불집회는 2008년 5월 2일 청계광장에서 시작되어 8월초까지 약 3개월간 지속되었다. 이는 6월 10일 하루에만 전국 각지에서 100만 명이 넘는 시민들이 집회에 참석한 것을 비롯하여 참가 연인원만 500여 만 명에 이르는 전국적이고 범국민적인 집회였다. 촛불시위의 직접적 도화선이 된 것은 광우병 우려가 있는 미국산 쇠고기 수입이다. 같은 해 4월 18일 이명박 대통령은 한미정상회담을 하루 앞두고 그동안 금지되었던 미국산 쇠고기 수입에 전격적으로 합의함으로써 이에 반대하는 촛불집회를 촉발하는 원인을 제공했다. 그러나 이명박 정부가 출범한 지 2개월밖에 되지 않았고, 한나라당이 총선에서 과반수를 장악한 지 1개월도 채 되지 않은 상황에서 이러한 반정부적 대규모 집회가 벌어지리라고는 누구도 예측하지 못했다.

이 촛불집회에서 특히 주목할 만한 것은 그 전개 과정에 있어서 과거의 어느 시위와도 구별되는 질적으로 새로운 특징을 보여주고 있다는 점이다. 이는 대략 네 가지로 집약될 수 있다.[32] 첫 번째 특징이자 가장 핵심적인 특징은 참여주체의 변화이다. 우선 이번 집회는 특정 정당이나 시민단체 혹은 사회운동 세력이 조직적으로 주도한 것이 아니다. 촛불집회는 '교복, 하이힐, 유모차, 넥타이'[33] 등이 상징적으로 보여주듯 비운동 세력으로 분류될 수 있는 청소년, 여성, 가정주부, 직장인 등을 비롯하여 남녀노소 각계각층의 다양한 시민들의 자발적 참여에 의해 주도되었다. 그리고 이 중에서도 가장 두드러진 것은 10대들의 참여이다. 왜냐하면 촛불집회는 사실상 이들에 의해 시작되었기 때문이다. 이명박 정부가 추진하는 0교시, 우열반 부활 등으로 인해 평소 교육정책에 불만을 갖고 있던 10대 청소년들은 학교 급식으로 광우병 쇠고기를 먹을 수 있다는 우려 때문에 가장 먼저 움직이기 시작했다. 이들은 이명박 탄핵을 위한 온라인 서명운동을 전개하였고, 수많은 토론을 주고받으며 인터넷 공간을 들끓게 했으며, 이내 촛불집회를 개최했다. 이후 이들이 촉발한 집회가 부모세대로 확대되면서 범국민적 촛불집회로 이어졌던 것이다.

두 번째 특징은 촛불집회의 진행이 중앙집권적 위계관계가 아니라, 토론을 통해 형성된 공론에 따라 이루어졌다는 점이다. 이는 촛불집회 자체가 특정한 조직에 의해 주도되지 않았고, 따라서 촛불집회 참여자들 사이에 조직적 위계가 존재하지 않았다는 점에서 당연한 일이었다. 실례로 촛불집회 현장에서 소규모로 토론의 장이 열리는 것은 흔한 일이었고, 국민대토론회나 광장토론에서도 촛불집회에 관한 일체의 사안들이 논의되었다. 더구나 여중생들이 수많은 집회 참가자들 앞에서 발언하는 모습에서 알 수 있듯이 토론은 연령과 관계없이 모든 사람에게 평등하게 개방되었다. 이러한 토론의 활성화는 한편으로 촛불집회가 다양한 사람들의 자율적이고 평등한 관계에 토대를 두고 있다는 점을 단적으로 보여주지만, 다른 한편으로 이는 그 어떤 주도세력에 의해서도 촛불집회가 장악되는 것에 대한 거부감을 보여준다. 왜냐하면 실례로 특정 운동단체가 방송차량과 확성기를 이용하여 거리행진을 주도하려고 했을 때 많은 참가자들이 이에 반발했으며, 포털사이트 다음(Daum)의 아고라에는 이에 대한 반대 요구까지 제기되었다.

세 번째 특징은 인터넷 매체가 새로운 공론 형성의 매체로 등장했다는 점이다. 촛불집회가 가능하기 위해서는 사람들이 자신의 의사를 전달하고 확산하며, 이를 결집하는 과정이 필요하다. 바로 이 역할을 한 것이 카페나 블로그 같은 인터넷 매체이다. 즉 촛불집회 참가자들은 인터넷 매체를 통해 정보를 주고받으며 서로에게 유익한 정보를 퍼나르고, 이에 대해 댓글을 달면서 자신의 입장을 표현할 뿐 아니라 서로 토론하면서 공론을 형성해 나갔다는 것이다. 더구나 인터넷을 통해 집회가 홍보되고, 집회 현장이 생중계되었으며, 시위의 방법과 방향에 대한 정보가 공유되는 등 인터넷 매체가 집회의 실질적 주도자 역할을 담당했다. 이런 점에서 촛불집회 참가자들은 정치권력이나 기성 언론매체들의 횡포로부터 벗어난 독립적이고 자율적인 소통체계를 갖추고 있었으며, 이를 가능하게 하는 미디어 수단 역시 확보하고 있었다. 따라서 집회 현장에서도 일방적 연설이나 지시가 아니라, 쌍방향적 토론을 통해 집회의 모든 사안을 논의한 것은 온라인상의 공론형성 과정을 볼 때 당연한 일이었다.

네 번째 특징은 이들의 자기정당화 논리이다. 촛불집회 참가자들이 촛불집회를 정당화하는 근거는 대한민국 헌법 1조와 2조에 있다고 볼 수 있다. 이 조항들은 촛불집회 내내 가장 많이 외쳐진 구호이며, 여기에는 촛불집회에 참여하는 국민들의 정치적 의식과 자기의식이 반영되어 있다. 즉 대한민국은 민주주의 공화국이며, 모든 권력은 국민으로부터 나온다는 구호를 통해 촛불집회 참여자들이 말하려는 것은 한편으로 스스로를 대한민국의 주권자로 생각하는 자기의식이며, 다른 한편으로 국민의 뜻이 어떠한 정책이나 법보다도 상위에 있으며, 어떠한 정치인도 이 뜻에 복종해야 한다는 최고 권력으로서의 주권에 대한 의식이라는 것이다. 따라서 국민의 80% 이상이 반대하는 정책을 추진하려는 정부는 어떠한 정당성도 가질 수 없으며, 이에 저항하는 것은 정당한 주권행사가 된다. 그리고 바로 촛불집회가 주권행사라는 점에서 이는 그 누구에 의해서도 주도될 수 없으며, 오직 주권자인 국민들에 의해서만 주도되어야 했다.

점령운동

점령운동, 즉 "월가를 점령하라!"(Occupy Wall Street!) 운동은 2011년 9월 17일 뉴욕에서 시작되었다. 그리고 이는 곧바로 미국 전역으로, 또한 전 세계로 확산되어 약 80여 개 국 1,500여 개의 도시에서 이에 동조하는 시위가 일어났다. 현상적으로 볼 때 점령운동이 일어난 원인은 2008년 미국을 필두로 전 세계적으로 확산된 금융 위기가 각국 정부의 구제 금융을 불러옴으로써 극소수 금융자본 세력의 탐욕이 빚어낸 경제적 손실이 일반 국민에게 고스란히 전가되었다는 데 있다. 이런 점에서 점령운동은 바로 금융자본의 상징이라 할 수 있는 월가를 그 저항의 대상으로 삼았던 것이다. 그러나 점령운동이 단지 금융자본 세력의 탐욕을 비판하기 위해 일어난 것은 아니다. 점령운동은 월러스틴의 지적처럼[34] 1968년 봉기 이후 가장 중요한 사건으로 평가되고 있으며, 이에 앞서 전 세계적으로 발생했던 일련의 저항운동과 맥을 같이 하고 있기 때문이다. 이러한 점령운동의 특징은 대략 다섯 가지 측면에서 파악할 수 있다.[35]

첫째, 점령운동은 단지 뉴욕에서 일어난 월가 점령운동이 아니라, 거의 모든 대륙에서 벌어졌던 전 지구적 저항운동의 일환으로 발생했다. 전 지구적 저항운동은 2011년 봄부터 북아프리카, 중동, 지중해를 거쳐 유럽으로 번져갔다. 미국인들 역시 노트북으로 알자지라 방송을 실시간으로 보면서, 이집트의 타흐리르 광장과 스페인의 푸에르토 델 솔 광장의 점령자들의 블로그와 트위터를 방문하면서 이에 동조하기 시작하였으며 드디어 '아랍의 봄', '유럽의 여름'에 이어 '미국의 가을'이 시작되었다. 물론 월가 점령운동이 촉발된 계기는 뉴욕시 시장인 블룸버그의 예산 삭감에 반대한 '블룸버그마을 운동'이었다고 한다. 그러나 이런 운동을 주도한 사람들이 스페인에서 일어난 '분노하는 사람들' 운동에 직접 참여하거나 이로부터 영감을 받은 사람들이었다는 점에서 점령운동은 전 지구적 저항운동과 맥을 같이 한다고 할 수 있다.

둘째, 점령운동은 종래의 일시적이고, 시위 중심의 저항운동과는 다르게 일종의 생활공간을 형성하며 진행되었다. 즉 점령운동은 시위 참여자들이 살고 싶어 하는 하나의 작은 사회를 만듦으로써 사회에 대한 비판만이 아니라 사회의 일부로 존재했다는 것이다. 그렇기 때문에 점령캠프 내에는 급식 테이블과 조리장소가 마련되어 있음은 물론이고, 미디어센터, 법률지원소, 의료텐트 등이 마련되었고, 심지어 대안은행, 명상 코너와 도서관까지 구비되었다. 물론 이러한 각종 시설들은 음식, 언론, 법무, 의료, 위생, 안전 등을 책임지는 각종 '활동그룹'들에 의해 운영되었다. 이런 점에서 점령캠프는 모든 구성원들의 의식주를 책임지는 장소였으며, 더 나아가 공동체 의식과 가족애를 느끼게 해주는 장소이기도 했다. 따라서 주디스 버틀러의 다음과 같은 지적은 시사하는 바가 크다. 즉 점령운동 참여자들은 "육체를 지닌 인간으로서 연합하여 하나로 뭉치고" 있었다는 것이다.[36]

셋째, 이렇게 점령운동이 생활공간 형성을 통해 진행됨으로써 점령운동은 수개월을 지속하는 장기적 저항운동으로 발전하였지만, 이러한 생활공간이 유지된다는 것은 결코 쉬운 일이 아니었다. 왜냐하면 무엇보다도 점령운동의 참여주체들은 어떤 동질적인 세력이라기보다 매우 다양할 뿐 아니라 서로 이질적인 사람들이었기 때문이다. 우선 참여자들의 구성을 보면 현장에 상주하는 적극적 참여자에서부터 날씨가 좋은 날에만 들르는 방문자, 나이 든 사회운동가, 떠돌이 노숙자, 번듯한 외모의 대학생, 유색인, 장애인, 노동자, 아이를 데리고 온 엄마, 레게머리를 한 젊은 백인, 펑크족 무정부주의자에 이르기까지 실로 다양했으며, 이들의 주장 또한 상이했다. 즉 연방은행을 없애자는 사람들에서부터 연방준비은행의 개혁 정도를 주장하는 사람, 자본주의 폐지를 주장하는 사람, 그리고 미국 정부와 모든 계급을 없애자는 급진주의적 사람에 이르기까지 다양한 주장을 갖고 있는 사람들 모두가 점령캠프의 주체였다.

넷째, 점령운동이 이러한 이질적이고 다양한 참여자들 속에서도 큰 갈등이나 대립 없이 지속될 수 있었던 것은 두 가지 운영 원칙 때문이다. 첫 번째 원칙은 참여민주주의이다. 이는 점령운동 최초의 공식문서인 '연대 원칙'에서 밝히고 있는 것으로 점령캠프의 의사결정 방식을 통해 구체화되었다. 점령캠프의 의사결정은 또한 두 가지 차원에서 이루어진다. 첫째는 개별 작업그룹 내의 의사결정이다. 작업그룹은 모두 자발성과 독립성을 갖고 형성되었으며, 그룹 구성원 모두의 참여하에 그날그날 무엇을 할지를 결정한다. 그러나 점령캠프 전체에 영향을 미치는 결정은 모든 점령캠프 구성원들로 구성된 '공개총회'에서 이루어진다. 물론 재정과 법무에 관한 일을 효과적으로 처리하기 위해 작업그룹 대표자 회의가 있었지만 여기서 각 대표자는 작업그룹 내부의 논의와 결정을 전달하는 일에 그쳤다. 이런 점에서 점령캠프는 분권화된 다양한 작업그룹 간의 네트워크라고 할 수 있으며, 이 두 의사결정 심급 모두에 관철되는 의사결정 방식은 바로 '합의'였다. 합의란 논란이 많은 쟁점을 두고 찬반 투표를 하는 대신에 지속적 대안 제시를 통해 모두가 동의에 이를 뿐 아니라 바로 이를 통해 구성원 서로가 합일에 이르는 과정을 말한다. 물론 이러한 의사결정 방식을 위해서는 종종 많은 시간이 허비되지만, 결속을 다지고 광범위한 행동 원칙을 세우는 데 효과적이었다.

두 번째 원칙은 탈권력화이다. 어떤 조직이든 다수파가 형성되면 소수파를 억압하고, 지도층이 등장하면 조직을 위계화하기 쉽다. 점령운동은 이 두 가지를 철저하게 방지하려고 하였다. 즉 한편으로 점령운동은 성별, 계급, 성적 취향, 종교, 국적, 능력 등으로 인한 차별을 방지하기 위해 모든 소외된 집단이 전체 의사결정 과정에 평등하게 참여할 수 있는 기회를 부여하려고 하였다. 예를 들어 공개총회에서 어떤 사안을 놓고 발언 기회를 요청할 때 자신이 사회에서 상대적으로 특권층에 속한다고 생각하면 발언을 포기하거나, 전통적으로 발언의 기회를 잘 얻지 못하는 그룹의 사람들에게 발언의 기회를 넘기도록 하였다. 이를 통해 점령운동은 다수가 그 안에 존재하는 모든 차이를 존중하는 다수가 되도록 하였다. 그리고 다른 한편 점령운동 참여자 사이에 위계적 구조가 형성되지 않도록 공개총회 사회자들을 지속적으로 교체하였으며, 모든 사안을 공개총회의 합의를 통해 결정하려고 하는 등 '지도자 없는 저항운동'을 추진하려고 하였다.

다섯째, 그렇다면 이렇게 참여민주주의와 탈권력화된 방식으로 의사결정을 추진했던 점령운동은 과연 무엇 때문에 발생했고, 또한 무엇을 위한 것이었을까? 점령운동은 다양한 참여주체들, 그리고 다양한 정치적 입장 때문에 어떤 동질적 운동으로 평가되기 어려우며, 따라서 어떤 단일한 정체성을 가진 통합된 운동이라고 말할 수도 없다. 실제 점령운동에 관한 각종 담론을 살펴보면 점령운동에 참여한 이유는 돈이 지배하는 세상에 저항하기 위하여, 자본주의를 몰아내기 위하여, 경제 정의를 위하여, 부자증세를 위하여, 금융과세를 위하여, 월가의 탐욕을 비판하기 위하여 등 실로 다양하며, 그 동기 역시 학자금 빚 때문에, 실업 때문에, 고용 불안 때문에, 민주주의에 대한 위협 때문에, 생계비 때문에, 주택담보 때문에, 병원비 때문에 등 천차만별이다. 그럼에도 점령운동에 참여하거나 동조한 사람들 사이의 최소한의 합의점에 대해 말한다면 그것은 점령운동 기간 내에 가장 많이 사용된 슬로건이자, 점령운동의 상징이 되었던 "우리는 99%"라는 말에 있을 것이다. 이는 무엇보다도 1% 부자와 99%들 사이의 차이를 강조한 말로서 1%의, 1%에 의한, 1%를 위한 현 상황에 대한 저항을 의미한다. 실제 미국의 예를 보면 1979년부터 2007년까지 상위 1%의 실질소득 증가율은 275%인 반면, 그 다음 19%는 65%, 중간 60%는 40%, 하위 20%는 18% 상승으로 나타나고 있으며, 상위 1%가 전체 부의 40%를 소유하고 있다고 한다. 그러나 스티글리츠의 지적처럼 이는 1%가 사회에 더 많이 기여해서가 아니라, 이들이 '지대 추구자'이기 때문이며,[37] 또한 이들은 파산해도 거액의 연봉을 받고 정부로부터 거액의 구제 금융을 받기 때문이다. 따라서 점령운동 참여자 간의 수많은 차이점에도 불구하고 점령운동의 원인은 1% 대 99% 간의 대립을 야기한 사회적 양극화이며, 그 목적 역시 이러한 양극화를 시정하기 위한 것이라 할 수 있다.

유권자에서 주권자로

촛불집회와 점령운동은 진행방법과 관련하여 두 가지 공통점을 보인다. 첫째, 이 두 저항운동은 탈중심화되고, 탈권력화된 방식으로 진행되었다는 점이다. 두 저항운동 모두 어떤 주도 세력이 따로 존재하는 것이 아니라, 저항운동 참여자들 모두에 의해 주도되었기 때문이다. 이런 점에서 두 저항운동에는 특정한 집행부도 존재하지 않았으며, 이들을 중심으로 주도 세력과 참여 세력 간의 위계적 관계가 형성되는 일도 없었다. 둘째, 두 저항운동에서는 디지털 매체가 주요한 소통 매체로 등장했다. 즉 촛불집회에서는 인터넷 카페나 블로그 등이, 그리고 점령운동에서는 여기에 더해 페이스북이나 트위터 같은 SNS 등이 저항운동 참여자들의 의사를 전달하고 확산할 뿐 아니라 현장을 생중계함으로써 공감대를 넓히는 중요한 매체가 되었다는 것이다. 이러한 소통 매체는 또한 두 저항운동이 탈중심화되고, 탈권력화하는 데 일조하였다. 왜냐하면 이러한 소통 매체는 저자와 독자 간의 위계적 관계를 전제로 정보와 견해를 일방적으로 전달하는 전통적 매체와는 달리 쌍방향적이기 때문이다. 즉 누구나 소통에 참여할 수 있을 뿐 아니라 누구나 독자이자 동시에 저자가 될 수 있었다는 것이다.

이러한 두 가지 공통점이 두 저항운동의 진행방식과 관련된 기술적 측면을 말해준다면, 세 번째 공통점은 내용적 측면이자 두 저항운동의 본질을 말해줄 수 있는 부분이다. 즉 두 저항운동은 공통적으로 국민주권의 표현일 뿐 아니라 이를 회복하려는 저항이자 불복종 운동으로서의 특징을 갖는다는 것이다. 앞서 서술했듯이 오늘날 민주주의는 위기에 처해 있다. 한편으로 기업이 권력화하고, 다른 한편으로 이와 결탁한 정치계급들이 등장함으로써 민주주의 체제하에서의 정치는 역설적이게도 소수 특권층의 이익을 확대하는 수단이 되었기 때문이다. 그 결과는 참담하다. 국가의 공공성은 무너지고, 사회는 극심한 양극화로 말미암아 균열의 위기에 빠져 있다. 이런 상황에서 국민이 정치에 참여할 수 있는 유일한 방법이었던 선거는 무력화되고 이 역시 소수 특권층이 독점하게 된다. 이 때문에 많은 국민들은 선거를 통해 무엇이 바뀔 것이란 희망마저 포기하고 말았고, 이는 결국 투표율 저하로 나타난다. 그렇다면 국민이 자신의 의사를 표출할 수 있는 마지막 방법은 무엇인가? 그것은 바로 거리로, 광장으로 나가 기존 정치체제에 저항하는 것이다. 물론 촛불집회나 점령운동의 직접적 도화선이 된 것은 미국산 쇠고기 수입이고, 세계적 금융위기 상황이다. 그러나 국민들이 이에 반대하는 자신의 의사가 기존 정치체제를 통해 잘 반영되었거나 잘 반영될 수 있다고 믿었다면 국민들이 거리로, 광장으로 나오는 일은 없었을 것이다. 이런 점에서 미국산 쇠고기 수입이나 금융 위기는 민주주의가 위기에 처한 상황에서 이에 대한 저항과 불복종의 도화선이었을 뿐이라고 말할 수 있다.[38]

그렇다면 이런 저항과 불복종이 정당성을 갖는다면 이는 무엇 때문일까? 물론 국민의 정치적 참여는 법이 정한 테두리 내에서 일어나야 한다. 그렇지 않으면 법적 정당성을 가질 수 없기 때문이다. 그렇다면 현존하는 법을 어기는 한 어떠한 저항이나 불복종도 정당성을 가질 수 없다는 것일까? 비록 현존하는 법에 저촉되지만, 그렇다고 불법적으로 간주되지 않는 초법적 상황이 존재한다. 촛불집회나 점령운동이 바로 초법적 상황에서 발생한 저항이자 불복종 운동이라 할 수 있다. 어떤 행동이 합법적이라면 법적 정당성을 갖지만, 법 자체를 제정하기 위한 행동은 기존 법에 의해 정당성을 갖기 어렵다. 그럼에도 이런 행동이 정당성을 갖는다면, 이는 법 자체의 정당성을 보장하는 국민주권의 표현일 때이다. 즉 국민이 주권을 발휘하는 행동은 비록 현행법을 어긴다 하더라도, 따라서 현재의 합법성을 갖추지 못한다 하더라도 정당성을 가질 수 있는 초법적 행위라는 것이다.

그렇다면 주권적 행동이란 어떤 행동을 말하는가? 민주주의의 기본 원리는 인민의 자치이다. 즉 인민이 스스로를, 한 국가의 구성원일 경우는 국민이 스스로를 통치한다는 것이다. 왜냐하면 민주주의 국가에서 주권은 국민에게 있으며, 따라서 국민은 다른 누구에 의해 통치될 수 없으며, 오직 자기 스스로에 의해서만 통치될 수 있기 때문이다. 이런 국민자치의 이념이 구체화된 것이 헌법이다. 헌법은 한편으로 주권자인 국민에 의해 제정되며, 다른 한편으로 주권자인 국민을 통치하는 법적 질서라는 것이다. 이렇게 본다면 헌법은 주권자인 국민들의 협력적 정치 행위를 통해 구성된 것일 뿐 아니라 주권자인 국민들이 서로 협력하면서 살아갈 조건을 담은 창조적 결과물이며, 앞으로 서로 협력할 것을 다짐하는 약속이라고 할 수 있다. 따라서 헌법은 단지 하나의 문서라기보다 한나 아렌트가 '법의 정신'이라고 말하는 '동의' 행위로 이해된다.[39] 즉 아렌트가 지적하듯이, 우리가 주권자로서 법을 제정한다는 것은 동시에 이를 받아들이겠다고 동의한 것과 같다. 그리고 이 동의란 모든 사람이 국민의 하나로서 다른 국민들과 평등한 조건에서 법을 수용하겠다는 약속이기도 하다는 것이다. 이런 점에서 헌법을 구성하는 행위뿐 아니라 여기에 함축된 동의 역시 모든 국민의 주권적 행위이며, 이를 지키기 위한 행동 역시 주권적 행동이라 할 수 있다. 따라서 헌법으로 구체화된 근본적 동의를 깨거나 이에 반하는 법률이나 정책이 있을 때, 더구나 이러한 법률이나 정책을 수정하라는 요구가 무시될 때, 국민들은 법률이 아닌 법의 정신에 호소할 수 있으며, 이는 비록 개별적 법률을 어기더라도 헌법을 수호하려 한다는 점에서 정당성을 가질 수 있다. 이런 점에서 촛불집회나 점령운동은 한 국가의 주권자로서 국민들이 서로 협력하며 살겠다는 약속에 호소하는 한, 다시 말해 동의라는 법의 정신에 호소하는 한 헌법적 정당성을 갖는다.

촛불집회나 점령운동은 분명 민주주의의 원리이자 법의 정신의 표현이라고 할 수 있다. 촛불집회에서 나타난 핵심적 슬로건은 이를 단적으로 입증해 준다. 앞서 지적했듯이 촛불집회의 자기정당화 논리는 헌법 1조와 2조에 있었다. 즉 대한민국은 민주주의 공화국이며, 모든 권력은 국민으로부터 나온다는 것이다. 따라서 촛불집회 참석자들은 자신이 대한민국의 주권자라는 분명한 자기의식 속에서 집회를 주도했다고 할 수 있으며, 이들에게 대한민국이란 주권자인 국민 스스로가 만든 서로 협력하며 살아가는 공동체에 다름 아니다. 그러나 국민의 대다수가 반대하는 정책을 추진하려는 정부가 있다면, 이는 근본적으로 국민주권에 반하는 정부라 할 수 있으며, 서로 협력하며 살아가겠다는 헌법적 약속을 어긴 것이다. 이는 점령운동에서도 마찬가지이다. 점령운동은 1% 대 99%라는 극단적 양극화 현상에 대한 저항이다. 한 국가란 주권자인 국민들이 서로 협력하며 살아가는 공동체요, 모든 국민이 주권자로서 그 조건을 함께 만들고 이를 지키겠다고 약속한 공동체이다. 그런데 국민들의 공동생활 조건이 1%만을 위한 99%의 희생을 초래하고 있다면 이는 근본적으로 헌법제정 정신에 어긋나는 것이라 할 수 있다. 이는 사회가 균열 상태에 빠짐으로써 서로 협력하며 살아간다는 공동체 이념 자체가 위기에 빠진 것이나 다름없기 때문이다. 촛불집회나 점령운동은 이렇게 모든 국민이 주권자로서 서로 협력하며 함께 살 수 있는 조건을 만들고 이를 지키겠다는 헌법적 약속에 반하는 정책이나 현 상황을 문제 삼은 것이며, 따라서 두 저항운동은 모든 국민이 바로 주권자임을 드러내는 주권적 행동이었다고 할 수 있다.

물론 촛불집회에 대한 다양한 해석이 존재한다. 그리고 점령운동에 대해서도 다양한 해석을 내릴 수 있다. 우선 최장집의 해석에 따르면, 촛불집회는 제도권 정치와 정당이 무력화된 상황에서 시민 스스로 의사를 결집하고 항의를 재조직함으로써 권위주의적 권력 행사와 정책 결정에 결정적 제약을 가한 것이다. 따라서 이제 필요한 것은 대의민주주의 시스템의 복원과 이를 위한 정당 정치의 정상화이다.[40] 그러나 이에 반해 박래군의 해석에 따르면,[41] 오늘날 대의민주주의는 신자유주의적 세계화와 결합됨으로써 공공성마저 포기한 채 초국적 자본의 이익을 대변하는 자본의 집행부 역할로 전락했다. 이런 점에서 경제 부문 및 사적 영역의 민주적 통제, 시민적, 정치적 권리뿐 아니라 경제적, 사회적 권리를 동시에 실현하는 것이 필요하며, 이는 시민들이 정치주체가 되는 직접민주주의적 요소를 강화함으로써 이루어질 수 있다는 것이다. 박래군에 따르면 촛불집회는 바로 이러한 상황에서 국민주권을 적극적으로 구호화함으로써 지배와 피지배의 동일성 원칙을 천명했고, 자신들이 누구에 의해서도 대의되는 것을 거부했다는 점에서 직접민주주의에 대한 요구를 함축하고 있다. 이러한 입장은 정대화의 경우도 마찬가지이다.[42] 그에 따르면 현대사회는 탈냉전과 탈권위화로 이행하고 있으며, 정보사회로 진입함에 따라 다양한 정보의 자유로운 소통과 공유가 중요해지고 있고, 민족 및 종교 간의 자유로운 이동으로 인한 사회적 다양성이 높아지고 있다. 이런 상황에서 대의민주주의는 보완이 요구되고 있으며, 그 결과 직접민주주의의 필요성이 높아지고 있다. 그에 따르면 촛불집회는 대의민주주의를 근본적으로 부정하지 않되 대의민주주의의 토대 위에 직접민주주의의 접합 필요성을 제기하고 있다. 또한 직접민주주의와 같은 국민의 직접 참여는 아니지만, 대의

민주주의의 한계를 넘어 국민의 참여를 좀 더 강화하려는 토의민주주의 시각에서 촛불집회를 보는 경우도 있다. 토의민주주의란 시민들이 법률제정 과정에 공론 영역을 매개로 참여하여 행정권력에 대한 주권적 통제를 실현하는 것을 말한다. 이러한 입장에 따르면 촛불집회는 비경제적이고 비국가적이며, 그 어떤 권력으로부터도 독립하여 국민들 상호 간의 자유로운 소통을 통해 공론을 형성하고 이를 직접적으로 표현함으로써 정부의 자의적 권력행사를 통제하려 했다는 점에서 토의민주주의적 특성을 보여주고 있다.[43] 마지막으로 촛불집회와 관련된 해석으로는 네그리의 다중론적 입장이 있다. 네그리에 따르면 다중이란 어떤 통일성이나 단일한 정체성으로 환원될 수 없는 수많은 내적 차이로 구성되지만, 이런 차이들이 공통적으로 공유하는 것을 근거로 행동하는 능동적이고 자율적인 주체이다. 네그리는 바로 다중이라는 새로운 주체 위에 새로운 민주주의를 구상한다. 즉 개인의 삶 자체를 장악하고 지배하려는 제국적 주권에 맞서 집단적 네트워크 속에서 지식, 정보, 소통, 협력 등의 '공통되기'를 통해, 공통적인 것을 생산하는 다중의 구성적 힘을 통해 오직 다중에 의한 자신의 지배, 즉 절대적 민주주의가 가능하다는 것이다. 조정환에 따르면 촛불집회는 다중이 '아고라'라는 인터넷 광장을 통해 정보를 취합하고, 토론하고, 결정함으로써 하나의 집단지성으로 진화하는 과정을 보여주었다는 점에서 다중들의 저항이다.[44]

이렇게 촛불집회에 대한 네 가지 해석은 각기 다른 민주주의론을 전제하고 있다. 그러나 이 중 어느 한 해석이 옳다기보다는 각각의 입장이 촛불집회의 특성을 일정 부분 반영한다고 말할 수 있다. 대의민주주의 입장에서 촛불집회를 보는 최장집의 입장은 분명 촛불집회의 원인이 무엇인지를 잘 보여준다. 즉 촛불 집회는 대의민주주의가 제 기능을 발휘하지 못했기 때문에 생긴 현상이라는 것이다. 따라서 대의민주주의가 제 기능을 다하도록 하는 것이 그 대안 중 하나일 수 있음도 분명하다. 둘째 직접민주주의적 입장은 촛불집회의 의사결정 방식을 표현한다고 할 수 있다. 즉 모든 사안이 촛불집회 참여자들에 의해 직접 결정되었다는 점에서 이는 직접민주주의를 실행한 것이다. 다시 말해 촛불집회는 누구에 의해 대표되지도 않았고, 누구에 의해 주도되지도 않았다는 점에서 참여자 모두에 의해 주도되었다는 것이다. 셋째 토의민주주의적 입장에서는 직접민주주의처럼 어떤 정책을 직접 결정하는 것은 아니지만, 모든 사람이 참여하면서 공론을 형성하는 과정 자체가 중요하며, 이 입장은 이러한 공론 과정이 정부나 입법기구에 영향력을 행사하기 위한 것임을 강조한다. 이런 점에서 촛불집회가 집회 내부에서는 직접민주주의를 실현했다고 할 수 있지만 정부와 관련해서는 토의민주주의적 특성을 보여준다고 보는 것이 옳다. 넷째, 다중론적 입장은 촛불 참여자들의 구성에 주목한다. 촛불참여 주체들은 자발적으로 모인 주체이며, 그 누구의 지배나 지도도 받지 않지만, 이들이 어떤 통일적이고 단일한 정체성을 보여주고 있는 것은 아니다. 촛불집회의 주체는 수많은 내적 차이로 구성되어 있지만 이들은 서로 소통하며 단일한 구성적 힘을 발휘하고 있다.

이렇게 촛불집회의 특성을 제반 민주주의적 관점과 연결해서 본다면 점령운동 역시 이와 유사하게 해석될 수 있음을 알 수 있다. 왜냐하면 점령운동 역시 그 운영방식이나 참여자들의 구성을 볼 때 촛불집회와 거의 유사했기 때문이다. 즉 점령운동 역시 여야 할 것 없이 기존 정치 세력이 자신들의 입장을 충분히 대변하지 못하는 상황에서 벌어진 저항운동이며, 그 내부의 운영방식은 철저히 직접민주주의적이었다. 그리고 참여자들의 구성 역시 다중이라 규정할 수 있을 정도로 자율적이고 다양했으며, 비록 점령운동 현장에서였지만 서로 간의 다양한 소통을 통해 어떤 공통적인 것들을 지속적으로 생산해내고 있었다고 할 수 있다. 물론 점령운동이 직접적으로 어떤 정책을 제시하지는 않았지만, 분명 점령운동 기간은 지속적인 토론을 통해 공론이 형성되는 토의의 과정이었으며, 이들의 논의들이 기성 정치권의 의사결정에 영향을 미칠 수밖에 없음은 당연한 일이라 할 수 있다.

이렇게 촛불집회나 점령운동은 네 가지 민주주의적 관점과 연결될 수 있다는 점에서 이 중 어느 하나의 관점만으로 환원될 수는 없다. 두 저항운동이 대의민주주의가 작동하지 못하는 상황에서 발생했지만, 저항운동 자체가 대의민주주의의 메커니즘인 것은 아니기 때문이다. 또한 두 저항운동이 직접민주주의적 방식으로 운영되었다는 점을 근거로 두 저항운동이 직접민주주의를 요구한다고 해석할 수는 없으며, 마찬가지로 토의 과정을 겪었다고 해서 토의민주주의를 대안적 민주주의로 제시하려 했다고 말할 수도 없다. 그리고 참여주체가 다중의 성격을 갖고 있음을 근거로 다중의 자기지배, 절대적 민주주의를 말할 때 과연 이것이 형식적으로 볼 때 민주주의 본래의 원칙인 자치의 원칙과 어떻게 다른지는 전적으로 불분명하다. 사실 대의민주주의, 직접민주주의, 토의민주주의 역시 일종의 자치의 원칙을 실현하는 방식에서 다를 뿐, 이러한 민주주의 역시 자치의 원칙을 전제한다고 할 수 있기 때문이다.

오히려 이 네 가지 해석의 공통점이 있다면 그것은 바로 앞서 지적한 주권자로서의 자기의식의 표현이다. 즉 촛불집회나 점령운동은 민주주의 국가에서 주권은 국민에게 있으며, 바로 국민이 주권자이기 때문에 민주주의는 국민자치의 원칙을 실현해야 한다는 의식을 표현한다는 것이다. 물론 이러한 원칙은 이미 헌법이나 이에 준하는 각종 선언에 명시되어 있다는 점에서 별반 새로울 것도 없다. 그러나 국민주권과 국민자치의 원칙이 명시적으로 천명되었다고 해서 국민 자신이 이러한 의식에 따라 행동했던 것은 아니다. 민주주의의 위기를 지적하면서 드러났듯이 오늘날 전 세계로 확산된 민주주의는 선거를 핵심으로 하는 미국식 민주주의이며, 이것이 기업권력과 결탁함으로써 특권층을 형성하고, 이 특권층이 정치를 장악하게 된 상황에서 국민은 주권자라기보다 일종의 유권자에 지나지 않았기 때문이다. 주권자라는 자기의식과 유권자라는 자기의식이 다른 이유는, 유권자는 선거를 통해서만 자신을 표현하지만, 주권자에게 선거란 주권을 표현하는 한 가지 방식에 불과하기 때문이다. 즉 국민들이 주권자라는 자기의식을 갖고 있다면 국민들에게 민주주의란 대의민주주의로 표현될 수도 있지만, 또한 직접민주주의나 토의민주주의로도 표현될 수 있는 더욱 포괄적인 것이 된다. 이런 점에서 유권자에게는 선거에 참여하든지, 그렇지 않든지 양자택일만이 존재하지만, 주권자에게는 선거와 무관하게 정치에 참여할 공간이 존재하며, 촛불집회와 점령운동은 바로 내가 이 나라의 주권자라는 확실한 자기의식을 가진 국민들의 주권적 행동이었다는 것이다. 따라서 촛불집회와 점령운동을 중심으로 오늘날 정치적 영역에서 일어나는 변동 과정을 인정관계의 구조변화로 해석한다면, 이는 다름 아닌 '유권자에서 주권자로의 인정'이라고 할 수 있으며, 이것은 향후 지속적 민주화의 규범적 토대가 될 수 있다.

3. 지속적 민주화의 방향

오늘날 정치적 영역에서 일어나는 변동 과정을 이렇게 '유권자에서 주권자로'라는 국민들의 자기의식 변화와 이에 상응하는 인정 요구의 변화로 해석한다면 과연 이런 요구를 구체화할 수 있는 지속적 민주화의 방향은 무엇일까? 더 이상 유권자에 머무는 것이 아니라, 주권자라는 자기의식을 반영할 수 있는 민주주의란 어떤 것일까? 이에 대한 대답을 모색하기 위해 본 글에서는 비록 중복된 논의가 되기는 하지만 먼저 민주주의란 무엇이기에 오늘날 민주주의 상황을 위기라 규정할 수 있는지, 이에 대한 대안으로 어떤 민주주의 형태가 있는지를 살펴본다. 그리고 끝으로 촛불집회와 점령운동에서 나타난 주권자 의식에 상응하는 민주주의란 어떤 것인지를 논의할 것이다.

민주주의란 무엇인가?

앞서 지적했듯이 민주주의란 그 어원인 그리스어 'democratia'(인민demos + 지배kratia)라는 말에서 알 수 있듯이 인민이 지배자가 되는 것을 의미한다. 이런 점에서 민주주의는 군주나 귀족이 지배자가 되는 군주제나 귀족제와 다르다. 그러나 민주주의가 인민 지배를 의미한다고 해서, 이것이 곧바로 어떤 특정한 정치체제를 말해주는 것은 아니다. 민주주의는 인민 지배라는 말이 무엇을 의미하느냐에 따라 그 의미가 달라지기 때문이다. 따라서 누가 인민으로 간주되느냐, 지배의 영역이 어디인가, 그리고 지배의 방식은 무엇인가에 따라 민주주의는 다양한 형태를 갖는다.

역사적으로 볼 때 '인민'은 고대 그리스의 경우 자유인을 의미했다. 이는 노예와 여성을 제외한 성인 남성으로서 경제적으로 자립할 수 있을 만큼 재산을 소유한 사람들을 말한다. 그러나 이는 수적으로 볼 때 귀족제나 다름없었다. 당시 아테네를 보면 자유인에 해당하는 남성들은 전체 인구의 약 10% 정도에 불과했기 때문이다. 그러나 역사적으로 볼 때 더 많은 사람들이 '인민'으로 인정됨으로써 더 많은 사람들이 민주주의에 참여하게 된다. 근대 시민혁명을 통해 부르주아 계급이 중세 봉건사회의 신분제적 속박으로부터 벗어나 정치적 참여의 권리를 획득하였고, 그 이후 이는 노동자 계급으로, 그리고 다시 여성으로 확대됨으로써 오늘날과 같이 국민 모두가 '인민'으로 인정되어 정치적 참정권을 향유하는 민주주의 시대가 되었기 때문이다. 이런 점에서 민주주의의 역사는 누가 '인민'으로 인정되느냐의 역사였다고 할 수 있다. 그러나 오늘날 인민이 고대 그리스처럼 경제적으로 자립한 '자유인'만을 의미하는 것은 아니다. 근대 부르주아 계급이 고대 그리스처럼 경제적 능력을 갖춘 자유인에 비견될 수는 있겠지만, 노동자와 여성이 꼭 그런 것은 아니기 때문이다. 그럼에도 인민이란 인격적 의미에서 자유인으로서 인정된 사람을 말한다고 할 수 있다. 즉 인민이란 그 누구의 억압이나 강제로부터 벗어나 자신의 삶을 스스로 결정할 수 있는 사람이며, 이런 권리를 제도적으로 보장받는다는 것이다.

또한 인민 지배의 영역, 즉 인민 지배의 원리가 적용되는 영역이 어딘가에 따라 민주주의의 의미가 달라진다. 즉 민주주의는 정치적 영역에만 한정된 것인가, 아니면 경제적 영역에도 민주주의가 적용될 수 있는가, 더구나 가족과 같은 사적인 영역도 민주주의의 영역이 될 수 있는가에 어떤 태도를 취하느냐에 따라 민주주의 질서가 달라진다는 것이다. 앞서 지적했듯이 로버트 달은 민주주의가 정치적 영역으로만 한정될 때, 경제적 영역의 불평등이 이를 왜곡시킬 수 있음을 지적하면서 경제민주주의를 주장한 바 있다.[45] 또한 앤서니 기든스는 사랑의 민주화를 주장하며, 민주주의 원리를 친밀성 영역으로까지 확대하려고 하였다.[46] 이런 점에서 민주주의란 반드시 정치적 영역에만 한정된 것이 아니며, 더 광범위한 영역에서 사회적 민주화를 말할 수 있다.

이렇게 '인민'을 누구로 보느냐에 따라, 그리고 인민 지배가 적용되는 영역에 따라 민주주의의 의미가 달라지지만, 그것은 민주주의의 적용 범위에 따른 차이이지, 민주주의의 실현방식에 따른 차이는 아니다. 이런 점에서 민주주의 형태가 갖는 차이점은 어떻게 인민 지배를 실현하는지, 그 방식에 따라 가장 두드러지게 나타난다. 즉 고대 그리스처럼 인민이 직접 정치에 참여하면서 공동체를 통치하는 직접민주주의가 있다면, 선거를 통해 국민의 대표를 선출하고 이들이 국가를 통치하는 간접민주주의가 있다. 그리고 비록 간접민주주의라 하더라도 의사결정 과정에 국민이 얼마나 참여하느냐에 따라 대의민주주의, 토의민주주의를 구별할 수 있다. 즉 대의민주주의가 국민의 정치 참여를 국민의 대표를 선출하는 선거에 한정한다면, 토의민주주의는 국민들이 공론 영역을 통해 지속적으로 정책 결정에 영향을 미치는 대안적 과정을 강조한다는 것이다.

그러나 인민의 범위와 지배 영역, 그리고 지배의 방식을 어떻게 규정하든, 이 모든 것을 민주주의라고 통칭할 수 있는 공통분모가 있다면, 이는 어원적 의미에서도 나타나듯이 인민자치의 원칙 때문이다. 즉 민주주의는 인민 자신이 지배하고 통치할 뿐 아니라 바로 자신을 지배하고 통치한다는 의미에서 인민자치를 핵심 원칙으로 삼는다는 것이다. 데이비드 헬드에 따르면 이 자치의 원칙이란 모든 사람이 자유롭고 평등한 조건하에서 자신들의 삶의 조건을 결정하는 것을 말하며, 대략 5가지 요소로 구성된다.[47] 첫째, 모든 사람이 자유롭고 평등한 행위자로서 자치에 참여해야 하며, 둘째, 이러한 참여가 그 누구의 부당한 간섭도 받지 않도록 권리로 보장되어야 하며, 셋째, 공적 사안에 대한 논의 과정에 참여할 수 있어야 하며, 넷째, 다수파의 간섭으로부터 벗어날 수 있도록 개인이나 소수의 입장을 보호할 수 있는 제도적 수단이 마련되어야 하며, 다섯째, 집단적 동질성이 개인적 차이를 무시하지 못하도록 개인의 권리와 자유가 보장되어야 한다.

이렇게 볼 때 인민자치란 결국 모든 국민이 각기 개성을 갖춘 존재로서 공적 사안에 대해 그 어떤 강제로부터 벗어나 자유롭게 결정할 수 있는 권리가 평등하게 보장되는 것을 말한다. 그러나 문제는 이러한 권리가 평등하게 보장된다고 해서 곧바로 자치가 실현될 수 있겠는가 하는 점이다. 왜냐하면 자치를 보장하는 권리의 행사 자체를 방해할 수 있는 권리 이외의 요소가 있기 때문이다. 단적으로 말해서 그 어떤 간섭도 없이 자유롭게 공적 사안을 결정할 수 있는 권리가 평등하게 보장된다 하더라도, 실제 생활조건이 취약하거나 불평등한 권력관계에 놓여 있다면, 이러한 권리를 실질적으로 행사하는 데 장애를 겪게 된다는 것이다. 이런 점에서 데이비드 헬드는 한편으로 자치의 권리를 실질적으로 수행하기 위해서는 더 광범위한 삶의 영역에서 이를 가능하게 하는 권리체계가 수반되어야 함을 주장한다. 이는 출산, 육아, 의료, 교육 등과 연계된 사회적 권리에서부터 적절한 소득을 보장하는 경제적 권리에 이르기까지 포괄적 권리를 망라한다. 왜냐하면 튼튼한 사회경제적 권리를 갖지 못한다면, 자치와 관련된 정치적 권리를 완전하게 실현하는 것이 불가능하기 때문이다. 사실 최소한의 생활조건이 갖추어지지 않는다면, 많은 사람들은 타인에게 의존하거나 종속되며, 따라서 자신에게 제시된 기회나 권리 등을 충분하게 활용할 수 없다. 이런 점에서 자치와 관련된 권리가 분배나 사회 정의 차원에서 충분히 보완되지 않는다면 민주주의의 핵심이라 할 수 있는 자치 원칙의 실현은 좌초될 수 있다. 또한 다른 한편으로 자치 원칙이 실질적으로 실현되기 위해서는 사회적 의사결정에 강력한 영향력을 행사하는 사회 조직이나 집단의 권력이 통제되어야 한다. 그렇지 않으며 이들에 의해 민주적 논의가 왜곡될 수 있기 때문이다. 예를 들어 정치적 의제 형성에 영향을 미치고 제약하는 기업 조직의 권력을 축소하는 것, 자신의 이익을 무제한적으로 추구하는 이익집단의 활동을 제한하는 것, 다른 집단을 희생시키면서까지 일부 사회집단이 누리려는 특권을 철폐하는 것 등이 여기에 해당한다. 따라서 자치란 단지 자치에 참여할 수 있는 권리가 모든 사람에게 평등하게 보장될 뿐 아니라 제반 사회적 관계 역시 권리의 평등을 해치지 않을 만큼 충분히 평등할 때 가능하다고 할 수 있다.

이렇게 인민자치의 제도적 가능 조건뿐 아니라 실질적 가능 조건을 고려한다면, 민주주의란 이중적 과정이라는 것을 알 수 있다. 즉 한편으로 민주주의란 모든 국민이 자유롭고 평등한 조건하에서 공동의 생활조건을 스스로 결정하는 것을 말할 뿐 아니라, 이것이 가능하도록 자유롭고 평등한 생활조건을 실질적으로 보장하는 것을 말한다. 이런 점에서 민주주의란 절차와 가치의 통일이다. 다시 말해 공동의 생활조건을 모든 국민의 참여하에 결정하는 것이 민주주의가 보장하는 절차라면, 이것이 가능하도록 모든 국민의 자유롭고 평등한 삶을 실질적으로 보장하는 것이 민주주의가 추구하는 가치라는 것이다.

그렇다면 왜 이런 민주주의적 절차와 가치가 의미가 있을까? 어떤 점에서 이러한 절차와 가치가 규범적 정당성을 가질 수 있을까? 이는 무엇보다도 군주제나 귀족제가 결과하는 사회의 모습과 민주주의가 결과하는 사회의 모습이 다르다는 데 있다. 군주제나 귀족제는 자치의 원칙과 비교해본다면 일반 국민의 생활조건을 군주나 귀족이 결정하는 것을 말한다. 즉 군주나 귀족에게는 스스로 자신의 생활조건을 결정한다는 점에서 자치일 수 있으나, 여타의 국민들에게는 자신이 아닌 타인이 자신의 생활조건을 결정하는 셈이라는 것이다. 따라서 군주제나 귀족제가 결과하는 사회의 모습은 지배와 피지배의 관계이다. 즉 군주나 귀족은 스스로 자신의 삶을 결정하는 자치의 존재이지만, 동시에 일반 국민들이 복종해야 하는 생활조건을 결정한다는 점에서 지배자가 된다. 그러나 이에 반해 일반 국민은 이에 상응하여 군주나 귀족에게 복종하는 존재, 즉 피지배자가 된다는 것이다. 물론 이러한 군주제나 귀족제는 단지 공동의 생활조건을 결정할 수 있는 권리의 차원만이 아니라 사회경제적인 차원에서도 불평등한 관계를 전제한다. 즉 정치적으로 지배자의 권력을 행사한다는 것은 사회경제적 권력에 의해서도 뒷받침되고 있다는 것이다. 따라서 군주제나 귀족제 하에서 일반 국민은 사회적으로나 경제적으로도 종속적 위치에 처하게 된다.

그렇다면 이에 반해 민주주의가 결과하는 사회의 모습은 어떤 것일까? 군주제나 귀족제와 달리 지배와 피지배의 관계가 아니라면, 이는 어떤 관계로 구성된 사회일까? 그것은 다름 아닌 협력과 연대의 관계라 할 수 있다. 즉 지배와 피지배라는 위계적 관계가 아니라, 모든 국민이 서로 동등한 관계에서 공동의 생활조건을 함께 결정하는 협력의 관계, 그리고 서로가 바로 공동체의 구성원이자 협력자라는 의식을 토대로 형성된 연대의 관계라는 것이다. 왜냐하면 모든 국민이 자유롭고 평등한 조건하에서 공동의 생활조건을 결정하는 데 참여한다면, 그 누구도 공동의 생활조건을 일방적으로 결정할 수 없으며, 따라서 모든 국민은 공동의 생활조건을 결정하는 협력자가 될 수밖에 없기 때문이다. 또한 바로 이런 점에서 모든 국민이 서로를 공동체를 형성하는 자유롭고 평등한 협력자라는 의식을 갖게 된다면, 공동체 구성원 간에는 강한 연대가 형성될 수 있다. 그러나 민주주의가 절차적으로만 보장된다면, 다시 말해 자유롭게 공동의 생활조건을 결정하는 데 참여할 수 있는 평등한 권리가 제도적으로만 보장될 뿐 실질적 생활조건이 취약하거나 불평등하다면 이는 사회적으로 권력이 강한 세력이 자신의 권력을 정당화하는 도구로 이용될 수 있으며, 그 결과 사회는 연대관계가 아니라, 다시 지배와 피지배의 관계로 재편될 수 있다. 따라서 민주주의의 절차가 지배와 피지배의 관계를 넘어 연대의 관계를 구축하기 위해서도 평등한 삶을 실질적으로 보장하려는 민주주의 가치가 절실히 요구된다고 할 수 있다.

또한 인민자치란 근대적 이상인 자유 실현과도 맞닿아 있다. 국민들이 공동의 생활조건을 스스로 결정한다는 것은, 바로 자신이 자기의 삶을 스스로 결정하는 자유로운 인간임을 전제하기 때문이다. 그리고 사실 인간이 자신의 삶을 스스로 결정하는 자유의 존재일 때만, 다른 인간과 공동의 생활조건 역시 스스로 결정할 수 있는 존재가 된다. 만약 그렇지 않고 타인이 나의 삶을 결정한다면, 내가 타인과 함께 공동의 생활조건을 결정한다는 것은 어불성설이나 마찬가지이다. 칸트는 이러한 자유의 이상을 자율성으로 규정한다.[48] 즉 자유란 인간이 자신에 부여한 법칙 이외의 어떠한 법칙에도 복종하지 않는 것, 타인이 나를 지배하는 것도 아니고, 내가 타인을 지배하는 것도 아니고, 바로 내가 나 자신을 지배하고 규율하는 것, 즉 '자율'(Autonomie)이라는 것이다. 이것이 근대의 이상이 될 수 있었던 것은 근대에 이르러 신분제가 붕괴되고, 이제 인간이 모든 사회적, 종교적, 정치적 권위 등 모든 권위로부터 해방됨으로써 한 사람만이 자유로웠던 군주제를 넘어, 그리고 한 집단만이 자유로웠던 귀족제를 넘어, 모든 사람이 자유로울 수 있는 새로운 시대가 열렸기 때문이다. 군주제나 귀족제가 지배와 피지배 관계를 형성한다는 것은 일반국민을 자유로운 존재로 인정하지 않기 때문이며, 따라서 이들은 지배자의 목적 달성을 위한 수단이나 도구에 불과하다. 이런 점에서 인민자치를 실현한다는 것, 민주주의를 실현한다는 것은 바로 인간의 자유를 실현한다는 뜻이 되며, 인간을 모든 지배와 예속 관계로부터 해방시킨다는 의미를 갖는다.

그러나 자유 실현이 여전히 이상인 이유는 자유의 실현을 가로막는 권력관계가 여전히 존재하기 때문이다. 이는 역설적인 과정이다. 왜냐하면 모든 사람이 자유롭게 산다는 것은 동시에 모든 사람이 자신의 재산과 권력을 자유롭게 행사한다는 뜻이며, 이는 무엇보다도 자기 자신을 위한 것이기 쉽기 때문이다. 따라서 사람들의 관계는 이기적 욕망으로 인한 경쟁과 대립 관계로 변질되며, 이 때문에 사회적 차원에서는 불가피하게 불평등하고 위계적인 관계가 형성된다. 그리고 바로 이 때문에 정치적 영역에서 평등한 권리로 보장된 인민자치의 원칙이 왜곡된다. 따라서 인민자치의 원칙을 실질적으로 실현하기 위한 제반 조건들을 마련한다는 것은 비단 정치적 영역에서만이 아니라, 사회 모든 영역에서 모든 사람이 자유롭게 살 수 있는 평등한 조건을 마련함으로써 사회 전체를 연대관계로 재구성한다는 것을 의미한다.

근대의 민주주의 헌법에서는 인민자치를 국민주권을 통해 천명하고 있다. 즉 국가의 주권은 국민에게 있고, 모든 권력은 국민으로부터 나온다는 것이다. 그리고 바로 주권자라는 점에서 모든 국민은 평등하다. 따라서 누구도 국민 위에 군림하는 권력이 될 수 없고, 국민을 지배하는 것은 오직 국민일 뿐이며, 그 어떤 사람도 다른 사람에 비해 더 많은 권력을 가질 수 없으며, 국민들 사이의 관계가 지배와 피지배 관계로 재편되어서 안 된다. 이런 점에서 앞서 서술했듯이 기업이 권력화되고 이를 기반으로 정치계급이 등장한다는 것은 분명 민주주의의 위기라 할 수 있다. 왜냐하면 이는 모든 권력이 국민으로부터 나오며, 모든 국민은 주권자라는 점에서 평등하다는 국민주권 원칙을 훼손하고 있다는 점에서 바로 인민자치라는 민주주의의 핵심 원칙 역시 훼손하고 있기 때문이다.

그렇다면 과연 인민자치의 원칙을 실질적으로 실현함으로써 모든 인간의 자유로운 삶을 보장하고, 사회를 지배와 피지배가 아니라 연대관계로 재구성할 수 있는 대안적 민주주의란 어떤 민주주의를 의미할까? 더구나 앞서 설명한 민주주의의 위기를 극복하고, 촛불집회와 점령운동에서 나타난 주권자로서의 자기의식을 실현할 수 있는 민주주의는 과연 어떤 민주주의일까?

대안적 민주주의론

오늘날 민주주의의 위기가 심화되면서 대안적 민주주의에 대한 논의 역시 활발하게 진행되고 있다. 예를 들어 러셀 J. 달톤 등은 오늘날 민주주의의 개혁을 위해 고려할 만한 대안적 민주주의 유형으로 대의민주주의, 직접민주주의, 주창민주주의를 제시한다.[49] 물론 여기서 말하는 대안적 민주주의로서의 대의민주주의는 비록 선거 과정을 개혁해서 좀 더 투표율을 향상시킬 수 있는 대안적 대의민주주의를 말하지만, 이것 역시 선거를 핵심으로 한 대의민주주의의 근간을 유지하고 있다는 점에서, 여기서 주목할 만한 것은 직접민주주의와 주창민주주의이다. 왜냐하면 이 두 가지 형태의 민주주의는 경쟁적 정당구조 하에서 선거 시 투표를 통한 참여만을 강조하는 대의민주주의와는 달리 투표 이외의 참여를 핵심으로 하고 있기 때문이다.

물론 투표와 같은 관례적 참여는 저조하지만, 앞서 살펴본 촛불집회나 점령운동의 예에서도 나타나듯이 공적 사안에 대해 국민들이 침묵하고 있는 것은 아니다. 비판적인 국민들은 여전히 존재하며, 단지 선거 때 한 표만 행사하는 수동적이고 무기력한 시민에서 벗어나 적극적이고 참여적인 국민의 모습이 나타나고 있기 때문이다. 즉 일반 국민들은 시민사회 단체나 자원봉사 활동, 서명운동이나 시위 등 비관례적 참여를 통해 정치적 의사결정 과정에 영향을 주거나, 주민투표와 주민발안 등 직접참여제도를 통해 자신들의 의사를 정책 결정에 반영시키고 있다는 것이다. 더구나 최근 이런 참여는 단지 비판적 국민들에 의해서만 주도되는 것은 아니다. 왜냐하면 서구의 경우 정부가 나서서 정책적으로 시민참여 프로그램을 수립하고 있으며, 대의민주주의의 개혁을 위한 다양한 참여 방법 역시 도입하고 있기 때문이다. 또한 최근 급속히 확대되기 시작한 디지털 매체들은 시간과 공간의 제약을 받지 않고 시민들이 다양한 공적 사안에 대해 자유롭게 토론할 수 있는 기회를 제공하고 있으며, 이와 관련된 광범위한 정보 습득을 가능하게 한다는 점에서 심도 깊은 토의 또한 가능하다.

이런 점에서 오늘날 대의민주주의가 위기를 맞고 있는 상황에서 투표라는 제한된 참여를 넘어 더 광범위한 참여를 토대로 한 민주주의, 즉 관료나 정치인 등 제도적 의사결정권자가 아닌 일반 국민들이 집회, 시위, 캠페인, 서명운동 등과 같은 다양한 활동을 통해 국가의 의사결정에 영향을 미치려는 참여민주주의에 대한 요구가 확대되고 있다.[50] 이는 무엇보다도 대의민주주의로 인해 훼손된 인민자치라는 민주주의의 원리를 복원하려는 것으로서 이는 민주주의의 위기를 낳았던 특권층에 의한 지배에서 벗어나 국민을 다시금 주권자로 세우기 위한 것이라 할 수 있다. 그러나 참여민주주의가 하나의 형태만 있는 것은 아니다. 어떤 참여 방식에 강조점을 두느냐에 따라 다양한 형태가 가능하기 때문이다. 예를 들어 국가의 공적 사안에 대해 국민들이 직접 결정권을 행사하거나 국가의 정책 결정을 거부하는 직접민주주의에서부터, 시민사회 단체를 통해 정부나 의회의 결정에 영향을 미치는 결사체민주주의, 그리고 공적 사안에 대해 국민들 간의 심도 깊은 토의와 이를 통해 형성된 공론에 근거하여 정책 결정을 통제하는 토의민주주의에 이르기까지 참여민주주의는 다양한 형태를 갖는다. 그러나 그것이 어떤 형태를 갖든 이 모든 민주주의의 형태는 선거라는 제한된 참여를 넘어서 광범위한 국민의 참여를 유도하기 위한 것이며, 이러한 참여가 단순한 찬반 표현이 아니라 공적 사안에 대해 충분히 토의하는 과정을 거쳐야 한다면, 사실 참여민주주의의 핵심은 '토의민주주의'(deliberative democracy)에 있다고 해도 과언이 아니다.

그렇다면 토의민주주의는 구체적으로 무엇을 말하며, 어떤 점에서 민주주의의 위기를 극복할 수 있는 대안으로 제시되었을까? 이에 대한 대표적 이론가로는 위르겐 하버마스를 들 수 있으며, 그의 민주주의론은 대략 두 가지 차원에서 살펴볼 수 있다. 즉 토의민주주의가 전제하는 민주주의의 위기는 무엇이고, 토의민주주의는 이를 어떻게 해결하는가 하는 점이 그것이다.

첫째, 토의민주주의가 전제하는 오늘날 민주주의의 위기는 무엇인가? 물론 앞서 서술했듯이 민주주의의 위기는 현상적으로 볼 때 참여의 위기에서 비롯되지만, 더욱 근본적으로는 기업의 권력화와 이를 통해 자신의 지지기반을 확보하려는 새로운 정치계급의 등장으로 사회적 특권층이 형성되었다는 데 그 원인이 있다. 하버마스의 현대사회 진단을 전제한다면 이러한 현상은 일종의 '생활세계의 식민화'로 해석될 수 있다.[51]

이미 널리 알려져 있듯이 하버마스는 사회를 '생활세계'와 '체계'라는 두 가지 개념을 통해 파악한다. 생활세계란 한 사회의 상징적 통합과 상징적 재생산이 이루어지는 영역으로서 여기에서는 언어를 매개로 한 의사소통 행위를 통해 문화의 전승이 이루어지고, 사회질서가 형성되고, 개인의 사회화가 이루어진다. 이에 반해 체계는 한 사회의 기능적 통합과 물질적 재생산이 이루어지는 영역으로서 화폐를 통해 작동되는 경제적 질서와 권력을 통해 작동되는 국가 행정질서를 포괄한다. 그런데 오늘날의 문제는 생활세계가 의사소통 행위의 고유한 잠재력을 상실한 채 화폐와 권력을 통해 작동되는 체계 영역으로 흡수되고 있다는 점이다. 즉 근대 법치국가 체제와 자본주의적 경제체제가 점차 고도화될 뿐 아니라 전 사회 영역으로 침투함으로써 사회구성원들은 한편으로 법적 명령과 복종, 아니면 국민에 대한 제재를 전제한 국가 행정망 속에 위치하게 되며, 다른 한편으로 사회구성원들의 관계가 화폐를 매개로 한 상품교환 관계로 변질되고 있다는 것이다. 따라서 상호이해를 목적으로 한 의사소통이나 더 나은 논증을 통한 합의 형성과 같은 의사소통적 합리성이 점차 생활세계 내에서 영향력을 상실하게 되었으며, 그 결과 현대사회는 상징적 통합과 상징적 정당성을 확보할 수 있는 가능성을 상실하게 된다. 마찬가지로 사회구성원은 더 이상 의사소통의 주체로서 문화적 전승, 사회질서 형성, 개인의 사회화에 참여하지 못하고, 정치경제 체계의 기능적 인자로서 권력과 화폐에 의해 통제되고 조정되는 사물화된 존재로 전락한다.

앞서 서술했듯이 민주주의의 위기가 근본적으로 기업의 권력화와 이에 기반한 정치계급의 등장에 있다면, 사실 이는 체계에 의한 생활세계의 식민화와 다를 바 없다. 왜냐하면 체계의 두 가지 축인 경제 질서와 국가 행정질서는 결국 이를 장악하고 있는 기업과 정치계급을 통해 작동될 수밖에 없기 때문이다. 즉 기업은 이윤 극대화를 목표로 하며, 이는 시장에서의 경쟁을 통해 달성된다. 따라서 기업은 시장에서의 경쟁력을 높이기 위해 시장뿐 아니라 사회 전 영역을 기업하기 좋은 환경으로 만들려 한다. 이런 점에서 기업은 정치계급 역시 자신에게 친화적으로 만들고, 결국 국가 행정기구 역시 효율적 기업 활동을 위한 지원자로 재편한다. 그 결과 기업이 전 사회를 지배하게 되는 새로운 권력으로 등장하며, 사회구성원들은 점차 기업의 경쟁력 향상을 자신의 삶의 목적으로 삼게 됨으로써 기업의 이윤 추구를 위한 도구로 전락하게 된다는 것이다. 따라서 민주적 절차에 따라 선거가 이루어지고, 국민은 선거권을 행사하며 국민의 대표를 선출하지만, 국민의 투표에 지대한 영향을 끼치는 공적 논쟁들은 권력화된 기업과 이에 봉사하는 정치계급들에 의해 만들어지고, 일반 국민들은 토론과 자율적 조직을 통해 공적 의제 형성에 적극적으로 참여하는 것이 아니라, 단지 이들이 짜놓은 틀에 따라 수동적으로 반응하는 유권자가 되고 만다.

그렇다면 둘째로 토의민주주의는 생활세계의 식민화와 이로 인한 민주주의의 위기를 어떻게 극복할 수 있는가? 토의민주주의는 국민의 정치 참여를 선거 시 투표 행위로 제한하는 대의민주주의에 대해 공론 영역의 활성화를 통한 토의 과정을 대안으로 제시한다. 우선 여기서 말하는 공론 영역이란 공적 사안에 대한 의사소통을 통해 여론이 형성되는 시민들 간의 연결망으로서, 일반적 이해가능성에 기초하여 자신의 의견을 표명하면서 다른 사람과 의사소통하려는 사람은 누구나 참여할 수 있다.[52] 물론 공론 영역은 현대사회의 복잡성에 상응하여 다양한 형태를 갖는다. 즉 공간적으로 보면 서로 중첩되지만 다수의 국제적, 국가적, 지역적, 공동체적, 하위문화적 공론 영역들을 구분할 수 있고, 참여자들의 전문성 정도에 따라, 그리고 의사소통의 밀도 등에 따라서도 다양한 형태를 보인다. 이런 점에서 술집이나 커피집, 정당 집회, 교회의 재직회의, 학부모 모임, 각종 파티 모임에 이르기까지 공동의 문제에 대해 의사소통이 이루어지고, 의견이 걸러지고 집약되면서 공론이 형성되는 곳이라면 다 공론 영역이라 할 수 있다.

그러나 하버마스가 진정한 공론 영역의 담지자로 보는 것은 시민사회라는 특정한 공론 영역이다.[53] 즉 시민들이 집회 및 결사의 자유를 통해 형성한 비정부적이고 비경제적인 자발적 결사체가 공적 의견 형성 과정에 참여하면서 일반 이익과 관련된 주제나, 스스로 조직화하지 못하고 그 어떤 대변자도 갖지 못하는 각종 집단의 의견이나 쟁점들을 공론화해야 한다는 것이다. 하지만 토의민주주의에서 중요한 것은 이러한 시민사회적 공론 영역만이 아니라 또 다른 차원의 공론 영역, 즉 입법부로 대표되는 정치 체계 내부의 공론 영역과의 결합이다. 사실 시민사회에서 형성된 공론은 국가의 정책 결정을 대신할 만큼 어떤 제도적 결정권을 갖고 있는 것은 아니기 때문에 시민사회의 영향력은 제한적일 수밖에 없다. 더구나 시민사회적 공론 영역은 사실 조화롭고 단일한 공간도 아니며, 그렇게 독립적이지도 않다. 이는 그 무엇에도 통제되지 않기 때문에 무질서하고, 또한 사회적 권력이나 외부의 조작에 쉽게 노출될 수 있기 때문이다. 따라서 공론 영역을 통해 다양한 문제가 제기되지만, 공론 영역이 자체적으로 이러한 문제에 대한 해결책을 확정할 수는 없다. 이런 점에서 공론 영역에서 형성된 공론은 제도화된 절차를 거칠 때에만 의사소통적 권력으로 전환되며, 정당한 법 제정에 참여함으로써 국가의 정책 결정에 영향을 미칠 수 있다. 국민주권을 대변하는 입법부란 바로 시민사회적 공론 영역을 통해 형성된 공론들이 제도적 정당성을 획득하게 하는 연결

고리이다.[54] 따라서 토의민주주의는 공론 영역의 활성화와 의회와 같은 정치 체계 내부의 합리적 의사결정을 조건으로 하며, 양자 간의 원활한 소통을 통해 시민들이 법률 제정에 참여하는 것을 근간으로 한다.

이렇게 볼 때 체계에 의한 생활세계의 식민화를 극복할 수 있는 방법은 결국 법 제정에 있다. 왜냐하면 화폐나 권력과 같은 매체들은 법적 제도화를 통해 기능하며, 오직 법을 통해서만 제어될 수 있기 때문이다. 이런 점에서 법은 체계를 제어하는 특수한 기능 체계이지만, 동시에 법은 규범적 정당성의 원천이기도 하다는 점에서 체계와 생활세계 전반을 관통하는 사회통합의 중심 매체가 된다. 따라서 생활세계의 요구는 공론 영역을 거쳐 법적 언어로 번역되고, 이를 통해 행정권력에 대한 주권적 통제를 실현할 때 비로소 체계에 의한 식민화를 막을 수 있다.

연대 민주주의

오늘날 민주주의 위기의 근본적 원인을 기업계급과 정치계급으로 구성된 사회적 특권층이 국민들의 자유로운 정치 참여를 왜곡하고 있다는 데서 찾는다면, 체계 영역, 즉 경제와 국가 행정권력의 영향으로부터 국민들의 독자적 공론 영역을 확보하려는 전략은 분명 설득력을 갖는다. 사실상 경제와 국가의 행정권력을 장악하고 있는 것은 기업과 이를 기반으로 한 정치계급이기 때문이다. 그러나 또한 분명한 것은 국민들의 정치 참여를 공론 영역으로만 한정할 필요는 없다는 것이다. 하버마스 스스로도 지적하고 있듯이 공론 영역과 의회가 원활한 소통관계를 갖지 못할 때 시민 불복종이 발생할 수 있기 때문이다.[55] 따라서 토의민주주의가 대안적 민주주의로 논의되고 있다고 해도, 여타의 민주주의 형태가 무의미한 것은 아니다. 오히려 다양한 형태의 민주주의가 의제의 맥락에 따라 결합될 때 인민자치와 국민주권 원칙이 장애 없이 실현될 수 있기 때문이다. 이런 점에서 대안적 민주주의에 대한 논의는 대의민주주의, 직접민주주의, 토의민주주의 중 어느 하나를 택하자는 양자택일의 문제가 아니며, 각각의 타당성 영역을 설정한다면 양립 가능할 수 있다. 따라서 우리는 대안적 민주주의를 어떤 특정한 형태의 민주주의로 단일화하는 것이 아니라, 일종의 '다층적 민주주의' 형태로 설정할 수 있다.[56]

예를 들어 선거 시 투표 참여를 근간으로 하는 대의민주주의가 가장 상층이자 표층에 위치한다면, 그 토대에 해당하는 층위에 결사체민주주의, 토의민주주의, 직접민주주의를 위치시킬 수 있다는 것이다. 민주주의의 기본 원칙인 인민자치란 사실 국민들의 참여 없이는 불가능하다. 따라서 민주주의의 성공은 얼마나 많은 국민들의 자유로운 참여를 제도적으로 보장하느냐에 달려 있다. 선거 시 투표 참여 역시 참여의 일환이지만, 이는 일시적일 뿐 아니라 선거의 의제가 정당 중심으로 이루어진다는 점에서 제한적이다. 따라서 이러한 참여의 근저에서 국민들이 다양한 결사체를 통해 자신들의 의견을 조직적이면서도 상시적으로 제시할 수 있다면, 국민의 참여 폭은 더욱 확장된다. 물론 이 역시 제한적이다. 왜냐하면 결사체는 동시에 결사체의 특성과 정체성 유지를 위해 국민의 의견을 제한하기 때문이다. 이런 점에서 결사체민주주의는 더 광범위한 국민들의 참여를 유도할 수 있는 토의민주주의를 토대로 삼아야 한다. 자유로운 의사소통을 통해 움직이는 공론 영역은 결사체를 강화시키면서도 그 한계를 벗어날 수 있게 하기 때문이다. 그러나 이 모든 것도 국민의 직접적 참여를 전제한 것은 아니다. 이 모든 참여의 방법이 실패할 경우 국민들은 결국 자신들의 입장을 직접 표명할 수밖에 없다는 것이다. 물론 이러한 다층적 구조는 토의민주주의 자체가 이미 포함하고 있다고도 할 수 있다. 왜냐하면 공론 영역과 연결된 의회의 존재는 이미 대의민주주의를 전제한 것이며, 시민사회가 공론 영역의 실질적 주도자로 등장한다는 것은 토의민주주의가 결사체민주주의로 집중될 수 있음을 보여주기 때문이다. 더구나 직접 참여 역시 토의민주주의가 배제하는 것이 아니다. 앞서 지적하였듯이 토의민주주의는 공론 영역에서 형성된 의견들을 의회가 제도화시키지 못할 경우 이제 국민들이 직접 나설 수밖에 없음을 전제하기 때문이다.

이렇게 하버마스의 토의민주주의를 하나의 민주주의 형태가 아니라, 더욱 다양한 민주주의 형태를 포함한 다층적 구조로 이해한다면, 이는 국민의 참여를 더욱 확대할 수 있는 대안적 민주주의 절차로 평가될 수 있다. 그러나 과연 이것이 실질적으로 국민의 참여를 확대할 수 있겠느냐 하는 점은 여전히 문제로 남는다. 즉 공론 영역의 활성화와 이와 연계된 의회의 합리적 의사결정을 통해 행정권력을 통제한다면 국민들이 자신의 생활조건을 스스로 결정할 수 있는 여지가 분명 확대된다고 말할 수 있다. 하지만 그렇다고 해서 모든 국민들이 공론형성 과정에 자유롭게 참여할 수 있는 실질적 조건 역시 보장되는 것은 아니다. 앞서 서술했듯이 인민자치가 실질적으로 실현되기 위해서는 출산, 육아, 의료, 교육 등과 연계된 사회적 권리에서부터 적절한 소득을 보장하는 경제적 권리에 이르기까지 포괄적 권리가 보장되어야 하며, 사회적 의사결정에 강력한 영향력을 행사하는 사회 조직이나 집단의 권력이 통제되어야 한다. 그렇지 않으면 국민들이 그 무엇에도 종속됨 없이 자유롭게 공론 영역에 참여한다는 것은 불가능하며, 설사 가능하다고 해도 이들의 논의가 외부 세력에 의해 왜곡될 수 있기 때문이다. 그러나 하버마스의 토의민주주의는 체계에 의한 생활세계의 식민화를 막으려는 것일 뿐, 체계 자체를 변혁하려는 것은 아니다. 또한 법 제정을 통해 체계에 대한 통제력을 행사할 수 있다 해도, 이것 역시 국민들 간의 실질적 평등이라는 특정한 가치를 목적으로 한 것도 아니다. 공론 영역을 통해 어떤 공론이 형성될지는 항상 열려진 문제이기 때문이다. 이런 점에서 토의민주주의는 민주적 의사결정 절차와 관계된 제도적 대안이 될 수는 있지만, 이를 가능하게 하는 실질적 조건은 토의

민주주의와는 별도로 마련되어야 한다.

이런 점에서 로버트 달의 경제민주주의는 많은 시사점을 던져준다. 왜냐하면 그는 정치적 민주화의 실질적 실현조건으로서 경제적 민주화를 주장하고 있기 때문이다. 앞서 서술했듯이 달은 경제적 불평등으로 인해 정치적 영향력이 불평등해진다는 점을 대의민주주의의 중대한 문제점으로 보았다. 대의민주주의는 모든 국민에게 동등한 선거권을 부여한다. 즉 모든 국민은 투표에 참여할 수 있는 동등한 권리를 가지며, 모든 국민의 투표는 동등한 가치를 지닌다. 이런 점에서 대의민주주의는 정치적 평등을 전제하지만, 경제적 불평등은 바로 이러한 정치적 평등을 훼손한다는 것이다. 그런데 여기서 주목할 만한 것은 그가 경제적 불평등을 단지 재산이나 소득과 관련된 불평등으로만 보는 것이 아니라, 이러한 불평등의 근본적 원인을 거대 기업의 권력화에 찾고 있다는 점이다. 즉 거대 기업 소유자나 이들의 이익을 대변하는 최고 경영진이 기업 내부에서 의사결정 권한을 독점할 뿐 아니라 이러한 권력을 이용하여 다시 정치적 영향력을 확대한다는 것이다. 그 결과 경제적 불평등뿐 아니라 정치적 불평등도 발생하게 된다. 이러한 달의 통찰을 염두에 둔다면 토의민주주의가 실질적으로 성공하기 위해서는 경제적 평등을 실현해야 할 뿐 아니라 모든 정치경제적 불평등의 원인이 되는 거대 기업의 권력화를 방지해야 한다.

대한민국 헌법 제119조 2항에서는 "국가는 균형 있는 국민경제의 성장 및 안정과 적정한 소득의 분배를 유지하고, 시장의 지배와 경제력의 남용을 방지하며, 경제주체 간의 조화를 통한 경제의 민주화를 위하여 경제에 관한 규제와 조정을 할 수 있다"고 선언하고 있다. 이렇게 볼 때 헌법적으로 명시하고 있는 경제민주화의 방향은 계층 간의 소득 격차를 축소하고, 거대 기업으로의 경제력 집중 및 남용을 방지하고, 기업, 노동자, 소비자 등 경제주체 간의 세력 균형과 협력으로 이해할 수 있다. 그렇다면 왜 경제민주화 조항이 헌법적으로 명시되었을까? 현상적으로 볼 때 경제민주화는 자유시장경제가 낳을 수 있는 경제적 불평등을 방지하기 위한 것이지만, 더욱 근본적으로는 경제적 불평등이 경제적 영역에서의 권력관계, 내지 지배관계를 구축하는 것을 막기 위한 것이다. 왜냐하면 경제적 불평등은 경제적 종속으로 발전할 수밖에 없고, 이것은 결국 지배와 피지배 관계로 귀착되기 때문이다. 따라서 역으로 경제적 영역을 민주화하려는 것은 경제적 영역에서도 지배-피지배 관계를 극복하고, 협력과 연대관계를 이루기 위함이며, 결국 경제적 영역에서도 모든 국민을 동등한 주권자로 인정하기 위함이다. 민주주의가 지배-피지배 관계를 철폐한다고 말할 수 있는 것은 앞서 지적했듯이 모든 국민이 민주주의 질서 속에서 바로 주권자이며, 주권자란 점에서 평등하게 대우를 향유하기 때문이다. 따라서 경제적 영역에서도 지배-피지배 관계를 철폐하기 위해서는 모든 국민이 동등한 주권자로 인정되어야 한다.

단적인 예로 기업과 노동자, 소비자는 서로 협력관계에 있다. 노동자가 없으면 기업은 운영될 수 없고, 기업이 없으면 노동자는 일자리를 가질 수 없다. 마찬가지로 기업은 소비자를 위해 생산하며, 기업이 없다면 소비자는 생활수단을 확보할 수 없다. 이렇게 경제적 관계가 협력관계로 이해된다면, 그 누구도 다른 사람에게 권력을 행사할 수 없으며, 따라서 지배-종속 관계가 형성될 수 없다. 모든 국민은 경제적 관계에서 동등한 존재이며, 누구에 의해서도 지배될 수 없는 동등한 주권자가 된다. 그러나 반대로 자본가가 기업을 만들고, 기업은 생산을 위해 노동자를 고용하면서 이들을 단지 노동력이란 생산 도구로 취급한다면, 기업은 권력을 갖게 되고 노동자는 생계를 위해 여기에 종속될 수밖에 없다. 또한 기업이 독점화되면서 생산과 유통을 장악한다면, 소비자는 기업의 횡포에 놀아날 뿐 아무런 저항도 할 수 없다. 따라서 경제적 영역에서 기업만 주권자가 되며, 여타의 경제주체는 아무런 주권도 갖지 못한 채 기업권력에 종속된다. 이런 점에서 경제민주화란 경제적 영역에서도 국민주권을 실현함으로써 지배관계를 철폐하고 연대를 형성하기 위한 것이라 할 수 있다.

이렇게 경제민주주의를 경제적 영역에서 연대관계를 형성하기 위한 것으로 파악한다면, 정치적 영역에서의 연대, 즉 공동의 생활조건을 함께 결정한다는 주권자 간의 연대는 경제민주주의 없이는 불가능하다. 경제적 영역이 지배관계로 편성되어 있다면, 이는 결국 정치적 영역 역시 지배관계로 만들 수밖에 없기 때문이다. 따라서 경제민주주의는 다층적 민주주의라는 대안적 민주주의의 또 하나의 층이자, 가장 토대가 되는 층으로 추가되어야 한다. 즉 경제민주주의를 토대로 직접민주주의, 토의민주주의, 결사체민주주의 그리고 대의민주주의가 층위를 이룬다는 것이다.

그렇다면 이것으로 대안적 민주주의는 완성되는 것일까? 그렇다면 이것으로 모든 사회적 관계가 지배관계에서 벗어나 주권자 간의 연대관계로 재편될 수 있을까? 사실 공동의 생활조건이란 단지 정치적 영역이나 경제적 영역만으로 국한되지 않는다. 가족이라는 공동체는 그 대표적 예이다. 이것은 정치적 관계도 아니고 경제적 관계도 아니다. 이는 친밀성을 토대로 형성되고 유지되는 또 다른 사회적 관계이기 때문이다. 또한 학교, 교회, 친목단체 등 특정한 목적, 가치, 취향에 따라 형성된 다양한 공동체가 있고 여기서 형성된 다양한 사회적 관계들이 있다. 이 모든 사회적 관계를 지배와 피지배가 아니라, 협력과 연대의 관계로 만들려면 아마도 생활세계의 민주화라는 더 근본적이며 포괄적인 층위를 염두에 두어야 한다. 따라서 민주주의란 단지 정치적 영역에서만 적용되는 것이 아니며, 이 모든 영역에서 실현될 수 있을 때 정치적 민주주의 역시 실현 가능하다고 할 수 있다. 즉 민주주의란 인민자치의 원리를 핵심으로 하듯이 공동의 생활조건을 결정하는 데 모든 구성원들이 동등한 주권자로서 참여하는 것을 말하며, 이는 모든 생활 영역으로 확대될 수 있다는 것이다. 이런 점에서 민주주의란 특정한 정치체제가 아니라, 일종의 공동체적 생활방식으로서의 의미를 갖는다.

이렇게 민주주의가 전 사회로 확대되면서 사회 전체가 지배-피지배 관계에서 벗어나 동등한 주권자 간의 연대관계로 재편된다면, 근대의 이상이었던 인간의 자유가 비로소 그 실현의 토대를 확보할 수 있다. 인간이 모든 사회영역에서 주권자로 존재한다면, 이제 인간은 모든 영역에서 자신의 삶을 스스로 결정할 수 있게 되기 때문이다. 이런 점에서 모든 국민을 주권자로 인정한다는 것은 인민자치, 국민주권을 실현하기 위한 것일 뿐 아니라 최종적으로 연대 사회를 형성함으로써 인간의 자유를 실현하기 위함이다. 따라서 대안적 민주주의란 다름 아닌 연대 민주주의라 할 수 있다.

6장

경제적 생산 영역의 구조변화

생산주체에서 사회적 활동주체로

오늘날 경제적 영역에서는 어떤 변화가 일어나고 있을까? 사실 이러한 질문은 자본주의 체제에 어떤 변화가 일어나고 있는가 하는 질문과 같다. 왜냐하면 1990년대 현실 사회주의 붕괴 이후 자본주의 체제가 전 세계로 확산되면서 오늘날 거의 모든 나라는 자본주의라는 하나의 경제체제를 유지하고 있기 때문이다. 리처드 세넷의 분석에 따르면 오늘날 자본주의는 근본적인 변화를 겪고 있으며, '유연성 자본주의'(flexible capitalism)라는 새로운 형태의 자본주의에 도달했다.[1] 그렇다면 유연성 자본주의가 말해주는 변화의 핵심은 무엇일까? 이는 단적으로 말해서 생산이 유연화되고, 기업 조직이 유연화되고, 고용이 유연화됨으로써 이른바 단기 계약직을 전전하는 '유연성 인간'이 등장했다는 데 있다. 이런 점에서 유연성 자본주의란 유연성 인간이라는 새로운 유형의 인간을 탄생시킨 자본주의를 말한다. 물론 이런 인간형 자체가 오늘날 우리가 겪고 있는 경제적 변화 전체를 말해주는 것은 아니다. 이러한 인간형을 통해 알 수 있는 것은 기껏해야 변화된 자본주의 체제가 어떤 인간형을 확산시키고 있느냐 하는 점 이상이 아니기 때문이다. 그러나 유연성 인간의 등장을 신자유주의, 세계화, 지식정보화, 그리고 이로 인한 다양한 경제적 변화가 결집된 결과로 본다면, 유연성 인간은 오늘날 자본주의가 겪고 있는 광범위한 변화에 접근할 수 있는 핵심 통로가 된다.

나는 유연성 인간의 등장을 통해 파악할 수 있는 경제적 변화를 특히 인정관계의 구조변화로 해석하고자 한다. 왜냐하면 이를 통해 현재 일어나고 있는 다양한 변화를 하나의 개념 속에서 파악할 수 있을 뿐 아니라 이에 대한 비판적 대안 역시 모색할 수 있기 때문이다. 이런 점에서 최근의 경제적 변화를 인정관계 변화로 해석한다면, 흡사 맹목적으로 보이는 경제적 변화 과정에 규범적 방향을 제시할 수 있다. 더구나 현재 일어나는 경제적 변화를 인정관계 구조변화로 해석함으로써 얻어질 수 있는 규범적 발전 방향은 경제 외적인 논리를 통해 경제적 질서를 비판하고 변혁하려는 것이 아니라, 경제적 질서 자체에 내재하는 사회적 관계를 바꿈으로써 경제 질서를 변혁하도록 한다는 점에서 내재적 변혁 논리를 제공하게 된다. 그렇다면 현재 일어나는 경제적 변화를 인정관계의 구조변화로 해석하는 데 있어서 왜 유연성 인간의 등장이 출발점이 될 수 있을까?

유연성 인간이란 개인의 정체성이 파편화되고 사회적 연대가 해체된 시대의 인간형으로서 이러한 인간의 등장은 기업 조직이 피라미드식으로 견고한 통합을 유지하고 상대적으로 고용이 안정된 시대에 개인이 누렸던 긍정적 자기의식과 사회적 인정관계를 송두리째 붕괴시키고 있다. 그렇다면 이제 어떤 새로운 인정관계가 형성되어야 하며, 이에 상응하여 어떤 새로운 경제적 변화가 일어나야 할까? 아니면 역으로, 오늘날 어떤 새로운 경제적 질서의 맹아가 발견되고 있으며, 이는 어떤 새로운 인정관계의 정착을 요구할까? 본 글에서 핵심적으로 전제하고 있는 것은 사회가 형성되고 유지되기 위해서 는 안정된 인정관계가 필요하다는 것이며, 이는 경제적 영역에서도 마찬가지이다. 더구나 기존의 인정관계를 약화시키는 사회적 갈등이 전향적으로 해결되면서 개인의 자기의식이 고도화되면 인정관계 역시 발전한다. 물론 그 결과는 더 고차적인 형태의 사회통합과 더 많은 사람들의 다양한 자아실현을 보장하는 사회적 진보이다.

본 글에서는 기존의 인정관계의 붕괴와 새로운 인정관계의 등장을 '생산주체에서 사회적 활동주체로의 인정관계 구조변화'로 설명하려 한다. 유연성 인간이 등장하기 이전에 경제적 생산 영역에 참여했던 개인들이 누렸던 사회적 인정이 동등한 권리가 부여된 생산주체였다면, 유연성 인간의 등장이라는 해체의 시대를 극복할 수 있는 새로운 인정관계는 이제 개인을 동등한 사회적 활동주체로 인정하는 데 있다는 것이다. 본 글에서는 이러한 주장을 정당화하기 위해 세 가지 단계를 밟을 것이다. 첫째, 유연성 인간이 어떤 인간인가를 설명하고, 이것이 야기하는 사회 병리적 현상이 무엇인지를 밝힌다(1절). 둘째, 19세기 산업혁명 이후의 자본주의 변화 과정을 3단계로 구분하면서 유연성 인간을 등장시킨 단기 계약직 확대의 원인을 세계화, 신자유주의 그리고 지식정보화에 따른 경제적 변화를 통해 설명한다(2절). 셋째, 유연성 인간의 등장을 인정관계의 구조변화로 해석하면서 오늘날 어떤 새로운 인정관계가 요구되는지를 서술한다(3절).

1. 유연성 인간과 사회 병리현상

유연성 인간의 등장

리처드 세넷이 분석한 자본주의 변화의 핵심은 그의 인터뷰 대상이었던 엔리코와 리코의 인생사에서 단적으로 드러난다.[2] 이 둘은 이탈리아계 이민자 출신의 미국인으로서 서로 부자지간이다. 먼저 리코의 아버지 엔리코의 사례를 설명하면, 그는 1970년대 초반 40대 빌딩 관리인이었다. 당시 그는 20여 년간 한결같이 빌딩 화장실을 청소하고 복도에 걸레질을 했다. 그가 온갖 궂은 일도 마다하지 않고 이를 해낼 수 있었던 것은 가족의 생계를 책임지고 자식들이 출세하도록 공부를 시키겠다는 한 가지 목적 때문이었다. 엔리코는 먹을 것 안 먹고, 입을 것 안 입으며 악착같이 돈을 모았다. 비록 평생 같은 직장에서 똑같은 일을 하는 규칙적이고 반복적인 생활이었지만 매주 통장 잔고가 늘어나는 것을 확인할 수 있었다. 그는 저금한 돈으로 집을 장만하고, 집을 증축하고, 새 가구를 들여놓으면서 가족의 소중함을 느낄 수 있었다. 엔리코는 자신의 생활에서 불안을 느끼지 않았다. 노동조합이 일자리를 지켜주었고, 정부 연금이 노후를 보장했다. 그는 언제쯤 은퇴하고, 그때까지 얼마를 벌 수 있을지 정확하게 예측하고 있었다. 그에게는 차곡차곡 쌓인 분명한 인생 스토리가 있었고, 이는 수미일관된 하나의 이야기로 통일되면서 그에게 인생의 의미를 느끼게 했다. 엔리코는 자신이 바로 이런 인생의 저자라고 생각하고 있었으며, 비록 사회적으로 하류 계층에 속했지만 자신의 인생에 대한 자긍심을 잃지 않았다. 물론 엔리코가 자기 아들인 리코 역시 자신과 같은 인생을 살기를 바랐던 것은 아니다. 엔리코는 리코가 성공하고 출세해서 신분 상승을 이루기를 원했다.

엔리코의 아들인 리코는 아버지의 교육열 덕택에 신분 상승을 이루었다. 그는 1990년대 중반 40대 컨설턴트로서 소득수준 하위 25%에 속하는 아버지와는 달리 소득수준 상위 5%에까지 올라갔다. 그는 노트북이 든 세련된 가죽 가방을 메고, 값 비싼 고급양복을 입고, 명문가 출신들이 애호하는 인장 반지까지 끼고 다녔다. 리코는 아버지와는 달리 비록 안정적이지만 반복적인 생활방식을 거부했다. 그는 변화를 능동적으로 받아들이고 위험을 무릅쓰는 도전적 삶을 높이 평가했다. 리코는 학업을 마친 후 14년 동안 네 번 직장을 바꾸었고 거주지도 바꾸었다. 한때는 컴퓨터 관련 벤처 회사에 근무했었고, 그 후 다른 직장에서는 구조조정으로 일자리를 잃기도 했다. 현재는 뉴욕에서 조그만 컨설팅 회사를 운영하고 있다. 리코는 분명 물질적으로 성공했지만 자신이 인생에 대한 통제력을 상실한 것은 아닌지 두려워한다. 그는 컨설팅 회사를 창업하는 것이 독립의 지름길이라 생각했지만, 현재 그는 고객들에게 용역을 얻기 위해 그들의 스케줄에 맞추고 그들의 변덕에 따라 우왕좌왕하면서 자신이 책임지고 수행하는 고정적 역할이 없어졌다고 한탄한다. 그는 여러 차례 직장을 옮기면서 많은 동료를 잃었지만 새로운 사람들을 사귀지는 못했다. 그에게는 공동체 의식이나 소속감을 느낄 만한 곳이 없다. 리코는 자식들에게 충성, 헌신, 인생의 목적처럼 장기적 의미를 갖는 행동을 강조하고 싶지만, 자신의 삶이 이에 대한 모범이 되지 못한다는 점 때문에 갈등한다.

이렇게 엔리코와 리코의 사례에서 나타난 삶의 모습을 비교한다면 이 둘 사이의 결정적 차이는 무엇일까? 물론 현상적으로 볼 때 이 둘 사이에는 여러 가지 차이점이 있지만, 이 모든 차이의 근저에 놓여 있는 핵심적 차이가 있다. 그리고 이러한 차이를 일반화시킨다면 엔리코와 리코 두 세대 간에 나타나는 공통된 차이를 이야기할 수 있으며, 더 나아가 이를 통해 그 사이에 벌어진 자본주의 체제의 변화까지도 이야기할 수 있다. 세넷이 주목하는 결정적 차이는 직장 생활에 관한 것이다. 즉 아버지인 엔리코 세대가 평생 한 직장에서 일을 했다면, 이제 아들인 리코 세대에게는 평생 한 직장에서 근무한다는 것이 더 이상 가능한 일이 아니라는 것이다. 세넷에 따르면 오늘날 미국에서 평균 잡아 2년제 전문대 졸업 이상의 학력을 가진 청년은 앞으로 40년 취업 기간 중 최소한 열한 차례 직장을 바꾸고, 최소한 세 차례 직종을 바꾸게 된다.[3] 이는 평생 한 우물만 판다는 의미에서의 직업이 단편적이고 부분적인 일자리를 의미하는 프로젝트로 대체되고, 이에 따라 비정규직으로 불리는 단기 계약직이 주를 이루는 시대가 도래했음을 말해준다.

단기 계약직의 증가는 비단 미국만의 상황이 아니다. 이는 거의 전 세계적으로 일어나는 일반적 현상이며, 우리나라는 극단적인 경우에 해당된다. 1997년 김대중 정부가 외환 위기로 인한 국가부도 사태를 수습하기 위하여 IMF가 요구한 경제개혁을 받아들였다. 그 핵심 사항 중의 하나가 노동시장의 유연화였다. 따라서 당시 정부는 정책적 차원에서 고용과 해고의 자유를 대폭 허용하게 되었으며, 이는 곧바로 정리해고, 명예퇴직 바람을 일으킴으로써 실업자뿐 아니라 비정규직을 대규모로 양산하게 되었다. 비정규직은 판매 서비스직과 같은 특정 분야에만 한정된 것이 아니다. 비정규직은 미숙련 노동자의 43.5%, 숙련 노동자의 42.3%, 화이트칼라 노동자의 38.8%, 그리고 전문직-관리직의 11.5%, 기술직-반전문직의 20.4% 등 거의 모든 산업 분야와 직종에서 다양하게 나타나고 있다.[4] 그 결과 전체 비정규직 비율은 2009년 정부 통계로는 피고용자의 35%인 550만 명에 이르고 있고, 노동 통계로는 52%인 830만 명에 이르게 됨으로써 우리나라는 OECD 국가 중 비정규직 비율 1위를 차지하게 되었다.[5]

이런 점에서 우리나라에서도 엔리코에게서 발견할 수 있는 평생직장 개념이라든지, 한 직장에서 말단 사원으로부터 시작하여 한 단계 한 단계 승진하며 한평생 희로애락을 같이 한다는 이야기들은 점차 과거의 유물로 사라지게 되었다. 많은 사람들은 더 이상 정해진 공간과 정해진 시간에 정해진 업무를 반복적으로 수행하며 일의 규칙과 리듬에 익숙해지고 이를 통해 자신의 습관을 형성하며 인생 이야기를 만들어가지 않는다. 이제 우리나라에서도 리코 세대에서처럼 끊임없이 직장과 직종이 바뀜에 따라 일에 대한 익숙함과 이를 통한 습관이 생기기도 전에 늘 새롭지만 단기적인 환경에 적응해야 하는 유연성 인간이 등장하게 된 것이다.

기업 조직과 생산 과정의 유연화

그렇다면 오늘날 왜 노동시장이 유연화되었고 이에 따라 유연성 인간이 등장하게 된 것일까? 현상적으로 볼 때 노동시장의 유연화는 무엇보다도 기업 조직이나 생산 과정의 유연화에 직접적 원인이 있다.[6] 오늘날 기업 조직은 다양한 직무가 상명하복의 원칙에 따라 하나의 수직적 단일 체계로 통합된 피라미드형 조직에서 다양한 직무 영역이 각기 자율성을 유지하며 수평적으로 연결된 네트워크형 조직으로 재편되고 있다. 물론 이렇게 기업 형태가 네트워크화 한 이유는 생산성 향상이라는 명목하에 기업 조직의 유연성을 확대하기 위함이다. 기업 조직이 네트워크화 된다면 피라미드형 조직과는 달리 변화하는 상황에 따라 여타의 부분을 훼손하지 않으면서도 신속하게 불필요한 부문을 제거하거나 이를 새로운 부문으로 대체할 수 있다. 그리고 상시적으로 조직 내부의 비효율적 부문이나 중복된 부문을 제거하면서 직무 규모를 축소한다면 조직을 슬림화하면서 적은 인력으로도 많은 일을 담당하게 하는 것이 가능하다.

이렇게 유연성을 갖춘 조직이 필요한 이유는 시장의 변화에 신속하게 대응하기 위함이며, 특히 이는 상품 회전주기가 짧아지는 추세에 맞추어 더욱 다양한 생산품을 신속하게 시장에 내보내기 위함이다. 상품 회전주기가 짧아지는 것은 소비를 촉진시키고 이에 따라 생산을 확대하기 위한 필수 조건이다. 동일한 상품을 장기간 사용한다면 그만큼 소비가 줄어들게 되며, 이에 따라 생산도 제한적이고 결국 이윤도 제한적일 수밖에 없기 때문이다. 그러나 끊임없이 신상품을 만들어내면서 새로운 소비를 유도한다면 그만큼 생산이 확대되고 이윤이 증대된다. 이런 점에서 소비자의 욕구가 상품 생산을 자극하는 것이 아니라, 반대로 새로운 상품 생산이 소비자의 욕구를 자극하는 소비사회의 논리는 기업 조직의 유연화를 필요로 할 수밖에 없다. 하지만 기업 조직의 유연화가 항상 가능한 것은 아니다. 왜냐하면 이는 이른바 생산의 '유연 전문화'를 가능하게 하는 고도의 기술력을 필요로 하기 때문이다. 이런 점에서 각종 생산 활동과 업무 처리를 프로그램화할 뿐 아니라 이를 재편성하거나 조합하는 것을 가능하게 한 컴퓨터 기술의 발전은 유연 전문화의 필수 조건이라 할 수 있다. 더구나 컴퓨터를 바탕으로 한 정보통신기술의 발전은 전 세계의 시장 정보를 실시간으로 제공함으로써 시장의 변화무쌍한 요구를 신속하게 파악할 수 있게 한다.

이렇게 기업 조직과 생산 과정이 유연화되면 필연적으로 노동시장 역시 유연화될 수밖에 없다. 끊임없이 시장의 변화에 맞추어 새로운 상품을 만들어내고 이에 적합하게 기업 조직을 지속적으로 재편성하려면 고용과 해고가 자유로워야 할 뿐 아니라, 모든 업무가 단기화되고 이에 따라 노동자의 고용 역시 단기화되어야 하기 때문이다. 만약 반대로 노동자들의 고용이 장기화되고 고용과 해고에 많은 규제가 따른다면 사실 시장의 변화에 따라 조직을 재편성하거나 직무 규모를 축소하고 조직을 슬림화하는 일은 어려워질 수밖에 없고, 새로운 상품 생산에 적합한 인력으로 탄력성 있게 업무 조직을 구성한다는 것은 더더욱 어려운 일이 된다. 따라서 최고 경영층은 조직을 유연화하고 조직의 일부 기능을 외부에 위탁하는 아웃소싱을 통해 조직 내부의 중간층을 통폐합하고, 점차 고용을 비정규직화한다. 그리고 노동력의 비정규직화는 각종 복지비용을 줄일 수 있게 할 뿐 아니라 고용 인원을 자유롭게 조절하면서 신축적으로 조직을 운영할 수 있게 한다는 점에서 기업에 가장 매력적인 고용 형태가 된다.

그렇다면 기업 조직과 생산 과정을 유연화하고 이에 따라 고용을 유연화시킨 결과는 어떤 것일까? 과연 이런 유연화는 기업 조직 내부에 더 많은 자율성을 부여하고, 시장의 변화에 능동적으로 대응하면서 생산성을 높이고 이윤을 증대시키는 데 기여했을까? 세넷에 따르면 많은 실증적 자료가 보여주는 결과는 부정적이다.[7] 단적으로 말해서 노동시장의 유연화를 필요로 했던 기업 조직과 생산 과정의 유연화는 기업 내부에서 최고 경영층의 새로운 권력 강화로 이어졌을 뿐 노동자들의 생산성을 비약적으로 확대시키지 못하고 있다는 것이다. 무엇 때문에 이렇게 된 것일까?

사실 네트워크형 조직은 중앙의 강력한 통제력 없이는 유지되지 못한다. 비록 조직 내 각각의 업무 단위가 자율성을 갖고 움직인다고 해도, 최고 경영층을 중심으로 한 기업 중심부는 각 업무 단위의 역할과 목표를 설정할 뿐 아니라 특정 과제와 관련하여 복수의 업무 단위들이 서로 경쟁하게 만든다. 그리고 그 결과를 평가하면서 조직의 확장과 축소를 결정한다. 실제로 최고 중심부는 첨단 분석 기술을 이용하여 조직 내의 모든 움직임을 속속들이 파악하고 있기 때문에 모든 업무를 실시간으로 감독할 수 있다. 이런 점에서 각 업무 단위가 갖는 자율성이란 단지 기업 중심부에서 결정된 업무 목표를 달성하기 위해 자율성을 발휘하는 것에 불과하다. 더구나 이러한 자율성은 이에 대한 책임을 동반한 것이다. 최고 경영층이 부여한 역할을 제대로 수행하지 못하고, 결과적으로 지정된 목표를 달성하지 못한다면 해당 업무부서는 폐지되거나 다른 부서를 통해 대체된다. 이렇게 되면 피라미드형 조직에서와는 달리 명령권자가 업무에 대해 최종 책임을 지는 것이 아니라, 이 명령을 자율적으로 수행하는 부서가 최종 책임을 지는 셈이 된다. 따라서 최고 경영층은 아무런 책임도 없이 자율적 부서에 대한 생사여탈권을 갖는 막강한 권력을 행사하게 된다. 그런데 네트워크형 조직이란 단지 기업 내의 조직 형태만을 의미하는 것이 아니다. 기업과 협력기업과의 관계 역시 네트워크형 조직 형태를 갖는다. 오늘날 기업 형태를 보면 어떤 제품을 생산한다 하더라도 그 부품 모두를 생산할 수는 없으며, 최종 조립품 형태로 제품을 생산하더라도 이를 판매하고, 홍보하고, 사후 서비스 제공에 이르는 모든 업무를 하나의 기업이 담당하는 것은 드문 일이다. 따라서 다양한 업무를 담당하는 여러 기업들이 대기업을 중심으로 하나의 연결망을 이루면서 전체 업무가 진행된다. 이 경우에 대기업은 협력기업들을 시장의 변화에 맞춰 신속하게 재편성하면서 이들에게 업무와 목표를 부여하고 이를 제대로 수행하지 못할 경우 생사여탈권을 행사한다. 예를 들어 판매를 담당하는 협력기업이 지정된 판매실적을 올리지 못하면, 그 책임은 고스란히 이 업체에게 전가되며, 이 또한 제대로 이루어지지 못한다면 새로운 협력업체를 통해 이를 대체한다.

이렇게 기업 조직 내의 중심 권력이 강화되면서 통제 역시 강화된다면 업무 추진이 더욱 효율적으로 이루어지고 이에 따라 생산성이 비약적으로 증대될 것 같지만 그 결과는 그렇지 못하다. 왜냐하면 무엇보다도 노동시장의 유연화가 노동자들의 고용 불안을 낳고 있기 때문이다.[8] 노동자들은 지속적으로 시행되는 조직 개편이나 구조조정 과정에서 감원 대상이 되지 않을까 불안해하고 있으며, 단기 계약직이라는 불안정한 고용 형태 때문에 업무에 대한 만족도는 물론 직무 몰입도 역시 낮아지고 있다. 따라서 고용 불안은 노동생산성 향상의 주된 걸림돌이 된다. 그리고 생산 과정이 유연 전문화되었다고는 하지만 사실 노동자들은 자신의 업무에 대해 전문적이지 않다. 유연 전문화 원칙에 따라 운영되는 대부분의 작업장에서 노동자들은 컴퓨터 프로그램을 이용한 자동화 설비를 사용함으로써 짧은 시간 내에 다양한 종류의 상품들을 생산하지만, 이런 '프로그램 의존형 근로자들'은 생산 과정에 대해 거의 아는 바가 거의 없기 때문이다.[9] 이들은 그저 컴퓨터 모니터에 떠 있는 아이콘만 클릭했을 뿐 모든 생산 과정은 컴퓨터에 의해 통제된다.

병리적 현상

그렇다면 노동시장의 유연화는 그 당사자인 노동자들에게 어떤 결과를 가져다주고 있을까? 노동시장의 유연화는 기업 조직과 생산 과정의 유연화와 비교해볼 때 노동자들에게는 치명적인 결과를 낳고 있다. 우선적으로 노동자들은 노동시장의 유연화에 맞춰 자신의 직장을 바꾸고 직업을 바꾸며 끊임없이 새로운 영역에 도전하고 적응해야 한다. 그러나 이런 이동이 항상 더 나은 직책, 직장, 혹은 임금을 목적으로 일어나는 것은 아니다. 노동시장에서의 이동은 대개 수직 상승이 아니라, 횡적 이동으로 끝나기 십상이며, 따라서 노동자들의 이동은 어떤 목적지를 향한 이동이 아니라, 이동 자체를 위한 이동이 되고 만다.[10] 그런데 이렇게 노동자들이 무한궤도처럼 반복되는 횡적 이동 속에 매몰되면서 이들은 어느덧 사회적 양극화의 한 극단을 형성하게 된다. 왜냐하면 노동시장의 유연화는 '승자만을 위한 시장'을 만들어 경제적 불평등 현상을 심화시키고 있기 때문이다.[11]

피라미드형 조직에서는 위계적 명령 체계를 통해 업무가 추진될 뿐 아니라 이를 통해 이익 역시 분배된다. 그런데 피라미드형 조직에서 네트워크형 조직으로 조직 재편이 이루어지거나 구조조정이 이루어질 경우 대개 새로운 작업방식을 도입함으로써 피라미드의 중간층을 없애고 조직을 슬림화하거나 아웃소싱을 통해 복잡한 중간층을 통폐합한다. 이런 점에서 네트워크형 조직에서는 조직 내부가 양극화되고, 최고 경영층이 자율화라는 미명하에 업무에 대한 책임을 지지 않으면서도 생산여탈권이라는 막강한 권력을 행사하면서 이익을 독점하게 된다. 미국의 노동자 평균임금과 100대 고소득 CEO들의 소득을 비교한 통계자료에 의하면, 1970년 49 대 1 정도의 격차를 보이던 것이 1980년대 중반부터 그 격차가 급격하게 확대되기 시작하여 1998년에 이르러서는 2,388 대 1에 이르는 극단적 변화를 보이고 있다.[12] 또한 1990년부터 2005년까지 미국 기업의 CEO와 노동자 평균임금을 비교한 자료에 의하면, 이 기간 동안 CEO의 임금은 약 300%가량 인상되었지만, 일반 근로자의 임금은 4.3% 오른 것에 불과하다.[13] 이러한 임금 격차가 낳은 사회적 결과가 극단적 양극화이며, 이는 가히 전 세계적 현상이다. 2011년 통계에 따르면 OECD 국가에서 상위 10%의 평균소득은 하위 10%의 평균소득에 대해 9배 격차를 보이고 있으며, 한국은 2014년 11.9배에 이르고 있다.[14]

우리나라는 외환 위기 이후 노동 유연화 정책이 도입되기 이전인 1996년까지만 해도 경제적 불평등 정도가 그렇게 심하지 않았다. 1987년 민주화 이후 저임금 부분의 임금이 높아지면서 전체적으로 볼 때 불평등 정도가 완화되었기 때문이다. 그러나 1997년 이후 노동 유연화 정책 도입에 따라 단기 계약직 근로자들이 확대되면서 새로운 저임금 근로자들이 확대되었다.[15] 비정규직 근로자의 임금은 역할이나 업무에서 거의 차이가 없음에도 불구하고 정규직 임금의 절반에도 미치지 못하기 때문이다. 2014년 정규직 평균임금은 260만 원인 데 비해 비정규직 평균임금은 145만 원에 불과하다.[16] 그리고 비정규직 노동자들의 사회보험 가입률도 매우 낮다. 2013년 통계를 보면 보험 가입률이 정규직의 절반 수준에 불과하기 때문이다.[17] 더구나 정규직 노동자들에게 지급되는 퇴직금, 상여금, 시간외수당, 유급휴가 등도 비정규직 근로자들에게는 적용되지 않는 경우가 대부분이다. 이런 점에서 비정규직은 사회 전반에서 근로빈곤층을 확대시키고, 경제적 불평등을 심화시키는 주된 원인이 된다.

이렇게 경제적 불평등이 확산되면서 근로빈곤층이 확대된다는 것은 경제 성장에도 치명적이다. 왜냐하면 이는 구매력 감소로 이어지면서 소비 감소와 이에 따른 생산 감소를 결과할 수밖에 없기 때문이다. 이렇게 되면 경제는 필연적으로 침체될 수밖에 없다. 이제 경제적 상황은 생산 감소가 다시 생산 조직을 축소시키고 노동 유연성을 더욱 확대시키면서 근로빈곤층을 확대하는 악순환에 빠질 수 있기 때문이다. 그러나 노동시장이 유연화된 상황에서도 이런 악순환은 그렇게 심각한 것 같지 않다. 왜냐하면 여전히 소비가 유지되고 있고, 따라서 생산의 급격한 축소 역시 나타나고 있지 않기 때문이다. 또한 경영 상층부에 속하는 사람들의 소득이 급격하게 상승하는 등 기업은 여전히 호황을 누리고 있는 것처럼 보인다. 물론 고용 없는 성장이라는 말처럼 오늘날 생산과 소비가 늘면서 기업은 성장하지만, 이러한 생산과 소비 모두 국외에서 이루어지고 있다는 점에서 성장의 성과가 국내로 확산되지는 않는다. 따라서 기업이 호황을 누리더라도 이에 따른 이득이 전 사회적인 소득 확대로 이어지지 않는다. 그렇다면 국내 소비가 급격하게 축소되면서 내수산업은 거의 붕괴 직전에 있어야 하지 않을까? 그런데 왜 이런 일이 일어나지 않고 있을까? 노동시장 유연화로 근로빈곤층이 확대됨에도 불구하고 여전히 소비가 이루어지고 있다면 이는 무엇 때문일까? 도대체 이러한 마술은 어떻게 가능한 것일까?

신용경제는 어떻게 이런 일이 가능한지 그 실마리를 제공한다. 왜냐하면 신용거래는 자신의 소득보다 더 많은 지출을 가능하게 함으로써 구매력을 강화하고 소비를 확대시키기 때문이다. 미국만 보더라도 소비자 금융은 2004년만 해도 연 9%라는 경이적인 성장세를 보이고 있으며, 이에 따라 1990년대 초 약 8%이던 미국의 가계저축률은 2001년 2%대로 떨어졌다.[18] 그러나 신용연장이 한계에 도달하여 소비자들은 지불불능 상태에 빠지게 되고, 그 파급 효과가 금융권에 이어 경제 전체에 영향을 미치게 되면 이는 통제불능 상태를 야기할 수 있다. 미국에서는 1994년 78만 명이 파산하였고, 2002년에 이르러서는 약 157만 명으로 파산자가 확대되었다. 2008년 미국에서 비롯된 세계적 금융 위기가 부실주택담보대출에서 시작되었다는 점은 이러한 신용경제의 위험성을 단적으로 증명해준다. 한국의 경우를 살펴보면 우리나라는 1997년 외환 위기를 겪으면서 신용카드 산업이 급격히 시장 규모를 확대하였다. 1996년 4,111만 장이던 신용카드 발급 수는 2002년에 1억 480만장을 돌파하여 155% 성장세를 보였고,[19] 2011년에는 1억 2,200만 장에 이르고 있다.[20] 그 결과 우리나라 국민의 평균 신용카드 결제건수는 129.7건으로 국제결제은행 15대 회원국 중 1위를 차지하고 있으며, 이는 주택담보대출과 함께 오늘날 가계부채 1,000조 시대를 열게 한 주된 원인이 되고 있다.[21]

이렇게 노동시장의 유연화는 극단적인 양극화 현상을 야기함으로써 많은 노동자들이 빚을 내면서 생활을 유지하게 할 정도로 물질적 삶을 피폐하게 만들고 있다. 그러나 그 폐해가 여기서 그치는 것은 아니다. 노동시장 유연화는 노동자들의 정신적 삶 역시 피폐하게 만들고 있다. 이는 근본적으로 노동자들의 정체성 붕괴 현상에 그 원인이 있다. 유연화된 조직 형태인 네트워크형 조직과는 달리 피라미드형 조직에서는 조직 전체의 목적을 효율적으로 달성할 수 있도록 조직 내 각각의 부문의 역할과 기능이 고정되어 있다. 그리고 명령계통의 상부로 올라갈수록 소수가 통제권을 장악하고 있고, 반대로 명령계통의 하부로 내려갈수록 권한은 줄어들지만 더 많은 사람들이 배치되어 있다. 이 속에서 조직 구성원들은 항상 자기 자신이 맡은 일과 이에 필요한 능력과 기술 그리고 의무가 무엇인지를 분명하게 알고 있으며, 이를 장기적으로 수행하면서 이에 대해 숙달된다. 물론 피라미드형 조직이 상명하복의 원칙에 따라 운영된다는 점에서 조직 구성원들은 누군가 다른 사람이 설계한 틀에 맞추어 업무를 추진하는 것이라 생각하기 쉽지만, 실제로 명령 전달은 각 단계를 거치면서 '해석과 타협'을 통해 변조된다.[22] 이렇게 피라미드형 조직에서 근로자들은 자신의 역할에 대한 분명한 의식하에 비록 사소한 것일지라도 해석과 타협을 통해 이를 수행하면서 한편으로 자신이 조직 내에서 무언가 유용한 존재라는 긍정적 자기의식을 갖게 되며, 다른 한편으로 자신을 유용한 존재로 대우해주는 조직에 대해 강한 소속감을 갖는다.[23]

이와 관련하여 개인적 정체성을 이야기한다면, 개개인은 자신을 특정한 조직 구성원으로서 이해하고 있으며, 자신의 직장에 대한 사회적 평판이 높을수록 해당 개인은 자신에 대한 긍지를 갖게 된다. 이런 점에서 피라미드형 조직은 상대적으로 안정된 직장을 보장하면서 한편으로 그 구성원들이 안정적 정체성을 가질 수 있도록 하며, 각 구성원들은 이를 통해 자신의 과거와 현재 그리고 미래를 서사적으로 연결시킬 수 있는 준거점을 확보하게 된다. 왜냐하면 인생사라는 것은 이 인생사의 주체가 동일성을 유지할 때 가능하며, 장기적으로 소속된 직장은 이러한 동일성을 가능하게 하기 때문이다. 다른 한편으로 피라미드형 조직은 상대적으로 안정된 직장을 보장한다는 점에서 그 구성원들은 서로 강한 연대를 형성할 수 있다. 조직 구성원들은 소속감을 토대로 서로를 상호 협력적인 존재로 인식할 수 있으며, 장기간의 교류를 통해 비공식적 신뢰 역시 강화할 수 있기 때문이다.

이렇게 장기 고용과 개인적 정체성 및 자긍심 형성, 그리고 조직 내의 연대 형성 사이의 연관성을 이해한다면, 기업 조직, 생산 과정 그리고 노동시장의 유연화가 어떤 결과를 가져올지는 이미 분명하다. 장기 고용이 단기 계약직으로 대체된다는 것은 개인의 안정된 정체성과 이를 통한 연대 형성을 가능하게 하는 기본적 토대 자체가 해체됨을 의미하기 때문이다. 세넷이 지적하듯이 유연성 자본주의가 우리에게 가져다준 결과는 장기적 목표 설정과 현재의 삶에 대한 통제를 가능하게 하고, 타인과의 상호 신뢰 및 장기적 기대 형성의 토대가 되는 '개인의 인간성(character)' 자체의 파괴이다.[24] 즉 유연성 자본주의 시대의 인간은 앞서 지적했듯이 자신의 일에 대한 피상적인 이해만을 갖고 있으며, 직무 만족도나 직무 몰입도가 낮다. 따라서 유연성 인간에게는 자신의 직장에 대한 충성을 기대하기 어려우며, 긍정적 자기의식 하에 직장과 자신을 동일시하는 개인적 정체성이 형성되지도 않는다. 현재의 직장은 단지 또 다른 직장으로 옮겨갈 경유지에 불과하기 때문이다. 이렇게 직장을 토대로 한 자아정체성 형성이 불가능해진다면, 같은 조직 구성원이라는 동일성에 기초한 타인과의 연대 형성 역시 불가능해진다. 더구나 비공식적 신뢰가 형성되는 데는 많은 시간이 요구된다는 점에서 단기간의 고용관계를 통해서는 피상적이고 기능적인 관계 이상을 기대하기 어렵다. 이제 유연성 자본주의 시대의 인간은 안정된 정체성 없이, 그리고 타인과의 신뢰나 연대도 없이 그저 낯선 이방인처럼 홀로 이 직장과 저 직장을 목적 없이 옮겨 다니는 '떠돌이 삶'을 살게 된다.

과연 오늘날 인간은 이러한 삶을 긍정적으로 받아들일 수 있을까? 과연 우리는 경제적으로 양극화되고 정체성과 연대가 사라진 공간에서 건강한 삶을 영위할 수 있을까? 단기 계약직, 내지 비정규직 종사자들에 대한 의학적 연구나 심리학적 연구들이 공통적으로 지적하는 것은 신체적 질환이나 정신적 병리현상들이 정규직보다 비정규직 종사자들에게서 더 많이 나타난다는 점이다. 우리나라 비정규직의 건강 상태에 대한 한 연구에 따르면,[25] 정규직에 비해 비정규직 근로자들은 만성질환, 급성질환, 사회심리적 건강, 자가 건강 수준 등 다양한 건강지표에서 건강 수준이 낮은 것으로 나타나고 있다. 그리고 비정규직 여성을 대상으로 한 조사에 따르면 우울증, 자살충동 면에서 비정규직 여성은 정규직보다 각각 1.66배, 1.62배 높은 것으로 나타났다. 또한 자가 건강 수준과 급성질환지표를 통해 측정되는 건강불평등 지수는 1995년 각각 1.33과 1.14인 데 비해 2003년에는 1.46과 1.38로 증가하고 있다. 이런 점에서 비정규직으로 근무한다는 것은 해당 근로자에게 견디기 어려운 스트레스를 주고 있으며, 그 결과 비정규직 근로자들은 비록 상대적인 것이지만 신체적으로나 정신적으로 병들고 있다.

2. 오늘날의 자본주의

이렇게 사회적 불평등과 병리적 현상을 확대시키고 있는 노동시장의 유연화가 단지 기업 조직과 생산 과정의 유연화 때문에 등장한 것은 아니다. 왜냐하면 이러한 변화는 현대 자본주의 전체의 거대한 변화를 그 배경으로 하고 있기 때문이다. 즉 신자유주의 정책의 확산, 그리고 이와 맞물려 있는 세계화와 지식정보화라는 거대한 변화 속에서 노동시장의 유연화가 이루어졌다는 것이다. 따라서 유연성 인간의 등장을 더욱 근본적으로 이해하기 위해서는 이를 야기한 현대 자본주의의 특징을 이해해야 하며, 이것이 전제될 때 현 단계 자본주의를 역사적으로 특정한 시기에 위치시킬 수 있다. 이러한 작업이 중요한 이유는 이를 통해 현재의 자본주의가 과거와 어떻게 다르고 어떤 새로운 미래가 요구되는지를 역사적 변동이란 차원에서 해석해낼 수 있으며, 비로소 여기에 함축된 인정관계의 구조변화 역시 도출해낼 수 있기 때문이다. 이를 위해 본 글에서는 산업자본주의 변화 과정에 대한 기존의 연구를 토대로[26] 이를 19세기 이후의 자유방임주의, 1930년대 대공황 이후 1970년대까지의 개입주의적 복지국가, 1980년대부터 오늘날까지의 신자유주의라는 3단계로 구분하면서 현대 자본주의 특징을 설명할 것이다.

자유방임주의

자본주의란 교과서적으로 말해서 사적으로 소유한 자본을 이용하여 임금노동자를 고용하고, 이윤을 목적으로 시장에서 거래될 재화나 서비스 등 상품을 생산하는 경제체제를 말한다.[27] 역사적으로 볼 때 이러한 생산양식은 1500년경 영국, 네덜란드, 벨기에, 그리고 이탈리아 일부 지역에서 최초로 등장했다고 한다. 그러나 이 시기만 해도 자본주의적 생산양식은 경제적으로 주목할 만한 생산양식은 아니었다. 자본주의적 생산양식이 주된 생산양식으로 등장한 것은 산업혁명 이후 영국에서이다. 1820년경 영국에서는 가내수공업이 기계를 사용한 공장제 대공업으로 대체되면서 일인당 생산량이 비약적으로 증대되었고, 이를 통해 자본주의적 생산양식이 주된 생산양식으로 자리 잡게 되었다.[28] 그리고 그 여파로 자본주의적 생산양식은 전 세계로 확산되기에 이른다. 사실 자본가나 노동자라는 용어에 비해 자본주의라는 말은 그리 역사가 깊지 않다고 한다. 이 용어가 특정 경제 시스템을 지칭하기 위해 처음 등장한 것은 19세기이며, 1880년에 이르러서야 독일 사회주의자들도 자본주의라는 말을 사용하기 시작했다.[29] 이런 점에서 산업혁명 이후에 등장한 자본주의를 자본주의의 첫 번째 단계로 규정할 수 있으며, 이는 1차 세계대전과 그 이후에 벌어진 대공황, 그리고 2차 세계대전을 거치면서 몰락의 길을 걷는다.

흔히 이 시기의 자본주의는 자유방임주의로 특징 지워지며, 그 핵심은 이에 대한 사상적 토대를 제공한 아담 스미스의 신념에서 찾을 수 있다. 아담 스미스에 따르면 서로 관련 없는 수많은 사람들이 분업화된 특정 업무만 수행하더라도 상거래 규칙과 상호 간의 신뢰만 지킨다면 시장경제는 별 장애 없이 운영되는 자기 조직적 시스템이다. 따라서 어떤 초자연적 힘이나 신의 개입 없이도 마치 보이지 않는 손이 이끄는 것처럼 서로 만족할 만한 결과를 산출한다. 왜냐하면 시장경제에서 각 개인들은 비록 타인에 대한 아무런 이해나 애정 없이 자기 자신만의 이익을 추구함에도 불구하고 다른 사람의 물질적 필요를 충족시킬 수 있기 때문이다. 이러한 스미스의 신념은 두 가지 전제에 토대를 두고 있다. 즉 사유재산과 이윤 추구를 바탕으로 한 자본주의 시스템이 세상의 기본 동력이며 인간의 힘으로는 어쩔 수 없는 경제의 철칙이고, 시장경제는 국가권력으로부터 독립성을 유지하는 별개의 영역으로 유지되어야 한다는 것이다. 그렇지 않고 국가가 시장에 개입한다는 것은 경제 발전에 장애가 되는 것으로 간주된다. 따라서 시장에서의 모든 거래는 개인의 자유로운 선택에 따라 이루어지며, 국가의 역할은 단지 치안과 질서유지 그리고 국방과 같은 업무에 한정되어야 한다.

이런 몇 가지 신념과 전제에 토대를 둔 자유방임주의적 자본주의는 분명 전례를 찾아볼 수 없을 만큼 눈부신 경제 성장을 이룬다. 예를 들어 1820년 이전에 전 세계 총생산량 중 서구가 차지하는 비중은 20%에 불과했지만, 그 이후 자유방임적 자본주의 체제가 확립된 1870년경에는 거의 50%를 육박하기에 이르렀기 때문이다.[30] 그러나 이러한 비약적 경제 성장에도 불구하고 노동자들의 생활은 참혹했다. 왜 그랬을까? 산업혁명 이후 상품 생산이 공장제 기계공업을 통해 수행되면서 노동 과정은 과거 수공업 단계에서와는 달리 숙련을 필요로 하지 않는 단순 노동으로 대체되었다.[31] 따라서 이제 노동자들은 기계의 작동에 따라 노동하게 되었고, 흡사 노동자는 기계의 부속품처럼 취급되기에 이르렀다. 그 결과 노동의 위신은 상실되고 노동자의 지위 또한 저하되었으며, 온정적이고 협조적이었던 장인제도 하에서의 인간관계는 냉혹한 이해타산이 지배하는 노자관계로 대체되었다. 이제 노동자는 인간이라기보다 생산 과정에 투입되는 노동력 상품에 불과하게 되었으며, 자본가는 더 많은 이윤 획득을 위해 노동력을 자신의 통제권 하에 놓여 있는 착취의 대상으로만 보게 되었다. 따라서 노동자들의 임금 수준은 최저 생계에도 미치지 못했으며, 이 때문에 아동과 부녀자를 포함하여 일가족 모두가 노동해야만 생계를 유지할 수 있었다. 그리고 이들은 아무런 위생시설도 없는 불결한 작업장에서 13~15시간에 이르는 장시간 노동으로 혹사당해야 했으며, 휴식시간을 갖는다는 것은 거의 불가능한 지경이었다. 이런 점에서 자유방임 자본주의의 비약적 경제 성장은 더 많은 이윤 추구를 위해 더 싼 가격에 노동력 상품을 구매하고, 더 긴 시간 동안 노동력을 사용한 결과이다. 이러한 상황은 결국 많은 사회 문제와 정치적 혼란을 결과하게 된다. 한편으로 도덕적 문란과 범죄가 증가하기도 했지만, 다른 한편으로 자신들의 비참한 현실에 굴복하지 않고 이에 저항하는 노동자들도 늘어났다. 자본주의라는 착취체제를 철폐하고 사회주의를 건설하자는 마르크스주의와 혁명적 노동운동이 등장한 것이 바로 이 시기이다. 하지만 저임금과 장시간 노동은 자본가에게도 이익이 되는 것은 아니다. 왜냐하면 거시적으로 볼 때 노동자들의 생존마저 위협하는 열악한 노동 환경은 사회 전체의 노동력 재생산 자체를 위기에 빠트림으로써 결과적으로 자본주의적 생산양식이 원활하게 작동하는 데 장애가 될 수 있기 때문이다.

복지국가

이러한 자유방임주의적 자본주의는 2차 세계대전의 종전과 함께 심각한 위기를 맞게 된다. 자유방임주의의 문제점은 단지 노동자들의 빈곤만이 아니다. 자유방임주의는 주기적 불황이라는 고질적 문제를 안고 있었으며, 이는 대공황이라는 전대미문의 사건을 일으켰다. 그리고 이 주기적 공황은 그동안 보호무역을 부활시키는 원인이 되기도 했으며, 그 결과 제국주의가 등장하면서 식민지 쟁탈을 둘러싼 열강들의 갈등이 세계대전을 야기하게 된다. 이런 이유 때문에 2차 세계대전이 끝날 당시 대부분의 나라들에서는 자본주의가 불신을 당하게 되었으며, 노동자들의 저항이 거세지면서 정치적 혼란 또한 가중되었다. 하지만 이런 상황에서 자본주의가 붕괴의 길을 걷지는 않았다. 자본주의는 오히려 위기를 극복하기 위해 자신을 재편하면서 새로운 단계로 도약했기 때문이다. 이것이 바로 두 번째 단계의 자본주의, 즉 개입주의적 복지국가 단계이다.

이 두 번째 단계의 핵심적 특징은 그 명칭이 말해주듯이 경제 활동에 대한 국가의 적극적 개입과 사회복지 체제의 확립이다.[32] 1930년대까지만 해도 국가가 시장의 작동을 개선하거나 안정시킬 수 있다고 생각한 사람은 없었다. 그리고 경기 변동은 거역할 수 없는 힘으로 여겨졌기 때문에 이를 국가가 통제할 수 있다고 생각하지도 않았다. 그러나 1930년대 대규모의 실업을 양산하며 경제 활동을 마비시켰던 대공황을 겪으면서, 그리고 노동자들의 저항으로 인한 사회주의 혁명의 위협 앞에서 국가와 경제의 관계에 대한 생각이 근본적으로 변화하였다. 즉 자본주의는 국가가 통제하지 않으면 파멸을 가져올 정도로 불안정한 체제라는 것이다. 이에 따라 2차 세계대전 이후 서구 선진국들은 기본적으로는 생산과 분배를 시장의 자율성에 맡기지만 빈부격차, 불황과 실업, 독과점, 공공재 부족, 공해 등 소위 시장의 실패를 시정하기 위하여 시장에 적극적으로 개입하는 정책을 추진하였다. 자유방임주의가 아담 스미스의 사상에 이론적 토대를 갖고 있었다면, 경제 활동에 대한 이러한 적극적 개입은 케인스와 새뮤얼슨에 의해 이론적으로 정당화된다. 즉 케인스는 시장에서의 개인의 사적 이익 추구가 동시에 사회 전체의 이익을 증진시킨다는 자유방임주의적 가정이 현실에 부합하지 않음을 증명하면서 공익을 위한 국가의 개입을 주장하였으며, 새뮤얼슨 역시 유사한 입장에서 불황과 실업, 빈부격차, 독과점, 공공재 부족 등 시장의 실패를 해결하기 위해서는 정부의 적절한 개입이 필요함을 이론적으로 증명했다.

이런 개입주의적 국가가 복지국가로 지칭되는 것은 국가가 빈부격차 완화를 위해 대규모로 사회복지정책을 시행했기 때문이다. 물론 서구에서 사회복지제도가 처음 도입된 것은 1880년대 비스마르크 시대이지만 본격적으로 사회복지정책이 추진되면서 복지국가 형태가 등장하게 된 것은 국가가 시장에 적극적으로 개입하면서부터이다. 이 시기의 사회복지제도가 이전과 구별되는 결정적 차이가 있다면 이제 사회복지는 단지 사회적 취약계층에 대한 보호라는 시혜적 성격을 갖는 것이 아니라, 모든 국민이 동등하게 향유해야 할 기본권 가운데 하나가 되었다는 점이다.[33] 이렇게 볼 때 개입주의적 복지국가 단계의 자본주의는 시장의 실패를 극복함으로써 자본주의 질서를 비록 새로운 형태이긴 하지만 다시 한 번 공고히 했다고 볼 수 있다. 그러나 개입주의적 복지국가의 등장이 단지 경제적 이유에 따른 것만은 아니다. 이는 동시에 2차 세계대전 이후 발생한 노동자들의 저항을 계급타협을 통해 무마함으로써 자본주의를 재건한 것이기도 하다. 2차 세계대전 이후 1947년 트루먼 독트린이 발표되고 현실 사회주의와의 대결이 분명해지면서 전 세계는 냉전질서로 재편되었으며, 대내적으로는 공산주의자 척결이 강화되었다. 이는 노동자들의 혁명운동을 대외적으로 봉쇄하고 체제 부정적 경향을 차단하려는 정책이지만, 이와 반대로 노동자들의 저항을 체제 내로 흡수하기 위하여 이에 대한 반대급부로 사회복지정책과 함께 노동자의 권리가 강화되고 노자 간의 세력균형이 형성되면서 계급 간 타협이 이루어졌다. 왜냐하면 이 시기에는 노동자들을 실질적으로 보호할 수 있는 제반 법률들, 즉 불공정한 근로 계약을 막기 위해 근로 조건의 최저기준을 정하는 법규에서부터[34] 경영참여[35], 공동결정[36], 이윤참여[37]를 보장함으로써 노자관계를 대등하게 만드는 법률에 이르기까지 노동자 보호를 위한 각종 법규들이 강화되거나 신설되었기 때문이다.[38]

이러한 개입주의적 복지국가의 또 다른 특징은 자유방임주의 시대와는 달리 브레튼 우즈 체제를 통해 전 세계적으로 보장된 일국적 자본축적 형태라는 것이다. 이런 점이 중요한 이유는 사실 브레튼 우즈 체제를 통해 개별 국가경제의 자율성이 보장되지 않았다면 개입주의적 복지국가는 불가능했을 것이기 때문이다. 흔히 브레튼 우즈 체제는 금 내지 금과 연계된 달러를 가치척도로 이용하여 '금 1온스=35달러'를 기준으로 국내 통화의 대외 평가를 결정하고, 모든 사적인 거래에서는 금을 화폐로 사용하지 않는 것을 말한다. 그런데 이런 국제 환율체제는 단기적으로는 환율을 고정하면서도, 국제수지적자, 강도 높은 재정긴축, 대량 실업 등이 예상될 때 환율의 조정 가능성을 열어두었다. 그러나 경상수지 결제를 위한 통화 교환 이외에는 통화 투기를 억제하기 위하여 자유로운 자본 이동은 제한했다. 이런 점에서 각국의 국민경제는 세계경제로부터 큰 영향을 받지 않고 거시경제 정책에서 자율성을 가질 수 있었으며, 국외 변수인 환율이 조정 가능했기 때문에 일국적 차원에서 자본 축적을 보장받을 수 있었다. 그 결과 각국은 자율적으로 경기조절 정책을 시행하여 국내 대기업을 보호하고 지원할 수 있었고, 국민경제의 물질적, 인적 사회기반시설을 확충하고 소득 재분배를 통해 사회 보장을 달성할 수 있었다.[39]

이러한 개입주의적 복지국가는 2차 세계대전 이후 1970년대 중반까지 역사상 전례 없는 물질적 번영과 사회적 안정을 누렸다. 그리고 이 기간 동안에는 과거와 같은 대공황이 발생하지 않았고, 사회복지제도 때문에 경제적 빈곤도 상당히 감소시킬 수 있었다. 그리고 자유방임주의적 자본주의 시대에 전 세계를 파국으로 몰았던 세계대전도 없었다. 그러나 이러한 개입주의적 복지국가도 곧 붕괴의 위험에 직면하게 된다. 개입주의적 복지국가 단계에서 미국을 비롯한 서구 대부분의 국가들은 불황과 실업을 해결하기 위하여 재정지출을 확대해왔다. 대략 1970년대 초까지는 이런 정책이 효과를 발휘했지만, 물가 상승을 미리 예측하여 소비자, 판매자, 기업, 노동자 모두 자신의 경제행동을 조절하게 됨에 따라 케인스식의 총수요확대 정책의 효력은 점차 약화된 반면 인플레이션은 점차 강화되었다. 더욱이 1973년 원유 값이 네 배로 뛴 석유파동 때문에 인플레이션은 극심해졌고 여기에 더해 불황이 동시에 발생하는 스태그플레이션이 발생하자 케인스식의 처방은 더 이상 사용하기 힘들게 되었다.[40] 따라서 1970년대 초 이후부터 서구 자본주의 국가들은 저성장, 저생산성, 저임금, 고실업 상태에 빠져들게 되었고, 2차 세계대전 이후 고성장을 이끌던 높은 생산성과 높은 임금 성장률이 더 이상 유지되지 못하게 됨으로써 이에 기초했던 계급타협 역시 붕괴되기에 이르렀다. 그런데 개입주의적 복지국가가 부딪치게 된 위기는 이것만이 아니다. 왜냐하면 개입주의적 복지국가의 대외적 자율성을 보장하던 브레튼 우즈 체제 역시 붕괴되기 시작했기 때문이다. 브레튼 우즈 체제하에서는 국제유동성 공급이 미국의 국제수지 적자를 통해 이루어지며, 세계경제에 충분한 유동성을 공급하기 위해 미국의 통화 발행이 확대되면 달러의 신인도는 저하되고 달러와 금과의 태환 요구가 발생하게 된다. 그런데 저성장 상황에서 기업들의 신용수요가 늘어나면서 국제유동성 수요가 확대되었고, 당시 미국이 베트남 전쟁과 대규모 사회복지정책 수행을 위해 달러 발행을 급속히 늘리면서 결국 브레튼 우즈 체제는 붕괴하고 말았다.[41]

신자유주의

그러나 이런 상황이 자본주의 자체의 붕괴를 의미하는 것은 아니다. 자본주의는 개입주의적 복지국가가 직면했던 위기를 극복하며 새로운 단계에 도달하게 된다. 이것이 바로 신자유주의 단계의 자본주의로서, 이는 1979년에서 1990년까지 집권하였던 영국의 대처 총리와, 1980년부터 1988년까지 재임하였던 미국의 레이건 대통령 임기 중에 확립되었고, 소련의 몰락 이후 세계적인 초강대국이 된 미국의 영향력 하에, 그리고 세계화의 물결을 타고 전 세계로 확대되었다. 이 새로운 단계의 자본주의는 사유재산제도, 시장가격기구, 경쟁이라는 세 가지 요소가 생산성을 향상시킨다고 믿는 신자유주의에 토대를 두고 있다. 즉 이에 따르면 첫째, 사유재산제도 하에서는 자신이 노력으로

얻은 성과는 자신의 몫이 되고, 자신의 잘못으로 인한 손실은 자신이 부담해야 한다. 둘째, 시장가격기구가 가격 변동을 통해 수요와 공급의 변화를 알려줌으로써 생산과 투자를 합리적으로 조절할 수 있다. 셋째, 경쟁 압력 때문에 기업들은 더 좋은 상품을 더 싸게 공급해야 살아남을 수 있다. 그리고 이 세 가지 원칙만 지켜진다면 개인이나 기업 모두 생산성 향상을 위해 최선을 다한다는 것이다. 따라서 신자유주의자들은 사유재산을 침해하고, 시장가격기구에 개입하고, 자유경쟁을 제한하는 각종 규제들을 철폐할 것을 주장한다.[42]

이러한 신념에 따라 신자유주의적 자본주의는 우선 총수요확대를 통해 시장에 개입하는 케인스식의 정책이 인플레이션만 가중시킨다고 보고 엄격한 통화관리와 균형재정을 시행한다. 인플레이션이 없어야 비로소 시장의 효율적 자원배분 기능이 살아난다고 보기 때문이다. 따라서 개입주의적 복지국가 시대에 꾸준히 확대된 사회복지제도는 재정적자의 주된 원인으로 규정되면서 축소될 수밖에 없었다. 또한 신자유주의적 자본주의는 그간 침체된 기업의 생산성을 향상시키기 위해 개입주의적 복지국가 시대에 만들어진 각종 규제를 철폐하면서 새로운 관리 시스템을 도입한다. 즉 이제 기업들은 한편으로 기업 간 경쟁에서 유리한 위치를 차지하기 위해 인수 합병을 추진하고, 다른 한편으로 구조조정을 통해 노동 비용을 절감하려 한다. 이에 따라 대규모 해고가 단행되고, 기업 조직과 생산 과정 그리고 이와 함께 고용을 유연화함으로써 대규모로 비정규직을 양산한다.

그런데 이러한 신자유주의적 자본주의는 개입주의적 복지국가 단계에서처럼 일국적 자본주의를 말하는 것이 아니다. 왜냐하면 신자유주의란 비단 개별 국가 영역의 국민경제만이 아니라 전 세계적 규모의 세계경제에도 해당되기 때문이다. 신자유주의는 상품, 인력, 자본의 국제적 이동을 규제함으로써 국제적 자유경쟁을 가로막던 각종 제도를 철폐하고 이른바 자유무역에 기초한 세계화가 이루어져야 한다고 주장한다. 이에 따라 우선적으로 자본의 세계화가 이루어졌다. 1970년대부터 시작된 위기를 극복하기 위해 이제 기업들은 높은 이윤율이 보장되는 유망한 나라로 진출하여 생산시설을 이전하고, 국제적 하청을 통해 생산을 전 세계적으로 조직하면서 초국적화한다. 이는 기업의 경쟁력 강화와 자본의 이윤 증대를 위한 전략이지만 노동자들에게는 치명적인 결과를 야기한다. 왜냐하면 이제 내국인 노동자들이 값싼 외국인 노동자들로 대체되는가 하면, 생산시설의 해외 이전에 따라 고용이 감소되거나 임금 비용을 줄이기 위해 낮은 임금의 비정규직 고용이 대폭 확대되기 때문이다.

그런데 노동자들에게 이보다 더 치명적인 것은 자본의 투기화이다. 왜냐하면 자본이 투기화 되면 노동 생산을 통하지 않고서도 이와 비교할 수도 없을 만큼 높은 이윤을 낼 수 있기 때문이다. 이는 무엇보다도 1970년대 초반 일어난 브레튼 우즈 체제의 붕괴와 밀접한 관련이 있다.[43] 왜냐하면 이를 통해 고정환율제가 폐지됨으로써 금융자본의 전 세계적 이동이 확대되었기 때문이다. 앞서 설명했듯이 브레튼 우즈 체제는 고정환율제를 실시함으로써 투기적인 자본 이동으로부터 개별 국가의 국민경제를 보호할 수 있었다. 그러나 이제 자본의 국제적 이동의 걸림돌이 제거되면서 개별 국가들은 자본시장과 외환시장을 완전히 개방하면서 급변하는 국제적 화폐 흐름에 종속되었다. 그 결과 오늘날 자본주의를 투기자본주의라고 할 만큼 주식, 채권, 외환 등 금융거래를 통해 차익을 노리는 산업이 가장 많은 이윤을 내는 업종이 되었다. 한 통계에 따르면 세계무역 총액은 한 해 12조 달러인데, 오늘날 투기시장화 된 세계 외환시장에서 컴퓨터로 국경을 넘어 실시간으로 거래되는 금액은 세계무역 총액의 100배에 이른다고 한다.[44] 이런 상황에서 노동 생산성 향상을 통해 이윤을 추구한다는 것은 이미 과거의 일일 뿐이며, 기업 역시 생산성을 향상시키고 이윤율을 높이는 것이 아니라 주가를 높이기 위해 혈안이 된다. 오늘날 투자자들은 기업에 장기 투자를 하고 배당금을 얻으려 하지 않는다. 투자자들의 관심은 단기적 차액을 얻는 데 있으며, 따라서 기업은 투자자들이 소유한 주식의 가치를 높이기 위해 모든 노력을 집중해야 한다. 사실 이런 점에서 오늘날 기업이 지속적으로 구조조정을 단행하고, 조직과 생산과 고용을 유연화하는 것은 이를 통해 시장의 변화에 적응할 능력이 있음을 보여줌으로써 주가를 높이기 위한 전략이기도 하다.[45]

이렇게 볼 때 왜 신자유주의적 자본주의 단계에서 노동시장이 유연화되고, 유연성 인간이 출현하게 되는지 어렵지 않게 알 수 있다. 이는 한편으로 노동자에 대한 각종 보호제도가 철폐되면서 고용과 해고의 자유가 확대되었기 때문이며, 다른 한편으로 노동 비용을 줄이려는 기업의 입장과 세계화가 맞물려 일자리 축소가 이루어지고, 자본의 투기화와 함께 노동의 중요성이 약화되었기 때문이다. 그러나 여기서 간과되지 말아야 할 점은 막대한 양의 지식과 정보를 처리할 수 있는 컴퓨터 기술의 발전과 이를 전 세계에 실시간으로 유통시킬 수 있는 통신기술의 발전이 야기한 지식정보화라는 새로운 흐름이다. 왜냐하면 이는 신자유주의나 세계화에 비해 더 직접적으로 노동시장의 유연화를 필요로 하는 새로운 산업 분야, 즉 지식기반산업을 탄생시켰을 뿐 아니라, 생산 공정을 자동화하고 업무 처리를 합리화함으로써 대규모로 노동력 수요를 절감시켰기 때문이다.

지식기반산업이란 이미 그 표현이 함축하고 있듯이 자본이나 노동이 아니라, 지식과 정보를 통해 이윤을 창출하려는 산업으로서, 이는 컴퓨터나 각종 통신 장비와 같은 하드웨어를 생산하거나 이들을 연결시키는 정보인프라 구축과 관련된 산업, 그리고 여기에 사용되는 각종 콘텐츠와 서비스를 제공하는 산업을 의미한다. 그리고 생명공학처럼 고도의 지식정보를 생산하는 첨단기술산업이나 정보 집약도가 높은 금융업, 보험업, 기업 컨설팅 등도 포함되고, 기존 산업에 지식정보 기술의 활용도를 높임으로써 이를 지식정보화하는 것 역시 여기에 해당된다.[46] 이러한 지식기반산업의 등장은 개입주의적 복지

국가 시대의 고용 모델을 근본적으로 바꾸어놓는다. 이제 지식기반산업에서는 장기적이고 안정적인 고용계약, 근속 연수에 따른 임금 상승, 가족적 기업 문화, 명확한 지위와 역할을 규정한 위계적 질서를 대신하여 고용 기간의 단축, 구조조정을 통한 인력 감축, 임시직의 증가 등 이른바 유연화된 고용 모델이 등장하기 때문이다.[47]

지식기반산업이 노동시장을 유연화시키는 이유는 무엇보다도 지식기반산업이 생산하는 상품의 생존 주기가 짧다는 데 있다. 특히 컴퓨터 기술이나 통신기술 발전에 토대를 둔 지식기반산업은 지속적인 기술 개발을 추진할 뿐 아니라 이를 통해 상품을 업그레이드시킨다. 이뿐만 아니라 각종 콘텐츠와 서비스를 생산하거나 제공하는 산업은 집에서 컴퓨터 한 대만 놓고도 사업이 가능할 정도로 진입장벽이 낮기 때문에 수많은 새로운 제품과 서비스가 탄생한다. 이런 점에서 지식기반산업에서는 기술 변화가 빠르고 언제 어떤 상품이 등장할지 알 수 없는 불확실성이 지배한다. 따라서 지식기반산업은 장기적인 관점에서 필요 인력을 훈련하여 사용하는 것이 아니라, 신속한 노동력 확보를 위해 순간순간 노동시장에서 단기간의 필요에 따라 인력을 확보하게 되며, 그 결과 고용 유연화가 일어난다. 또한 이러한 유연화는 지식기반산업에서 필요로 하는 인력이 양극화됨으로써 더욱 강화된다. 흔히 지식기반산업에서는 한편으로 기업의 핵심적 활동과 전략 추진에 기여할 수 있는 고도의 지식과 기술을 갖춘 엘리트 범주의 전문적 노동자와, 다른 한편으로 일상적이며 단순한 지원 기능만을 수행하는 낮은 지위의 노동자로 양극화되며, 이 두 가지 유형의 노동자들은 차별적인 대우를 받는다. 즉 전문적 노동자들이 자율성과 각종 인센티브를 부여받으며 고급화된다면, 주변적이고 비핵심적인 인력에 속하는 노동자들은 항상 아웃소싱 될 위험 속에서 통제의 대상이 될 뿐 아니라, 외부 환경의 변화에 따른 고용 조정으로부터 전문적인 핵심 노동자들을 보호하는 완충물로 이용된다는 것이다.

이렇게 볼 때 지식기반산업은 변동성이 심한 고유의 특성상 노동시장을 유연화하고 있지만, 또한 이를 통한 산업 자체의 지식정보화는 노동력 수요를 급격하게 감소시킴으로써 노동시장 유연화를 강화시킨다. 제러미 리프킨에 따르면,[48] 앞으로 2050년쯤이면 기존의 산업 부문을 관리하고 운영하기 위해서 전체 성인 인구의 5% 정도만 필요할 뿐, 노동자가 거의 필요하지 않은 농장, 공장, 사무실이 일반화될 것이라고 예측한다. 물론 그 이유는 정보통신기술을 각 산업 영역에 접목시켜 이를 지식정보화 한다면 수많은 생산 과정이 자동화되고 업무 수행 역시 합리화될 수 있다는 데 있다. 물론 새로운 산업으로 등장한 지식기반산업 자체가 새로운 고용을 창출할 것이라고 기대하지만 사실 이 새로운 노동 분야는 기본적으로 고도의 전문성을 갖춘 엘리트 지향적이며, 따라서 고용 역시 제한적일 수밖에 없다. 그리고 사실 오늘날 고도로 전문화된 직업 역시 새로운 기술로 대체되면서 인간 노동을 불필요하게 만들고 있음에 유의해야 한다. 예를 들어 정교한 진단 기술이 의사를 대신하고 있으며, 회계사들이 했던 전문적인 업무는 대부분 소프트웨어 프로그램에 의해 이루어진다. 사실 이렇게 노동력이 불필요하게 되는 상황이 강화된다면 고용 형태가 안정적이고 장기적일 수 없으며, 기껏해야 임시직이거나 파트타임 형태로 유지될 수밖에 없다. 이런 점에서 이른바 '노동의 종말' 역시 노동시장의 유연화를 강화시키는 주된 요인으로 등장한다.

이렇게 노동시장의 유연화를 낳은 신자유주의적 자본주의에 이르기까지 앞서 서술한 자본주의의 역사적 변동은 특정한 역사적 시기에 나타난 위기를 극복하기 위해 자본주의가 스스로를 재편하는 과정이었다. 그렇다면 신자유주의적 자본주의 역시 항구적 체제라기보다는 단지 현재의 자본주의 형태일 뿐이라 규정할 수 있을 만큼 역사적 제한성을 갖는다. 이런 점에서 최근 신자유주의적 자본주의의 위기와 종말이 알리는 연구들이 속속 등장하고 있는 것이 무리한 일은 아니다.[49] 이들이 공통적으로 주장하는 근거는 바로 2008

년 미국에서 비롯된 금융 위기이다. 왜냐하면 이 금융 위기는 구제 금융이라는 정부의 개입을 불러옴으로써 시장만능주의를 부르짖던 신자유주의 이념이 설 자리를 잃고 말았으며, 신자유주의를 통해 등장한 금융자본주의가 전 세계 경제를 일순간에 위기에 빠뜨릴 수 있음을 만천하에 보여줌으로써 이에 대한 경각심을 확대시켰기 때문이다. 하지만 금융 위기가 신자유주의적 자본주의의 위기를 말할 수 있는 직접적이고 현상적인 이유일 수 있지만, 오늘날 신자유주의가 낳은 병리적 현상에 주목한다면 과연 이런 경제 질서가 얼마만큼 지속될 수 있을지 근본적 회의를 제기하게 된다. 앞서 지적했듯이 오늘날 자본주의 체제하에서는 극심한 소득격차로 인한 사회적 양극화가 확대되고 있으며, 노동시장의 유연화로 인해 고용 불안에 빠진 사람들이 자신의 정체성 상실은 물론 육체적, 정신적으로 병들어가고 있기 때문이다. 만약 이러한 상황을 현재 경제적 영역에서 일어나고 있는 위기의 증상으로 해석할 수 있다면, 이를 극복할 수 있는 대안적 사회발전 방향을 어디에서 찾을 수 있을까?

3. 자본주의적 인정관계의 구조변화

본 글에서는 오늘날 자본주의의 위기를 극복할 수 있는 대안적 사회발전 방향을 무엇보다도 인정관계의 구조변화 속에서 탐색하고자 한다. 자본주의의 변화 과정에 주목한다면, 각각의 역사적 단계에서 특정한 형태의 자본주의가 등장하게 된 원인, 이행 과정, 그리고 그 결과에 대해 사실적으로 이해할 수는 있지만, 대안적 발전 방향을 발견하기란 어려운 일이다. 발전이란 표현 자체는 이미 규범적 술어이며, 이는 원인과 결과를 사실적으로 연결시키고 이를 통해 미래를 예측하는 인과론적 설명방식과는 달리 규범적 정당화를 필요로 한다. 그러나 이런 정당화가 자본주의 체제와는 무관한 어떤 초월적 원리를 통해 이루어진다면, 이는 자본주의의 변화를 제대로 반영하기 어렵다는 점에서 현실성을 갖기 어려우며, 이 초월적 원리 자체가 왜 자본주의 체제에 적용되어야 하는지를 입증해야 하는 또 다른 문제를 발생시킨다. 하지만 자본주의의 변화 과정 자체 속에서 이를 비판적으로 평가하고 그 발전 방향을 제시할 수 있는 어떤 규범적 요소를 발견할 수 있다면, 자본주의의 발전 과정을 무시하지 않으면서도 현재의 자본주의를 넘어설 수 있는 새로운 가능성이 열린다. 본 글에서 주목하고자 하는 인정관계란 바로 자본주의 질서를 초월해 있는 어떤 규범적 이상이 아니라, 바로 자본주의가 토대로 삼고 있는 사회적 관계이며, 바로 이런 점에서 현 상태의 자본주의를 내재적으로 비판할 수 있는 규범적 틀이 될 수 있다.

사실 모든 경제체제는 그것이 어떤 것이든 바로 경제체제이기 위해서는 인간의 삶에 필요한 재화와 서비스를 생산하기 위해 인간의 노동을 조직하고, 누가 어떤 일을 어떻게 수행하며, 그리고 그 결과물을 누구에게 분배할 것인지를 결정해야 한다. 그리고 이런 결정이 이루어지는 데는 해당 지역의 지리적 조건, 기후, 관습, 종교뿐 아니라 생산에 사용되는 재료와 기술, 그리고 주된 생산이 무엇인지 등이 중요한 영향을 끼친다. 그러나 모든 경제체제의 특징을 규정하는 데 결코 간과되어서는 안 될 요인은 다양한 경제주체들 간에 형성되는 사회적 관계이다. 왜냐하면 각 경제주체들 간의 상호의존적 생산 행위를 조직하고 그 결과물을 분배하는 데 있어서 결정적 영향을 미치는 것이 바로 이 주체들이 서로 어떤 상호작용 관계를 맺고 있느냐 하는 점이기 때문이다.[50] 사회적 인정관계는 이런 상호작용 관계의 한 형태이자 가장 기본적인 것이라 할 수 있다. 왜냐하면 각 경제주체들이 서로를 상호작용 상대자로 인정하지 않는 한 상호의존적 경제 행위란 불가능하기 때문이다. 그런데 각 경제주체들이 서로를 상호작용 상대자로 인정한다는 것과, 상대방을 어떤 상호작용 상대자로 인정하느냐 하는 점은 서로 다른 문제이다. 왜냐하면 경제체제 자체가 형성되기 위해서는 경제주체들이 서로를 상호작용 상대자로 인정하는 것이 필요하지만, 상대방을 어떤 상호작용 상대자로 인정하느냐는 구체적인 경제체제의 특징에 따라 달라지기 때문이다.

이렇게 경제체제에 토대를 두고 있는 사회적 관계를 인정관계로 해석할 수 있다면, 경제체제의 변화 과정을 인정관계의 구조변화로 해석하는 것은 그렇게 어려운 일이 아니다. 그리고 이러한 작업이 중요한 이유는 바로 이를 통해 현재의 자본주의 질서를 비판할 뿐 아니라 대안 모색을 가능하게 하는 규범적 틀을 확보할 수 있기 때문이다. 사회적 인정이란 개인의 성공적 자아실현 조건이란 점에서 규범적 정당성을 가지며, 한 사회의 인정질서가 더 많은 사람들과 더 다양한 사람들을 포괄하면 할수록 이 사회는 진보된 사회로 평가될 수 있다. 물론 이러한 진보는 한 사회의 인정질서가 사회구성원에 대한 더 고차원적인 이해에 도달할 때 가능하다. 사회적 인정질서는 항상 사회구성원에 대한 특정한 이해를 토대로 사회적 인정과 무시를 결정하는 체제이며, 이런 이해가 새로운 인정 요구를 포괄할 수 있을 정도로 고도화되지 않는다면 기존의 인정질서는 갈등에 빠진다. 따라서 사회적 인정관계는 이것이 사회구성원에 대한 얼마나 제한적인 이해에 토대를 두고 있느냐에 따라 비판될 수 있으며, 또한 이것이 더 많은 사람들을 포괄하기 위해 사회구성원에 대한 어떤 고도화된 이해에 토대를 두어야 하느냐에 따라 대안적 사회발전 방향 역시 제시할 수 있다. 사회 발전이란 결국 사회적 인정에서 배제된 사람들, 즉 사회적으로 무시 받는 사람들도 사회적 인정을 향유하게 함으로써 더 많은 사람들에게 성공적 자아실현의 조건을 보장하는 데 있기 때문이다. 그러나 사회 발전에 대해 이런 설명적 관점이 아니라 참여자적 관점을 취한다면, 사회적 인정에서 배제된 사람들을 인정하는 것은 단지 규범적으로 요구된 당위적 요청이 아니라, 사회적 인정에서 배제된 사람들이 자신의 성공적 자아실현 조건을 확보하기 위한 인정투쟁을 통해 이루어진다. 이런 점에서 사회 발전이란 사회적 인정질서 내부에서 발생하는 무시와 저항이 대안적 인정질서를 통해 해소됨으로써 이루어지게 된다. 따라서 대안적 인정질서의 토대가 되는 사회구성원에 대한 고도화된 이해는 새로운 인정 요구를 포괄할 뿐 아니라 기존의 인정질서가 안고 있는 갈등관계를 해소할 수 있어야 한다.

물론 신자유주의적 자본주의의 위기를 극복하기 위해 어떤 대안적 인정관계가 아니라, 단순히 신자유주의 정책의 포기를 주장할 수도 있다. 오늘날 자본주의의 위기는 신자유주의 정책이 노동시장을 유연화하고, 시장에 대한 각종 규제들을 철폐한 데서 유래하기 때문이다. 그러나 이렇게 단순히 과거로 회귀한다고 해서 문제가 풀릴 수 있는 것은 아니며, 이런 회귀가 가능한 일도 아니다. 왜냐하면 오늘날의 시대적 상황은 개입주의적 복지국가가 등장하던 시대와는 판이하게 다르기 때문이다. 개입주의적 복지국가 시대는 제조업이 주력 산업이었으며, 이는 거의 완전고용 상태를 전제한 것이었다. 그러나 지식정보화 사회로 진입한 21세기에 과거의 자본주의로 돌아간다는 것은 이미 성인이 된 몸에 어린아이의 옷을 입히려는 것처럼 불가능한 일이다. 앞서 설명했듯이 지식정보화에 따라 지식기반산업이라는 새로운 주력 산업이 등장했고, 이것이 생산 자동화와 업무 합리화로 이어져 노동력 수요를 급격히 감소시킴에 따라 고용 형태가 대대적으로 비정규직화하고 있다. 이렇게 본다면 신자유주의적 자본주의는 단지 케인스식의 개입주의에 반대하는 신자유주의자들의 정책 때문에 등장한 것이 아니라, 반대로 시대적 변화에 따른 새로운 정책적 요구를 이들이 수용했기 때문이라고 해석할 수 있다. 그런데도 과연 이런 식의 산업구조 변화와 기술력 발전이 이루어진 상황에서 과거의 자본주의로 돌아가는 것이 가능한 일일까?

앞서 설명했듯이 자본주의란 사적으로 소유한 자본을 이용하여 노동자를 고용하고 이윤을 목적으로 시장에서 거래될 재화나 서비스 등 상품을 생산하는 경제체제를 말한다. 이러한 경제체제가 사회적 인정질서에 토대를 두고 있다는 것은 생산을 담당하는 노동자가 자본주의 경제체제하에서 어떤 존재로 인정되고 있느냐에 따라, 즉 노동자가 사회적으로 어떤 존재로 이해되고 있으며 또한 어떤 대우를 받고 있느냐에 따라 자본주의 체제가 그 특징을 달리한다는 것을 의미한다. 물론 여기서 말하는 노동자란 현재 고용된 노동자만이 아니라 고용 가능한 잠재적 노동자, 즉 실업자까지도 포괄한다는 점에서 이는 경제적 차원에서 사회구성원을 어떤 존재로 이해하고 있는가를 보여준다. 앞서 설명했듯이 본 글에서는 산업혁명 이후의 자본주의를 자유방임적 자본주의, 개입주의적 복지국가, 그리고 신자유주의적 자본주의라는 3단계로 구별하고, 각각의 단계가 노동자에 대한 어떤 인정질서에 토대를 두고 있는가 하는 점을 밝혀낼 것이다. 그리고 이를 위해 본 글이 주목하는 것은 사회정책이나 노동관계법의 변천 과정이다. 왜냐하면 이는 노동자에 대한 사회적 대우를 실질적으로 규제한다는 점에서 이미 제도적 차원에서 구현된 노동자에 대한 사회적 인정방식을 함축하고 있기 때문이다.

노동력 상품으로서의 노동자

우선 자유방임적 자본주의 단계에서 노동자가 어떤 존재로 인정되고 있는가 하는 점은 생산관계에서 차지하는 노동자의 역할에서 찾을 수 있다. 물론 자본주의 체제하에서 노동자의 역할이란 생산 활동을 담당하는 데 있다. 그러나 고용주가 노동자를 고용하여 생산 활동을 담당하게 하는 이유는 이윤을 획득하기 위함이기 때문에, 노동자의 역할은 단지 생산 활동으로 규정되기보다는 고용주가 이윤을 얻게 하는 생산 활동이라고 할 수 있다. 사실 이윤이 없다면 고용주는 노동자를 고용하여 생산 활동을 담당하게 할 이유가 없기 때문이다. 그렇다면 어떻게 하면 고용주는 노동자의 생산 활동을 통해 이윤을 얻는가? 이윤이란 생산물이 팔린 뒤에 생산에 투입된 요소, 즉 원료, 기계 마모, 임금에 대한 비용을 모두 지불한 후 자본가에게 남는 부분, 즉 잉여를 말한다. 따라서 생산 활동에 투입된 요소들에 대한 비용이 총생산물의 가치와 같게 되면 이윤은 존재하지 않는다.[51] 그리고 마르크스가 『자본론』에서 상세하게 분석하고 있듯이, 생산에 투입되는 요소보다 총생산물의 가치가 더 큰 이유는 노동자들이 자신이 생산한 가치보다 더 적은 임금을 받는다는 데 있다. 왜냐하면 노동자는 자신의 노동력을 재생산할 수 있는 비용을 임금으로 받을 뿐, 노동의 성과에 따라 임금을 받는 것이 아니기 때문이다.[52] 그렇다면 어떻게 해야 잉여가 증대될까? 물론 원료와 기계를 더 싼 값에 들여온다든지, 원료를 더 적게 사용하는 새로운 생산기술이 도입된다면 이윤은 커진다. 그러나 어떤 기술 수준에서든, 혹은 어떤 가격 수준에서든 일단 원료와 기계에 대한 비용이 지불된다면, 이것은 더 이상 비용에 비해 생산을 증대시키거나 감소시키는 데 영향을 미치지 않는다. 원료나 기계는 단지 사용한 만큼 비용이 들기 때문이다. 그러나 노동은 다르다. 노동자들이 열심히 일한다면 그렇지 않은 것보다 더 많은 잉여를 산출할 수 있기 때문이다. 즉 노동자는 노동시간이나 노동 강도에 따라 더 많은 생산을 하며, 이런 점에서 고용주가 노동자를 사용한 만큼 생산량은 늘어난다는 것이다. 그런데 고용주가 노동자의 노동력이 재생산될 수 있을 만큼만 임금을 준다면, 그만큼 노동자의 임금과 노동자가 생산한 가치 사이에는 편차가 생기게 되고, 결국 이를 통해 고용주는 더 많은 이윤을 획득하게 된다.

앞서 설명했듯이 자유방임적 자본주의 시대에 노동자들은 장시간 노동으로 혹사당하지만, 노동자에게 돌아가는 임금은 자신의 생계마저 유지하기 어려울 정도였다. 이제 이윤의 원천이 노동자의 잉여 생산이라면 그 이유는 간단하다. 자본가들에게는 장시간에 걸쳐 높은 노동 강도로 노동자들을 혹사할 때 비로소 높은 이윤 획득이 가능하기 때문이다. 이렇게 볼 때 노동자는 생산 현장에서 사실상 임금을 주고 구매한 노동력 상품에 불과하다. 즉 노동자는 기계의 부속품처럼 기계의 작동에 따라 단순 작업을 반복하는 물건에 지나지 않으며, 고용주는 이러한 물건의 재생산에 드는 비용을 임금으로 주고 이를 구매했기 때문에 노동자를 자신의 소유물처럼 취급한다는 것이다. 그런데 이런 일이 어떻게 근대 시민사회에서 가능했을까? 산업혁명 이후의 시기는 신분이 철폐되었을 뿐 아니라 모든 사람이 자유롭고 평등한 존재로서 그 법적 지위가 보장된 시민사회였다. 따라서 노동자 역시 시민사회의 구성원인 한 사고팔 수 있는 노예처럼 취급될 수는 없다. 그럼에도 불구하고 노동자가 고용주의 소유물처럼 취급될 수 있었던 것은 시민사회의 법적 토대인 시민법적 질서가 갖고 있던 한계 때문이었다.

근대적 시민법 질서 하에서 모든 인간은 구체적인 사회적 지위나 처지와 상관없이 형식적 의미에서 자유롭고 평등한 존재이며, 이에 따라 고용관계를 규율하는 근대 민법의 규정 역시 고용주와 노동자를 평등한 인격체로 전제하면서 상호 이익을 추구하도록 되어 있다. 그러나 이러한 근대 시민법 질서는 자본주의 체제와 결합되면서 그 한계를 드러낸다. 왜냐하면 근대 시민법 질서는 자신이 표방한 모든 인간이 자유롭고 평등한 존재임을 실현할 수 있는 '법 기술'을 결여하고 있기 때문이다.[53] 자본주의는 법적 의미에서 시장경제 체제이자 사유재산제라는 두 가지 특징을 갖는다. 우선 자본주의가 시장경제 체제라는 것은 모든 경제적 활동이 자유로운 거래나 계약에 따라 이루어지며, 그 결과에 대해서는 각각의 당사자가 책임진다는 것을 의미한다. 그리고 사유재산제도란 자본을 소유한 개인이나 그 개인에 의해 지배되는 법인이 생산수단을 소유하는 것을 뜻하며, 생산수단의 소유를 내용으로 한 재산권의 효과로서 기업주에게는 인사권을 포함하여 경영권과 이익독점권이 인정되고, 노동자의 노동력 제공 장소, 시간, 방법, 그리고 사업장 내에서의 일반적 행태를 규율하는 지시권이 부여된다. 이런 점에서 자본주의 체제하에서는 노동력과 임금이 서로 대가적 관계를 가지며, 임금을 대가로 고용된 노동자는 그 한도 내에서 고용주의 사용에 맡겨지게 되므로, 이제 고용주의 통제 하에 종속적 지위를 갖게 된다. 따라서 모든 인간의 자유와 평등을 전제한 민법이 비록 임금을 비롯한 제반 노동조건에 관한 결정을 고용주와 노동자의 자유의사에 일임하지만, 시장경제 체제와 사유재산제 하에서 인간의 자유와 평등이 실현될 수는 없다. 노동 이외의 아무런 생계수단을 갖고 있지 못한 노동자들은 생산수단을 소유함으로써 고용 노동자에 대한 지시권을 행사하는 고용주에 대해 위계적 관계에 설 수밖에 없으며, 생존이라는 절박한 요구 앞에서 비록 열악한 임금과 근로조건을 제시한 근로계약이라도 이를 수용할 수밖에 없기 때문이다. 이러한 상황에서 노동자가 제공하는 노동이란 결국 노동시장에서 임금을 통해 구매되는 상품에 불과하며, 독일의 보통법이나 과거 로마법에서 규정하듯이 노동의 사용은 법적으로도 물건의 '임대차'에 해당된다.[54]

그러나 노동자가 제공하는 노동력이 상품이라 하더라도 노동자 자신은 상품이 아니며, 타인과 마찬가지로 자유롭고 평등한 인격체이다. 그런데도 노동자를 물건처럼 마음대로 사용할 수 있을까? 다시 말해 고용주가 단지 이윤 확대를 위해 무한정 노동자들을 혹사시키며, 무한정 임금을 줄일 수 있을까? 사실 이는 불가능하다. 왜냐하면 노동자는 다 쓰면 버리고, 또 새로 살 수 있는 일회용 물건이 아니기 때문이다. 노동자가 지속적으로 노동하기 위해서는 오늘처럼 내일도 일할 수 있도록 노동자의 노동력이 재생산되어야 한다. 더구나 자본주의 체제 자체가 생산을 유지하기 위해서는 사회 전체에서 지속적으로 노동력이 공급되어야 한다. 따라서 자본주의 체제는 최소한 노동자의 의식주를 해결하고 건강을 유지함은 물론, 가족을 형성하여 자식을 낳고 교육하여 다음 세대 노동자를 재생산할 수 있을 정도로 임금을 지급해야 한다. 이렇게 볼 때 노동자를 혹사하는 자유방임주의적 자본주의 체제는 근본적 문제를 안게 된다. 아동과 부녀자까지도 장시간 노동할 수밖에 없을 정도로 임금 수준이 낮고, 작업 환경 역시 비위생적이어서 건강하고 유능한 노동력을 지속적으로 재생산해낼 수 없다면 자본주의 체제 자체의 유지가 어렵기 때문이다.

이러한 문제점은 자유방임적 자본주의 시대에 이를 해결하기 위한 사회정책적 요구가 등장하는 원인이 된다. 즉 근로계약을 고용주와 노동자의 자유의사에 맡기는 것이 아니라, 이에 대한 일정한 한계를 설정하여 자본주의 체제가 필요로 하는 노동력 재생산을 사회적으로 보장해야 한다는 것이다. 그 대표적인 예가 1802년 영국에서 제정된 공장법이다.[55] 이는 비록 노동자 보호를 위해 최초로 제정된 법률이지만 「도제의 보건 및 도덕에 관한 법률」이라는 명칭에서도 알 수 있듯이 모든 직종의 전체 노동자를 보호하기 위한 것이 아니라, 면사 공장과 양모 공장에서 일하는 아동 노동자를 보호하기 위한 법률일 뿐이었다. 그리고 그 내용을 보더라도 아동 노동을 1일 12시간으로 제한할 것, 심야 노동을 금지할 것, 읽기, 쓰기, 셈하기 등 간단한 교육을 실시할 것, 그리고 공장에 창문을 설치할 것 등 최소한의 아동 보호에 그치고 있다. 물론 아동 보호 규정은 점차 강화되어 1833년 「공장소년노동법」에 이르러서는 9세 미만의 아동 노동을 금지하고, 9세에서 13세 아동은 1일 9시간, 1주 48시간으로 노동시간을 제한하였으며, 공장감독관제를 신설하여 법 규정의 실질적인 집행을 관장하게 하였다. 그리고 1844년에는 「공장노동법」이 제정되어 아동뿐 아니라 여성 노동자들을 보호하기 위한 규정들이 신설된다. 그러나 오늘날과 같은 의미에서 근로시간, 임금, 고용 및 해고와 관련하여 모든 노동자를 보호하기 위한 실질적인 법률이 제정된 것은 2차 대전 이후의 일이다. 이런 점에서 자유방임주의적 자본주의 단계에서 비록 노동자를 보호하기 위해 사회정책적 요구가 등장했다 하더라도 이는 지극히 낮은 수준이며, 그 대상 또한 성인남성 노동자가 아니라 아동과 여성에 집중되어 있다는 점에서 이는 장래의 노동자를 재생산하여 장기적이고 안정적인 노동력 수급을 보장하기 위한 것으로 여겨진다. 따라서 이 시기에 노동자는 사회정책적으로도 여전히 노동력이라는 상품일 뿐이었다.

그렇다면 자유방임적 자본주의 시기에 노동자들의 자기의식은 어떤 것이었을까? 즉 생산 현장에서 노동자들이 노동력 상품으로 취급된다는 것은 노동자 자신도 스스로를 상품으로 이해하고 있음을 의미할까? 당시 노동 현실에 저항한 노동운동이 등장하였다는 것은 노동자들이 자신을 물건처럼 취급하는 현실에 대해 반감을 갖고 있음을 말해준다. 뿐만 아니라 단결권을 핵심으로 한 집단적 노사관계 법률의 제정은 노동자가 노동력이라는 상품이 아니라, 고용주와 대등한 존재임을 제도적으로 보장하려는 새로운 인식을 부분적으로 반영한 것이라 할 수 있다. 하지만 영국의 예를 들더라도 집단적 노사관계 법률의 제정 과정은 처음에는 노동자들의 단결이 금지되었다가, 그 다음에는 이것이 용인되고, 드디어 법적인 보장을 받았다가 다시 축소되는 역동적 과정이었다. 이런 점에서 노동자들이 노동3권을 완전히 보장받은 것 역시 2차 대전 이후의 일이다.[56] 또한 1790~1830년대 산업혁명 시기의 영국 노동계급의 형성 과정을 분석한 E. P. 톰슨의 연구는 자유방임주의적 자본주의의 시기에 노동자들이 자신을 어떤 존재로 인식하고 있었는가를 잘 보여준다.[57] 이에 따르면 노동자들은 산업혁명 이후 급격히 확산되었던 경제적 착취, 그리고 자신들을 도구처럼 취급하는 작업 환경에 대해 분노했다. 이들은 시민혁명 이후 등장한 '자유인으로 태어난 영국인'이라는 관습적 신념을 공유하고 있었기 때문이다. 이러한 주장을 전제할 때 당시 노동자들은 스스로를 자유인으로 인식하는 가치체계를 공유하고 있었으며, 이를 통해 자신들이 겪고 있는 노동 현실을 해석함으로써 이에 저항하는 계급으로 등장하였다고 할 수 있다. 따라서 자유방임적 자본주의 시대에 노동자에 대한 사회적 인정질서는 노동자의 자기의식에 상응한 것이 아니었으며, 이 때문에 새로운 인정질서 형성을 위한 투쟁과 저항의 동기가 된다. 그리고 그 방향은 비록 맹아적이지만 집단적 노사관계법률 형태로 등장한 대등한 노사관계에서 찾을 수 있을 것이다.

생산주체로서의 노동자

앞서 서술했듯이 자유방임주의적 자본주의는 2차 대전 이후 개입주의적 복지국가로 대체된다. 물론 이는 자본주의의 붕괴가 아니라, 자본주의 체제가 재편된 결과이다. 개입주의적 복지국가는 기본적으로 자본주의 체제를 유지하면서도 자유방임주의적 자본주의가 낳은 위기를 극복하기 위한 치유책으로 등장한 것이기 때문이다. 자유방임주의적 자본주의는 가혹한 착취와 이로 인한 노동자들의 빈곤과 저항에 직면했으며, 주기적 불황이라는 고질적 문제 때문에 제국주의 등장과 세계대전 그리고 대공황을 야기하게 된다. 이런 점에서 자유방임주의적 자본주의에 대한 불신은 2차 세계대전이 마무리될 무렵 최고도에 달했으며, 개입주의적 복지국가는 국가가 경제적 영역에 적극적으로 개입하여 경기순환을 조절하고, 복지국가적 정책을 통해 빈곤 문제를 해결함으로써 체제 위기를 극복하게 된다. 이렇게 자본주의가 새로운 형태를 취하게 되었다는 것은 그 토대가 된 노동자에 대한 사회적 인정관계 역시 재편됨을 의미한다. 왜냐하면 과거의 인정관계를 토대로 새로운 형태의 자본주의가 실현될 순 없기 때문이다. 본 글에서는 노동자에 대한 이러한 사회적 인정관계 변화를 '노동력 상품에서 동등한 생산주체로의 변화'로 해석한다. 개입주의적 복지국가 단계에서 노동자는 단순한 노동력 상품으로서 이를 구매한 고용주에 대해 종속적 관계를 갖는 것이 아니라, 제도적으로 보장된 동등한 권리의 주체로서 고용주와 대등한 위치에 서게 되었기 때문이다.

이러한 새로운 인정관계를 확인할 수 있는 것은 우선적으로 개입주의적 복지국가 단계에서 등장한 사회복지정책이다. 물론 복지국가는 사회복지정책의 목적, 유형, 강도 등에 따라 다양한 형태를 갖지만,[58] 포괄적 의미에서 복지국가란 사회복지정책을 통한 국민의 최저생활 보장을 국가의 임무로 삼고, 이를 모든 국민에게 권리로 보장하는 국가를 말한다.[59] 그리고 사회복지정책이란 소득보장, 건강, 주택, 교육, 사회적 약자 보호라는 5대 영역에서 국민의 '기본적 필요'를 충족시킴으로써 국민의 생존을 보장하는 정책을 말하다.[60] 이는 대개 다양한 사회적 위험들에 대처하여 국가가 실행하는 연금보험, 의료보험, 산재보험, 고용보험, 요양보험 등 각종 사회보험과 생계비 지원, 무상보육, 무상교육, 그리고 장애인, 여성, 노인 등을 대상으로 한 사회서비스를 통해 실현된다. 역사적으로 볼 때 이런 포괄적 의미에서 사회복지정책을 시행함으로써 복지국가의 효시가 된 것은 2차 세계대전 이후의 영국이며, 이는 전후 복지국가 청사진을 제시한 '베버리지 보고서'의 권고 내용을 입법화함으로써 가능했다. 이런 점에서 베버리지 보고서는 자유방임주의적 자본주의에 이어 등장한 개입주의적 복지국가를 이해할 수 있는 핵심 요소이며, 이로부터 개입주의적 복지국가가 전제한 새로운 인정관계 역시 도출해낼 수 있다.

1941년 처칠을 수상으로 한 영국의 연립내각은 베버리지를 위원장으로 사회보장제도개혁위원회를 구성하였고, 여기서 작성한 「사회보험과 종합서비스」라는 보고서가 바로 '베버리지 보고서'라 일컬어지는 사회보장제도 개혁안이다.[61] 영국은 이 개혁안에 기초하여 가족수당법(1945), 산업재해국민보험법(1946), 국민보험법(1946), 국민보건사업법(1946), 국민부조법(1948) 등 각종 사회복지 관련 법안을 제정함으로써 명실상부한 복지국가를 건설하게 된다. 베버리지 보고서의 핵심은 대략 두 가지 원칙으로 파악할 수 있다. 첫째는 보편성의 원칙이다. 즉 사회복지는 소득과 관계없이 모든 국민을 대상으로 실시되어야 하며, 단지 빈곤에 대한 대책만이 아니라 질병, 무지, 불결, 실업 등 광범위한 사회적 위험에 대처하기 위해 소득보장과 의료, 교육, 주택, 고용 관련 서비스를 제공한다는 것이다. 둘째는 국민적 최소한의 원칙이다. 즉 사회복지는 모든 국민에게 최소한도의 생활을 보장하는 데 있으며, 그 이상의 생활은 개인의 책임 영역에 속한다. 영국은 이런 베버리지 보고서의 원칙에 입각하여 향후 다양한 법제화와 사회정책을 통해 광범위한 개혁을 단행한다. 즉 주요 산업을 국유화하고 완전고용을 실현함으로써 실업을 해결하고, 포괄적 사회보장제도를 통해 빈곤을 극복하고, 국민보건사업을 통해 모든 국민이 질병으로부터 벗어나게 하고, 무상의무교육을 확대함으로써 무지로부터 해방되도록 했다는 것이다. 이러한 복지국가의 등장은 단지 영국에만 한정된 것은 아니다. 이는 2차 대전 이후 유럽이나 미국 등 거의 모든 선진국에서 나타난 일반적 경향이었으며, 이것은 이미 2차 대전 이후 세계의 재건 방침을 담은 1941년 8월 '대서양 헌장'을 통해 예견된 것이었다.[62] 이 헌장은 더 나은 근로 조건을 제시하고, 경제적 진보 및 사회보장의 혜택을 모든 사람에게 확대하고, 경제 분야에서 모든 국민의 완전한 협력을 확보하기 위해 각국이 협조할 것을 요청하고 있다. 물론 구미 지역에서 복지국가가 등장할 수 있었던 것은 단지 이런 선언 때문만은 아니다. 이것이 가능했던 것은 각국이 케인스주의적 국가 개입을 통해 높은 경제성장률, 낮은 인플레, 낮은 실업률을 유지하는 데 성공함으로써 막대한 사회복지비용을 조달할 수 있었기 때문이다. 이런 점에서 개입주의적 복지국가는 '케인스-베버리지안'이 주도한 새로운 자본주의 시대라 해도 과언이 아니다.[63]

이렇게 2차 대전 이후 복지국가를 탄생시켰던 베버리지 보고서에서 발견할 수 있는 인정관계의 변화는 이제 사회복지가 모든 국민이 향유할 수 있는 보편적 권리로 등장하였다는 점에서 찾을 수 있다. 베버리지 보고서는 광범위한 위험에 대처하여 모든 국민에게 최소한의 생활을 제도적으로 보장할 것을 요구한다는 점에서 이제 사회복지는 단지 위기에 처한 사람이나 집단에 베풀어지는 자선이나 시혜가 아니라, 모든 국민이 아무런 차별 없이 향유할 수 있는 동등한 권리가 되었다. 이러한 보편적 권리의 도입은 노동자의 지위를 변화시키는 데 결정적 역할을 한다. 왜냐하면 노동자는 이러한 권리를 통해 한편으로 단지 형식적 의미에서 시민법적 질서가 전제한 자유롭고 평등한 존재가 아니라, 실질적으로 자유롭고 평등한 존재가 될 수 있는 최소한의 물질적 기반을 확보하게 되었기 때문이다. 마셜에 따르면 이러한 사회복지권은 국가권력으로부터 벗어나 개인의 자유로운 활동을 보장한 공민권(civil right)과, 투표 및 공직에 출마할 권리 등을 규정한 참정권(political right)과 구별되는 '사회권'(social right)이라는 영역에 속한다.[64] 그리고 이러한 사회권은 최소한의 소득, 건강, 주택, 교육 등을 보장함으로써 공민권과 참정권을 발휘할 수 있는 물질적 토대를 마련한다는 점에서 이 두 권리를 완성시킨 것이라 할 수 있다. 이런 점에서 사회복지를 향유할 수 있는 보편적 권리는 종래의 시민법적 질서가 보장한 권리와는 다른 성격의 권리라 할 수 있으며, 이를 통해 시민법적 질서는 형식성이라는 한계를 극복하게 된다. 또한 다른 한편으로 노동자는 이제 국가에 대해서나 고용주에 대해서나 사회권이라는 보편적 권리의 주체로서의 인정과 이에 합당한 대우를 요구할 수 있게 되었다. 권리란 사회적으로 그 가치가 보장된 것으로서 이것이 침해될 경우 국가는 강제력을 통해 이를 회복해야 하기 때문이다. 따라서 이제 노동자는 고용주가 임금을 통해 구매함으로써 자신의 소유물처럼 마음대로 사용할 수 있는 물건이 아니라, 제도적으로 보장됨으로써 누구도 침해할 수 없는 보편적 권리의 주체가 되었고, 이에 따라 고용주는 생산 현장에서 노동자를 이러한 권리주체로 대우하기 위한 일정한 의무를 진다.

이렇게 볼 때 사회권으로서의 사회복지권이 노동자가 자유롭고 평등한 존재로서 동등한 권리의 주체가 될 수 있음을 최소한의 수준에서나마 보장한다면, 2차 대전 이후 지속적으로 개선된 노동관계법은 노동자들에게 동등한 권리주체라는 토대 위에서 고용주와 대등한 생산주체라는 지위를 부여하게 된다. 앞서 서술했듯이 자유방임적 자본주의 시대에 제정된 「공장법」은 노동자를 보호하기 위해 등장했지만, 이는 지극히 낮은 수준이었으며, 그 대상 또한 모든 노동자가 아니라 아동과 여성 노동자에 집중되었다는 점에서 자본주의 체제가 필요로 하는 노동력 재생산이라는 역할 이상을 기대하기 어려웠다. 그러나 영국의 경우를 보더라도 2차 대전 이후 노동자 전체를 대상으로 포괄적인 근로조건을 규정하는 법규들이 등장함으로써 생산 현장에서 노동자들이 고용주의 임의대로 사용되는 것을 방지하게 되었다.[65] 예를 들어 1963년 근로조건의 명문화를 내용으로 한 「근로계약법」이 제정되었고, 1975년에 와서는 영국의 노동법사에서 가장 중요한 위치를 차지하는 「고용보호법」이 제정되었다. 이는 임금을 보장하고 임금 항목을 명시하는 데에서부터 여성 노동자의 임신과 출산에 대한 보호 규정, 노동조합 참여에 관한 권리, 해고와 관련된 보호 규정에 이르기까지 노동자 보호를 위한 실로 포괄적인 내용을 상세하게 규정하고 있다. 또한 집단적 노사관계법 분야에서도 1971년 산업관계법이 제정되어 부당노동행위를 명문화했으며, 역사상 처음으로 단체협약을 법적으로 강행할 수 있는 규정이 신설되었다.

그러나 이 시기에 더욱 중요한 것은 경영참여, 공동결정, 그리고 자본 및 이윤참여 제도가 등장함으로써 생산수단의 사적 소유에 기초한 기업경영권과 이윤독점권에 일정 정도 제한을 두기 시작했다는 점이다. 앞서 지적했듯이 이에 대한 대표적인 사례로는 노동자들의 경영 참여를 인정한 독일의 「경영조직법」과 「공동결정법」, 그리고 노동자들의 이윤 참여를 허용한 프랑스의 「기업이윤에의 근로자들의 참여에 관한 명령」 등이 있으며, 영국에서는 단체교섭 대상을 인력수급계획, 소득분배, 경영방침 공개 등으로 확대하면서 노동자들이 기업의 의사결정 과정에 참여하는 것을 부분적으로 허용하였다. 그리고 영국에서는 1977년 노사 동수와 제3의 위원들로 구성된 기업 단위의 노사협의회 설치를 권고하기에 이른다. 이 모든 조치들은 자본과 노동 사이의 대립 구도를 넘어서 자본가의 경영권과 노동자들의 생산 역할을 조화시켜 양자 간의 상호협력관계를 형성하려는 새로운 발상을 담은 것이다.

이렇게 볼 때 개입주의적 복지국가 단계에서는 노동자가 과거 자유방임주의적 자본주의 시대처럼 노동력 상품으로 취급받는 것이 아니라, 고용주와 대등한 위치에 설 수 있는 다양한 제도가 마련되었다고 할 수 있다. 이제 고용주는 노동자를 사회권의 주체로 대우해야 하며, 노동자는 근로조건을 보장하는 각종 법률과 노동조합의 단결력, 그리고 비록 부분적이나마 경영, 이윤, 소유 참여를 허용하는 제도를 통해 고용주에 대한 종속적 지위에서 벗어나 대등한 위치에 설 수 있는 실질적 토대를 마련하였기 때문이다. 이런 점에서 개입주의적 자본주의 체제하에서 비록 완전한 것은 아닐지라도 노동자를 동등한 생산주체로 인정하는 제도적 질서가 등장했다고 할 수 있다. 물론 이런 제도적 질서의 등장이 새로운 인정질서의 완전한 현실화를 의미하는 것은 아니다. 개입주의적 복지국가 단계의 자본주의 역시 여전히 자본주의인 한 자본과 노동 간의 세력 불균형이 사라진 것은 아니기 때문이다. 노동자가 노동조합을 통해 기업의 경영, 이윤, 소유에 참여한다 하더라도 이는 부분적일 뿐

이에 대한 자본가의 특권은 여전히 유지되고 있으며, 다양한 노동자 보호 정책 역시 생산수단의 소유를 사회화하려는 급진적 혁명운동을 차단하는 효과를 갖는다.[66] 그럼에도 생산 영역에 대한 국가의 개입이 이루어지면서 노동자들에게는 완전고용과 사회복지를 보장하고, 이를 통해 이루어진 생산성 향상이 자본의 이익으로 이어지는 계급화해적 구조 속에서 노동자들이 더 이상 고용주가 임의적으로 사용할 수 있는 노동력 상품으로 취급될 수 없음은 분명하다. 그리고 제한적이나마 노동자를 동등한 생산주체로 인정하려는 규범적 원칙이 반영된 제도적 장치들이 등장하고 있음 또한 분명하다.

제도 밖 존재로서의 노동자

그런데 노동자를 노동력 상품이 아니라, 동등한 생산주체로 보려는 새로운 인정질서는 점차 확대되고 강화된 것이 아니라, 개입주의적 복지국가가 신자유주의적 자본주의로 대체되면서 오히려 몰락의 위기를 맞게 된다. 왜냐하면 신자유주의 정책과 함께 비정규직과 실업이 확대되면서 노동자를 동등한 생산주체로 인정한 다양한 제도들이 갖고 있던 '고용 중심성'이 드러나면서 수많은 국민들이 법적 보호의 사각지대에 놓이게 되었기 때문이다. 이러한 이유 때문에 이제 노동자를 노동력 상품도 아니고, 동등한 생산주체로 보는 것도 아닌 새로운 인정질서, 즉 노동자를 제도적으로 보호받지 못하는 '제도적 보호 밖의 노동자'로 간주하는 새로운 인정질서와 함께 점차 축소되어가는 과거의 인정질서가 병존하는 상황이 발생한다.

이를 확인할 수 있는 가장 대표적인 곳은 다름 아닌 사회복지 영역으로서 이는 고용이 유연화됨에 따라 노동시장이 정규직과 비정규직으로 '이중 구조화'하고 있다는 데 기인한다.[67] 2차 대전 이후 베버리지 보고서를 통해 확립된 사회복지제도는 모든 국민을 대상으로 포괄적인 위험에 대처한다는 보편성 원칙에 토대를 두고 있다. 그러나 이를 실현하는 핵심적 방식이 고용주, 노동자, 국가가 공동 부담하는 사회보험이라는 점에서 이는 안정된 고용 상태를 유지할 수 있는 전일제 임금 노동자, 즉 정규직 고용 노동자를 대상으로 한 것이었다. 물론 거의 완전고용이 실현된 개입주의적 복지국가 시기에는 이런 사회보험 방식의 사회복지제도가 거의 모든 노동자를 포괄할 수 있었으며, 이런 점에서 준보편적 제도로서 기능할 수 있었다. 그러나 신자유주의적 자본주의 하에서 사회보험 방식의 사회복지제도는 이러한 보편성을 상실할 수밖에 없다. 왜냐하면 한편으로 노동시장이 유연화됨으로써 비정규직이 증가하고, 다른 한편으로 생산 과정의 자동화와 업무조직 합리화로 인해 실업이 증가하고 있지만, 이러한 고용불안 계층에게는 사회보험 가입이 사업체의 임의적 결정에 따라 이루어진다는 점에서 사회보험 방식의 사회복지제도는 별다른 역할을 하지 못하기 때문이다. 따라서 신자유주의적 자본주의 시대에는 개입주의적 복지국가 시기에 확립된 사회복지제도로는 더 이상 포괄할 수 없는 사각지대가 형성된다.

한 연구에 따르면,[68] 상황이 이러함에도 신자유주의적 자본주의 시대의 복지정책은 오히려 고용 연계성을 강화하고 있다고 한다. 이는 대개 실업급여를 구직수당으로 대체하면서 복지수혜자격을 노동으로의 복귀라는 일정한 조건과 연계시켜 복지수혜의 자격 조건을 강화하는 방향으로 나아간다. 그러나 이러한 고용 연계 복지프로그램은 실업자들에게 노동조건이 열악하고, 고용이 불안한 저임금 노동을 수용하도록 함으로써 결과적으로 이들을 유연화된 노동시장에 강제적으로 편입시키는 결과를 낳고 있다. 1997년 영국 노동당의 핵심적 사회복지정책 모델이었던 생산적 복지는 노동 참여에의 책임과 의무를 강조하고 있으며, 미국의 부양가족 아동부조제도는 아동을 부양하는 미혼모 가정에 대한 부조의 조건으로 노동을 강요하고 있다. 이는 한국에서도 마찬가지이다. 우리나라의 국민기초생활보장제도는 근로능력이 있는 저소득층에 대해서는 조건부 수급자의 자격을 부여함으로써 근로에 종사하게 하거나 직업교육을 받도록 유도하고 있다. 또한 「고용보험시행령개정안」은 취업 알선을 2회 이상 거부할 경우 실업급여를 제공하지 않기로 함으로써 저임금 노동을 강요하고 있으며, 이로 인해 노동시장 전반에서 경쟁 강화와 임금 하락 효과를 낳고 있다고 한다. 이렇게 볼 때 한편으로 개입주의적 복지국가 시대에 만들어진 사회보험 방식의 사회복지제도는 비정규직과 실업의 증가를 통해 무력화되고 있고, 다른 한편으로 신자유주의적 자본주의는 고용 연계성을 강조하는 사회복지정책을 추진하지만 이는 사실 비정규직으로의 편입을 의미한다는 점에서 결과적으로 사회복지제도의 사각지대를 확대하게 된다. 따라서 오늘날 대부분의 국가에서 주요 사회복지정책이 정규직 임금 노동자에 집중됨으로써 나머지 국민들은 사회복지 혜택에서 배제되고 있는 실정이다.

이러한 '제도적 보호 밖으로의 배제'는 노동조합 활동이나 근로조건의 경우에도 마찬가지이다. 앞서 설명했듯이 개입주의적 복지국가 시대의 특징은 노조의 단결력을 통해 노동자들이 고용주에 대해 동등한 생산 주체로서의 지위를 주장할 수 있었고, 이를 통해 근로조건을 향상시킬 수 있었다는 점이다. 물론 이는 노동관련 법규를 통해 제도적으로 보장된 것이었다. 그러나 신자유주의적 자본주의 하에서 노동시장이 유연화된 결과인 비정규직의 증가는 이러한 제도에서도 사각지대를 만들어놓게 된다. OECD 국가 중 비정규직 비율 1위를 차지하고 있는 우리나라의 경우, 2009년 조사에 따르면 비정규직 노동자의 노조 가입률은 2.7%에 불과하다. 이는 비정규직 노동자들이 집단적인 교섭력을 통해 동등한 생산주체로서의 지위를 확보할 뿐 아니라 근로조건을 실질적으로 개선하기에는 역부족임을 말해준다.[69] 이는 현상적으로 볼 때 기존의 정규직 중심의 노조가 비정규직의 노조 가입을 제한하고 있다는 데 주된 이유가 있다. 진보적 노동단체로 알려진 민주노총의 경우를 보더라도 소속 122개 노조 중 조사대상 104개 가운데 비정규직 노동자를 조합원으로 받아들이는 노조는 27개인 반면, 그렇지 않는 노조는 77개로서 조사대상 노조의 74%가 비정규직 노동자를 배제하고 있다. 이뿐만 아니라 비록 비정규직 노동자를 가입시키지 않지만 이들의 이해를 대변하는 경우를 살펴보더라도 사정은 마찬가지이다. 즉 정규직 노조 중 비정규직 노동자를 대변하는 노조는 36.5%에 불과하다는 점에서 '민주노조'들 역시 비정규직에 대해 협조적이지 않다.[70] 물론 이런 상황이 발생한 것은 비정규직 노동자들에 대한 차별을 통해 정규직의 처우 개선이 이루어진다는 점에서 비정규직 노동자들이 정규직 보호를 위한 일종의 희생양 역할을 하기 때문이며, 또한 재계약 압박 때문에 고용주와의 대립을 가능한 회피하게 만드는 비정규직 노동자들의 고용 형태도 이에 대한 중요한 이유가 될 것이다.

비정규직 노동자들의 제도적 보호로부터의 배제는 이들의 근로조건을 살펴본다면 더욱 분명해진다. 앞서 서술했듯이 비정규직의 임금은 정규직 임금의 절반에도 미치지 못하는 수준이다. 즉 2008년 정규직 평균 월급이 247만 원인 데 비해 비정규직 평균 월급은 124만 원에 불과했으며, 2010년에는 정규직 월평균 임금이 266만 원인 데 비해 비정규직은 123만 원으로 143만 원이라는 임금 차이를 보이고 있다.[71] 더구나 비정규직 근로자들에게는 정규직 노동자들에게 지급되는 퇴직금, 상여금, 시간외수당, 유급휴가 등이 적용되지 않는 경우가 대부분이다.[72] 물론 2007년부터 「기간제 및 단시간 근로자 보호 등에 관한 법률」이 제정되면서 비정규직 노동자에 대한 보호 규정들이 강화되었다. 이러한 법률은 비정규직 노동자를 동종 또는 유사한 업무에 종사하는 정규직 노동자에 비하여 차별적으로 처우하는 것을 금지한다. 그러나 임금 수준에서도 나타나듯이 이런 법률은 거의 제 기능을 하지 못하고 있다. 이에 대한 연구에 따르면 그 이유로는 대략 4가지를 꼽을 수 있다.[73] 첫 번째는 비정규직 노동자 자신의 입장에서 볼 때 이런 보호 규정이 실효성을 발휘하기 어렵다는 점이다. 비정규직 노동자가 정규직에 대한 차별이 발생할 경우 이를 시정하도록 요청해야 하지만, 이 때문에 고용주와 대립하게 되면 재계약 자체가 이루어지지 않을 수 있기 때문이다. 또한 법 규정 자체에도 문제가 있다. 왜냐하면 '동종 또는 유사한 업무'에 어떤 것이 해당되는지 판단하기 어려울 뿐 아니라, 해당 사업장에 '동종 또는 유사한 업무'에 종사하는 정규직이 없다면 이러한 규정 자체가 무의미해진다. 그리고 사용자의 입장에서 보면 이러한 규정은 얼마든지 피해갈 수 있다. 사용자가 정규직과 비정규직의 업무를 분리시키면 이는 더 이상 동종 또는 유사한 업무가 아니기 때문이다. 따라서 일부 업무만 정규직에게 맡기고 거의 모든 업무를 비정규직에 맡기는 일이 가능하게 된다. 끝으로 호봉제와 같은 연공서열에 따른 임금 구조하에서는 비정규직 노동자가 정규직 노동자에 대한 임금 격차를 따라잡기 어렵다. 비정규직 노동자는 대부분 단기 계약직이기 때문에 근속 기간이 짧을 수밖에 없다.

이렇게 볼 때 비정규직 노동자는 사회복지제도뿐 아니라 노동관련 법규의 보호로부터도 배제됨으로써 동등한 생산주체로서의 인정은커녕 아무런 제도적 보호도 받지 못하는 제도 밖의 존재가 되고 말았다. 이런 점에서 비정규직 노동자는 사실상 노동자가 아니며, 현존 제도에 함축되어 있는 노동자로서의 지위를 보장받지 못하는 비노동자로서의 지위를 갖는다. 따라서 비정규직 노동자를 비록 잠재적으로는 노동자이지만, 실제로는 어디에도 매어 있지 않은 '자유로운 상태의 무산자'란 의미에서 '비계급'으로 규정한 것은 정당한 것처럼 보인다.[74] 물론 신자유주의적 자본주의가 제도 밖으로 밀어낸 것은 비단 비정규직만이 아니다. 생산 자동화와 업무 합리화로 인해 지속적으로 확대되는 실업자 역시 제도 밖의 존재이기는 마찬가지이기 때문이다. 다만 차이가 있다면 비정규직 노동자는 일시적이나마 고용되어 있다는 점이지만, 이것 역시 제도적 지위를 보장하는 것은 아니라는 점에서 이들 간의 본질적 차이는 존재하지 않는다. 따라서 이들은 노동시장 유연화와 탈노동사회적 조건 하에서 서로 순환적 관계에 있는 동질적 존재라 할 수 있다.

사회적 활동주체

이렇게 신자유주의적 자본주의 시대에서는 사회복지제도와 노동관련 법규들이 고용 중심성을 보임으로써 사회적 인정질서 역시 제도적으로 동등한 생산주체로서의 지위를 보장받는 소수의 정규직 노동자와 이런 지위로부터 배제된 비노동자들, 즉 비정규직 노동자, 실업자로 이중화된다. 그렇다면 이런 상황 속에는 어떤 대안적 인정 요구가 잠재되어 있다고 할 수 있을까? 여기서 대안적 인정 요구는 단지 동등한 생산주체로 인정받지 못한 사람들이 다시 이러한 질서 안으로 포섭되는 것을 말할까? 달리 말한다면 신자유주의적 자본주의에 대한 대안은 비정규직과 실업을 넘어서 모든 노동자를 정규직으로 고용하는 완전고용 시대로의 복귀를 의미할까? 앞서 서술했듯이 과거로의 회귀란 가능한 일이 아니다. 개입주의적 복지국가 시대의 완전고용이란 제조업을 근간으로 한 것이며, 오늘날처럼 지식기반산업이 전 산업 영역을 재조직하는 시기에 과거로 돌아간다는 것은 그간의 기술력 발전을 무화시키자는 것과 다름없다. 물론 이러한 기술력 발전이 비정규직과 실업을 양산하고 있지만, 문제는 여기에 있는 것이 아니다. 다시 말해 비정규직과 실업 자체가 문제가 아니라, 문제는 이들에 대한 인정 구조라는 것이다. 만약 동등한 생산주체로 인정받는 정규직 노동자와 이로부터 배제된 비정규직과 실업자를 포괄할 수 있는 새로운 인정질서가 가능하다면 이 둘은 더 이상 인정과 무시, 포함과 배제의 관계에 놓이지 않는다. 물론 이러한 인정질서는 사회구성원을 고용 노동자와 그렇지 못한 노동자라는 대립적 구조에서 이해하는 것이 아니라, 이를 지양하는 더 고차원적인 이해를 전제할 때 가능하다.

본 글에서는 이러한 새로운 인정 요구가 무엇인지를 탐색하기 위해 우선적으로 고용 노동의 사회적 역할이 무엇인가에 대해 질문하려고 한다. 왜냐하면 이럴 경우 고용 중심의 생산관계를 포함하면서도 이로 축소되지 않는 더 큰 사회적 차원을 드러낼 수 있기 때문이다. 자본주의란 앞서 서술했듯이 사적으로 소유한 자본을 이용하여 임금 노동자를 고용하고, 이윤을 목적으로 시장에서 거래될 재화나 서비스 등 상품을 생산하는 경제체제를 말한다. 물론 자본가는 이윤을 위해 상품을 생산하지만 이러한 상품이 사회구성원들의 삶을 유지하고 지속하는 데 필요한 재화와 서비스라는 점에서 자본주의는 단지 자본의 축적이 아니라, 사회가 재생산되는 데 기여한다. 그런데 역으로 생각해본다면 사회의 재생산에 필요한 재화와 서비스가 모두 시장에서 거래되는 것은 아니며, 따라서 사회가 재생산되는 데 필요한 모든 재화나 서비스를 자본주의가 생산하는 것도 아니다. 분명 사회가 유지되고 지속적으로 재생산되기 위해서는 사회구성원들의 삶을 유지하고 지속하는 데 필요한 재화와 서비스가 공급되어야 한다. 그러나 자본주의가 상품 형태로 공급하는 재화와 서비스는 단지 그 일부일 뿐이다. 오늘날 자본주의적 생산양식이 많은 재화와 서비스를 상품화하는 데 성공하고 있지만 여전히 출산, 양육, 교육과 관련된 많은 부분들은 비시장 영역에서 이루어지고 있다. 그리고 가사노동이나 자원봉사 활동으로까지 시야를 확대한다면 비시장 영역에서의 활동은 그만큼 폭이 넓어진다. 더구나 사회의 재생산이란 사회구성원이 지속적으로 존속하면서 다양한 사회적 관계 역시 지속적으로 유지되는 것이라 본다면 이와 관련된 사회구성원들의 다양한 활동들, 다시 말해 이런 의미에서의 모든 사회적 활동들은 다 사회의 재생산에 기여한다고 할 수 있다. 따라서 인간의 활동은 한편으로 상품 생산을 위한 고용 노동과, 다른 한편으로 시장에서 거래되지 않는 재화와 서비스를 공급하는 광범위한 사회적 활동을 포괄하게 된다. 시간 사용에 대한 한 조사는 이런 점에 대해 많은 시사점을 준다.[75] 이에 따르면 선진국 남성의 경우 노동시간의 3분의 2가 임금 노동을 위해 사용되며, 3분의 1은 임금을 받지 않는 활동에, 그리고 여성은 반대로 3분의 1은 임금 노동에 나머지는 그렇지 않은 활동을 위해 사용하는 것으로 나타났다. 그리고 2001년 미국에서의 주당 노동시간을 비율별로 계산한 결과에 따르면 전체 노동 중 42%가 상품 생산 노동이며, 8%는 정부 부문 노동, 그리고 50%가 비시장 노동이라고 한다. 이렇게 볼 때 고도로 상품화가 진행된 선진국에서조차 상품 생산 노동이 전체 노동량의 절반에도 못 미친다고 할 수 있으며, 이는 결국 인간의 노동시간 절반 정도가 시장 밖에서 이루어진다는 것을 뜻한다.

이렇게 볼 때 자본주의적 고용 노동은 사회가 재생산되는 데 필요한 재화와 서비스를 공급한다는 점에서 사회적 가치를 갖지만, 동시에 자본주의적 고용 노동은 사회를 재생산하는 데 필요한 활동 중 일부일 뿐이란 점에서 결코 특권적인 것이 아니다. 가정의 예를 보더라도 남성 가장이 고용 노동에 종사한다고 해도 여성의 가사 노동이 없다면 가정이 유지될 수 없다. 그리고 이를 사회적으로 확대한다면 임금 노동만으로 사회의 재생산이 이루어질 수 없음은 분명하다. 그런데 이 중 과연 어느 활동이 특권적이라 할 수 있을까? 이 모든 것이 사회의 재생산을 위해서 필수적인 것은 아닌가? 물론 특권적이란 말은 바로 이에 대해서만 보상과 사회적 보호가 이루어지는 것을 뜻한다. 그런데 과연 고용 노동만 보상하고 이를 제도적으로 보호해야 할까? 고용 노동이 임금과 사회복지를 향유할 수 있는 특권적 지위를 차지한다면, 이는 자본가의 관점에서만 그 이유가 있을 뿐이다. 왜냐하면 자본가는 바로 이를 통해 이윤을 얻기 때문이다. 그러나 사회의 재생산이란 관점에서 본다면 고용 노동이나 비시장적 사회적 활동 모두는 사회의 재생산에 기여할 뿐 아니라 필수적이라는 점에서 이 중 어떤 활동도 특권적일 수 없다.

이렇게 사회의 재생산이란 점에서 고용 노동과 비시장적 사회적 활동이 동등한 가치를 지닌다면, 이제 우리는 고용 노동만이 아니라 비시장적 활동에 대해서도 보상과 사회적 보호가 이루어져야 한다고 말할 수 있다. 그렇다면 이는 구체적으로 무엇을 의미하는 것일까? 이미 2000년대 초반부터 진보 진영의 새로운 의제가 되고 있는 '사회적 임금'은 대략 그 방향이 어떤 것일 수 있는지 윤곽을 가늠하게 한다.

흔히 사회복지학 분야에서 사회적 임금이란 시장 임금과 대비하여 노동자에게 제공되는 각종 사회복지급여를 말한다.[76] 하지만 이 역시 강조점에 따라 해석의 차이를 보인다. 즉 사회복지비용을 고용주가 부담한다는 점에서 사회적 임금을 자본이 노동력 제공에 대해 지출하는 비용, 즉 임금으로 보는가 하면, 이에 비해 사회적 임금이 수령자들에게 노동력 재생산을 위해 사용된다는 점에서 이것이 시장 임금과는 별도로 소득 증대 효과를 갖는다는 입장도 있고, 사회적 임금이 노동력 재생산 부족분을 보충하도록 국가에 의해 지불된다는 점에 주목하면서 이를 노동에 대한 직접적 보상인 화폐 임금과 구분하여 국가에 의한 자원 배분으로 보기도 한다. 그러나 사회적 임금을 고용주나 국가가 부담하든, 그리고 이것이 임금의 일종이든 소득 증대 효과를 갖든, 아니면 자원 배분이든 간에 여기서 공통적인 것은 사회적 임금이 노동력 재생산을 위해 지급되고 이를 위해 사용된다는 점이다. 따라서 여기서 말하는 사회적 임금은 시장적 생산 노동을 대상으로 한 것이며, 비시장적 사회적 활동에 대해 지급되는 것은 아니다. 이런 점에서 사회적 임금은 사회의 재생산 활동 전체를 포괄하는 것이 아니다.

그런데 오늘날 사회적 임금에 대해서는 비단 사회복지학적 입장만이 있는 것은 아니다. 네그리가 제안하는 사회적 임금은 근본적으로 임금과 고용직 생산 노동과의 필연적 연결 고리를 해체한 것으로서, 자산 조사나 노동 요구 없이 모든 개인에게 매월 일정액을 지급하는 '기본소득제도'와 맥을 같이 한다.[77] 네그리는 오늘날 자본주의가 인간의 생활 자체의 생산과 재생산을 관리하는 이른바 '생체정치적' 통제 기술과 결합함으로써 사회적 생활 자체의 생산 및 재생산 과정마저 자신에 종속시키기에 이르렀다고 진단한다.[78] 그리고 그 결과로 생산적 노동, 재생산적 노동, 그리고 비생산적 노동 사이의 구분이 더 이상 유지되기 어렵게 되었으며, 모든 노동은 자본주의적 생산양식에 통합되었다는 점에서 자본에 의해 착취당한다는 일반성을 갖는다고 한다. 따라서 이제 산업 노동자들만이 아니라 이 모든 형태의 노동에 종사하는 사람들이 새로운 프롤레타리아트로 등장한다. 네그리가 이러한 시대 진단을 토대로 제시한 정치적 요구가 바로 사회적 임금이다. 즉 생산과 비생산 노동이 하나로 통합되어 있는 자본주의 체제하에서 프롤레타리아트는 하루 종일 도처에서 일반적으로 생산한다고 할 수 있으며, 따라서 이에 대한 일정한 보상이 이루어져야 한다는 것이다. 물론 사회적 임금이란 개별 사업장에서 지급되는 것은 아니다. 왜냐하면 사회적 임금은 총자본의 관점에서 자본주의적 생산에 기여하는 모든 활동에 대해 보상할 것을 정치적으로 주장한 것이기 때문이다. 이러한 네그리의 입장은 앞서 잠시 서술했던 비시장적 사회적 활동에 대한 보상 필요성보다 진일보한 것이라 할 수 있다. 왜냐하면 앞서 서술한 입장은 비시장적 사회적 활동이 사회의 재생산에 기여함을 강조함으로써 단지 이에 대한 보상을 주장한다면, 네그리의 입장은 비시장적 활동이 사회의 재생산에 기여함으로써 결국 자본주의적 생산에 기여함을 전제한다는 점에서 이에 대한 보상의 의무가 총자본에 있음을 밝혀주기 때문이다. 이런 점에서 사회적 임금은 자본주의가 산출한 전체 이윤에 사회구성원 모두가 참여한다는 특징을 갖는다.

또한 사회적 임금을 자산 조사나 노동 요구 없이 모든 사회구성원에게 기본소득 형태로 지불한다는 점은 동일하지만 이를 시장 밖의 영역에서 수행되는 비영리 활동과 연계시키는 입장도 있다. 제러미 리프킨은 점점 노동자가 필요 없어지는 탈노동사회적 조건에 대한 대안으로 시장이나 정부 부문이 아닌 이른바 제3부문에서 행해지는 '비영리 활동'에 대한 대가로 사회적 임금을 지급할 것을 주장한다.[79] 그가 말하는 제3부문에서의 비영리 활동이란 사회문화적 생활을 구성하는 모든 공식, 비공식적 활동으로서 사회 서비스에서부터 건강, 교육, 예술, 스포츠, 여가, 종교, 사회 참여에 이르기까지 사람들이 금전적 대가 없이 타인을 위해 무엇인가를 제공하고 보살펴주는 활동을 의미한다. 따라서 일종의 '공동체 서비스'라고도 할 수 있는 이러한 활동은 특히 비영리 조직을 통한 자원봉사라는 형태로 수행되고 있다. 리프킨에 따르면 오늘날 미국인은 자원봉사에 205억 시간을 투자하고 있으며, 이 중 157억 시간 이상이 특정 조직이나 협회에서 수행하는 공식적 자원봉사에 해당된다. 그리고 이를 고용 노동으로 환산하면 풀타임 노동자 900만 명, 돈으로 환산하면 1,760억 달러에 해당된다고 한다.[80] 그런데 자원봉사라는 명목 하에 수행된 활동이 아니라 사적이고 일상적인 차원까지 염두에 둔다면, 사람들이 타인과의 관계에서 자신의 삶을 영위하는 한 거의 대부분의 사람들은 항상 무언가 타인에게 유익이 되는 활동을 수행하고 있다. 왜냐하면 사회적 관계를 유지하고 있다는 것 자체가 사람들이 이러한 관계가 요구하는 일정한 역할을 수행함으로써 서로에게 유형무형의 유익을 주고, 또 유익이 되고 있음을 말해주기 때문이다. 이런 점에서 사실 공동체 서비스라는 것을 확대 해석한다면 이는 사회생활 자체에 내재된 본질적 요소라 할 수 있으며, 사회적 관계들의 유지와 존속을 위해 수행되는 다양한 활동들, 아니 사회의 재생산을 위한 활동 자체가 이미 공동체 서비스라 할 수 있다. 따라서 사람들은 비록 자원봉사라는 명목 하에서 수행하지는 않지만, 이미 이에 해당되는 활동을 누구나 어느 정도는 하고 있다고 말할 수 있다. 단적으로 말해 내가 사회복지기관을 통해 취약계층 아동들에게 아침을 마련해주는 것이 자원봉사라면 내가 가정에서 사적으로 내 자식을 위해 아침을 마련하는 것 역시 실질적으로는 자원봉사 활동에 버금가는 공동체적 활동이라는 것이다. 왜냐하면 내가 이 활동을 하지 않을 때 이는 그것이 자원봉사이든 아니면 영리적 서비스 활동이든 누군가에 의해 수행되어야 하기 때문이다. 이렇게 본다면 리프킨처럼 공동체 서비스라는 비영리 활동과 기본소득제도를 연계시킨다 하더라도 사실 이것이 지금까지 수행하지 않은 어떤 특별한 새로운 활동을 요구하는 것이라 보기는 어렵다. 다만 리프킨의 입장에서 주목할 만한 것은 오늘날 미국에서 수행되는 공식적 자원봉사 활동을 고용 노동이 담당한다면 거의 900만 명의 고용 노동에 해당된다는 지적처럼, 공동체 서비스를 고용 노동으로 환산할 때 그것이 얼마나 큰 가치를 갖는가 하는 점이며, 역으로 이는 동시에 얼마나 광범위한 사회적 활동들이 사회의 재생산을 위해 수행되면서도 사회적으로 보상받지 못하고 있는가를 보여준다.

이렇게 볼 때 그것이 네그리의 경우든, 아니면 리프킨의 입장이든 사회적 임금은 모든 사회구성원에게 조건 없이 보편적으로 지급된다는 점에서 마셜이 말하는 사회권의 일종이라 할 수 있지만, 사회적 임금은 오늘날 고용 중심성에 빠져 있는 사회권의 한계를 넘어서 노동시장에 참여하지 않은 사람들까지 포용할 수 있다는 점에서 종래의 사회권을 재구성한 것이라 할 수 있다. 이런 점에서 사회적 임금은 사회권 본래의 역할에 더욱 잘 부합한다.

앞서 서술했듯이 마셜은 시민권을 공민권, 참정권, 사회권으로 구별하면서 이 권리들을 통해 모든 개인이 자유롭고 평등한 완전한 사회구성원으로 인정받음으로써 사회적 연대가 강화된다고 보았다. 왜냐하면 과거 신분사회에서는 신분 귀속성에 따라 사회적 결속이 이루어졌다면, 오늘날 현대사회에서 사회구성원은 모든 개인에게 보편적으로 부여되는 권리를 통해 비로소 공동체에 대한 성원의식을 갖게 되기 때문이다. 마셜에 따르면 이러한 시민권의 발전 과정은 기존의 권리가 갖는 한계를 극복할 뿐 아니라 더 많은 사람들을 포괄하는 데 있다. 공민권은 국가권력으로부터 벗어나 모든 개인이 자유롭게 활동할 수 있는 권리를 법적으로 보장한 것이지만, 이것이 국가권력의 구성에까지 확대된 것은 아니다. 따라서 이제 참정권이 등장함으로써 자유로운 개인은 투표와 공직 선거에 참여할 수 있는 권리를 획득한다. 그러나 자본주의의 발전과 더불어 심화된 소득 불평등은 모든 개인이 자신에게 부여된 자유권과 공민권을 실질적으로 행사하는 데 장애가 되었다. 이런 점에서 모든 국민에게 기본적인 생활을 보장하는 사회권이란 자유권과 참정권이 실질적으로 발휘될 수 있는 물적 토대를 마련한다. 이것이 기존의 권리가 갖는 한계를 극복하는 과정이었다면, 참정권이 처음에는 귀족에게만 주어졌다가 점차 중산계급, 노동자 계급, 그리고 여성에로까지 확대되었다든지, 사회권이 빈민에서 노동자로, 그리고 전 국민으로 확대된 것은 시민권의 포괄 범위가 확대되는 과정이라고 볼 수 있다.

이러한 시민권의 발전 과정을 염두에 둔다면 사회적 임금 역시 이러한 발전 선상에 있음을 어렵지 않게 알 수 있다. 왜냐하면 사회적 임금은 기존의 사회권이 고용 중심성에 빠짐으로써 사회의 재생산 활동을 제대로 평가하지 못할 뿐 아니라 모든 국민을 포괄할 수 없었던 한계를 극복한 것이기 때문이다. 이런 점에서 사회적 임금을 권리로 보장한다는 것은, 노동력 상품이라는 자유방임적 자본주의 시대의 인정질서, 동등한 생산주체라는 개입주의적 복지국가 시대의 인정질서, 그리고 동등한 생산주체와 제도 밖의 존재로 이중화된 오늘날의 인정질서를 넘어서 모든 사회구성원을 '사회적 활동'의 주체로 인정하는 새로운 인정질서의 등장을 의미한다.

자본주의 체제와 인정질서

호네트는 자본주의 체제를 그 어떤 도덕적 규범과도 무관하게 단지 경제적 효율성만을 추구하는 합목적적이고 전략적 행위 영역으로만 간주하는 기능주의적 입장을 거부한다.[81] 왜냐하면 그는 자본주의 체제 역시 사회통합 없이는 유지될 수 없다는 점에서 일련의 도덕적 규범에 토대를 두고 있다고 보기 때문이다. 그리고 호네트에게 이런 도덕적 규범이 중요한 이유는 바로 이를 통해 현존하는 자본주의 체제를 비판할 수 있는 내재적 기준을 확보할 수 있기 때문이다. 물론 호네트가 자본주의 체제의 작동 메커니즘을 단지 도덕적 차원으로 환원시키려는 것은 아니다. 자본주의 체제 자체는 분명 이윤을 통한 자본의 자기증식을 위한 효율성 논리에 따라 작동된다고 볼 수 있기 때문이다. 그러나 사회통합적 관점에서 본다면 이런 자본주의 논리가 무한정 허용되는 것은 아니다. 자본주의 체제 역시 사회통합을 위해서는 자신을 정당화하는 어떤 도덕적 차원에 토대를 둘 수밖에 없으며, 이 때문에 자본주의 체제의 작동 역시 일정한 한계를 갖게 된다.

그렇다면 이렇게 자본주의 체제가 토대를 두고 있는 도덕적 차원이란 구체적으로 무엇을 말하는가? 호네트에 따르면 헤겔은 시장을 통해 개인의 생존을 위해 필요한 각종 재화와 서비스가 교환되는 자본주의 체제 전체가 특정한 규범적 기준을 충족시킬 때에만 사회구성원들의 동의를 얻을 수 있음을 보여주려고 하였다.[82] 헤겔이 말하는 규범적 기준을 오늘날의 개념을 통해 설명한다면, 그것은 자본주의적 분업체제 내에서 모든 개인들은 주관적 이기심에 따라 활동하지만 이것은 동시에 다른 모든 사람들을 위해서도 유익해야 한다는 것이다. 왜냐하면 그렇지 않을 경우 상호의존적 경제체제가 작동될 수 없기 때문이다. 따라서 자본주의 체제는 한편으로 사회구성원들의 기본적 필요를 충족시킬 수 있어야 하며, 다른 한편으로 이들이 노동을 통해 사회에 기여하는 존재로 인정받을 수 있도록 해야 한다. 물론 헤겔이 자본주의 체제가 실제로 이러한 규범적 기준을 충족시키는 방향으로 이행하고 있다고 판단한 것은 아니다. 이미 그는 자본주의 체제하에서는 거침없는 이윤 추구 때문에 경제적 부가 소수에게 집중되고 대다수의 사람들이 예속과 궁핍에 빠지게 될 것을 예견하고 있었다. 이 때문에 헤겔은 '경찰'과 '직능단체'라는 두 가지 조직이 자본주의 체제를 뒷받침해야 한다고 생각했다. 즉 헤겔에 따르면 전자는 수요와 공급 사이의 균형을 잡음으로써 무한정한 이윤 추구를 통제하고, 후자는 직능 구성원들의 기본적 생활을 보장하고 이들이 사회적 명예를 유지할 수 있도록 해야 한다는 것이다. 이러한 헤겔의 입장을 종합한다면, 자본주의 체제하에서 사회구성원은 노동을 통해 생계유지를 위한 경제적 기반을 확보할 뿐 아니라 이를 통해 자신들이 사회에 기여하고 있다는 자긍심을 갖게 된다. 따라서 자본주의 체제가 단순히 기능적으로 유지되는 것이 아니라, 사회구성원으로부터 규범적 동의를 얻고, 이에 따라 정당성을 확보하기 위해서는 생계유지와 자긍심이라는 두 가지 규범적 요구를 충족시켜야 하며, 실제로 그렇지 못할 경우 역으로 이 두 가지 요구는 비판과 저항의 규범적 토대가 된다.

호네트에 따르면 뒤르켐 역시 헤겔과 유사하게 자본주의 체제를 사회통합이라는 관점에서 탐구한다.[83] 왜냐하면 뒤르켐 역시 자본주의 체제가 경제성장이나 효율성 논리만으로는 사회통합에 필요한 도덕적 정당화를 이뤄낼 수 없다고 보기 때문이다. 뒤르켐이 자본주의 체제가 기반하고 있는 도덕적 토대를 보여주기 위해 특히 주목한 것은 분업과 유기적 연대와의 관계이다. 호네트의 해석에 따를 때 뒤르켐이 이 두 가지 개념을 통해 말하고자 한 것은 자본주의 체제하에서 사회구성원들은 분업을 통해 사회에 기여할 수 있으며, 이러한 기여에 대한 반대급부로 생계를 보장받을 권리를 얻게 된다는 점이다. 그리고 이러한 분업이 사회적 연대로 이어지는 것은 이제 분업을 통한 각 개인의 사회적 기여를 서로 인정할 때 사회구성원들은 서로가 연관되어 있음을 인식하게 되기 때문이다. 즉 자본주의 체제하에서는 각 개인의 노동이 사회를 위한 협동적 노력으로 인정될 때 비로소 유기적 연대가 가능하다는 것이다. 따라서 뒤르켐 역시 헤겔과 마찬가지로 생계보장과 자긍심 획득을 자본주의 체제가 기반하고 있는 도덕적 토대로 보았다고 할 수 있다.

이렇게 볼 때 자본주의 체제가 규범적 정당성을 확보하기 위해서는 사회구성원들의 생계를 보장하고, 이들이 노동을 통해 사회에 기여하고 있음을 인정해야 한다. 그런데 사실 이러한 원칙은 별개의 것이 아니라, 동전의 양면처럼 필연적으로 연결되어 있다. 왜냐하면 자본주의 체제가 사회구성원들에게 생계를 보장해야 하는 이유는, 바로 이들이 사회에 기여한다는 사실 때문이라고 할 수 있기 때문이다. 이런 점에서 사회구성원에 대한 사회적 인정은 단지 명예라는 상징적 차원에 머무는 것이 아니라, 생계보장이라는 형태로도 구체화된다고 할 수 있으며, 역으로 사회구성원들은 자신의 생계가 사회적으로 보장될 때 자신이 사회에 기여하는 존재로 인정받고 있음을 확인할 수 있다. 따라서 자본주의 체제는 사회구성원들이 노동을 통해 자신이 사회에 기여하는 존재로 인정받고 있음을 충분히 인식할 수 있을 정도로 이들의 생계를 제도적으로 보장할 때 규범적 정당성을 확보할 수 있다. 이렇게 자본주의 체제가 생계보장을 통한 사회적 인정의 구체화라는 도덕적 원칙에 토대를 두고 있음을 전제한다면, 앞서 서술한 인정관계의 구조변화는 바로 자본주의가 자신에 내재된 도덕적 원칙을 어떤 방식으로 충족시키고, 또한 훼손하고 있는지를 구체적으로 판단할 수 있게 하는 시금석이라 할 수 있다. 또한 이는 노동자가 자신의 노동을 통해 사회에 기여한다고 인정받을 때 어떤 지위를 갖게 되는지, 혹은 어떤 존재로서 이들이 사회에 기여한다고 인정받는지를 파악할 수 있게 해준다. 사실 개개인이 사회에 기여하는 존재로 인정받는다는 것 자체와 개개인이 구체적으로 어떤 식으로 기여하는 존재인가 하는 점은 서로 다른 문제이다.

앞서 서술했듯이 자유방임주의적 자본주의 시기에 노동자는 단지 사고파는 노동력이라는 상품에 불과했다. 즉 노동자가 노동을 통해 사회에 기여하는 존재라는 사회적 인정 자체가 존재하지 않았다는 것이다. 따라서 당시 자본주의 체제는 노동자들에게 생계를 보장하지도 않았으며, 이들에게 사회에 기여한다는 자긍심도 주지 못했다. 그 결과 이 시기에 자본주의 체제는 사회적 연대는 고사하고 대규모의 저항과 혁명 활동에 직면할 수밖에 없었다. 그리고 이런 점에서 노동자를 노동력 상품으로 인정하는 제도적 질서는 사실상 자본가들의 관점만을 반영한 것으로서 노동자들의 자기의식을 반영한 것이 아니다. 다시 말해 노동자를 노동력 상품으로 간주하는 인정질서는 일방적 인정관계를 말할 뿐 상호적인 것이 아니며, 따라서 이는 자유방임적 자본주의 체제가 도덕적 정당성에 토대를 둔 것이 아니라, 억압적인 방식으로 사회통합을 유지하고 있음을 말해준다. 이에 반해 개입주의적 복지국가 시기의 노동자는 동등한 생산주체로 등장한다. 앞서 서술했듯이 사회복지제도나 노동관계법은 노동자들을 동등한 생산주체로 인정함으로써 이들의 생계를 보호하고, 제도적 차원에서 이들이 고용주와 대등한 관계를 가질 수 있도록 지원하기 때문이다. 또한 반대로 노동자들은 이러한 제도적 보호를 통해 생계를 보장받을 수 있었을 뿐 아니라 자신이 사회에 기여하는 존재로 인정받고 있음을 확인할 수 있었다. 이런 점에서 개입주의적 복지국가 시기의 자본주의 체제는 자신에 내재한 규범적 요구를 충족시킬 수 있었으며, 그 정당성을 확보할 수 있었다. 장기간 지속된 계급화해와 산업평화는 이를 단적으로 입증한다. 그렇다면 신자유주의적 자본주의는 자본주의에 내재된 도덕적 원칙과 관련하여 어떻게 평가될 수 있을까? 앞서 서술했듯이 정규직 노동자들은 여전히 동등한 생산주체로의 지위를 제도적으로 보장받고 있다는 점에서 이들에게는 생계 문제가 등장하지 않으며, 사회적 인정 역시 향유하고 있다고 말할 수 있다. 그러나 이에 반해 신자유주의가 양산한 비정규직과 실업자는 노동자를 동등한 생산주체로 인정하는 제도적 질서에서 배제되었다. 따라서 이들에게는 생계보장이 이루어지지 않고 있으며, 자신들이 사회에 기여하고 있다는 사회적 인정을 어디서도 확인할 수 없었다.

그렇다면 이제 신자유주의적 인정질서를 넘어서 모든 사회구성원을 사회적 활동주체로 인정하는 새로운 인정질서는 자본주의 체제에 내재된 도덕적 원칙을 통해 어떻게 평가될 수 있을까? 사실 모든 산업이 지식기반산업을 통해 재구조화되고 탈노동사회적 조건이 확대되는 것을 돌이킬 수 없는 역사적 변동으로 전제한다면, 사회적 인정질서를 여전히 동등한 생산주체라는 틀 속에서 이해하는 것은 다소 거칠게 말해서 시대착오적이라 할 수 있으며, 사회적 인정질서의 이중화를 피할 수 없게 만든다. 그렇다면 이제 어떤 새로운 인정질서가 사회구성원에게 생계를 보장하고, 이들이 사회에 기여하고 있음을 사회적으로 인정받게 할 수 있을까? 혹은 어떤 사회적 인정질서를 통해 현존하는 자본주의는 규범적 정당성을 확보할 수 있을까? 사회구성원을 사회적 활동주체로 인정한다는 것은 바로 이들의 활동이 사회의 재생산에 기여함을 의미하며, 따라서 이에 대한 대가로 이들에게 일정한 소득을 제도적으로 보장해야 함을 의미한다. 이렇게 본다면 모든 사회구성원을 고용 여부와 상관없이 사회적 활동주체로 인정한다는 것은 자본주의에 내재된 도덕적 원칙을 충족시킬 수 있는 새로운 인정질서라 할 수 있다. 앞서 서술한 유연성 인간 시대의 병리적 현상은 단지 사회구성원들이 사회적 양극화로 인해 생계위기를 겪고 있다는 점만을 말하는 것이 아니다. 이들은 자신의 정체성 붕괴를 경험하고 있으며, 어디서도 사회적 연대를 경험하지 못한다. 이는 이들이 사회의 가치 있는 구성원이라는 인정을 경험하면서 자신과 자신의 삶을 긍정할 수 있는 기회를 송두리째 상실함을 의미한다. 그러나 사회구성원을 사회적 활동주체로 인정하는 제도적 질서가 등장한다면 이는 사회구성원의 생계를 보장할 뿐 아니라 이들도 사회에 기여하고 있다는 사회적 인정을 체험하게 할 수 있게 할 것이다. 그리고 이러한 사회적 인정은 결국 사회구성원으로 하여금 자신과 자신의 삶에 대한 긍정적 태도를 갖게 함은 물론 자신이 타인과 서로 연결되어 있음을 자각하게 함으로써 결국 사회적 연대의 토대가 될 것이다.

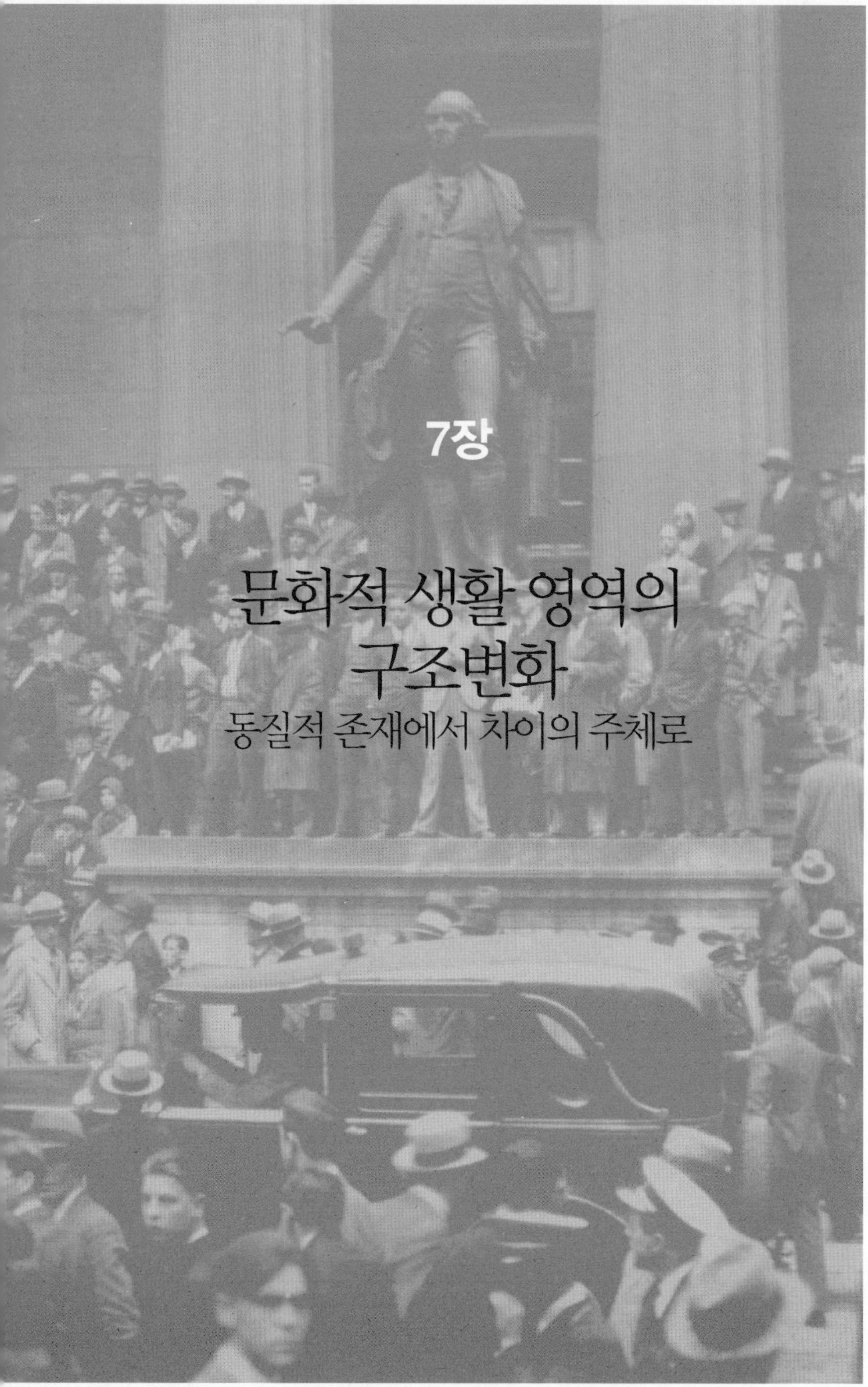

7장

문화적 생활 영역의 구조변화

동질적 존재에서 차이의 주체로

오늘날 한국사회는 문화적 영역에서 어떤 변화를 겪고 있으며, 이러한 변화는 어떤 방향으로 나아가야 할까? 문화가 무엇인가에 대해서는 다양한 정의가 가능하지만, 본 글에서 전제한 문화란 가장 포괄적인 의미에서 인간의 '생활'(Lebensführung) 방식을 말한다. 베버의 문화사 연구가 주목한 것은 이전의 정치사나 사회경제사 중심의 역사 연구와 달리 인간이 자신의 삶을 영위하는 방식, 즉 생활방식으로서 이는 세계에 의미를 부여하는 인간의 능력을 전제한 것이다. 즉 인간은 특정한 가치에 따라 세계를 해석하고 전유함으로써 자신의 행위를 결정하며, 이것이 표현된 것이 바로 인간의 생활방식이라는 것이다. 따라서 문화란 인간이 어떤 가치를 갖고 있느냐에 따라 달라질 수밖에 없지만, 이러한 가치가 단지 개개인이 별개로 추구하는 가치가 아니라, 자신의 공동체 구성원들과 공유하는 가치라는 점에서 문화란 공동체에 따라 달라진다.[1] 또한 생활방식에 대한 베버의 관심은 단지 문화사적으로만 표현된 것은 아니다. 왜냐하면 이는 동시에 현존 사회를 분석하는 기본 틀이기도 하기 때문이다. 즉 베버의 사회학적 연구가 보여주듯이 그의 주된 관심은 인간의 생활방식이었다. 왜냐하면 이는 일종의 통계적 규칙성과 반복성을 보여주는 행위 유형으로 구체화되며, 사회란 이런 행위 유형에 따라 수행되는 다양한 행위의 연관 속에서 그 특징이 드러나기 때문이다.[2] 따라서 생활방식과 관련하여 특정한 시기, 특정한 공간 내에서 인간의 공동체가 갖는 특징을 학문적으로 분석해낼 수 있으며, 이런 점에서 근대 시민계급의 생활방식을 분석한 『프로테스탄트 윤리와 자본주의 정신』은 근대사회에 대한 문화사적이고 사회학적인 연구가 된다.

이런 문화 개념을 전제한다면 사회구성원들이 문화를 공유한다는 것은 이들이 생활방식 역시 공유함을 의미하며, 이는 개인적 정체성 형성뿐 아니라 사회구성원들 간의 연대를 형성하는 데 결정적 토대가 된다. 왜냐하면 개인의 정체성이란 자신이 어떤 존재이며, 어떤 존재가 될 것인가에 대한 자기의식이란 점에서 이를 형성하는 데 결정적 역할을 하는 것이 바로 가치 있는 삶이 무엇인지를 말해주는 문화이기 때문이다. 또한 사회구성원들은 동일한 생활방식과 이를 가능하게 하는 가치 있는 삶에 대한 표상을 공유함으로써 서로 간의 동질성을 확인하고, 이를 통해 집단의식을 형성한다. 따라서 우리나라처럼 동일한 혈통과 역사적 경험, 그리고 언어를 강조하는 단일민족국가에서는 그 어느 공동체보다 문화적 동질성이 강하며, 이를 통해 사회적 결속이 확립된다고 할 수 있다. 그런데 문화적 의미에서 동질적 사회인 한국사회가 1990년대부터 새로운 경험을 하게 된다. 이른바 '타자'에 대한 경험이 바로 그것이다.[3] 즉 과거와 달리 한국사회에서는 이제 동질적인 사람들이 아니라, 우리와 다른 이질적인 사람들이 등장하기 시작했다는 것이다. 이른바 'Coming Out'이라는 말처럼 그동안 보이지 않았고 또 보여지기를 꺼려했을 뿐 아니라 보이지 않도록 만들어졌던 이질적인 사람들, 이른바 사회적 소수자들의 등장은 한국사회에 타자가 등장하고 있음을 알리는 기폭제였다. 물론 이런 현상은 비단 한국에서만 나타난 현상이 아니며, 서구에서는 우리보다 먼저 이미 사회적 쟁점이 된 현상이다.

이런 타자의 등장은 한국사회의 문화적 변동을 불가피하게 만든다. 그 이유는 이들의 등장 자체가 동일한 생활방식을 공유하고 있던 동질적 사회에 대한 도전이요, 이에 대한 반성을 촉구하기 때문이다. 사실 타자란 우리와 다를 뿐 아니라 바로 이 다름 때문에 차별받고 억압받고 배제되는 사람들이다. 이런 점에서 타자의 등장은 이들에 대한 지금까지의 부정적 태도가 과연 정당한 것인지에 대해 근본적 물음을 제기한다. 더구나 이들의 등장은 단지 자신의 존재를 알리는 개인적 결단 차원에 머무는 것이 아니라, 자신들의 생존 보호와 권익 확대를 위한 사회운동의 형태를 띠고 있다는 점에서 이는 한국사회에 대한 상징적 비판을 넘어서 제도적 개혁마저 요구하고 있다. 따라서 타자의 등장이 함축하는 사회 변화가 무엇을 의미하고, 이에 대한 사회적 대응이 무엇인지를 파악하려는 작업은 문화적 영역에서 더 나은 사회를 기획하기 위한 핵심 주제라 할 수 있다.

본 글에서 나는 타자의 등장으로 인한 문화적 변동의 핵심을 '동질적 존재에서 차이의 존재로' 이행하는 인정관계 구조변화로 해석하고자 한다. 왜냐하면 타자의 등장은 이미 자신을 동질적 존재가 아니라, 차이의 존재로 보려는 새로운 자기의식을 반영한 것이며, 이는 또한 동질성을 토대로 개인의 정체성이 형성되고 사회적 연대가 만들어지던 기존의 인정질서에 대해 대안적 인정 요구를 제기한 것이기 때문이다. 즉 타자의 등장은 이른바 이질성을 포용하는 새로운 인정질서, 즉 타자가 더 이상 동일자에 대한 대립항으로 존재하는 것이 아니라, 타자와 동일자 모두가 차이의 존재로 지양된 더 고도화된 인정질서를 요구하고 있다는 것이다. 본 글에서는 이러한 주장을 정당화하기 위하여 첫째, 타자가 개념적으로 무엇을 의미하며, 왜 타자가 형성되는지를 '우리 의식'의 형성과 유지를 위한 '희생양'이라는 인류학적 관점과, 푸코의 '권력-지식-주체 복합체'에 기반을 둔 '이원론적 사회적 인정질서' 개념을 통해 해명할 것이다(1절). 그리고 둘째로 타자의 등장이 어떤 새로운 인정 요구를 제시하는지 구체적 사례를 통해 살펴보면서 이를 철학적 의미에서 차이의 존재로의 인정에 대한 요구로 포괄할 것이다(2절). 그리고 끝으로 본 글은 사회구성원을 동질적 존재가 아니라, 차이의 존재로 인정한다는 것이 무엇을 의미하는지를 설명하기 위해 지금까지 소수자 정책을 둘러싸고 등장한 다양한 입장들을 검토할 것이다(3절).

1. 타자 형성의 사회적 메커니즘

타자 개념

시몬 드 보부아르는 『제2의 성』에서 '여성이란 무엇인가'라는 질문을 던졌지만 이것은 동시에 '왜 여성은 타자(Autre)인가'라는 질문이기도 했다. 여성은 무엇보다도 남성과의 관계에서만 규정되는, 즉 남성과 '다른 존재'였기 때문이다. 이런 점에서 보부아르에게 '여성이란 무엇인가'라는 질문은 '여성은 남성과 어떻게 다른가'라는 질문과 동일하다. 그러나 여기서 타자라는 말은 우리가 일상적으로 사용하는 말과 같으면서도 다른 점이 있다. 왜냐하면 타자는 단지 나와 다른 존재만을 가리키는 것이 아니라, 나와 다른 존재 중 내가 어떤 부정적 속성을 부여한 존재를 의미하기 때문이다. 앞서 잠시 언급했듯이 타자는 단지 나와 다른 존재가 아니라, 차별받는 존재라는 것은 이러한 속성 중 하나이다. 따라서 나와 다르다고 해서 모두가 타자인 것은 아니다. 사실 한 사회 내에서 구성원들은 다름을 근거로 서로를 구분하고, 이에 따라 서로 다른 역할을 부여한다. 그러나 이것이 사회구성원들이 서로를 타자로 만든다는 것은 아니다. 오히려 이를 통해 사회구성원들은 사회적 역할분담이라는 상호연관망을 형성하면서 서로 간의 유대관계를 확립하고, 공동체를 형성하기 때문이다.

타자에 대한 보부아르의 설명에서 발견할 수 있는 타자의 의미는 크게 세 가지이다.[4] 첫째, 타자는 다양한 특성이 추상화된 채 하나의 정체성으로 대표된다. 프랑스어에서 남성이라는 단어 'homme'는 동시에 인간이라는 단어이기도 하다. 이런 점에서 남성에게 그가 남성이라는 사실은 그렇게 중요하지 않다. 오히려 중요한 것은 그가 어떤 인간인가 하는 점이다. 그런데 여성의 경우에는 사정이 다르다. 여성에게는 여성이라는 점이 여타의 특성보다 중요하다. 여성 역시 인간이고, 직업인이고, 특정한 취향, 가치, 사상을 가진 개인일 수 있다. 그러나 여성의 행동을 설명할 때 사람들은 '당신이 여자이기 때문에 그렇게 생각하는 것'이라고 말하곤 한다. 어떤 개인이 여성이라면 그 사람의 정체성을 설명하는 데 가장 중요한 요소는 그가 바로 여성이란 점이라는 것이다. 이 때문에 흔히 여성들은 자신에 대해 말할 때 자기가 여성임을 밝히게 된다. 둘째, 타자는 주체인 '나'에 대한 대립항으로 존재한다. 왜냐하면 타자가 어떤 특성을 가진 존재로 규정된다면, 이는 이와 대립된 특성을 가진 '나'라는 주체를 전제한 것이기 때문이다. 따라서 남성이 완전한 존재라면 여성은 불완전한 존재이고, 남성이 능동성이라면 여성은 수동성을 의미한다. 더구나 여기서 타자의 특징은 다름 아닌 주체에 대한 대립항이라는 점에서 타자의 특징은 주체와의 상관관계 속에서만 규정된다. 이런 점에서 타자는 그 자체로 설명될 수 있는 아무런 특징도 갖지 않은 일종의 비본질적 존재이며, 주체인 '나'를 기준으로 규정되는 객체일 뿐이다. 셋째, 타자와 주체인 '나'와의 관계는 위계적 관계이다. 즉 타자는 주체에 대한 대립항이지만, 이는 주체와의 대등한 관계를 의미하는 것이 아니다. 주체는 긍정적으로 규정되지만, 주체를 기준으로 한 타자에 대한 규정은 이에 대한 부정으로 이루어지기 때문이다. 즉 타자로서의 여성은 남성이 갖는 어떤 특징이 결여된 열등한 존재로 규정되거나 남성의 특징을 불완전하게 갖고 있는 존재로 등장한다는 것이다. 이런 점에서 주체에 대해 위계적 관계에 놓인 타자는 흔히 나를 기준으로 무시와 평가절하의 대상이 되며, 일상적으로 차별과 배제를 겪거나, 경우에 따라서는 파괴의 대상이 되기도 한다.

비록 보부아르가 타자라는 단어를 여성을 규정하기 위한 단어로 사용했지만, 타자라는 단어의 의미를 단지 나와 다른 존재가 아니라, 이처럼 하나의 정체성으로 축소되고, 나와의 상관성 속에서 대립적이고 위계적 관계를 형성하는 존재로 본다면 이제 수많은 종류의 타자를 확인할 수 있다. 왜냐하면 남성에 대해 여성이 타자로 등장하듯이 백인종에 대해서는 유색인종이, 자국민에 대해서는 이주민이, 부르주아지에 대해서는 프롤레타리아트가, 그리고 이성애자에 대해서는 동성애자, 정상인에 대해서는 장애인 등 타자의 사례는 무수히 많기 때문이다. 이는 한국사회에서도 마찬가지이다. 한편으로 오늘날 우리는 무엇보다도 내부의 타자들의 등장을 경험하고 있다. 이들은 한국 사람임에도 불구하고 한국 사람들이 공유하는 동질화된 생활방식과는 다른 삶을 추구하는 사람들이다. 예를 들어 이제 자신의 권리를 주장하기 시작한 동성애자, 성전환자와 같은 성적 소수자들이 바로 그들이다. 또한 1990년 이후 한국사회의 세계화가 가속화됨에 따라 그동안 존재하지 않았던 외국인이 대거 한국에서 활동하기 시작했으며, 이들은 인종적, 민족적, 문화적 동질성이 강한 한국사회에서 타자가 되고 있다. 그리고 우리 사회의 고질적인 병폐인 서열사회가 낳은 타자들도 있다. 오늘날 한국사회에서는 부와 학벌을 통해 사람들을 서열화함으로써 서열상 우위에 있는 사람은 존경과 부러움의 대상이 되지만, 그렇지 못한 사람들은 사회적 무시와 차별의 대상이 된다. 아마도 끝으로는 잠재적 타자를 들 수 있을 것이다. 이들은 비록 겉보기에는 타자가 아니지만 자신 속에 타자에 대한 욕구를 갖고 있는 사람들을 말한다. 오늘날 무한경쟁을 강요하는 서열사회 풍조 하에서 사람들은 경쟁에서 낙오되지 않기 위해 자신을 억압하고 통제하지만, 이들에게는 부와 학벌을 통한 서열화에서 벗어나 자신만의 다른 삶을 살고 싶은 욕구가 잠재되어 있다는 것이다.

타자의 등장과 보편주의적 사고

그렇다면 왜 이런 타자가 등장하게 되었으며, 왜 이들은 무시, 차별, 배제, 폭력 등 부정적 행동의 대상이 될까? 문화인류학적 입장에 따르면 타자가 등장하고 이들에 대한 부정적 행동이 자행되는 것은 근본적으로 인간사회에 내재된 본질이다.[5] 왜냐하면 사회가 유지되기 위해서는 사회구성원 간에 '우리' 의식이 형성되어야 하며, 이는 한편으로 사회구성원 간의 동질성을 전제한다. 우리란 다름 아닌 나와 같은 사람들을 의미하기 때문이다. 그런데 누가 나와 같은지를 결정하는 것은 동시에 누가 나와 다른지를 결정하는 것이기도 하다. 이런 점에서 우리란 우리가 아닌 사람들과의 구별을 통해 형성되며, 우리란 우리가 아닌 사람들이 존재할 때 성립된다. 또한 우리 의식이 강화되기 위해서는 사회구성원들이 자신들의 동질성에 대해 자부심을 가질 수 있어야 한다. 이에 대한 자부심이 없다면 하필이면 이에 기초해서 우리가 형성될 이유가 없기 때문이다. 그렇다면 어떻게 우리 의식의 기초가 되는 특정한 동질성의 가치를 확인할 수 있을까? 이 역할을 하는 것 역시 타자이다. 즉 무시, 차별, 배제, 폭력 등 파괴적 행동의 대상이 되는 타자는 바로 '우리'가 기초하고 있는 특정한 동질성을 공유하지 못했기 때문에 그런 취급을 당한다는 점에서 역으로 이러한 동질성의 가치를 실질적으로 확인시켜준다는 것이다. 그러나 특정한 동질성을 강조하며 우리 의식을 강화시킴으로써 사회적 결속 역시 공고히 할 수 있지만, 사회구성원들이 모든 면에서 동질적인 것은 아니다. 따라서 어떤 사회든 그 구성원들의 차이로 인한 갈등과 불만을 피할 수는 없다. 타자의 존재는 이런 사회 내부의 긴장을 해소하는 역할을 하기도 한다. 즉 한 사회가 공동의 적을 설정하게 되면, 이 적과 맞서 싸우기 위해 내부의 차이와 긴장을 넘어 서로 단결하듯이, 내부의 불만이 타자에 대한 파괴적 행위로 전위될 때 사회구성원들은 서로 간의 갈등을 일시적이나마 해소할 수 있다는 것이다. 이런 점에서 타자란 사회가 형성되고 유지되기 위해 필요한 일종의 속죄양이다.

이런 입장에서 읽어낼 수 있는 것은 타자라는 단어의 의미가 이미 보여주고 있듯이 타자가 개개인을 특정한 하나의 정체성으로 축소시키고 이에 고착시키는 과정을 통해 형성된다는 점이다.[6] 즉 타자란 이미 존재하는 것이 아니라, 어떤 하나의 정체성에 따라 동질적인 사람들과 그렇지 못한 사람들을 구별하는 우연적이고 자의적인 행위의 산물이다. 왜냐하면 우리와 타자를 구별하는 하나의 정체성을 무엇으로 삼느냐에 따라 우리에 속했던 사람이 타자가 될 수도 있고, 타자였던 사람들이 우리가 될 수도 있기 때문이다. 이런 점에서 타자의 정체성이란 타자로 규정된 사람들이 누구인지를 보여줄 수 있는 그들의 특징이라기보다는 일종의 자의적 필요에 따라 만들어진 가공물에 지나지 않으며, 그것은 이에 상응한 것으로 전제된 우리의 정체성 역시 마찬가지이다. 예를 들어 한 개인은 인종, 민족, 국적, 성별, 종교, 직업, 정치적 입장, 경제적 지위, 성적 취향 등 무한히 분화될 수 있는 다양한 정체성을 갖는다. 그런데 이 개인을 인종이라는 '하나의 정체성'으로 분류하면서 이와 동일화시키는 것이 이 사람을 이해하는 데 얼마나 도움이 될까? 과연 이 하나의 정체성이 개인의 고유성을 드러내줄 수 있을까? 인종은 다르더라도 같은 국적을 가질 수 있고, 유사한 정치적 입장을 가질 수도 있다. 즉 개개인은 서로 다르면서도 서로 같을 수 있고, 서로 같으면서도 다를 수 있다는 것이다. 따라서 개개인을 확연히 구별할 수 있는 어떤 절대적 정체성이란 존재하지 않으며, 어떤 하나의 정체성과 개인을 동일화시키는 것은 그 개인의 특성에 따른 필연적인 결과가 아니라, 지극히 자의적인 필요에 따라 개개인의 고유성을 부정하는 폭력이나 다름없다.

그런데 흥미로운 것은 우리들의 일상적 사고방식 속에는 이런 단일 정체성이란 가공물이 만들어질 수 있는 가능성이 항상 잠복되어 있다는 점이다. 이런 점에서 타자를 만들어내는 단일 정체성은 그것이 어떤 필연성을 갖고 있는 것이 아니라 자의적 필요에 따른 산물임에도 불구하고 쉽게 등장할 수 있다. 여기서 말하는 일상적 사고방식이란 철학적으로 말해서 보편주의로 지칭되는 사고방식이다.[7] 철학적 의미에서 보편주의란 다수의 개별적 존재들을 동일화시킬 수 있는 보편적인 것이 존재한다는 인식론적 입장으로서 이는 흔히 개념 규정이라는 인식 과정을 통해 나타난다. 즉 어느 한 개념을 통해 다양한 사물들을 동일한 존재로 규정한다는 것 자체가 이 사물들을 포괄할 수 있는 어떤 보편적인 것이 존재함을 말해주며, 개념이란 바로 이 보편성의 언어적 표현이라는 것이다. 예를 들어 눈앞에 보이는 수많은 꽃들을 보고 이를 장미라고 규정하는 것은 개개의 차이를 넘어서 장미라는 보편성이 존재함을 의미하며, 이러한 개념 규정은 사물을 인식하는 데 불가피하다. 왜냐하면 그 대상이 어떤 것이든 인식이란 결국 's는 p이다'라는 방식으로 표현될 수밖에 없으며, 이런 점에서 인식이란 s라는 특정한 대상의 개별성을 넘어서 이를 어떤 보편성 p에 포섭시키는 것을 의미하기 때문이다. 그런데 이렇게 개별적 대상을 보편적 개념을 통해 규정하는 순간 이 개별적 대상을 다른 대상과 구별시켜주는 어떤 고유성이 시야에서 사라진다. 즉 눈앞에 보이는 수많은 꽃들을 장미라고 규정하는 순간 이 꽃들을 구별시켜주는 차이는 사라지고 이 꽃들 모두가 무차별적으로 장미라는 하나의 보편적 존재로 동일화된다는 것이다. 물론 개별적 대상이 갖는 어떤 차이를 또다시 진술할 수 있겠지만, 이 역시 보편적 개념을 통해 이루어진다는 점에서 개별적 대상이 갖는 또 다른 단계에서의 차이가 시야에서 사라진다. 이런 점에서 보편적 개념을 통한 대상 인식은 구조적으로 항상 서로 다른 것을 동일화시키면서 이들 사이의 차이를 배제하게 된다.

이런 보편주의의 한계를 전제한다면 앞서 서술한 단일 정체성은 바로 보편주의적 사고가 낳은 한계이기도 하다. 개인의 정체성을 규정한다는 것은 서로 다른 개인들을 하나의 보편적 개념에 종속시키는 것이나 마찬가지이기 때문이다. 즉 누구는 여성이고, 누구는 남성이라고 규정하는 것은 개개의 사람들을 여성, 남성이라는 보편적 개념으로 포괄하는 것과 같다는 것이다. 따라서 어떤 대상을 보편적 개념을 통해 규정할 때와 마찬가지로 개인의 정체성을 성별을 통해 규정할 때 역시 개개인이 갖는 차이는 시야에서 사라진다. 그러나 단지 이렇게 개개인을 서로 간의 차이에도 불구하고 하나의 정체성 하에 동일화시킨다고 해서 곧바로 타자가 발생하는 것은 아니다. 타자가 발생하는 데 결정적 역할을 하는 것은 여기서 사용된 보편적 개념에 대한 정의이다. 즉 남성이란, 혹은 여성이란 무엇을 의미하는가를 정의하게 될 때 타자가 등장하게 된다는 것이다. 물론 이는 개개인을 어떤 보편적 개념을 통해 규정할 때 이미 전제된 것이다. 어떤 사람을 남성이라 규정하기 위해서는 사전에 남성이 무엇인가에 대한 인식을 갖고 있어야 하기 때문이다. 따라서 남성을 삶의 태도라는 차원에서 능동적 존재로 규정한다면 어떤 사람은 비록 생물학적 차원에서는 남성이라 하더라도 남성답지 않은 사람이 된다. 마찬가지로 생물학적 차원에서 염색체를 통해 남성을 정의한다면, 비록 삶의 태도라는 차원에서 수동적인 사람도 남성에 해당된다. 하지만 남성에 대한 정의가 이렇게 여러 가지 차원에서 진행된다면 어떤 사람이 완벽한 남성이기 위해서는 이런 모든 정의에 합당한 존재이어야 하며, 그렇지 못할 경우 이런 사람은 비록 남성은 남성이되 불완전한 남성이 된다. 타자가 등장하는 지점이 바로 여기이다. 왜냐하면 단지 개개인에 대한 인식적 차원에서의 정체성 규정이 아니라, 이 사람에 대한 실천적 태도가 문제된다면 이제 인식의 차이는 태도의 차이를 유발하기 때문이다. 다시 말해 동일한 대상에 대해 동일한 태도를 취한다면 다른 대상에 대해서는 다른 태도가 요구된다는 것이다. 따라서 완벽한 남성에 대한 태도와 불완전한 남성에 대한 태도가 같을 수는 없다.

그런데 동일한 대상을 동일하게 대우한다는 것은 보편주의적 사고방식이 갖는 윤리적 귀결이다. 근대 윤리학의 대표적 형태인 칸트 윤리학의 예를 든다면, 칸트는 모든 인간을 동일하게 대우할 것을 요구한다. 이른바 동등대우 원칙이 칸트 윤리학에서 제시하는 도덕성의 핵심이다. 그런데 왜 칸트는 모든 사람을 동등하게 대우할 것을 주장했을까? 이는 모든 사람들이 개인적 차이에도 불구하고 인간이라는 점에서 동일하기 때문이다. 따라서 칸트에 따르면 누구나 인간인 한 동등한 대우를 받아야 하고, 사회적으로는 동등한 권리를 부여받아야 한다. 이렇게 볼 때 칸트의 동등대우 원칙은 만민평등을 주장하고 있다는 점에서 신분사회적 특권과 차별을 철폐하고 등장한 근대 시민사회를 정당화할 수 있는 사상적 토대가 된다.

그런데 이런 칸트식의 윤리학에서도 보편주의가 갖는 한계가 그대로 드러난다. 이는 개개인을 인간이라는 가장 보편적 개념 하에 동일화시키고 있다는 점에서 인식론적 의미에서의 보편주의를 전제할 뿐 아니라, 모든 사람을 사람인 한 동등하게 대우할 것을 주장함으로써 개개인의 차이를 단지 인식적 차원이 아니라 실천적 차원에서도 무시하고 있기 때문이다. 과연 어머니와 자식이 물에 빠졌을 때 누구를 먼저 구해야 할까? 모든 사람에 대한 동동한 대우가 윤리적 원칙이라면 이 경우 어떻게 행동해야 할까? 어린 자식을 먹이기 위해 돈을 훔친 사람과 유흥비를 마련하기 위해 돈을 훔친 사람에게 동일한 행동을 했다는 이유로 동일한 처벌을 내려야 할까? 아니면 개개인의 처지와 행위 동기를 고려하며 서로 다르게 대우해야 할까? 즉 다 같은 사람이니 모든 사람은 같게 대우해야 할까? 아니면 사람들은 다 다르니 사람마다 다르게 대우해야 할까?

그런데 이렇게 개개인의 차이를 무시하는 보편주의적 한계를 넘어서 칸트가 말하는 인간이란 과연 어떤 존재인가를 질문한다면 여기에 타자가 발생할 수 있는 가능성이 잠복되어 있음을 쉽게 알 수 있다. 왜냐하면 인간에 대한 정의가 전제된다면 이제 누가 인간이라는 정체성을 부여받을 수 있고, 누구는 그렇지 않은지를 판단할 수 있기 때문이다. 칸트는 인간을 이중적으로 본다. 즉 인간은 한편으로 본능적 충동에 따라 움직이는 자연적 존재이며, 다른 한편으로 이성의 법칙에 따라 행동하는 이성적 존재이다. 물론 이 중 인간의 본질에 해당하는 것은 바로 이성이다. 따라서 모든 사람을 동등하게 대우하라는 것은 엄밀하게 말해 이성적 존재로서의 모든 사람을 동등하게 대우하라는 의미나 마찬가지이다. 물론 칸트가 염두에 두었던 것은 아니지만 이제 인간을 규정하는 단일한 정체성인 이성적 능력을 기준으로 누가 인간에 속하는가를 묻는다면 이성을 갖고 있는 사람과 그렇지 못한 사람을 동등하게 대우해서는 안 된다. 이성을 갖고 있지 않은 사람은 인간으로 규정될 수 없기 때문이다. 따라서 어린아이들이 미성숙한 이성으로 규정될 때, 여성이 비이성으로 규정될 때, 유색인종이 이성적 능력이 부족한 것으로 규정될 때, 그리고 노동자들이 이성적 능력이 계발되지 않았다고 규정될 때 이들은 성인, 남성, 백인, 부르주아와는 다른 대우를 받게 된다. 이런 점에서 모든 사람을 동등하게 대우하라는 주장에서도 사실상 타자가 발생하며, 이는 인간에 대한 차별적 대우로 귀착된다. 앞으로 살펴보겠지만 인간에 대한 이해는 타자가 발생하는 주된 요인이기 때문이다.

진리게임식 이원적 인정질서—푸코의 지식-권력-주체 복합체

이렇게 보편주의적 사고를 통해 하나의 정체성으로 규정된 타자를 인류학적 입장에 따라 우리 의식을 형성하고 강화하기 위해 형성된 가공의 적으로 이해한다면, 사실 이는 사회구성원들 간의 결속을 단지 타자에 대한 적대감을 통해 설명하는 것이나 마찬가지이다. 그러나 우리 의식이라든지 사회적 결속이 이렇게 타자의 존재를 설정하는 간접적 방식으로만 이루어지는 것은 아니다. 왜냐하면 어떤 공동체이든 특정한 정체성에 기초하여 우리 의식을 형성하는 데는 이런 정체성을 공유하고 내면화시키는 어떤 적극적 유인책 역시 존재하기 때문이다. 다시 말해 외부에 타자를 설정하는 것이 아니라, 내부에서 동질화를 강화하는 어떤 메커니즘 역시 존재한다는 것이다. 본 글에서는 이러한 내부의 메커니즘을 해명하기 위해 진리와 허위의 구분처럼 이원적으로 구조화된 사회적 인정질서 개념을 도입할 것이며, 타자의 등장 역시 이를 통해 설명할 것이다. 자세한 서술에 앞서 미리 핵심적 주장만 밝힌다면 사회구성원들은 정상과 비정상이라는 이원적 구조에 기초한 사회적 인정을 획득하기 위해 정상으로 절대화된 특정한 정체성을 자발적으로 내면화함으로써 서로 동질화되고, 이와 동시에 이런 식의 사회적 인정은 필연적으로 이로부터 배제된 채 비정상으로 낙인찍히는 타자를 낳게 된다는 것이다.

이렇게 사회적 인정과 무시라는 틀 속에서 타자를 이해하게 될 경우 가질 수 있는 이점은 크게 세 가지이다. 첫째, 타자에 대한 더욱 명확한 규정에 도달할 수 있다. 즉 이제 타자란 이원적 인정질서 내에서 비정상으로 규정됨으로써 무시의 대상이 되는 사람을 말하며, 타자에 가해지는 다양한 부정적 행위들은 그것이 권리상의 차별이든, 경제적 불이익이든, 아니면 사회적 연대에서의 배제이거나 이들의 생존마저 위협하는 폭력이든 사회적 무시의 표현으로 이해할 수 있다는 것이다. 둘째, 이렇게 타자를 사회적 무시의 대상으로 규정한다면, 바로 이로부터 타자를 보호하기 위해 필요한 것이 무엇이며, 이를 위해 사회가 어떻게 변화해야 하는지를 도출해낼 수 있다. 즉 타자에게 필요한 것은 이제 사회적 인정이며, 문화적 영역에서의 사회 변혁의 핵심은 타자를 수용할 수 있는 새로운 사회적 인정질서의 형성에 있다는 것이다. 셋째, 타자를 보호하기 위한 대안을 사회적 인정의 확대로 본다면, 이제 타자에 대한 보호의 규범적 정당성을 확보할 수 있다. 왜냐하면 인정이란 이 책에서 지속적으로 강조하고 있듯이 개인의 성공적 자아실현을 보장한다는 점에서 도덕성을 갖기 때문이다.

그렇다면 본래의 문제로 돌아가서 사회구성원 간의 동질화를 강화할 뿐 아니라 타자를 등장시키는 내적 메커니즘은 무엇이고, 이것은 왜 사회적 인정과 연관성을 갖는지를 생각해보자. 본 글에서는 미셸 푸코의 '지식-권력-주체 복합체' 개념을 이러한 사회적 메커니즘이 무엇인가를 보여줄 수 있는 적절한 이론적 틀로 사용할 것이다.[8] 왜냐하면 비록 푸코의 이론적 작업의 목표는 왜 인간이 현재의 존재방식을 갖게 되었는지, 즉 왜 개개인은 지금 이 순간 다른 사람이 아니라 현재와 같은 사람이 되었으며, 또한 현재와 같은 방식으로 생활하게 되었는가를 해명하는 데 있지만, 이를 통해 사회적 동질화 메커니즘 역시 밝혀질 수 있기 때문이다.

푸코의 작업에서 핵심적 역할을 하는 것은 바로 권력이다. 단적으로 말해서 인간이 현재의 존재방식을 갖게 된 것은 다름 아닌 권력이 '참'된 존재방식을 참칭하는 특정한 존재방식을 개개인에 부과했기 때문이라는 것이다. 그런데 여기서 주의해야 할 점은 푸코가 생각하는 권력이 무엇인가 하는 점이다. 흔히 권력하면 떠오르는 것은 국가이다. 국가는 공권력을 통해 사회구성원에게 특정한 행동을 금지하고, 이를 어길 때 처벌할 수 있는 힘을 갖고 있기 때문이다. 그러나 푸코가 생각하는 권력은 비단 국가권력만을 의미하는 것이 아니다. 왜냐하면 푸코는 일종의 행위방식이란 차원에서 권력을 이해하고 있기 때문이다. 푸코에 따르면 "권력이란 가능성 영역으로 존재하는 행동하는 주체의 태도에 작용을 가하는 것으로 고무하기도 하고, 권고하기도 하고, 편하게 하기도 하고, 힘들게 하기도 한다."[9] 이런 점에서 푸코에게 권력이란 두 가지 의미를 포함하고 있다고 할 수 있다. 첫째, 권력이란 타인의 행위를 특정한 방향으로 유도하기 위해 타인에게 영향을 미치는 행위, 즉 타인의 행위를 주도하려는 행위 모두를 포괄적으로 지칭한다. 둘째, 권력은 가능성의 영역에서 존재하는 인간에게 행사된다. 따라서 이미 인간의 존재방식이 결정되어 있고 불변적이라면 인간에게 권력은 행사되지 않는다. 이 두 가지 의미를 종합한다면 결국 권력이란 이렇게도 살 수 있고 저렇게도 살 수 있으며, 이런 사람이 될 수도 있고 저런 사람이 될 수도 있는 가능성으로서의 존재인 인간에게 행사되어 인간을 특정한 사람으로 만들고, 또 특정한 방식으로 살게 하려는 행위라 할 수 있다. 이런 점에서 푸코가 생각하는 권력은 사람들이 흔히 생각하듯 무엇을 하지 못하도록 강압하는 억압적 권력이 아니다. 푸코에게 권력은 아직 어떤 특성이나 정체성도 갖지 못한 채 일종의 질료처럼 단지 가능성으로서만 존재하는 개개의 인간을 특정한 특성과 정체성을 갖춘 현실적 존재로 만들어내는 생산적 권력이다. 푸코에 따르면 이러한 형태의 권력은 특히 근대사회에 이르러 인간에 대한 다양한 지식을 제공하는 인간과학과 결합함으로써 제반 사회적 관계에 모세혈관처럼 확대된다.

그렇다면 이런 권력의 행사와 동질화는 어떤 관계가 있을까? 이는 비록 푸코가 지적한 것은 아니지만 권력이 타인의 행위를 주도하려는 행위라 할 때 과연 어떤 방향으로 행위를 주도하겠는가와 관련이 있다. 과연 행위 주도자가 자신의 존재방식과 다른 존재방식으로 타인을 유도함으로써 이런 차이로 인해 발생할 수 있는 갈등을 감내하려고 할까? 아마도 그렇지 않다면 행위 주도자, 즉 권력 행사자는 자신의 존재방식을 절대화하는 방식으로 타인의 행위를 주도하려 할 것이며, 이를 통해 자신의 존재방식을 더욱더 확고하게 만들 것이다. 이는 권력 대상자 편에서 보더라도 마찬가지이다. 왜냐하면 권력 대상자는 권력 행사자의 존재방식을 따름으로써 역설적이게도 바로 그로부터 자신의 실존을 보장받을 수 있기 때문이다. 그러나 권력 행사자가 강압적으로 특정한 존재방식을 부과할 때 쉽게 이를 사람들이 받아들이려 할까? 이를 위해서는 이에 대한 어떤 정당화가 필요한 것은 아닐까?

사실 이러한 권력 개념만으로 동질화를 충분히 해명해낼 수는 없다. 왜냐하면 이러한 권력 개념은 단지 권력이 무엇인가를 정의할 뿐, 이러한 권력의 성공적 관철을 보장하는 아무런 단서도 제시하고 있지 않기 때문이다. 따라서 이제 푸코는 자신의 권력 개념에 이어 이것이 성공적으로 관철될 수 있는 메커니즘을 설명해야 한다. 이러한 맥락에서 등장한 것이 권력과 지식, 주체화 양식의 순환적 결합을 통해 작동되는 '사회적 진리게임'이다. 물론 명칭과는 달리 사회적 진리게임이 어떤 룰에 따라 미지의 진리를 찾고 인식하는 사회적 과정을 말하는 것은 아니다. 푸코에게 사회적 진리게임이란 우리의 사고, 행위, 정체성과 관련하여 올바른 말과 틀린 말을 구분하고, 올바른 말에는 진리의 권위를 부여하고, 틀린 말은 허위로 단죄하는 담론의 절차를 말하며, 이런 담론 절차가 게임으로 규정되는 이유는 이것이 정해진 역할과 규칙 속에서 흡사 게임처럼 진행되기 때문이다.[10] 즉 푸코에 따르면 사회적 진리게임이 진행되기 위해서는 무엇이 이야기 대상이 될 수 있으며, 누가 이 대상에 대해 잘 알고 있는지, 그리고 어떤 이야기가 이에 대한 의미 있는 말이며, 옳고 그름을 결정하는 기준이 무엇인지 등이 정해져야 한다는 것이다.[11] 여기서 중요한 것이 바로 보편타당성이라는 진리성을 주장하는 참된 지식이다. 왜냐하면 이런 지식은 누가 권력자인지를 결정할 뿐 아니라 바로 권력의 성공적 실현을 보장하기 때문이다. 즉 지식은 구체적 담론 과정에서 무엇이 이야기 대상이 될 수 있으며, 무엇이 의미 있는 말이고, 무엇이 옳은 말이고 틀린 말인지를 결정하는 합리적 기준 역할을 한다. 따라서 지식을 갖고 있는 사람은 바로 담론 과정에서 권력을 행사하며, 동시에 지식은 이런 권력 행사를 정당화한다는 점에서 지식과 권력은 순환관계에 있다. 즉 지식은 권력 행사의 조건이며, 권력은 지식의 적용 조건이라는 것이다. 이렇게 지식과 권력이 순환적 결합관계를 이루면서 사회적 진리게임이 진행되는 것은 다양한 위계적 관계에서 발견할 수 있다. 즉 부모와 자녀, 교사와 학생, 교도관과 수형자, 행정 관료와 시민, 성직자와 신도, 의사와 환자와 같은 사회적 관계에서는 한쪽이 지식을 근거로 권력을 행사하며, 동시에 권력을 통해 지식을 실제 담론에 적용한다는 것이다.

하지만 이러한 조건이 마련되었다고 해서 곧바로 사회적 진리게임이 성공적으로 수행될 수 있는 것은 아니다. 왜냐하면 담론 참여자들이 이러한 권력에 복종하지 않고, 또한 권력자의 위치에 있는 사람이 제시한 지식을 수용하지 않는다면 권력-지식 복합체는 아무런 역할도 할 수 없기 때문이다. 이런 문제를 해결해주는 것이 바로 개개인이 주체가 되는 주체화 양식이다. 그런데 주체가 된다는 것은 일견 복종과 무관할 뿐 아니라 이와는 반대되는 과정인 것 같다. 왜냐하면 주체가 된다는 것은 상식적으로 볼 때 어떤 말을 할지, 그리고 어떤 행동을 하며, 어떤 사람이 될지를 타율적이 아니라 자율적으로 결정하는 것을 말하기 때문이다. 칸트의 자율성 개념에 기원하는 이러한 주체관은 이미 '주체적'이라는 말의 일상적 의미가 되었다고 해도 과언이 아니다. 그런데 이런 자율적 결정 과정을 조금 더 면밀히 살펴보면 이것이 역설적 구조를 갖고 있음을 쉽게 알 수 있다.[12] 칸트에게 자율성이란 이성적 주체인 인간이 이성의 법칙에 따라 자신을 반성하며 행동하는 것을 말한다. 그런데 문제는 이성적 존재인 인간이 이성의 법칙을 알 수는 있지만, 이것 자체를 만들어낸 것은 아니라는 점이다. 따라서 이성의 법칙이란 인간의 자율적 자기반성에 앞서서 선험적으로 부과된 것이며, 이성의 법칙에 따라 자신을 반성하며 행동한다는 것은 결국 이성의 법칙에 복종한다는 것과 다를 바 없다. 이런 점에서 결국 자율과 복종이 동일화되는 역설이 발생한다. 하지만 이러한 역설은 사실 불가피하다. 왜냐하면 이성의 법칙이 전제되지 않는 한 인간의 자기반성이란 불가능하기 때문이다. 다시 말해 옳고 그름을 판단할 수 있는 어떤 보편적 원칙이 전제되지 않는다면 자신을 반성하며 올바른 판단을 내린다는 것은 불가능하다는 것이다. 그런데 이는 사회적 진리게임에서도 마찬가지이다. 과연 무엇이 이야기 대상이 될 수 있으며, 어떤 이야기가 의미 있는 말인지, 또 옳고 그름을 결정하는 기준이 무엇인지를 판단할 수 있는 어떤 합리적 기준을 알지 못한다면 사회적 진리게임에서 자율적 주체가 될 수 없기 때문이다. 따라서 이런 합리적 기준을 제시하는 권력에 복종한다는 것은 바로 스스로 반성할 수 있는 주체가 되는 길이기도 하다. 이렇게 권력과 지식이, 그리고 여기에 주체화 양식이 결합된다면 비로소 사회적 진리게임은 성공적으로 진행되며, 사회적 진리게임 참여자들은 권력이 지식을 통해 제시한 합리적 기준에 따라 개개인의 사고, 행위, 정체성과 관련하여 올바른 말과 틀린 말을 구분하고, 올바른 말에는 진리의 권위를 부여하고, 틀린 말은 허위로 단죄하는 담론 절차를 진행하게 된다.

그렇다면 이러한 사회적 진리게임과 사회구성원 간의 동질화, 타자의 발생, 그리고 더 나아가 사회적 인정은 어떤 연관성을 가질까? 이에 대한 열쇠가 바로 인간과학이다. 즉 인간과학과 결합된 권력과 주체화 양식, 이 세 가지 축의 순환적 결합을 통해 진행되는 사회적 진리게임이 바로 사회적 동질화와 타자 발생의 원인이며, 이는 동시에 사회적 인정이 이루어지는 과정이기도 하다는 것이다. 사실 푸코가 관심을 기울인 것은 사회적 진리게임의 일반적 형태나 작동 방식이 아니다. 그가 관심을 가졌던 것은 바로 인간과학을 사회적으로 유통시키면서 인간의 참된 존재방식과 잘못된 존재방식을 구분하고, 참된 존재방식에는 정상의 지위를, 그리고 잘못된 존재방식에는 비정상의 지위를 부여하는 특수한 형태의 사회적 진리게임이다. 즉 정신병리학, 교도 행정, 성에 대한 푸코의 역사적 연구는 인간이 정신병자, 범죄자, 욕망의 존재로 간주될 때 작동되는 사회적 진리게임에 대한 예시적 분석이라는 것이다. 여기서 권력, 지식, 주체화 양식이 어떤 식으로 결합되어 있는가 하는 점은 무엇보다도 정신병자 수용소, 교도소, 그리고 성의 관리에서 행사되는 권력을 통해 나타난다. 우선 권력은 정신병자와 의사, 범죄자와 교정 담당자, 그리고 한편으로 아동, 여성, 성인을 포괄하는 성의 주체와 다른 한편으로 부모, 교사, 의사, 행정기관 등으로 대표되는 성의 관리자들과의 위계적 관계에서 등장한다. 그리고 권력은 단지 개인의 영혼, 신체, 그리고 욕망을 억압하는 것이 아니라, 개인을 정상적 인간으로 만들기 위해 개인의 행위를 주도한다. 물론 이는 정신병자를 감금하고 감시하고 통제하고 치료하거나, 재소자의 행동을 감시하고 교련하고 심사하고 평가하거나, 혹은 출산, 사망, 수명을 통제하고 변태를 규정하며 개인의 성생활을 규율하는 다양한 권력 기술을 통해 이루어진다. 그러나 이것이 진리게임의 형태를 띠게 되는 것은 이러한 권력 기술들이 인간에 대한 다양한 지식을 제공하는 인간과학을 토대로 올바른 행동과 잘못된 행동을 구분하고, 올바른 행동에는 정상의 지위를 부여하고, 잘못된 행동은 비정상으로 단죄하는 사회적 진리게임 형태로 사용되고 있기 때문이다. 이런 점에서 인간과학은 건강한 사람과 환자, 시민과 범죄자, 정상과 변태 성욕자를 구분하는 합리적 기준을 제시함으로써 권력 행사를 정당화시킬 뿐 아니라 바로 권력을 통해 적용 영역을 확보한다. 그리고 여기서 권력과의 위계적 관계에 놓여 있는 개개인들은 권력이 제시하는 인간과학을 통해 비로소 자신의 사고, 행동, 욕구의 의미를 이해하고, 이를 통해 자신이 어떤 존재인지를 확인할 뿐 아니라, 정상과 비정상이라는 이원적 구조 속에서 자신이 정상인이 되기 위해서는 어떻게 행동해야 하는지를 알게 된다. 따라서 이제 개인은 권력이 인간과학과의 순환적 결합 속에서 제시하는 정상적 인간상에 복종하고 이를 내면화함으로써 자기 자신을 반성할 수 있는 주체가 된다.

이렇게 권력, 인간과학, 주체화 양식의 순환적 결합에 토대를 둔 사회적 진리게임이 사회 곳곳으로 확대된다면 그 결과로 한 사회에는 정상적인 것과 병리적인 것을 구분하는 진리의 지배체제, 내지 지식의 권력체제가 형성된다.[13] 왜냐하면 이제 인간에 대한 특정한 지식이 다양한 사회적 영역에서 형성된 수많은 인간관계에 침투함으로써 인간에 대한 올바른 말을 생산하고, 분배하고, 순환시키는 데 헤게모니를 장악하게 되기 때문이다. 따라서 결국 권력이 인간과학을 통해 제시하는 정상적 인간상이 모든 사회구성원이 받아들여야 할 '진리의 법칙'으로 절대화된다.[14] 이렇게 본다면 왜 한 사회의 동질화가 이루어지는지, 그리고 이것이 사회적 인정과 무슨 연관이 있는지 역시 분명해진다. 즉 이는 단적으로 말해서 사회구성원들이 정상적 인간으로 인정받기 위해 진리의 법칙으로 절대화된 특정한 인간상을 내면화하기 때문이라는 것이다. 그렇다면 타자란 누구인가? 타자는 바로 이러한 진리의 법칙에 위배된 사람들, 즉 정상적인 것과 반대되는 병리적인 것의 범주에 해당되는 사람들을 말하게 된다. 이렇게 볼 때 사회적 진리게임은 특정한 인정질서, 즉 흡사 진리와 허위를 구분하듯 정상과 비정상이라는 이원적 구조에 기초한 사회적 인정질서를 형성한다. 왜냐하면 인간과학과 결합된 사회적 진리게임을 통해 결과하는 것은 사실상 사회적으로 개인을 정상과 비정상이라는 기준을 통해 구분하고 이에 따라 어떤 사람은 정상인으로, 어떤 사람은 비정상인으로 인정하는 것이나 마찬가지이기 때문이다.

이런 식의 사회적 진리게임이란 어떤 점에서 사회화, 내지 재사회화 과정과 유사하다. 사회적 진리게임이 정상인의 기준을 내면화시킴으로써 주체가 형성되는 절차를 말한다면, 사회화 역시 해당 사회의 문화를 내면화시키면서 정상적 사회구성원이 형성되는 사회적 과정을 의미하기 때문이다. 다만 차이가 있다면 이는 푸코가 주목한 사회적 진리게임이 인간과학을 기초로 한 것인 데 반해 사회화는 더 광범위한 의미에서 해당 사회의 문화 전체에 기초한 것이라는 데 있을 뿐이다. 사회화라는 것은 사회가 유지되기 위해 없어서는 안 될 재생산 메커니즘이다. 왜냐하면 사회화가 이루어지지 않는다면 사회가 요구하는 생활방식을 습득한 사회구성원이 재생산될 수 없기 때문이다. 또한 사회화가 존재하지 않는다면 개개인은 자신의 삶을 영위할 수도 없다. 왜냐하면 사회화란 사회구성원으로서의 개개인이 어떤 삶이 가치가 있고, 이를 위해 무엇을 해야 하며, 어떻게 해야 하는가를 내면화시키는 과정이란 점에서 사회화가 없다면 사실 개개인은 무엇을 하며 어떻게 살아야 할지 방향을 잡을 수 없기 때문이다. 이는 갓 태어난 아이가 성장하여 성인이 되는 과정을 살펴보면 쉽게 알 수 있다. 과연 무엇을 먹어야 할지조차 알지 못하는 어린아이가 어떤 삶이 의미가 있는지, 그리고 이를 위해 무엇을 어떻게 해야 하는지를 아무런 사회화 과정 없이 스스로 알 수 있을까?

그러나 비록 사회화가 사회를 유지하는 데 불가피할 뿐 아니라 인간의 삶을 비로소 가능하게 한다 하더라도 여기에는 문제가 있다. 왜냐하면 사회화는 항상 다른 삶의 가능성을 배제하는 방식으로 일어나기 때문이다. 즉 사회화는 항상 특정한 삶에 가치를 부여할 뿐 아니라 이러한 삶을 실현하는 특정한 방식을 전제하기 마련이다. 그렇지 않고 만약 하나의 삶의 방식만이 아니라 이와 다른 삶의 방식들을 동시에 내면화하려 한다면 사회화란 불가능하다. 왜냐하면 이럴 경우 사회가 필요로 하는 생활방식이 어떤 것인지 불분명해지기 때문이다. 이런 점에서 특정한 생활방식을 내면화시키는 사회화 과정이 진행되는 한 이와 다른 생활방식을 가진 사람들은 타자로 등장할 수밖에 없다. 이런 점에서 푸코가 말하는 사회적 진리게임은 사회화 과정과 유사할 뿐 아니라, 사회화가 일어나는 구체적 메커니즘을 담론 절차를 통해 밝힌 것이라 할 수 있다. 그럼에도 푸코의 사회적 진리게임이 사회화 개념과 구별될 수 있는 점은 앞서 말한 정상적인 것과 병리적인 것이라는 이원적 체계를 통해 타자가 발생할 수밖에 없는 필연적 구조를 드러내주고 있다는 점이다.

그러나 더 중요한 것은 여기에서 한 발 더 나아가 푸코가 사회적 진리게임 개념과 관련하여 정상적인 것과 병리적인 것의 구별에 기초한 지식의 권력체제가 어떤 보편타당성을 갖는 것이 아니라, 얼마나 우연적이고 자의적인가를 밝히고 있다는 점이다. 이런 점에서 푸코에게는 타자의 발생 역시 우연적이고 자의적이며, 이에 대한 차별은 아무런 정당성을 가질 수 없다. 앞서 서술했듯이 푸코의 권력 개념은 인간을 가능성의 존재로 전제한다. 인간은 근원적으로 어떤 존재방식이 결정되어 있는 것이 아니라, 이런 방식으로도 저런 방식으로도 삶을 영위할 수 있는 존재라는 것이다. 이렇게 인간의 삶의 근원적 무결정성을 전제한다면 인간의 삶을 특정한 방식으로 사회화한다든지, 특정한 삶의 방식을 내면화함으로써 여타의 생활방식을 배제하거나 이를 비정상으로 취급하는 것은 인간에 대한 억압일 수 있다. 왜냐하면 이 무결정성은 하나의 삶의 방식과는 다른 식의 삶의 방식도 가능하다는 것을 말해주기 때문이다. 따라서 근원적으로 볼 때 타자란 존재할 수도 없으며, 동질성에 기초한 우리 의식이라는 것도 결코 필연적인 것이 아니다. 하지만 만약 이러한 특정한 삶의 방식이 올바른 것이라면, 다시 말해 정상적인 것과 병리적인 것을 구별하는 지식의 진리체제가 올바른 것이라면 사실 이러한 삶의 방식을 내면화시키는 것을 억압이라 볼 수는 없으며, 타자를 구별하고 이를 차별하는 것 역시 정당성을 가질 수 있다.

푸코는 사회적 진리게임을 통해 확산되는 특정한 인간상이 결코 보편타당한 것이 아니라, 단지 하나의 역사적 산물일 뿐이며, 이를 참된 인간상으로 보는 것은 이를 토대로 행사되는 권력의 효과일 뿐임을 폭로하려 한다. 그러나 이런 식의 비판에서 유의해야 할 점은 푸코가 어떤 대안적 인간상을 참된 인간상으로 전제한 것은 아니라는 점이다. 푸코에게 문제가 되는 것은 인간과학을 통해 확산된 특정한 인간상이 정말 옳은가가 아니라, 정상과 비정상을 구분하는 사회적 진리게임 자체의 타당성이기 때문이다. 만약 푸코가 인간과학이 제시하는 인간상은 잘못된 것이고, 진짜 옳은 것은 이와 다른 인간상이란 식으로 논의를 전개한다면 정상과 비정상을 구분하는 악순환에서 빠져나올 수 없다. 즉 정상과 비정상의 기준이 바뀌었을 뿐 정상과 비정상을 구별하는 지식의 권력체제는 여전히 존속한다는 것이다. 따라서 누가 타자인가에 대한 대답은 달라질 수 있어도 타자는 항상 존재하게 된다.

푸코는 이러한 악순환에 빠지지 않으면서 인간과학의 타당성을 비판하기 위해 인간과학의 역사적 등장 조건을 문제 삼는다.[15] 흔히 과학의 진리 주장은 과학의 인식 대상이 선험적으로 존재하며, 인식 주관은 이를 사실적으로 기술하고, 이러한 기술이 대상과 일치함을 전제한다. 그러나 이에 반해 푸코는 역사적 연구를 통해 인식 주관과 인식 대상을 규정하는 어떤 포괄적 경험

구조가 존재함을 밝히려 한다. 즉 그에 따르면 인식의 대상을 구성할 뿐 아니라 이에 대한 인식을 가능하게 하는 범주적 토대가 존재한다는 것이다. 따라서 어떤 인식이 타당한 것은 그것이 선험적으로 존재하는 대상과 일치하기 때문이 아니라, 이런 역사적 경험 구조 하에서 형성된 것일 경우이다. 인간과학의 진리 주장 역시 근대라는 특정한 역사적 시기에 등장한 포괄적 경험 구조에 기초한 것으로서 이것이 진리성을 주장할 수 없는 이유는 그것이 잘못된 지식이기 때문이 아니라, 그것이 보편타당성을 주장할 수 없는 역사적으로 제한된 인식 체계일 뿐이라는 데 있다. 그렇다면 사람들은 왜 인간과학적 지식을 흡사 진리인 것처럼 받아들이게 되었을까? 이런 문제에 대답하기 위해 푸코는 지식의 역사적 형성 조건이 아니라, 지식의 사회적 수용 조건을 문제 삼는다. 즉 그에 따르면 인간과학의 사회적 수용은 그것이 진리이기 때문이 아니라, 이른바 생산적 권력이라는 특정한 형태의 권력이 등장했기 때문에 가능해졌다는 것이다.[16] 즉 어떤 행동을 금지하고 처벌하는 권력이 아니라, 타인의 행위를 주도함으로써 타인을 특정한 정체성을 가진 한 개인으로 만들어내려는 생산적 권력의 등장이 필연적으로 인간과학이 사회적으로 수용되도록 만들었다는 것이다. 왜냐하면 이러한 권력은 인간을 정상과 비정상으로 구별하게 만드는 어떤 합리적 지식 체계 없이는 행사될 수 없기 때문이다. 따라서 인간과학이 사회적으로 수용된 것은 권력의 효과일 뿐이다.

지금까지의 서술을 종합해본다면 사회구성원이 동질화되는 이유는 인간과학에 기초한 사회적 진리게임이 확산되면서 이것이 전제한 특정한 인간상을 기준으로 정상과 비정상을 구분하고, 이 기준을 충족하는 사람은 정상인으로 인정하고, 그렇지 못한 사람은 비정상인으로 단죄하기 때문이다. 즉 진리와 허위를 구분하듯 정상인과 비정상인의 구분을 통해 이루어지는 이원적 인정질서가 형성되면서 사회구성원들은 사회적 인정을 획득하기 위해 정상인의 조건을 내면화함으로써 서로 동질화되고, 그렇지 못한 사람은 타자로 규정되며 사회적으로 배제하기 때문에 또한 동질성이 유지된다는 것이다. 그러나 이러한 이원적 인정질서가 정당성을 갖지 못하는 것은 여기에 전제된 정상인이라는 기준이 사실상 역사적으로 구성된 우연적인 것이며, 그것이 수용된 이유가 단지 권력의 행사에 있기 때문이다. 더구나 앞서 지적했듯이 인간이 가능성의 존재라면, 인간과학이 제시하는 어떤 하나의 방식으로 고정된 삶을 살게 한다는 것은 다른 식의 생활방식을 부당하게 배제한다는 점에서 억압이다. 따라서 타자란 비정상적인 존재를 가리키는 것이 아니라, 오히려 인간의 삶의 가능성을 축소하고 억압한 산물이라고 할 수 있다.

2. 타자들의 실상과 인정 요구

이렇게 타자의 등장, 내지는 타자를 구별해내는 것이 아무런 정당성을 갖기 어렵다면, 이들에 대한 차별 역시 정당성을 가질 수 없다. 마찬가지로 정상과 비정상이라는 이원적 구조 하에서 작동하는 사회적 인정질서 역시 정당성을 가질 수 없다. 그렇다면 이제 이들을 어떤 존재로 인정해야 할까? 간단히 이들 역시 정상인으로 인정해야 할까? 그렇다면 여전히 정상과 비정상의 구분은 전제되어야 한다는 것인가? 아니면 단지 현실적으로 이들에게 가해지는 차별을 철폐해야 한다고 말해야 할까? 그렇다면 그 이유는 무엇이라고 설명해야 할까? 이들 역시 정상적 인간이기 때문에 그렇다고 해야 할까? 이렇게 대답한다면 우리의 문제는 다시 원점으로 되돌아간다. 그렇다면 기존의 사회적 인정질서에서 사회적 인정을 향유하던 사람들과 여기서 배제된 타자의 낡은 대립을 넘어서 이들을 모두 수용할 수 있는 더 고도화된 새로운 인정질서는 어떤 것일까? 본 글에서는 우선 오늘날 타자로 규정될 수 있는 사람들이 과연 무엇을 원하는지를 사회적 인정이란 관점에서 살펴보면서 이에 답할 것이다.

타자들의 실상

첫 번째 사례는 김비라는 인물이다.[17] 김비가 타자인 것은 비록 그가 한국 사람이며, 한국인의 생활방식을 공유하고 있지만 한 가지 다른 점이 있기 때문이다. 김비는 트렌스젠더다. 이 때문에 사람들은 김비라는 인물을 이 하나의 정체성으로만 보게 된다. 트렌스젠더라는 것은 김비가 갖고 있는 다양한 정체성 중의 하나가 아니라, 이제 그를 대표하는 정체성이며, 따라서 이를 공개하지 않을 때 그는 자기 자신의 본질을 숨기거나 속인 사람이 된다.

김비는 남자로 태어났다. 그런데 김비는 점차 자신 속에 여성이 감추어져 있음을 경험한다. 소년 시절 김비는 같은 반 남자 아이에게 사랑을 느낀다. 김비는 이 남자 아이 앞에서 얼굴도 못 드는 작은 소녀가 바로 자기 자신임을 자각하게 된다. 그러나 김비는 이런 자신이 싫었다. 김비는 여자 같다는 이유 때문에 사람들의 놀림과 손가락질을 받아야 했기 때문이다. 그래서 김비는 진짜 남자가 되려고 한다. 목소리도 남자처럼 바꾸고 운동으로 몸을 단련해서 튼튼한 남자가 되려고 했다. 그리고 김비는 정말 자신이 남자가 되었다고 믿기도 했다. 그러나 이것은 사실이 아니었다. 거울에 비친 자신의 모습을 바꿀 순 있었지만, 자신 속에 존재하는 또 다른 자신을 바꿀 순 없었다. 김비는 여전히 자신이 한 남자에게 자신의 목숨까지 주고 싶을 만큼 주체할 수 없는 사랑을 느끼고 있음을 부정할 수 없었다. 이제 김비는 진짜 남자가 아니라, 진짜 여자가 되려고 한다. 김비는 호르몬 주사를 맞고 머리를 기르고 성전환 수술을 했다. 이제 김비는 몸으로도, 마음으로도 여자가 되었다. 김비는 더 이상 육체적 성과 정신적 성이 일치하지 않는 존재가 아니라, 자신에게 적합한 성을 찾게 된 것이다. 그러나 이것은 문제의 해결이 아니라 또 다른 문제의 시작이었다. 사람들은 트렌스젠더를 변태라고 손가락질하며 이들의 새로운 성을 인정하지 않는다. 김비는 이제 사회적인 수술을 원한다. 김비를 여성으로 만들어주었던 외과적인 수술이 아니라, 김비를 법적으로도 여성으로 인정하는 사회의 변화를 요구한다는 것이다.

두 번째 사례는 외국인 노동자이다.[18] 이들은 인종적, 민족적, 문화적으로 동질적인 한국사회에서 스스로를 밝히지 않는다 하더라도 외모와 언어의 차이로 인해 상시적으로 식별 가능한, 한국사회의 외부에서 온 타자이다. 이들이 한국에 대거 유입되기 시작한 것은 1980년대 말부터이며, 최근 한 언론 보도에 따르면 정부 공식 통계 70만 명에, 불법 체류자까지 합치면 그 수가 130만 명으로 추산된다고 한다.[19] 이들이 한국에 들어온 것은 한국 중소기업의 부족한 노동력을 메우기 위함이었다. 그러나 이들에 대한 한국인의 시선은 차가웠다. 한국 사람들은 이들이 한국사회의 혈연적 순수성을 훼손할 것이라고 생각하는가 하면, 이들을 사회질서를 해치는 범죄인 취급하기도 한다. 그렇지 않으면 이들을 가난한 나라에서 온 불쌍한 사람 취급하거나 위계적 의식하에서 무시하기 일쑤였다. 더구나 이들에 대한 법적 보호는 아주 미미한 실정이다. 국민국가의 속성상 한국 국적을 갖지 않은 사람들을 국가가 보호해 주어야 할 의무가 있는가는 여전히 논쟁거리가 되고 있기 때문이다. 2004년 생산기능직 외국인 노동자를 대상으로 하는 「외국인 근로자의 고용 등에 관한 법률」에 따라 고용허가제가 실시되기 전까지만 해도 외국인 노동자는 '노동자성'을 인정받지 못한 채 산업연수생이란 자격만 가질 뿐이었다. 그러나 고용허가제가 외국인 노동자에게 노동자로서의 합법적 지위를 부여했다 하더라도 이들이 내국인과 동등한 노동자로서의 권리를 향유하고 있는 것은 아니다. 왜냐하면 위의 법률이 비록 '사용자는 외국인 근로자라는 이유로 부당한 차별적 처우를 하여서는 아니된다'고 규정하고 있지만 이는 상당히 현실과 괴리된 것이기 때문이다. 예를 들어 외국인 노동자들은 보험료 인상을 두려워하는 사업주 때문에 산업재해보상보험에도 가입되지 못하는 경우가 허다하다고 한다. 더구나 사업장 이동을 3회로 제한하는 현행법은 결과적으로 고용주에게 일방적 고용권을 줌으로써 외국인 노동자의 노동기본권을 침해할 수 있게 만들고 있다. 이런 점에서 최근 외국인 노동자들은 기존 고용허가제를 폐지하고 자유롭게 직장을 옮길 수 있는 권리를 주장하기도 한다. 결국 이들이 요구하는 것은 자신들을 단지 노동 인력이 아니라, 법적 차원에서 내국인과 동일한 노동자로 인정하라는 것이다.

세 번째 사례는 학별 때문에 무시당하는 대다수 한국 사람들이다.[20] 한때

초등학교 5학년 어린이가 목을 매 자살한 사건이 있었다. 이 아이는 왜 자기 같은 어린아이가 이틀 동안 무려 27시간 30분을 공부해야 하는지 이해할 수 없다고 일기에 적어놓았다. 한국 사람들이 어릴 때부터 밤잠 설쳐가며 공부해야 하는 이유는 누구나 알 수 있듯이 일류대학에 들어가기 위해서이고, 일류대학에 가려는 이유는 수준 높은 교육을 받기 위해서가 아니라, 출세 때문이다. 만약 어느 대학을 졸업하든 능력에 따라 얼마든지 출세할 수 있다면 공부 때문에 자살까지 하지는 않을 것이다. 학벌사회의 문제는 학벌을 통해 부와 권력 그리고 명예마저 획득할 수 있다는 데 있을 뿐 아니라, 학벌이 일종의 사회적 신분처럼 한번 획득하면 변치 않는다는 데 있다. 따라서 일류대학 출신들은 정부 및 일반 기업체 고위직, 국회의원, 법조인, 대학교수 등을 독점하면서 한국사회의 지배계급으로 등장한다. 그리고 이는 다시 자식 세대로 이어지면서 고착화된다. 일류대학을 나와야 출세하고, 출세해야 또 자녀를 일류대학에 보낼 수 있는 물적 기반을 마련할 수 있기 때문이다. 더구나 학벌은 출세만을 보장하는 것이 아니다. 학벌은 더 나아가 인격적 훌륭함까지 갖게 한다. 학벌을 결정하는 것은 성적이며, 성적이 우수하다는 것은 모든 우수함의 원천이 됨으로써 성적이 좋은 사람은 인격적으로 훌륭한 사람으로 평가받는다. 그러나 반대로 성적이 안 좋은 사람들은 무능하다고 무시당할 뿐 아니라 무가치하고 부도덕한 사람처럼 취급받는다. 이렇게 학벌은 부와 권력, 그리고 명예와 인격적 훌륭함까지 갖게 함으로써 일류대학을 나온 사람과 그렇지 못한 사람을 두 개의 계급으로 양분하고, 이를 위계화함으로써 이들이 결코 넘어설 수 없는 장벽을 만들게 된다. 즉 학벌 없는 사람은 이제 한국사회의 타자가 된다는 것이다. 그러나 과연 이들은 무능한 사람인가? 고등학교 때의 성적이나 한 번의 수능 성적이 한 사람의 인생을 좌우할 수 있을까? 끊임없이 노력하며 자신의 실력을 닦은 사람들이 학벌 때문에 차별받는 것이 정당한 일일까? 학벌이 없다면 사람들이 단지 좋은 대학이라는 이유 때문에 자신의 적성이나 취향, 혹은 가치와도 관계없는 학과에 진학하는 일은 없을 것이다. 학벌이 없다면 어린아이가 자살하고, 자신의 모든 욕구와 꿈을 포기하고 오로지 시험공부에만 매달리는 일이 발생하지도 않을 것이다. 사람들은 학벌에 따른 평가가 아니라, 자신의 재능과 업적에 따른 평가를 원하며, 사람들은 학벌에 따라 자신의 정체성이 규정되는 것이 아니라, 자신의 꿈과 개성을 실현하고 이를 통해 한 인간이 되기를 원한다.

네 번째 사례는 김예슬이다.[21] 김예슬은 1986년 서울에서 태어나 비평준 명문고로 알려진 분당 서현고등학교를 졸업하였고, 2004년 국내 최고 인기학과 중 하나라 할 수 있는 고려대학교 경영학과에 입학한 학생이며, 2010년 3월 10일 고려대학교 교정에 '오늘 나는 대학을 그만둔다. 아니, 거부한다!'는 제목의 대자보를 붙인 장본인이다. 이 자발적 퇴교를 알리는 대자보의 내용은 이렇다. 그녀는 25년간의 인생 동안 오로지 경주마처럼 달렸다. 무수한 친구들을 제치고 넘어뜨리면서 기뻐했고, 자신을 앞질러 가는 친구들 때문에 불안해했다. 그리고 소위 '명문대'에 입학했지만 이제 '취업'을 향한 새로운 질주가 시작되었다. 과연 여기에서 경쟁은 멈출까? 아니면 지금 달리고 있는 곳이 끝나면 또 새로운 트랙을 달려야 할까? 김예슬이 판단하는 오늘날 대학의 문제점은 한 가지이다. 즉 오늘날 대학은 글로벌화된 자본과 대기업에 '규격화된 인간제품'을 공급하는 하청업체가 되었다는 것이다. 따라서 대학에서는 큰 물음도, 큰 배움도 없고, 나는 누구이고 왜 살아야 하며, 진리란 무엇인지 묻지도 않고, 가르쳐주지도 않는다. 김예슬은 말한다. 공부만 잘하면 모든 것을 용서받는 세상, 모두가 경쟁에서 이기는 능력만 키우며 값 비싼 상품이 되려 하는 이 세상에서 바로 이를 누리는 자유보다, 이것들로부터의 자유를 선택하겠다고. 그리고 이제 생각한 대로 말하고, 말한 대로 행동하고, 행동한 대로 살아가는 '자유'의 길을 가겠다고. 김예슬이 타자라면 이는 그녀가 모든 사람이 추구하는 하나의 동일한 삶의 목적, 즉 개인적 부귀영화를 위한 무한 경쟁을 포기하기 때문이다. 물론 그녀는 이러한 목적을 달성해왔고, 또 달성할 수 있을지도 모른다. 그러나 그녀가 이러한 삶을 포기한 것은 무언가 잘못된 것 같지만 그저 경쟁에서 낙오될 것 같은 불안감 때문에 어쩔 수 없이 받아들였던 이런 삶을 더 이상 견딜 수 없었기 때문이다. 하지만 김예슬 사례가 보여주는 것은 그녀가 타자라는 것보다는, 이를 통해 간접적으로 알 수 있는 잠재적 타자들의 존재이다. 즉 그녀처럼 할 수는 없지만 그녀처럼 살고 싶은 많은 사람들 말이다. 이런 점에서 김예슬은 남들을 이기고 더 비싼 상품이 되겠다고 발버둥치는 자신의 삶의 모습에 환멸을 느끼고 뭔가 다른 삶을 꿈꾸는 잠재적 타자가 이제 결단을 내린 경우라 할 수 있다.

이렇게 네 가지 사례를 통해 알 수 있는 것은 무엇보다도 오늘날 한국사회가 내부의 타자만이 아니라 외부에서 온 타자, 그리고 잠재적 타자 등 다양한 타자를 경험하고 있다는 점이다. 그런데 생활방식의 차이나, 인종적, 민족적 차이, 또한 한 사회의 특수한 평가 기준으로 인한 타자가 아니라, 아직 타자로 등장하지 않은 잠재적 타자에 주목한다면 사실 타자 아닌 사람이 없다. 왜냐하면 타자와 우리라는 집단, 내지 동일자와 타자를 구분하는 경계선이 모호해지기 때문이다. 푸코의 인간 개념을 전제한다면 이는 더욱 분명해 진다. 앞서 서술했듯이 푸코는 인간의 삶을 근원적 무결정성 하에서 이해한다. 즉 그에게 인간이란 어떻게 살아야 하는지 그 생활방식이 정해지지 않은 가능성의 존재라는 것이다. 따라서 하나의 생활방식에 인간을 묶어둔다는 것은 권력을 통해서나 가능한 일이며, 이는 근원적 무결정성에 대한 억압이다. 물론 가능성의 존재가 현실성을 갖기 위해서는 어떤 식의 것이든 특정한 삶의 방식을 가져야 한다. 그러나 이 특정한 삶의 방식이 인간의 본질적 삶의 방식이라는 것은 아니다. 가능성의 존재인 인간에게는 이와 다른 삶의 방식 역시 가능하기 때문이다. 이런 점에서 개개의 인간이 서로 동일화된다고 해서 이것이 본질적이거나 영원한 것을 말하는 것은 아니다. 이는 단지 우연이거나 권력의 효과일 뿐이기 때문이다. 따라서 개개인이 서로 동일화되는 것보다 서로 다른 것이 오히려 본질적이라 할 수 있다.

새로운 주체화 양식—존재의 미학

지금까지의 설명처럼 개인 간의 차이를 권력을 통한 동질화보다 더 우선적인 것으로 본다면, 과연 이 차이란 어떻게 자신의 삶의 방식을 형성할 때 나타나게 되는 것일까? 다시 말해 권력이 제시하는 인간과학이 사라진다면 이제 인간은 무엇을 토대로 자기 자신을 반성하며 주체적 삶을 영위할 수 있을까? 푸코는 정상적인 것과 병리적인 것의 구별에 기초한 진리의 지배체제, 내지는 이원적으로 구조화된 사회적 인정질서에 반하여 '존재의 미학'을 새로운 주체화 양식으로 제시하며, 이를 통해 이제 개개인은 정상과 비정상을 구별하는 이원론에서 벗어나 차이의 존재로 등장하게 된다.

푸코가 대안적 주체화 양식으로 제시한 존재의 미학이란 이미 용어 자체가 말해주듯이 한 개인이 자기 자신을 흡사 예술작품처럼 만드는 것을 의미한다. 따라서 이를 위해서는 인간과학이 제시하는 정상과 비정상의 기준뿐 아니라, 참과 거짓이나, 옳음과 그름과 같은 이원적 기준 자체가 필요하지 않다. 미학적 술어들은 단지 아름다움과 추함이라는 이원론으로 환원되지 않으며, 추함 역시 미학적으로 가치를 지닐 수 있다. 또한 미학적 술어들은 멋있다, 인상적이다, 심오하다, 매혹적이다, 충격적이다, 흥미롭다, 독특하다 등 다원적일 뿐 아니라 서로 상반되는 판단이 공존할 수 있다. 그리고 대상이 동일하다 하더라도 사람에 따라 이에 대한 미학적 경험 자체가 수없이 차별화될 수 있으며, 비록 동일한 주체라 하더라도 상황에 따라 이에 대해 다양한 경험을 할 수 있다. 이런 점에서 개개인이 자기 자신을 예술작품처럼 창조한다는 것은 모든 이원론과, 이것이 전제하는 어떤 보편적 기준으로부터 인간의 정체성 형성을 해방시킴으로써 인간을 서로 다른 존재로 만든다.

그렇다면 이러한 미학적 자기 형성이란 개인이 어떤 존재가 된다는 것을 의미하며 어떻게 자기 자신을 형성하는 것을 말할까? 사실 푸코가 이를 개념적으로 명료화시킨 적은 없다. 존재의 미학에 대한 푸코의 연구는 단지 성적 생활방식에 대한 고대 그리스의 담론들을 분석하는 데 한정되어 있기 때문이다. 본 글에서는 이러한 한계를 넘어서 미학적 자기 형성이 뜻하는 바를 분명하게 하기 위해 칸트의 '미학적 판단' 개념을 도입할 것이다. 물론 칸트의 미학적 판단 개념은 미학적 자기 형성과는 전혀 관계없이 등장한 것이며, 예술작품에 대한 판단과 개인의 자아 형성은 문제 영역이 다른 것이다. 그러나 푸코가 개인의 자아와 예술작품을 유비시키듯 많은 부분 고대 그리스의 담론에 대한 푸코의 분석은 칸트의 미학적 판단 개념과 유사성을 갖는다는 점에서 존재의 미학을 개념적으로 명료화하는 데 효과적 틀이 될 수 있다.[22]

우선 칸트가 말하는 미학적 판단이란 어떤 보편적 기준에 따른 것이 아니다. 만약 미학적 판단이 아름다움에 대한 미학적 기준에 따라 이루어진다면, 이에 상응하여 미학적 자기 형성 역시 이와 유사한 보편적 기준을 전제해야 한다. 이렇게 될 경우 사실상 미학적 자기 형성은 이러한 기준을 절대화시키면서 이에 복종하는 주체화 양식을 따를 수밖에 없다. 따라서 미학적 자기 형성은 이원론적 사회적 인정질서에서처럼 어떤 보편적 기준을 내면화하고 이를 자신의 삶에서 실현하는 것에 불과하게 된다. 칸트는 아름다움에 대한 어떠한 기준도 전제하지 않고, 미학적 판단을 주관성, 무관심성과 무목적성, 그리고 창조성과 숭고성을 통해 설명한다.[23] 칸트에 따르면 미학적 판단은 무엇보다도 객관적 대상의 속성이 아니라, 이를 경험할 때 갖게 된 주관적 희열을 표현한 것이다. 따라서 미학적 판단은 대상에 대한 객관적 인식, 내지는 어떤 진리 인식을 표현한 것이 아니다. 또한 주관적 느낌을 의미하는 미학적 희열은 대상이 우리에게 어떤 쾌락을 줌으로써 갖게 된 희열과는 다른 것이며, 또한 어떤 도덕적 옳음을 실현함으로써 느끼게 된 도덕적 희열과도 다르다. 이 두 가지 희열에는 바로 그 희열을 준다는 점 때문에 이를 주는 대상이나 도덕적 옳음에 관심을 갖게 만드는 강제성이 있다. 따라서 이런 희열에 따른 판단은 자유로운 판단이 아니다. 왜냐하면 이 경우 판단 주체는 감각적 쾌락이나 도덕적 옳음을 실현하려는 관심에 종속되어 있기 때문이다. 따라서 어떤 대상이나 행동에 대한 판단은 판단 주체의 관심을 실현하는 데 기여하느냐, 그렇지 않느냐에 따라 이루어진다. 이런 점에서 이 두 가지의 유형의 판단이 어떻게 내려지는가를 결정하는 것은 판단 주체의 관심과 이를 실현하는 대상이나 행동의 합목적성이다. 이에 반해 미학적 판단은 무관심성과 무목적성을 특징으로 한다. 즉 미학적 판단은 어떤 감각적 쾌락이나 도덕적 옳음에 대한 관심을 전제하지도 않으며, 따라서 어떤 대상이나 행동이 이러한 관심의 실현에 기여한다는 합목적성과도 무관하다. 왜 그럴까? 그 이유는 무엇보다도 미학적 판단이 창조성이나 숭고성과 관련이 있기 때문이다. 칸트에 따르면 어떤 대상에 대한 미학적 판단은 한편으로 다양한 감각적 직관을 상상력을 발휘하여 서로 연결시키고, 이를 다시 오성의 범주들을 통해 포섭한 창조성에 대한 것이다. 이런 점에서 미학적 판단은 진리, 쾌락, 도덕과 무관할 수 있다. 또한 다른 한편 미학적 판단은 판단 주체가 어떤 대상에 대해 두려움을 가지면서도 동시에 희열을 느끼는 감정 상태, 즉 숭고성에 대한 경험을 표현한 것이다. 즉 인간은 대자연의 압도적인 힘 앞에서 두려움을 갖지만, 동시에 인간은 이러한 두려움을 넘어설 수 있는 인간의 우월함을 깨닫기도 한다는 것이다. 이렇게 볼 때 결국 미학적 판단은 진리에 대한 인식, 감각적 쾌락, 도덕적 옳음과 무관하며, 상상력이 발휘된 창조적 행위, 그리고 그 무엇에도 종속되지 않는 인간의 주권성에 대한 경험을 표현한 것이다.

그렇다면 미학적 판단에 대한 칸트의 이해가 미학적 자기 형성의 의미와 어떤 관련성이 있을까? 이는 단적으로 말해서 한편으로 미학적 자기 형성이란, 인간에 대한 객관적 인식, 내지 인간에 대한 어떤 진리도 전제한 것이 아니며, 그렇다고 감각적 쾌락을 추구하는 것도 아니고, 도덕적 옳음을 기준으로 한 것도 아니라는 것이다. 또한 다른 한편으로 미학적 자기 형성이란 어떤 보편적 인간상을 구현한 것이 아니라, 자기 자신을 창조한 것이며, 이러한 창조를 통해 결국 인간의 절대적 주권성을 표현한다는 것이다. 이렇게 칸트의 개념을 통해 푸코의 존재의 미학을 유비론적으로 설명할 수 있는 것은 고대 그리스의 성에 대한 담론 속에 그 이유가 있다. 왜냐하면 푸코는 존재의 미학의 전형을 보여주기 위해 고대 그리스의 성에 대한 담론을 분석하고 있으며, 바로 이것이 원리적으로 볼 때 칸트의 미학적 판단 개념과 유사성을 보이고 있기 때문이다.

푸코가 성에 대한 고대 그리스의 담론에서 주목하는 것은 세 가지 방식의 윤리적 염려이다.[24] 첫째, 고대 그리스인들은 성을 윤리적 염려의 대상으로 삼고 있지만, 여기서 문제가 되는 것은 성행위, 성적 욕망, 성적 쾌락 간의 역동적 관계를 어떻게 조절할까 하는 점일 뿐, 욕망과 쾌락의 객관적 속성이나 이것의 참된 본성, 내지는 행위의 옳고 그름이란 잣대를 동원하지는 않았다. 이런 점에서 고대 그리스인들은 성을 인간에 대한 과학적 인식이나 도덕적 옳음, 내지 감각적 쾌락의 문제로만 보지는 않았다. 둘째, 고대 그리스인에게 성이란 자연스런 충동에 속하며, 다만 문제가 되었던 것은 성적 충동의 억압이나 통제가 아니라, 나이, 성별, 지위 등 개개인의 조건에 맞추어 성적 행위의 시점이나 정도 등을 정하는 '쾌락의 활용'에 관한 것이었다.[25] 이런 점에서 윤리적 주체가 되는 것은 자신의 규칙을 일반화하거나, 역으로 어떤 일반적 기준에 따라 자신을 통제하는 것이 아니라, 개개인이 자신의 행위를 개성화하고 변형시키는 것을 의미한다. 이런 점에서 고대 그리스인에게 성적 행위란 항상 개개인에 의해 새롭고 창조적으로 접근해야 할 문제였다고 볼 수 있다. 셋째, 고대 그리스인들에게 성적 행위가 가져다주는 희열이란 성적 행위가 주는 쾌락을 의미하는 것이 아니었다. 이는 무엇보다도 성을 윤리적 염려의 대상으로 삼는 자기 자신에 대한 체험과 관련된 것이기 때문이다. 고대 그리스인이 성을 윤리적 염려의 대상으로 삼은 것은 이것을 '자기 지배'의 일부로 보았기 때문이며, 이런 점에서 성에 대한 윤리적 염려는 그 무엇에도 종속하거나 굴복하지 않는 인간의 주권적 자유를 표현하는 것이었다. 이런 점에서 고대 그리스인들의 성에 대한 윤리적 염려는 칸트가 말하는 인간 자신의 숭고성에 대한 체험과 유비될 수 있다.

이렇게 고대 그리스인의 성에 대한 담론에서 발견할 수 있는 윤리적 염려의 방식을 종합해본다면, 존재의 미학, 내지 미학적 자기 형성이란 객관적 진리, 도덕적 옳음, 감각적 쾌락을 기준으로 하는 것이 아니라, 이를 넘어서 인간이 자기 자신을 자신에 대한 완전한 주권자로 만드는 것을 의미한다고 할 수 있다.[26] 따라서 개개인에게 차이가 발생하는 것은 단지 정상과 비정상이라는 이원론에 기초한 사회적 인정질서에서 벗어날 뿐 아니라, 개개인이 자기 자신에 대한 주권자가 될 때 가능하다. 다시 말해 성에 대한 윤리적 염려 방식에서도 나타나듯이 개개인이 그 어떤 권위에도 복종함 없이 자신에 대한 주권자로서 자신의 조건에 따라 자신을 창조적으로 형성할 때 이제 개개인은 차이의 존재로 등장한다는 것이다. 따라서 개개인을 어떤 보편적 기준 하에 동일화시킨다는 것은 인간이 갖는 자신에 대한 주권성을 부정하는 것이며, 반대로 개개인을 차이의 존재로 본다는 것은 바로 개개인의 주권성을 인정하는 것이 된다.

그런데 이렇게 인간이 서로 다른 존재가 된다는 것은 모든 인간이 타인과의 아무런 상호작용 없이 서로 무관하게 자신을 형성한다는 점에서 일종의 유아론을 전제한 것은 아닐까? 푸코의 권력 개념이 의미하듯이 권력이란 타인의 행위 주도를 주도하려는 행동방식을 말한다. 따라서 권력에서 벗어난다는 것은 내가 나의 행동이나 삶에 대한 타인의 영향력에서 벗어난다는 것과 같다. 그렇다면 이는 동시에 모든 인간관계의 단절을 의미할 수도 있다. 왜냐하면 어떤 식으로든 내가 타인과 관계를 맺고 있다는 것은 타인과의 상호작용을 전제하기 때문이다. 이런 점에서 푸코의 존재의 미학은 사회적 결속관계를 개인의 자유에 대한 장애로 봄으로써 사회의 해체와 사회구성원들의 원자화를 가속시킬 수도 있다.[27] 그러나 과연 존재의 미학은 모든 인간관계의 단절을 의미할까? 푸코에 따르면 존재의 미학이란 자기 자신을 미학적으로 창조하는 것일 뿐 아니라 타인으로부터 인정받고 후세에 모범이 될 수 있는 형태로 자신을 형성하는 것이기도 하다.[28] 이처럼 타인의 인정 역시 존재의 미학이 갖는 특징이라면 존재의 미학은 단지 자신과의 관계만을 전제하는 것이 아니라, 타인과의 관계 역시 전제한다고 할 수 있다. 그렇다면 여기서 말하는 타인의 인정이란 무엇을 의미할까?

푸코에서 찾을 수 있는 대답은 그가 존재의 미학을 고독한 행위가 아니라, 타인과의 의사소통과 연결된 '사회적 실천'으로 본다는 데 있다.[29] 푸코는 근본적으로 미학적 자기 형성을 주체 자신만의 행위가 아니라, 타인 역시 조력자의 입장에서 함께 참여할 수 있는 공동의 행위로 본다. 푸코는 이러한 행위 속에서 일어나는 주체와 타인과의 상호작용을 '게임식 교류'라고 말하기까지 한다.[30] 물론 이것은 이원론적 진리게임과는 다른 것이다. 진리게임에서 인간에 대한 진리를 인식하고 있는 사람은 권력자로 등장하며, 따라서 참된 인간이 되기 위해서는 이 권력자에게 복종해야 한다. 그러나 타인과의 게임식 교류에서 타인은 자신의 지식을 통해 어떤 복종을 강요하는 것이 아니라, 바로 조력자라는 점에서 내가 자율적으로 나 자신을 염려하면서 나의 삶의 방식을 결정할 수 있도록 도와준다. 즉 진리게임은 복종을 통해 주체가 되도록 하지만, 타인과 게임식 교류는 바로 내가 스스로 주체가 되도록 한다는 것이다.

물론 이러한 차이가 생기는 것은 타인이 나의 행위에 대해 참과 거짓이라는 이원론을 통해 반응하는 것이 아니라, 내가 얼마나 나 자신에 대해 주권성을 발휘하느냐에 따라 반응하기 때문이다. 이렇게 볼 때 존재의 미학이 타인의 인정과 결합되어 있다는 것은 타인이 나 자신의 미학적 자기 형성에 대해 다양한 방식으로 반응할 뿐 아니라, 주권성의 실현이라는 차원에서 평가할 수 있음을 의미한다.

일의적 보편성

이렇게 존재의 미학이 타인의 인정, 즉 주권성의 발휘에 대한 긍정적 평가와 연결되어 있다면, 내가 타인의 인정을 얻기 위해서는 그가 갖고 있는 어떤 기준에 종속되어야 하는 것은 아닐까? 칸트의 '공통감'(Gemeinsinn) 개념은 이러한 문제를 넘어선 어떤 대안적 형태의 인정에 대한 실마리를 제공한다. 칸트에 따르면, "아름다움은 개념의 매개 없이 보편적 희열의 대상으로 표상될 수 있는 것"이다.[31] 즉 비록 칸트가 미학적 판단을 주관적 희열에 따른 것으로 규정하지만, 이 희열을 나만이 아니라, 타인도 공유할 수 있다는 의미에서 보편적인 것으로 본다는 것이다. 왜냐하면 칸트가 생각하기에 미학적 판단은 얼마든지 타인에게 전달될 수 있기 때문에 타인과의 공감이 가능하며, 이 또한 기대할 수 있기 때문이다. 물론 이 말이 나의 주관적 희열을 타인 역시 갖도록 논증적으로 강제할 수 있다는 뜻은 아니다. 미학적 경험은 미에 대한 보편적 개념을 전제하지 않는다는 점에서 논증을 통한 동의 형성이란 불가능하다. 그런데 놀라운 것은 푸코 역시 존재의 미학을 어떤 식으로든 일반화될 수 없는, 주관적 조건에 따른 개성화 행위로 이해하지만, 칸트와 유사하게 존재의 미학이 '법칙 없는 보편성'을 갖고 있음을 주장한다는 점이다.[32] 즉 존재의 미학이 어떤 보편적 법칙을 따른 것이 아님에도 불구하고 보편성을 가질 수 있다는 것이다. 물론 '법칙 없는'이란 표현이 말해주듯, 존재의 미학이 갖는 보편성이란 이런 보편적 법칙에 근거하여 어떤 입장의 타당성을 논증하고, 이에 대한 동의를 통해 보편성에 도달하는 형식적 절차를 전제하지 않는다. 이런 점에서 존재의 미학이 갖는 보편성을 칸트가 말하는 공통감을 통한 보편성으로 해석한다면, 타인의 인정이란 타인이 나의 존재방식에 대한 공통감을 갖는 것이라 말할 수 있다. 그렇다면 이렇게 타인의 인정을 해석한다면 인정을 위한 복종이라는 문제는 어떻게 될까?

일차적으로 타인이 나의 존재방식에 공통감을 갖는다는 것은 자신의 존재방식이나 자기가 생각하는 어떤 보편적 존재방식의 예를 나에게서 찾았기 때문이 아니다. 따라서 내가 타인의 공감을 얻고자 한다는 것이 타인이 제시하는 어떤 기준에 종속된다는 것을 의미하지는 않는다. 칸트에 따르면 내가 타인의 공통감을 기대한다는 것은 다른 뜻이 아니라, "원칙적으로 다른 모든 사람들 역시 나와 동일한 조건하에서는 어떤 특별한 관심과 관련 없이 동일한 희열을 느낄 수 있음"을 기대한다는 것이다.[33] 따라서 이는 서로 다른 조건하에 있는 사람들이 동일한 대상에 대해 똑같은 희열을 느낀다는 것이 아니며, 나 역시 그와 동일한 조건하에서라면 마찬가지의 희열을 느낄 수 있을 것이라는 가능성에 대한 긍정이다. 이런 점에서 타인이 나의 희열에 공통감을 갖는다면 그것은 타인의 기준에 내가 일치하기 때문이 아니라, 반대로 타인이 나의 희열을 나의 조건에 따른 일회적 가능성으로 수용한다는 뜻과 같다. 따라서 공통감을 얻기 위해 내가 타인의 기준에 종속되는 것은 아니며, 타인이 나에게 공통감을 갖는다는 것은 자신이 나와 다른 조건에 놓여 있음에도 불구하고 나와 같은 희열을 느낄 수 있다는 것을 의미하진 않는다는 점에서 타인이 나에게 종속됨을 의미하지 않는다. 이러한 논리를 존재의 미학에 적용한다면 타인의 인정이란 내가 타인의 존재방식이나 그가 미적 가치를 부여하는 존재방식에 종속됨을 의미하지도 않으며, 역으로 타인이 나를 인정했다고 해서 그도 나처럼 살겠다는 것을 의미하지도 않는다. 따라서 타인이 나의 존재방식을 아름답다고 인정하는 것이 가능하다면, 그것은 타인이 아무런 선입관 없이 이를 하나의 가능성, 즉 내가 나의 특수한 조건하에서 나 자신에게 행사할 수 있는 주권성의 '일의적' 가능성으로 바라보기 때문이다. 이렇게 본다면 개별화의 원리를 따르는 존재의 미학이 보편성을 얻는 것이 불가능한 것도 아니며, 이것이 타인에 대한 종속을 전제하는 것도 아니다.

3. 동질적 존재에서 차이의 주체로

지금까지 설명했듯이 푸코의 존재의 미학에 따른다면, 정상과 비정상을 나눔으로써 타자를 산출하는 이원적 인정질서에서 벗어난다는 것은 각 개인이 주권적 존재로서 자신의 특수한 조건에 따라 자신에게 일의적 존재방식을 부과한다는 것을 말한다. 따라서 이는 모든 사람을 동질화시키는 어떤 보편적 기준을 전제하지 않는다. 그럼에도 이런 일의적 존재방식이 보편성을 갖는다면 이는 보편성에 대한 새로운 이해를 요구한다. 즉 보편성이란 모든 사람이 무차별적으로 이를 따른다는 것이 아니라, 나와 다른 사람들이 나의 일의적 존재방식, 내지 차별적 존재방식을 주권성을 실현하는 하나의 가능성으로 인정하는 것이다. 따라서 이런 인정 속에서 개인의 존재방식이 보편성을 가질 수 있지만, 그렇다고 개개인이 자신의 다름을 부정하는 어떤 보편적인 것에 포섭되는 것은 아니다. 따라서 이제 비로소 모든 사람은 차이의 존재로 공존할 수 있게 된다.

그렇다면 이런 철학적 사고 속에서가 아니라, 실제로 사람들이 차이의 존재로 자신의 삶을 영위할 수 있을까? 과연 이를 이념형 속에서가 아니라 제도적으로 보장한다면 이는 과연 무엇을 의미할까? 사실 모든 사람을 차이의 존재로 인정하는 것이 제도화되지 않는다면 규범적 차원에서 오늘날 문화적 영역에서 일어나는 변화의 방향을 '동질적 존재에서 차이의 존재로의 인정관계 구조변화'로 해석하기 어렵다. 왜냐하면 사회적 인정관계를 구속력 있게 규제할 수 있는 것은 결국 제도적 장치들이며, 바로 이런 점에서 차이의 존재로 인정받으려는 사회운동의 목표 역시 이에 대한 제도화에 있기 때문이다.

차이 인정의 제도적 의미

우선적으로 인간을 차이의 존재로 인정한다는 것은 제도적 의미에서 차이로 인한 차별을 금지하고 모든 사람들을 동등한 권리주체로 대우하는 데 있다. 차이로 인한 차별이 자행된다면 인간은 차이의 존재로 살아갈 수 없기 때문이다. 즉 다른 사람은 다르게 대우하고, 같은 사람은 같게 대우하는 것이 아니라, 다른 사람들도 같게 대우할 때 사람들은 서로 달라질 수 있다는 것이다. 이런 입장은 「세계인권선언」 제2조에서 표방하고 있듯이 보편적 인권 개념에 따른 동등대우 원칙에 해당된다. 즉 "모든 사람은 인종, 피부색, 성, 언어, 종교, 정치적 또는 그 밖의 견해, 민족적 또는 사회적 출신, 재산, 출생, 기타의 지위 등에 따른 어떠한 종류의 구별도 없이 이 선언에 제시된 모든 권리와 자유를 누릴 자격이 있다"는 것이다. 이런 맥락에서 한국에서도 보편적 인권을 통한 동등성 원칙을 실현하기 위한 국가기관으로서 2001년 국가인권위원회가 출범하였다. 이는 장애인, 이주노동자, 여성, 성적 소수자, 탈북자 등 우리 사회의 다양한 타자들을 보호 대상에 포함시키고 있으며, 그 핵심적 보호의 방법은 이들에 대한 차별 행위를 근절시키는 데 있다.[34] 이런 점에서 「국가인권위원회법」 제2조 4호는 성별, 종교, 장애, 출신지역, 출신국가, 용모, 결혼 형태, 인종, 피부색, 성적 지향, 학력 등 다양한 차이를 지적하며 이에 따른 차별을 금지하고 있다. 그리고 2007년 정부는 인권위원회의 권고를 받아 우리 사회에서 자행되는 다양한 차별을 금지하기 위해 포괄적 차별금지법을 입법 예고한 바 있다. 물론 이 법률은 아직까지 제정되지 못하고 논란의 대상이 되고 있지만, 이런 법적 조치를 통해 알 수 있는 차이 인정의 제도화란 일차적으로 차이로 인한 차별을 법적으로 금지함으로써 모든 개인을 차이와 관계없이 동등하게 대우하는 것이다.

그런데 이렇게 차별을 금지하는 것만이 제도적으로 모든 인간을 '차이의 존재'로 인정하는 방법인 것은 아니다. 차이로 인해 차별받는 사람들을 보호하는 더욱 적극적인 방식 역시 제시되고 있기 때문이다. 한인섭에 따르면 타자란 "그 사회에서의 영향력 내지 공식적 무대에서 발언하고 인정받을 수 있는 측면에서 현저히 취약하거나 아예 그러한 영향력 내지 지위를 얻을 수 없는 상태"에 놓인 사람들을 말한다.[35] 그리고 이들은 사회 유지를 위해 만들어진 '다름을 관리 통제하는 방식'의 희생자들로서 이 방식은 세 단계의 논리적 도식을 전제한다. 즉 우리와 타자는 다르다. 우리는 정상적이고, 선하고, 우월하지만, 타자는 비정상적이고, 나쁘고, 열등하다. 따라서 타자에 대한 억압과 통제가 필요하다는 것이다. 물론 이러한 통제방식은 우리를 강화함으로써 그리고 우리와 다름을 배제할 수 있기 때문에 사회를 유지시키는 데 효과적이다. 그러나 이것은 결국 우리라는 다수의 전횡일 뿐 근본적으로 인간의 자기결정권에 위배된다. 민주주의 헌법의 핵심 원리는 모든 인간이 인간으로서 존엄과 가치를 갖는다는 점에 있다. 이는 한편으로 모든 인간은 신체적, 정신적, 사회적, 종족적, 성적 지위에 관계없이 존엄성을 갖는다는 평등의 이념이며, 다른 한편으로 인간은 가장 존엄한 존재이기 때문에 타인이 아니라 바로 인간 자신이 자신에 대한 결정권을 갖는다는 것을 의미한다. 따라서 이에 따른 차이는 인간의 존엄성에 해당되는 것이며, 인간이 타인과 같은 평등한 존재이듯이 타인과 다를 수 있는 것도 인간의 권리에 해당된다. 따라서 차이를 통제하는 것이 아니라, 인간을 차이의 존재로 인정한다는 것은 헌법적 정당성을 가지며 이는 단지 차별의 극복이라는 소극적 보호만을 의미하는 것은 아니다. 모든 인간이 차이의 존재이자 평등하고 자유로운 존재로서 존엄성을 갖는다는 것은 이들 모두에게 자아실현과 행복한 생활을 영위할 수 있는 기회가 실질적으로 보장될 때 그 의미가 충족될 수 있기 때문이다. 이런 점에서 차이로 인해 차별받는 타자에 대한 보호는 타자에 대한 적극적 조치를 필요로 한다. 예를 들어 여성할당제나 장애인의무고용제 등은 단지 차별을 극복하는 것이 아니라, 사회적 약자인 타자들의 지위를 향상시키기 위해 우선권을 부여하는 호의적 처우, 내지 적극적 평등화 정책에 해당된다.[36]

내 생각에 차이의 인정을 제도화하는 이 두 가지 방식은 하나는 소극적이고, 다른 하나는 적극적이란 차이는 있지만, 사실 그 목표는 동일하다. 즉 양자는 차이로 인한 차별을 금지하느냐, 아니면 차이로 인한 차별을 극복하기 위해 역설적으로 특별 지원을 하느냐에 차이가 있을 뿐, 모든 사람들에게 개인적 차이와 관계없이 실질적 자아실현의 조건을 보장하려 한다는 점에서 동일하다는 것이다. 이런 점에서 이 두 방식은 결국 방법은 다를지언정 모든 개인은 자아실현의 동등한 권리가 있고, 이는 단지 형식적으로가 아니라 실질적으로 보장되어야 함을 의미한다. 그런데 인간을 제도적 차원에서 차이의 존재로 인정하는 것은 이와는 다른 의미를 갖기도 한다. 즉 모든 사람이 차이와 관계없이 동등한 대우를 받아야 하고, 차이와 관계없이 자아실현의 동등한 권리를 보장받아야 하는 것이 아니라, 바로 이 차이 자체에 가치를 부여하고 이를 보호해야 한다는 것이다. 이는 근본적으로 상반된 관점을 전제한다. 왜냐하면 전자는 개개인의 차이에 관계없이 인간이라는 추상적 동일성을 강조하면서 역설적이게도 인간이 차이의 존재로서 살아갈 수 있게 하지만, 후자는 이런 추상적 동일성을 전제하지 않고, 개개인의 구체적 차이 자체에 우선적으로 주목하면서 개개인이 바로 차이의 존재로 살아갈 수 있게 하기 때문이다.

후자의 입장은 소수 민족의 문화적 생존권 보장을 주장하는 찰스 테일러에게서 나타난다.[37] 이는 좀 상세하게 살펴볼 필요가 있다. 왜냐하면 이런 입장이 결국 무엇을 의미하는가가 분명하게 드러나야 차이의 인정을 둘러싼 일종의 '오해'가 해소될 수 있기 때문이다. 우선 찰스 테일러에 따르면 인간의 정체성은 사회적 인정을 필요로 하며, 이에 대한 부정은 인간을 억압하는 가장 강력한 무기이다. 왜냐하면 사회적 인정이 없다면 개인이나 집단의 정체성 실현은 불가능하기 때문이다. 그런데 이는 근대에 이르러 처음으로 제기된 문제이다. 전근대적 신분사회에서 사회적 인정이란 문제는 제기되지 않는다. 왜냐하면 인간의 정체성은 신분적 위계질서에 따라서 형성되며, 사회적 인정 역시 이에 따라 규정되기 때문이다. 그러나 신분적 위계질서가 붕괴되면서 이제 인간은 어떠한 신분적 귀속성도 없는 개별적 존재, 즉 개인으로 등장한다. 테일러에 따르면 이러한 개인으로서의 인간에 대한 인정은 두 가지 형태를 갖는다. 첫째는 동등성에 대한 인정이다. 즉 이제 모든 인간은 인간이란 점에서 존엄성을 갖는 동등한 존재라는 것이다. 민주주의 국가에서 이러한 동등성의 인정은 시민권, 선거권, 사회권 등 모든 사람에게 부여되는 보편적 권리를 통해 보장되며, 이를 위한 제반 정치적 활동은 '보편적 존엄성의 정치'로 규정된다. 그러나 근대사회에서 필요한 개인에 대한 인정은 이것만이 아니다. 서구에서는 18세기 말부터 개인의 정체성에 대한 새로운 입장이 강화되었다. 이에 따르면 개인은 단지 인간이라는 동일성을 갖는 것이 아니라, 다른 사람과 구별되는 자신만의 정체성을 갖고 있다는 것이다. 즉 개개인은 각기 자신만의 내면세계를 갖고 있으며, 자신 속에서 울려 퍼지는 자연의 목소리를 갖고 있다는 것이다. 이에 상응하는 것이 바로 개인의 차이, 내지 개인의 '진정성'(Authentizität)에 대한 인정이다. 이러한 인정은 민주주의 국가에서 개인이나 집단의 특수성, 내지는 대체 불가능한 정체성을 왜곡하고, 은폐하고, 주류 문화에 동화시키는 것에 반대하여 이를 보호하는 '차이의 정치'를 요구한다. 물론 이런 차이의 정치가 모든 인간 간의 보편적 동등성을 부정하는 것도 아니며, 모든 인간이 갖는 존엄성을 부정하는 것도 아니다. 그러나 보편적 존엄성의 정치가 모든 인간의 동등성을 해치는 모든 형태의 차별을 철폐한다고 하지만, 이는 개인이나 집단 간의 차이에 대해서는 주목하지 못한다. 이에 반해 차이의 정치는 특정한 개인이나 집단에게 이들의 정체성이 사회적으로 훼손되지 않고 보존될 수 있도록 여타의 개인이나 집단이 갖지 않는 권리를 부여한다. 이런 점에서 차이의 정치는 특수한 정체성 때문에 사회적으로 차별받는 소수자들에게 이들의 정체성을 보호할 수 있는 특권을 허용한다.

이렇게 차이 자체에 가치를 부여하는 인정의 방식은 특권이라는 제도적 보호가 아니라, 기존의 제도적 질서로부터 벗어난 일종의 해방구를 건설하려는 시도로도 이어진다. 이에 대한 대표적 예로서는, 이미 3장에서 서술했듯이, 소수자 운동의 목표를 '미시 코뮌'의 건설에 두려는 시도가 있다.[38] 윤수종에 따르면, 소수자란 표준적 인간상을 거부하는 사람, 이에 길들여지기를 거부하는 사람을 말하며, 이들에 대한 차별과 배제가 일어나는 것은 이러한 표준적 인간상이 지배적 가치로 권력화되었기 때문이다. 그러나 사실 모든 사람은 '특이성'을 갖고 있기 때문에 이것이 발현된다면 표준화되지 않은 수많은 소수자들이 등장한다. 이런 점에서 그에 따르면 우리 모두가 소수자가 될 수 있다. 그런데 오늘날처럼 자본주의가 전 세계로 확산된 세계화 시기에는 국민국가, 국제기구, 초국적 기업들이 만들어낸 네트워크, 그리고 대의제를 통해 자신을 표현하는 인민들과 이들을 대표하는 NGO와 같은 조직들이 전 지구적 차원에서 하나의 제국 권력을 만들어내고 있으며, 이 권력은 바로 이러한 표준적 인간상에 기초한 훈육 메커니즘을 통해 대중의 활동을 자신의 이익 추구에 맞게 길들인다. 이런 상황에서 제국 권력에 맞서 싸우는 방법은 기존 권력을 해체하는 것이 아니라, 소수자들이 이러한 권력에서 벗어나 자신들의 정체성을 찾고, 이를 확인하기 위한 자유 공간을 만들어냄으로써 제국 권력을 약화시키는 데 있다는 것이 윤수종의 주장이다. 다시 말해 그에 따르면 소수자 운동은 다수자의 지배 하에서 소수자의 권익을 방어적으로 지키려는 소수자 권익 보호 운동이 아니라, 다수자의 지배 영역을 축소해 나가기 위해 자신들의 고유한 삶의 방식을 계발하는 데 목적을 둔다는 것이다.[39] 물론 제국 권력 자체를 전복시키기 위한 투쟁을 상상해볼 수는 있지만, 이는 다양한 집단과 세력들을 포괄하는 어떤 단일한 저항 주체, 내지 보편적 저항 주체를 전제할 수밖에 없다는 점에서 오히려 소수자들의 차이를 도외시할 수 있다.

인간이 차이의 존재로서 살아갈 수 있는 방법을 단지 차이로 인한 차별의 철폐나 차이와 무관하게 실질적 동등성을 보장하는 것이 아니라, 찰스 테일러나 윤수종처럼 차이로 인해 차별받는 집단의 문화적 특수성에 대한 가치부여, 그리고 이들만의 자유 공간을 형성하는 것으로 이해하는 것은, 그것이 어떤 정치적 입장을 전제한 것이든 이와 관계없이, 지난 몇 십 년간 사회적 소수자를 다시금 정의하게 만든 문화적 변동의 일환인 것처럼 보인다. 윌 킴리카에 따르면,[40] 동성애자나 장애인 같은 소수자 집단이 이전에는 자신들의 정체성을 주류 집단과의 편차를 통해 이해했다면, 이제 이들 집단은 문화적 고유성을 인정받기 위해 투쟁하는 인종적 집단처럼 자신들을 공동의 역사, 언어 그리고 감수성을 지닌 문화적으로 통합된 공동체로 본다는 것이다. 그리고 이런 경향은 여성성을 공동 문화의 원천으로 삼으려는 여성운동 분파에서도 나타난다. 왜냐하면 이런 분파 역시 인종적 소수자들의 전형에 따라 마치 자신들도 공동의 기원, 언어 그리고 일상 문화를 갖고 있는 집단처럼 이해하기 때문이다. 이런 식으로 집단적 자기이해의 형태가 변화함에 따라 문화적으로 정의된 공동체가 등장하게 되었으며, 이렇게 '구성된 집단'들은 이른바 '정체성 정치'라는 형태로 자신들의 특수한 정체성을 인정받기 위해 투쟁한다. 그리고 이러한 흐름은 게이 공동체에서 장애인 운동 집단을 거쳐 인종적 소수자에 이르기까지 실로 다양하게 분포되어 있다. 이런 점에서 사회적 소수자 집단이 자신들의 문화적 특수성에 가치부여를 요구한다든지, 자신들만의 공동체를 형성하려는 시도는 이와 같이 인종적 소수자 모형에 따라 자신들의 정체성을 이해하는 새로운 흐름 속에 있다고 할 수 있다.

그렇다면 여기서 말하는 문화적으로 특수한 정체성, 내지 문화적으로 특수한 공동체를 인정한다는 것은 과연 무엇을 의미할까? 이에 대한 악셀 호네트의 분석은 특히 주목할 만하다.[41] 왜냐하면 이는 문화적 특수성에 대한 인정이 결국은 차이로 인한 차별 철폐나 실질적 평등 보장이 전제하는 동등대우 원칙과 별반 다를 것이 없음을 잘 보여주기 때문이다. 호네트는 특히 베른하르트 페터스의 연구[42]에 근거하여 문화적 공동체에 대한 인정 요구가 단지 공동체 구성원의 사회적 처지를 개선하는 것이 아니라, 무엇보다도 자신들의 특수한 생활방식을 보장하는 데 있다고 보고, 이를 세 가지 경우로 나눈다. 첫 번째 유형은 특정한 문화적 공동체의 생활방식이 재생산될 수 있도록 요구하는 것이다. 물론 이는 한편으로 언론, 집회, 종교의 자유처럼 다른 사회 구성원들에게도 부여된 보편적 권리를 보장하는 것으로도 충분할 것이다. 이를 통해 특정한 문화적 공동체는 자신의 생활방식을 외적으로 홍보하고, 내적으로 공유할 수 있을 것이기 때문이다. 그러나 이와 달리 자신들만의 전통적 복식을 유지하기 위해 어떤 예외적 권리를 요구할 수도 있다. 그러나 사실 이것 역시 다수자 집단들에게 보장된 동일한 법적 보호라는 차원에서 이해될 수 있다. 왜냐하면 이러한 예외적 권리는 결국 모든 사람들이 자신의 생활방식을 결정할 수 있는 권리를 더 강화한 것이나 마찬가지이기 때문이다. 두 번째 유형은 문화적 공동체가 공동체적 결속을 강화하고 발전시킬 수 있도록 사회적 보호나 지원을 요구하는 경우이다. 예를 들어 여기에는 경제적 지원 보장에서부터 모국어 수업 보장이나 대중 매체를 통한 홍보 활동 보장 등이 속한다. 그러나 이런 경우 역시 차별 철폐와 실질적 동등성 보장 이상의 의미를 갖지 않는다. 왜냐하면 이런 보호 조치를 정당화하는 것은 결국 다수자 문화와 비교해볼 때 소수자 공동체가 부당한 방식으로 불이익을 당함으로써 이들이 자신들의 고유한 생활방식을 유지할 수 없다는 점이기 때문이다. 세 번째 경우는 문화적 공동체의 생활방식 자체에 가치를 부여하고 이에 대한 수용을 요구하는 경우로서 이는 차이를 따지지 말라는 것이 아니라, 차이를 따져 달라는 적극적 요구이다. 이런 경우는 분명 동등한 대우 이상을 요구하는 것 같다. 왜냐하면 이는 특정한 문화적 공동체의 생활방식이 다른 문화와 비교해볼 때 큰 단점이 없다는 소박한 이유에서 동등하게 대우하라는 것이 아니라, 이것이 사회적으로 타 문화 구성원들도 존중해야 할 어떤 선(善)을 구현하고 있음을 인정하라는 것이기 때문이다. 그런데 문화적 공동체의 특수한 생활방식이 주류 문화에 의해 차별받는 상황에서 이러한 인정이 어떻게 가능할까? 만약 이러한 인정이 제도적으로 보장되어야 한다면, 아마도 그 방식이 어떤 것이든, 이는 이러한 문화적 특수성을 어떤 선으로 인정하도록 하는 가치지평을 전제해야 한다. 그러나 이러한 문화적 특수성이 주류 문화에 의해 폄하되고 있는 현실을 염두에 둔다면, 사실 이를 어떤 선으로 받아들이게 할 공유된 가치지평이란 존재하지 않는다. 그렇다고 전 인류가 공유해야 할 어떤 포괄적 가치지평을 도입하려 한다면, 이는 다양한 문화를 우열에 따라 평가함으로써 또다시 어떤 것은 높이 평가하고, 어떤 것은 폄하하는 동일성의 폭력을 낳을 수 있다. 그렇다면 이러한 인정 요구는 기껏해야 제도적으로 강제할 수 없는 타 문화에 대한 개인적 호의를 요구하는 것 이상일 수 없다.

이러한 호네트의 분석을 전제할 때 문화적 생활방식의 차이에 대한 인정, 내지 특수한 문화적 정체성에 대한 인정은 그것이 이러한 정체성의 재생산을 보장하는 것이든, 아니면 해당 공동체의 결속 강화를 위한 지원이든 결국은 모든 개인이나 집단을 동등하게 대우하라는 동등성 원칙에 근거한 것이지, 이와 다른 어떤 새로운 원칙에 근거한 것은 아니다. 그러나 이와 달리 문화적 공동체들의 요구가 자신들의 생활방식이 모두가 수용해야 할 어떤 선(善)임을 인정하라는 데까지 나아간다면, 오히려 이는 일종의 자기모순을 일으킬 수 있다. 테일러가 주장하듯이 특정한 문화적 공동체가 자신들의 문화적 가치에 근거하여 이를 보호할 수 있는 어떤 특권을 요구한다면, 이는 퀘벡 주에서 나타나듯이,[43] 공동체 속의 공동체, 내지는 국가라는 제도적 질서 속에 있는 '국가 속의 국가'를 만들려는 것으로 해당 공동체 내부에서 문화적 개방성이 아니라, 반대로 폐쇄성이 강화될 수 있다.[44] 만약 이렇게 된다면 이는 새로운 다수자 문화를 만들어냄으로써 역설적으로 차이로 인한 차별을 낳을 수 있다. 또한 앞서 서술했듯이 타자를 만들어내는 첫 번째 단계는 인간이 갖고 있는 다양한 정체성을 하나로 단일화시키는 데 있다. 이런 점에서 어떤 하나의 차이에 근거하여 문화적 공동체를 강조한다는 것은 개인이 갖고 있는 또 다른 정체성 차원을 부정하게 된다. 즉 문화적 공동체를 강화하자는 주장은 결국 타자를 산출하는 논리라는 것이다.

미시 코뮌에 대한 입장 또한 이와 유사한 문제점을 갖는다. 왜냐하면 어떤 특정한 정체성에 기초하여 공동체를 형성한다는 것은 단일 정체성의 함정에 빠지는 것이기 때문이다. 물론 미시 코뮌이 비록 단일 정체성을 토대로 형성된 것일지라도, 다른 정체성에 기초한 미시 코뮌과의 연대, 그리고 그 내부에서 나타나는 또 다른 차이를 억압하는 것이 아니라 이를 서로 인정하는 것 역시 가능하다. 이런 점에서 윤수종은 소수자 공동체 간의 수평적 연계나 연대를 주장하며,[45] 각 소수자들이 내부의 차이들을 오히려 강조하고 그 차이들에 따라 독자적인 운동을 해나갈 때 해당 소수자 운동이 풍부해진다고 말한다.[46] 하지만 이처럼 소수자 운동이 소수자들 간의 차이와 그 내부의 차이 역시 인정하는 것이라면, 사실 미시 코뮌이라는 소수자 공동체는 논리적으로 불가능할 수도 있다. 왜냐하면 개인 간의 다양한 정체성으로 인한 무한한 차이가 발산된다면, 미시 코뮌은 내부의 차이로 인해 또 다른 미시 코뮌으로 무한히 분화되는 과정을 밟아야 하기 때문이다. 즉 외국인 노동자가 인종이나 민족으로 분화하고, 이것이 다시 여성으로, 여성은 동성애자로, 그리고 동성애자가 다시 장애자로 분화한다면 미시 코뮌은 무한히 분화하고, 결국 개인은 하나의 단독자로 남을 수밖에 없게 된다는 것이다. 그렇다면 사회 전체적으로 차이의 인정을 주장하는 것과 차이의 인정을 단지 미시 코뮌이라는 자율적 공간을 통해 확보하려는 시도가 어떤 차이점을 가질 수 있을까? 오히려 이는 차이의 인정을 사회 전체적 차원이 아니라, 단지 소수자 내부로만 한정시킨다는 점에서 미시 코뮌 밖에서 일어나는 차이로 인한 차별을 방치하는 것은 아닐까? 아마도 차이의 인정이 소수자에게만 한정되는 것이 아니라 사회 전체적으로 타당해야 한다면, 차이의 인정을 추구하는 사회운동은 미시 코뮌이라는 소수자 공동체의 형성이 아니라 사회 전체의 제도적 변혁을 목표로 삼아야 할 것이다.

페미니즘의 패러다임 전환과 차이 인정의 의미

여성운동의 토대가 되는 페미니즘의 이론적 변천 과정을 살펴보면 인간을 차이의 존재로 인정한다는 것이 과연 무엇을 의미해야 하는지를 일종의 이론적 자기반성 과정을 통해 읽어낼 수 있다.[47] 흔히 여성운동 태동기의 이론적 입장은 여성운동의 목표를 남녀평등에 둔다. 그런데 여기서 말하는 남녀평등이란 무엇은 의미할까? 초창기 페미니스트들이 갖고 있던 생각에 따르면 남성과 여성이 평등한 이유는 여성도 남성과 마찬가지로 인간이기 때문이다. 따라서 남녀평등이란 여성도 인간으로 대우받고, 인간으로서의 삶을 영위하는 것을 의미한다. 그런데 여기서 문제가 되는 것이 바로 인간이란 어떤 존재인가 하는 점이다. 여성도 인간으로 대우받는다는 것이 무슨 뜻인지는 이제 인간이란 어떤 존재인가에 대한 대답을 통해 알 수 있기 때문이다. 1세대들이 생각했던 인간이란 자율적 판단에 따라 삶을 영위하면서 이에 대한 책임을 지는 독립적인 존재였으며, 남녀를 동등하게 대우한다는 것은 자율적이고 독립적인 존재인 남성에게 부여된 권리를 여성에게도 부여하고, 여성도 남성처럼 직업을 갖고 사회 활동을 하는 것을 의미했다.

시몬 드 보부아르의 이론적 입장은 이러한 초창기 입장의 대표적인 예이다.[48] 왜냐하면 그녀 역시 여성과 남성의 동등성을 여성운동의 목표로 설정했을 뿐 아니라 이를 실존주의적 입장에서 정당화하고 있기 때문이다. 우선 실존주의자 보부아르가 생각하는 인간이란 정신적이고 지적인 활동을 통해 자신의 한계를 넘어서려는 초월성과 신체에 구속되어 이에 순응하는 내재성을 가진 존재로 설명된다. 당연히 인간은 초월성을 갖고 있다는 점에서 신체에 구속되지 않고 이를 초월할 수 있으며, 이것이 인간과 동물의 차이점이다. 또한 이러한 초월성은 실존주의적 의미에서 '실존이 본질에 앞서기' 때문에 발생한 필연적 요구이기도 하다. 즉 인간은 아무런 본성도 없이 우연히 이 세상에 내던져진 존재이기 때문에 끊임없이 스스로를 기획하며 현재를 초월하는 무한의 지평 속에 서 있을 수밖에 없다는 것이다. 그런데 보부아르에게 초월성과 내재성은 가부장적 사회에서 남성과 여성을 평가하는 기준이기도 하다. 즉 가부장적 사회에서 남성이 초월성을 추구하며 자신의 행위를 능동적으로 만들고 있다면, 여성은 내재성의 영역에 감금되어 수동적 삶을 살고 있다는 것이다. 따라서 여성해방이란 여성이 자신의 신체적 내재성을 극복함으로써 남성과 같이 초월성을 발휘하며 자신의 삶을 영위하는 것을 말한다. 이런 점에서 여성을 신체적 내재성에 묶어놓는 '모성'에 대한 예찬은 거부되어야 한다. 즉 여성이 임신과 출산이 가능한 신체적 특징을 갖고 있다고 해서 모성이 여성에게 필연적인 의무나 역할인 것은 아니라는 것이다. 신체란 어떤 본질을 갖고 있는 것이 아니라, 항상 문화적 해석과 사회적 결정의 장소이기 때문이다. 모든 여성이 모성 본능을 갖고 있다는 생각은 여성을 억압하고 통제하기 위해 만들어낸 신화에 불과하며, 이제 여성은 해방된 존재가 되기 위해 임신과 출산을 자기선택의 영역으로 만들어야 하며, 사회적 동등성을 확보하고, 경제적으로 자립성을 획득함으로써 자신의 고유한 목표를 설정하고 이를 추구하는 자아실현으로서의 삶을 수행해야 한다. 이러한 보부아르의 여성해방관이 직면한 가장 큰 비판은 바로 그녀가 여성성을 경시하고, 남성성을 무비판적으로 이상화하고 있다는 점이다. 왜냐하면 여성해방을 위한 보부아르의 핵심 주장은 여성도 실존적 인간이 되어야 한다는 것이지만, 사실상 이는 모든 여성에게 남성이 되어야 한다고 주장하는 것이나 마찬가지라는 것이다. 왜냐하면 이 실존적 인간이란 사실상 가부장적 사회에서 남성적 특징으로 간주된 것이기 때문이다. 이런 점에서 보부아르는 남성들에 의해 발전되어온 평가 기준을 절대화시킴으로써 결국 여성을 폄하하고 있다고 비판받는다.

이러한 비판은 이미 페미니즘의 패러다임 전환을 암시하고 있다. 즉 이제 페미니즘에서 여성해방의 의미는 여성과 남성의 동등성 추구에서 여성성에 대한 가치부여로 변화하게 되었다는 것이다. 이러한 새로운 입장은 여성과 남성의 근본적 다름과 여성성과 남성성에 대한 기존의 가치의 전복을 추구한다. 지금까지 여성이 남성의 타자로 등장하고, 또 타자로 평가되었다는 것은 한편으로 남성성을 이상적 인간상으로 만들면서, 다른 한편으로 여성성을 부정적으로 평가한 것이다. 이에 반해 페미니즘 2세대는 이성이나 자립성, 독립성, 능동성에 우위를 부여하는 태도에서 벗어나 감성, 관계, 수용성 등으로 규정된 여성성에 새로운 가치를 부여하기 시작한다. 이런 점에서 페미니즘 2세대에서는 여성성이 남성성과 대등한 위치로 부각될 뿐 아니라 이를 넘어서 여성성이 남성성에 대한 대안으로 등장하기도 한다.

정의의 도덕을 남성의 도덕적 태도로 규정하고, 이에 반해 보살핌의 도덕을 여성의 도덕적 태도로 제시한 캐럴 길리건의 입장은 이러한 페미니즘 2세대의 전형적인 예이다.[49] 길리건에 따르면 콜버그에 의해 정립된 종래의 도덕발달이론은 단지 남자 아이들과 성인 남성들만을 연구 대상으로 삼았음에도 불구하고 이들의 가치를 마치 보편적인 것처럼 주장한다. 그리고 이러한 가치에 비추어 여성들에게서 나타난 도덕적 태도를 미성숙한 것으로 평가

한다. 그러나 길리건에 따르면 여성의 도덕적 태도는 남성보다 미성숙한 것이 아니라, 남성의 도덕적 태도와 '다른' 것이다. 길리건이 이렇게 여성의 다른 도덕적 태도로 제시한 것이 바로 보살핌의 도덕이며, 이는 특히 임신중절 여부로 갈등하는 임신 3개월 이내의 여성들을 대상으로 한 연구의 결과이기도 하다. 이에 따르면 여성들은 먼저 자기 자신만을 생각하는 태도를 보이지만, 이는 관련 당사자 중 누구에게도 해를 끼치고 싶지 않다는 소망으로 이어지고, 마지막에는 인간관계에서의 갈등을 해소할 수 있는 가장 적합한 방식이 보살핌에 있다는 반성적 이해에 도달하게 된다는 것이다. 이런 점에서 길리건은 인간관계 중심의 보살핌의 태도를 여성에게 나타나는 전형적인 도덕적 태도로 해석하게 된다. 물론 이러한 태도가 지금까지는 진지하게 받아들여지지 않은 채 단지 감정에 매여 있는 여성의 특징으로만 해석되었지만, 길리건에 이르러 이는 미성숙이 아니라, 도덕적 관점을 표현하는 또 하나의 목소리가 된다. 이런 길리건의 입장을 전제한다면 이제 여성운동의 목표는 남성과 여성의 동등한 대우라기보다는 여성들의 도덕적 경험이 사회적으로 존중되어 제반 사회적 관계를 재조직하는 데 있게 된다. 즉 정의의 도덕만이 아니라, 보살핌의 도덕이 실현될 수 있도록 제도 개혁이 있어야 한다는 것이다.
이런 길리건의 입장 역시 다양한 갈래에서 비판의 대상이 된다. 여기서 주목할 만한 것은 크게 세 가지로 나누어 볼 수 있다. 첫째는 길리건의 입장이 여성의 특성, 내지 전통적인 여성의 덕목을 강조하는 본질주의적 입장에 서 있다는 것이다. 그러나 보살핌을 여성의 도덕적 태도로 강조하게 되면 이는 역설적이게도 여성의 불평등 상황을 강화할 수 있다. 여성이 보살핌에 적합하고 또한 이에 합당한 능력을 갖고 있다는 점에서 여성은 육아나 가사에 적합하다는 주장이 가능하기 때문이다. 만약 이런 주장이 확산된다면 육아나 가사가 여성의 의무로 부과됨으로써 여성의 희생을 강요하게 되고 결국 기존의 남성 중심적 질서를 고착화시킬 수 있다. 두 번째 비판은 보살핌의 도덕이 정의의 도덕에 대해 대등한 위치에 서 있는 것이 아니라, 오히려 이는 여성의 불평등한 현실에서 기원한 것으로 본다. 즉 여성들은 자신이 사회에서 주도적 역할을 하지 못하고 있고 또한 사회 내에서 명확한 지위를 갖고 있지 못하기 때문에 인간관계에 집착하게 되었고, 이것이 보살핌이라는 도덕적 태도를 갖게 했다는 것이다. 세 번째 비판은 정의의 도덕과 보살핌의 도덕이 서로 이원론적으로 구분되는 경쟁적 도덕 모델이 아니라, 서로 조화로운 관계에 있다는 것이다. 단적으로 말해서 타인에 대한 보살핌은 이들의 정당한 권리를 존중해주는 것과 다르지 않다는 것이다.

지금까지 서술했듯이 보부아르와 길리건으로 대표되는 페미니즘의 두 가지 입장은 일종의 패러다임 전환이라 할 만큼 커다란 차이를 갖고 있다. 이 두 입장에서는 여성운동의 궁극적 목표가 여성과 남성의 동등대우에서 여성성에 대한 가치부여로 변화했기 때문이다. 그런데 이에 이은 세 번째 패러다임은 페미니즘 자체의 근간을 흔들어놓을 만큼 급진적이다. 이제 문제가 되는 것은 역설적이게도 여성성의 해체이기 때문이다. 물론 길리건에 대한 비판을 염두에 둔다면 과연 여성성이란 것이 불변적이고 본질적인 것인지를 의문시할 수 있다. 더구나 보부아르까지 염두에 둔다면 여성성이란 단지 가부장적 사회라는 특정한 공간과 시대에 문화적으로 규정된 젠더일 뿐, 이를 여성의 본래적 특성으로 보기 어렵다. 이런 점에서 모든 여성을 포괄할 수 있는 여성적인 것이란 존재하지 않으며, 따라서 여성을 어떤 보편적 개념 하에서 통일적으로 규정할 수는 없다.

주디스 버틀러는 이런 입장을 제시한 대표적 이론가 중의 한 사람이다.[50] 버틀러에 따르면 남성성과 구별되는 여성의 본질 같은 것은 없다. 이는 섹스나 젠더 모두에 해당된다. 우선 여성이란 젠더는 한 사회에서 성을 둘러싸고 수행되는 행위, 표정, 몸짓, 역할 등의 총합일 뿐이며, 어떤 개인이 여성이 된다는 것은 '너는 여자야, 그러니까 이렇게 해야지'라는 식으로 사회문화적으로 호명되고, 호명된 사람이 젠더와 관련된 행위 규정에 따라 행동하는 것이 반복된 결과이다. 이런 점에서 여성이 자신을 여성으로 표현하는 것 역시 특정한 사회문화적 규범을 각본으로 한 일종의 연기로 규정될 수 있을 만큼 자의적인 것이며, 비유적으로 볼 때 성 역할을 바꾸는 가장무도회에서처럼 가변적인 것이다. 왜냐하면 이렇게 반복적 행위를 통해 형성된 젠더가 어떤 자연적 토대를 갖고 있는 것은 아니기 때문이다. 다시 말해 흔히 생물학적 성으로 규정된 섹스에 따라 사회적 성인 젠더가 규정된 것이 아니라는 것이다. 버틀러는 육체적인 성의 구별 역시 사회적 규범을 통해 수행적으로 구성된 것으로 본다. 다시 말해 사회적으로 오염되지 않은 순수한 육체나 자연은 없다는 것이다. 이런 점에서 버틀러는 자연으로서의 모성이나 육체적 특징에 근거하여 여성성을 설명하는 페미니즘에 반대한다. 이렇게 본다면 사실 버틀러는 여성성이란 말을 해체함으로써 여성과 남성이라는 이분법 자체를 부정한 것이며, 결국 여성과 남성은 이분법적 성별 구조를 넘어서 수많은 개별자들로 분화된다. 그렇다면 이런 입장을 통해서도 여전히 여성운동이 가능할까? 버틀러는 여성이라는 통일적 정체성에 기초한 여성운동이나 정치에 반대한다. 왜냐하면 이런 통일성이란 여성적 본성이나 모든 여성에 해당되는 공통의 목적을 전제한 것이기 때문이다. 버틀러에게는 여성적 본성이 존재하지 않듯이 모든 여성을 포괄하는 집단적 이익 역시 존재하지 않는다. 그럼에도 버틀러가 여전히 여성운동을 주장할 수 있는 것은 '유동적 정체성'에 따른 연대가 가능하며, 또한 필요하기 때문이다. 즉 버틀러는 구체적인 맥락에 따라 사안별로 이에 해당된 사람들이 공동의 목표를 설정하게 하고, 또 이를 달성하기 위한 임시적 연대의 토대가 되는 '유동적 정체성'을 주장한다는 것이다. 만약 여성운동이 이러한 유동적 정체성이 아니라 어떤 불변적 정체성을 전제한다면, 이는 여성운동이 여성이라는 존재론적 주체를 설정하고 이를 통해 모든 여성을 대변하려 한다는 점에서 여성들 내부에서의 차이를 무시하는 지배의 형태를 갖게 된다. 이에 반해 유동적 정체성을 통한 연대가 필요한 것은 비록 여성이 스스로 남성과 여성이라는 이분법을 넘어서 개별적 존재로 분화한다 하더라도 성 차별적 가부장적 문화가 온존하는 한 외부로부터 여성에게 가해지는 덧씌우기 식의 정체성과 이로 인한 차별이 존재하기 때문이다.

이렇게 본다면 버틀러가 생각하는 여성운동은 여성적인 것에 가치를 부여하려는 길리건의 입장과는 다르며, 그렇다고 여성의 공통된 이익이 존재하지 않는다고 보는 것도 아니다. 여성들이 유동적 정체성에 따라 연대한다는 것은 이런 정체성을 유지하고 보존하기 위해 여기에 가치를 부여하는 것일 수 없다. 만약 그렇게 된다면 이는 유동적 정체성이 아니라, 본질적이고 불변적인 정체성이 되기 때문이다. 따라서 유동적 정체성에 따른 연대는, 유동성이란 표현이 의미하듯이 이런 정체성 때문에 여성들에게 생기는 사안별 피해를 극복하기 위한 것이다. 그렇다면 유동적 정체성을 통한 여성 연대의 궁극적 목표는 무엇일까? 아마도 이는 버틀러가 말하는 '완전한 시민'이라는 개념을 통해 대답되어야 할 것 같다. 버틀러에게 타자, 내지 소수자란 사실 완전한 시민으로서의 지위를 갖지 못한 사람들을 말한다. 이런 점에서 타자란 시민이면서도 시민이 아닌 사람들이며, 완전한 시민을 위한 제도적 보호 밖으로 배제된 사람들이다. 따라서 유동적 정체성을 토대로 한 여성들의 연대나 여성운동 역시 이러한 배제를 넘어서 완전한 시민으로서의 지위를 보장받기 위한 것이라 할 수 있다.[51]

차이의 주체로의 인정

이렇게 보부아르에서 길리건을 거쳐 버틀러에 이르는 페미니즘의 패러다임 변천사를 일별해볼 때 과연 인간을 차이의 존재로 인정한다는 것은 무엇을 의미할까? 이는 단지 세 가지 입장 모두를 산술적으로 종합한 것일까? 아니면 이 세 가지 입장 간의 차이를 통합하고 대립을 극복할 수 있는 어떤 일반적 원칙을 의미할까? 우선 보부아르의 입장에서 인간이 차이의 존재로 인정받는다는 것은 여성이란 차이를 이유로 가해지는 불평등한 대우를 철폐함을 의미할 것이다. 그래야만 여성도 임신, 출산, 가사에서 벗어나 남성처럼 사회에 진출하고, 남성이 향유하는 동등한 권리를 부여받을 수 있기 때문이다. 물론 이 모든 것은 여성 역시 남성과 마찬가지로 자신의 미래를 기획하며 지속적으로 현재의 구속성을 초월하는 실존적 인간이 되기 위한 전제이다. 이렇게 볼 때 보부아르의 입장에서 인간을 차이의 존재로 인정한다는 것은 역설적이게도 모든 사람들을 차이와 관계없이 동등한 존재로 인정하는 것이나 마찬가지이다. 왜냐하면 바로 이럴 때 차이가 차별과 배제의 원인이 됨으로써 타자를 발생시키는 일이 차단될 수 있으며, 결국 서로 다르다는 것이 해당 당사자에게 아무런 해가 되지 않기 때문이다. 그러나 보부아르는 인간을 차이의 존재로 인정한다는 것이 무엇을 의미하는지를 더 고차원적으로 이야기할 수 있게 한다. 즉 인간이 동등한 대우를 통해 비로소 실존적 인간이 된다는 것은 바로 인간이 차이의 존재가 될 수 있는 필연적 조건이라는 것이다. 만약 인간이 스스로의 미래를 기획하며 현재의 구속성에서 벗어나려는 초월성을 갖지 않을 때 과연 서로 달라질 수 있을까? 보부아르가 실존적 초월성을 이야기하지만 사실 이것이 내용적으로 어떤 구체적 삶의 방식을 전제한 것은 아니며, 오히려 실존적 초월성은 개인 간의 동질화가 근거 없는 강제임을 폭로하고 이를 넘어서게 하는 토대가 된다. 이런 점에서 사실 차이의 가능성을 만들어내는 것은 인간의 실존적 삶에 있으며, 차이란 실존적 결단에 따른 결과이다.

그런데 이런 보부아르의 입장이 과연 여성의 차이를 폄하하거나 부정하는 것일까? 분명 보부아르가 여성적이라 규정되는 것에 특별한 가치를 부여할 수는 없다. 왜냐하면 여성적인 것이란 단지 가부장적 사회에서 인위적으로 만들어진 것일 뿐이기 때문이다. 그러나 보부아르가 여성적인 것으로 규정된 역할들을 폐기시키려 한다는 것은 아니다. 예를 들어 보부아르가 임신과 출산이 여성의 필연적인, 내지는 자연적으로 타고난 역할이자 의무임을 부정하지만, 이는 여전히 여성의 선택 사항이 될 수 있다. 즉 모성은 여성이 실존적 인간으로서 자신의 미래를 기획하며 내릴 수 있는 결단 사항에 속한다는 것이다. 이런 점에서도 보부아르가 주목하는 것은 개개의 차이가 갖는 구체적 내용이 아니라, 개개인이 실존적 인간으로서 끊임없이 자신을 기획하며 현재를 넘어서려는 초월성일 뿐이다. 따라서 개개의 차이란 단지 초월성의 표현일 뿐 어떤 구체적 내용의 차이가 가치를 갖지는 않는다. 물론 보부아르가 여성성을 부정한다는 것은 바로 이 지점에 있다. 즉 실존적 초월성을 강조하는 것이 여성을 남성화시키고 여성성의 가치를 부정한다는 것이다. 그렇다면 여성은 스스로 선택하고 스스로 결단하지 말아야 한다는 것일까? 아니면 이미 결정된 삶에 순응하며 살아가는 내재성의 삶에 가치를 부여해야 한다는 것일까?

길리건에서 발견할 수 있는 입장은 여성적인 것으로 분류된 어떤 속성에 가치를 부여함으로써 차이를 실존적 초월성의 표현으로 보는 것이 아니라, 차이 그 자체의 내용에 가치를 부여하는 것이다. 왜냐하면 길리건은 여성의 도덕적 태도로 규정된 보살핌의 도덕을 남성적으로 규정된 정의의 도덕보다 열등한 것이 아니라, 이와는 '다른' 도덕으로서의 가치를 지닌다고 주장하기 때문이다. 따라서 길리건에게는 여성적인 것이 남성적인 것을 통해 폄하된다거나 부정되어서는 안 된다. 이를 제도적으로 표현한다면 아마도 이는 제도 자체가 남성적인 것을 암암리에 전제함으로써 여성적인 것이 불이익을 당하도록 해서는 안 된다는 것을 의미할 것이다. 즉 사회적 제도가 차이에 동등한 가치를 부여함으로써 이를 보호할 수 있도록 차이에 민감해야 한다는 것이다. 예를 들어 가사 노동이 여성적인 것으로 규정되고, 이것의 가치를 부정한다면 여성에 대한 사회복지정책은 여성도 가사 노동에서 벗어나 생산 노동에 참여하는 것을 목적으로 할 것이다. 그러나 여성의 영역으로 간주된 가사 노동에도 가치를 부여한다면, 사회복지정책은 여성이 가사 노동에 전념하면서도 생계를 유지할 수 있도록 해야 한다. 즉 가사 노동도 생산 노동과 마찬가지로 동등한 가치를 지님을 제도적으로 보장해야 한다는 것이다. 따라서 현실적으로 여성들이 가사를 전담하고 있는 상황에서 생산 노동 위주의 사회복지정책만을 편다면 이는 차이에 민감하게 못한 꼴이 되며, 결국 여성에 대한 차별을 고착화시킨다.

그런데 중요한 것은 가사 노동이 여성의 전유물도 아니고, 남성이 접근할 수 없는 특권의 영역도 아니라는 것이다. 여성이 가사 노동을 전담하고 있는 상황에서는 가사 노동에 가치를 부여하는 것이 여성에게 가치를 부여한 것처럼 보이지만, 그렇다고 이를 여성만의 영역으로 삼을 필요는 없다. 그렇게 되면 이는 여성의 활동 영역을 제한하는 셈이 되기 때문이다. 이런 점에서 사실 가사 노동에 대한 가치부여는 여성에 대한 가치부여와 무관하며, 남성이 가사 노동을 전담할 경우 이 역시 여성이 전담할 경우와 마찬가지로 제도적 보호를 받아야 한다. 이와 마찬가지로 길리건이 주장한 보살핌의 도덕을 여성만의 도덕으로 규정한다면, 사실 이는 길리건이 비판받듯이 여성에 대한 본질주의적 관점을 전제한 것이기 때문이다. 그러나 보살핌의 도덕이 가치가 있다면 이것이 여성의 도덕이기 때문이 아니라, 이는 정의의 도덕이 갖는 한계 때문이며, 더 나아가 개인주의적 이기주의가 만연함으로써 인간관계가 도구화하고 사회적 결속이 해체되고 있는 현대사회의 병리적 현상 때문일 것이다. 길리건이 본질주의적 입장에서 벗어나 보살핌의 도덕이 도덕의 또 다른 목소리임을 정당화시킬 수 있는 방법은 이를 여성의 도덕이 아니라, 성차를 넘어선 보편적 도덕의 하나로 정립하는 데 있다. 이를 더 일반화시킨다면 여성적인 것으로 규정된 것에 가치를 부여한다는 것은 이를 여성에게 특수한 것으로 보호한다는 것이 아니라, 여성이라는 성적 정체성과 분리하여 남자도 여자도 모두 추구할 수 있는 보편적 가치로서 보호한다는 것이다.

그런데 여기에서 문제는 이런 식으로 보살핌의 도덕에 보편적 가치를 부여하는 것이 어떻게 가능한가 하는 점이다. 보살핌의 도덕 역시 정의의 도덕과 마찬가지로 가치가 있다면, 이는 사람들이 공유하는 더욱 상위에 있는 어떤 가치지평을 전제한 것이다. 그것이 무엇이든 만약 이런 가치지평이 있다면 보살핌의 도덕은 분명 이 가치지평 속에서 가치 있는 것이 된다. 이처럼 어떤 차이에 보편적 가치를 부여하기 위해서는 이를 가능하게 하는 공유된 가치지평이 전제되어야 한다. 그런데 만약 이러한 가치가 공유된 가치지평을 넘어서 있다면 이는 가치부여를 받을 수 없다. 즉 어떤 공유된 가치지평에 근거하여 차이의 구체적 내용을 평가한다면, 항상 배제의 영역이 생긴다는 것이다. 그런데 지금까지 타자로서 차별받고 배제당했던 사람들의 차이에 가치를 부여한다는 것이 현재 공유하고 있는 가치지평 내에서 가능할까? 사실 타자들의 차이에 가치를 부여한다는 것은 현존하는 가치지평 속에서 그 가치를 부여한다는 것이 아니다. 즉 차이에 가치를 부여하는 것은 현재의 가치지평을 넘어서, 내지는 이를 확장할 것을 요구한다는 것이다. 왜냐하면 확장된 가치지평이 전제되지 않은 채 지금까지 부정되었던 어떤 차이에 가치를 부여한다는 것은, 가치를 부여할 아무런 이유도 없음에도 가치를 부여하는 자기모순에 빠지기 때문이다. 그렇다면 이런 가치지평의 확장을 요구할 수 있는 근거는 무엇일까? 길리건은 이에 대한 답을 갖고 있지 않다. 길리건은 차이의 구체적 내용에 가치를 부여할 것을 주장하고 있다는 점에서 모든 사람이 차이를 가질 수 있다는 어떤 형식적 권리를 주장한 것은 아니기 때문이다. 사실 차이에 가치를 부여할 수 있게 하는 가치지평의 확대가 이루어지지 않는다는 것은 차이를 제한함으로써 차이에 따른 차별을 가능하게 할 뿐 아니라 모든 사람이 다를 수 있는 권리를 제한하는 것이나 마찬가지이다. 따라서 길리건에게서 발견할 수 있는 차이에 대한 가치부여는 가치지평의 지속적 확장을 요구하는 어떤 보편적 권리와 결합되지 않는다면 현실성을 가질 수 없다.

이렇게 본다면 버틀러의 입장은 보부아르와 길리건 사이에서 새로운 의미를 갖게 된다. 즉 버틀러는 이 두 가지 입장의 역동적 결합이라는 것이다. 남성과 여성이라는 이분법을 넘어서려는 버틀러에게 여성적인 것으로 규정된 것이 여성의 본질적 속성일 수 없다. 여성들은 이런 속성이 부과되기 이전에 존재하는, 아니면 이를 넘어설 수 있는 개별자들이기 때문이다. 이런 점에서 여성 역시 보부아르가 전제하고 있듯이 본질에 앞서는 실존이라는 것이다. 그러나 여성을 여성적인 것에 묶어두고 이를 통해 여성을 차별하려는 가부장적 문화 하에서 비록 여성이 실존이 된다 하더라도 여성에 대한 차별은 온존한다. 여성이 자신을 실존으로 주장하다 하더라도 사회는 여성에게 여성이라는 본질을 부여하려고 할 것이기 때문이다. 이런 점에서 여성운동은 여전히 필요하지만, 이것은 버틀러가 말하는 유동적 정체성에 기초한 여성운동처럼 그 어떤 여성적 불변적 정체성을 전제한 것이 아니다. 따라서 여성운동의 목표는 여성적인 것에 가치를 부여하는 것이 아니라, 차이를 이유로 여성에게 가해지는 차별을 철폐함으로써 여성 역시 실존적 존재로서 이분법적 성별 구조를 넘어서 스스로를 개별화시킬 수 있도록 하는 데 있을 것이다. 그러나 이것이 지금까지 여성적인 것으로 규정된 것들을 무가치하게 만드는 것은 아니다. 왜냐하면 여성적인 것의 가치를 여성의 정체성에서 분리하여 보편적 가치로 승화시킨다면, 한편으로 여성은 여성적인 것의 구속성으로부터 해방되고, 다른 한편으로 보편적 가치로 승화된 여성적인 것을 실존으로서의 자신의 선택 영역에 포함시킬 수 있기 때문이다.

지금까지의 논의를 종합해본다면 동질화와 타자의 배제를 극복하기 위한 대안적 인정질서란 서로 다름이 대립으로 변질되지 않도록 사회구성원을 차이의 존재로 인정하는 사회적 질서를 말한다. 그러나 사회구성원을 차이의 존재로 인정한다는 것은 차이의 구체적 내용에 가치를 부여한다는 것이 아니라, 형식적 의미에서 다를 수 있음을 인정하는 것이다. 존재의 미학에서 나타나듯이 차이란 주권성이 표현된 결과이며, 이런 점에서 필요한 것은 개개인의 주권성을 인정하는 것이다. 그러나 주권성이 발휘된 결과로서의 차이는 일의적 가능성이라는 점에서 보편성을 갖지만, 이것은 또한 바로 일의적이라는 점 때문에 이를 유지하고 존속시키기 위한 어떤 보호 조치를 필요로 하는 것이 아니다. 마찬가지로 보부아르가 여성과 남성 모두를 실존적 존재로 규정함으로써 개인의 삶을 실존적 결단의 영역으로 만들고 있다는 것은 개개인의 차이를 바로 실존적 초월성의 결과로 이해하게 하며, 이러한 차이 역시 새로운 차이에 의해 초월되는 무한한 과정 속에 있게 된다. 따라서 여기서도 중요한 것은 초월성이지, 차이의 내용 자체에 가치를 부여하는 것이 아니다. 물론 그렇다고 해서 존재의 미학이나 실존적 초월성이 발휘된 결과물이나 다양한 차이들이 아무런 가치를 갖지 않는다는 것은 아니다. 이는 지속적으로 확장되는 가치지평 속에서 분명 가치 있는 것으로 인정될 수 있다. 그러나 이런 인정은 사실 차이를 인정한 것이 아니다. 왜냐하면 어떤 가치지평을 전제하는 한 이는 이미 이 가치지평 속에서 보편성을 획득하고 있기 때문이다. 이런 점에서 차이가 보편적 가치의 하나로 승화되었다면 이것에 대한 별도의 인정은 불필요하다. 이를 인정한다는 것은 결국 차이의 인정이 아니라 보편성의 수용이나 다를 바 없기 때문이다. 따라서 버틀러에게서 읽어낼 수 있듯이 한편으로 인간은 어떤 불변적 정체성으로 범주화될 수 없는 개별자로 분화되지만, 이와 동시에 개개의 인간은 현존하는 가치지평을 지속적으로 확장시키면서 자신의 유동적 정체성이 갖는 일회적 가치를 보편화시킨다고 할 수 있다. 물론 여기서 가치지평을 확장시키는 기폭제가 되는 것은 차이 자체가 아니라, 다를 수 있는 권리이다. 즉 개개인을 차이의 존재로 인정한다는 것은 개개인을 다를 수 있는 권리의 주체로 인정한다는 것이다. 물론 그 방법은 차이로 인한 차별을 철폐할 뿐 아니라, 차이에 민감한 제도적 보호 장치를 확대함으로써 개인의 자기결정권이 실현될 수 있도록 하는 데 있을 것이다.

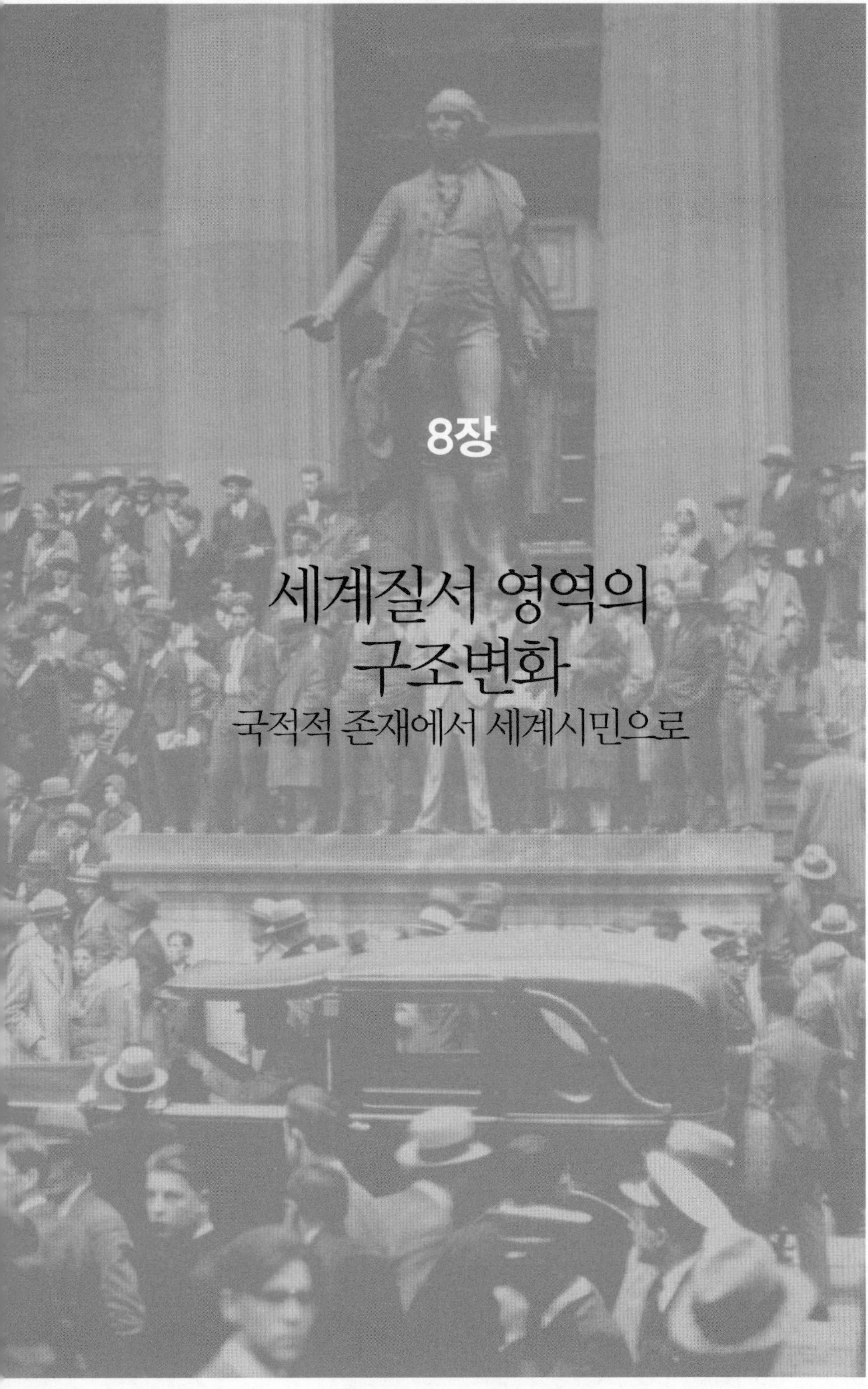

8장

세계질서 영역의 구조변화

국적적 존재에서 세계시민으로

오늘날 세계질서 영역에서 일어나는 변화의 핵심을 '세계화'라 규정한다면 이에 대해 이의를 달 사람은 없을 것이다.[1] 1995년 세계무역기구(WTO)가 출범한 이후로 세계화라는 말은 거의 일상적인 용어가 되었으며, 국가, 기업, 사회단체, 언론, 대학 등 거의 모든 사회 기관들이 세계화라는 모토 하에 개혁을 단행해왔고, 지금까지도 이 개혁은 지속되고 있다. 세계화란 본래 경제적 의미에서 기업들이 개별 국가 간의 국경을 넘어서 지구 전체를 하나의 경영 단위로 보려는 공격적 경영전략을 말한다. 그러나 세계화가 단지 기업의 경영전략으로 축소되는 것은 아니다. 기업의 세계화를 가능하게 하기 위해서는 그 조건들이 갖추어져야 하기 때문이다. 이는 핵심적으로 시장의 통합을 말한다. 즉 자본, 노동, 상품, 기술 시장이 전 세계적으로 통합될 때 비로소 기업의 세계화 경영전략이 성공할 수 있다는 것이다. 따라서 세계화란 개별 국민국가들이 자신의 시장을 개방하고 이를 제도적으로 뒷받침하기 위해 국내외적으로 광범위한 개혁을 추진하는 것을 말하며, 이런 점에서 세계화는 세계질서가 재편되는 과정이기도 하다. 그러나 이런 세계화가 항상 가능한 것도 아니며, 항상 필요한 것도 아니다. 세계화는 전 세계를 실시간으로 연결하는 정보통신기술의 발전이라는 기술적 조건을 통해 가능했으며, 신자유주의라는 새로운 단계의 자본주의가 개입주의적 복지국가 단계에 발생한 축적체계의 위기를 극복하기 위해 등장한 것이기 때문이다.

이런 점에서 역사적으로 볼 때 세계화가 태동하기 시작한 것은 2차 세계대전 이후 형성된 브레튼 우즈 체제가 붕괴하고 신자유주의 정책이 확산되면서부터이다.[2] 브레튼 우즈 체제는 달러를 중심으로 한 금본위의 고정환율제를 말하지만, 이는 개별 국민국가에게 어느 정도의 환율 조정 가능성을 열어줌으로써 거시경제 정책의 자율성을 갖게 하였고, 통화 투기를 억제하기 위해 자본 이동을 제한했다. 이런 점에서 흔히 브레튼 우즈 체제는 일국적 자본축적을 보장함으로써 세계경제로부터 개별 국가의 국민경제를 보호하는 국제적 경제질서로 이해된다. 그런데 브레튼 우즈 체제는 경기침체로 인한 만성적인 이윤율 하락을 겪으면서, 1971년 달러의 금태환성이 포기되었고, 이에 이어 1973년 고정환율제가 포기되자 드디어 역사적 붕괴를 맞게 된다.

세계적 차원에서 볼 때 브레튼 우즈 체제의 붕괴는 두 가지 변화를 낳았다. 첫째는 자본의 세계적 이동이다. 즉 이제 자본은 더 높은 이윤을 가능하게 하는 유망한 투자처를 찾기 위해 세계 각국으로 이동하기 시작했다. 그리고 그 결과 초국적 기업을 중심으로 한 전 지구적 차원의 생산 및 분업 체제가 형성된다. 둘째는 세계적 투기자본의 등장이다. 브레튼 우즈 체제의 붕괴로 자본의 국제적 이동을 억제하는 모든 장벽들이 사라지자 금융자본의 전 세계적 이동이 확대되었고, 이제 개별 국민국가들은 자본시장과 외환시장을 완전히 개방하면서 급변하는 국제적 화폐 흐름에 종속되었다. 그 결과 금융거래를 통해 차익을 노리는 금융산업이 가장 이윤을 많이 내는 업종으로 등장하게 되면서 자본이 생산과 분리되어 투기화되었다.

신자유주의는 바로 브레튼 우즈 체제의 붕괴 이후 등장한 자본의 새로운 축적 방식을 제도적으로 보장한 정책으로서 1980년대 영국의 대처 정부와 미국의 레이건 정부의 경제 정책으로 대표된다. 즉 신자유주의는 보호 무역을 위한 각종 규제를 철폐하면서 전 세계를 하나의 시장으로 통합해 나갔고, 자본시장의 완전 개방과 국내 자본의 해외 투자를 자유화함으로써 전 세계적인 차원에서 자본 이동과 축적을 강화시켰다. 그런데 이렇게 세계화의 제도적 기반을 만든 것은 단지 개별 국가의 정책만이 아니다. 왜냐하면 국제통화기금, 세계은행, 세계무역기구 같은 세계경제기구들 역시 초국적 기업들이 활동할 수 있는 세계경제 체제를 확립하기 위하여 개별 국민국가들로 하여금 이에 맞는 제도적 조건을 확보하도록 유도했기 때문이다.

이런 점에서 세계화란 근본적으로 초국적 기업, 신자유주의적 정부, 그리고 국제적 재정기구 간의 상호협력을 통해 제도적으로 정착된 경제적 현상이라고 할 수 있지만, 세계화는 그 영향까지 고려할 때 더 광범위한 변동을 포괄한다. 즉 한편으로 세계화는 이를 뒷받침하기 위해 개별 국민국가들 사이의 정치적 관계를 변화시켰을 뿐 아니라, 이 개별 국민국가들이 국제적 자본 이동에 종속됨으로써 초국적 기업이 국민국가적 통제를 넘어선 초국적 권력으로 등장하게 되었다. 이런 점에서 세계화는 정치적 의미에서 국민국가 간의 갈등과 협력을 통해 형성된 국제질서와는 질적으로 구별되는 새로운 질서를 요구한다. 다른 한편 세계화는 문화적 영역에서도 중대한 변화를 일으킨다. 전 세계 시장이 하나로 통합되듯이 문화적 보편화 현상이 일어났기 때문이다. 즉 이제 전 인류는 동일한 문화를 거의 동시적으로 소비하고 생활화하고 있다는 것이다. 물론 이런 문화적 통합에서 주도적 역할을 한 것 역시 초국적 기업이다. 왜냐하면 초국적 기업이 국제적으로 이동하고 초국적 권력을 행사하면서 이들의 가치와 생활방식이 전 세계적으로 확산되었으며, 또한 이런 문화적 통합 자체가 초국적 미디어 기업을 통해 이루어지기 때문이다. 이런 점에서 초국적 기업은 개별 국가를 통해 세계화를 지탱할 수 있는 제도적 기반을 마련하듯이, 문화적 통합을 통해 세계화를 위한 정신적 기반 역시 만들고 있다.

이렇게 볼 때 세계화란 단지 국민국가 간의 교류가 확대되고, 상호협력관계가 증대되는 현상과는 다르다. 사실 이런 식의 국제관계는 국민국가의 등장과 함께 항상 존재했던 것으로 세계화 이전부터 존속해왔기 때문이다. 이에 반해 세계화란 전 세계적 차원에서 국민국가의 경계와 영향력을 벗어나 경제적, 정치적, 문화적 영역 전반에서 하나의 통합된 네트워크가 형성됨으로써 전 세계가 인류를 구성원으로 하는 하나의 공동체로 재구성되는 현상을 말한다. 이런 점에서 세계화란 질적으로 새로운 시대의 등장을 의미한다.

그렇다면 이런 포괄적 의미에서 세계화는 인류에게 어떤 결과를 가져다주었을까? 세계화를 선전하는 신자유주의적 교리에 따르면, 이제 전 세계가 하나의 시장으로 통합되고, 시장을 통한 경쟁을 가로막는 각종 장벽이 철폐되면서 그만큼 시장의 효율적 자원분배가 이루어져 모든 경제주체들의 공동번영이 가능하게 되었다. 예를 들어 초국적 자본의 전 세계적 이동을 통해 자본투자와 생산시설이 부족한 개발도상국이나 저개발 국가들에서는 새로운 투자와 일자리가 창출되면서 경제 성장이 이루어지기도 한다. 그리고 선진국의 고숙련 노동자들 역시 초국적 자본이 주도하는 세계적 차원의 생산 및 분업체제하에서 비교우위를 통한 이익을 본다.

그러나 반대로 선진국 내부의 비숙련 노동자들은 생산기지의 해외 이동으로 실업이나 고용불안, 내지 임금 하락을 겪게 되었으며, 개발도상국이나 저개발 국가들은 초국적 자본을 유치하기 위해 공공부문의 민영화, 사회복지정책의 후퇴, 그리고 각종 금융규제정책의 철폐 등 시장 친화적 경제개혁을 단행해야만 했다. 그 결과가 무엇인지는 명백하다. 국제연합(UN)이 발간한 「인간발전보고서」에 따르면,[3] 개발도상국 인구의 3분의 1에 해당하는 약 13억의 인구가 하루에 1달러 미만의 소득으로 생활하고 있으며, 선진국에서는 1억 명

이상이 빈곤선 아래에서 생활하고 있다. 그리고 가장 부유한 국가의 최하위 인구 20%와 가장 빈곤한 국가의 최하위 20% 사이의 소득격차는 1960년대 30대 1에서 1997년 74대 1로 확대되었다고 한다. 물론 세계화가 낳은 이런 식의 부정적 결과는 비단 국내적 불평등과 국가 간의 불평등 확대로 한정되는 것은 아니다. 초국적 기업의 영향력이 경제적 영역을 넘어 정치적 영역으로 확대되면서 세계적 차원에서의 의사결정이 갖는 비민주성이 노정되고 있으며, 문화적 영역에서는 초국적 미디어 산업을 통해 서구 문화가 확산됨으로써 한편으로 서구의 문화적 패권주의가 강화됨과 동시에 다른 한편으로 비서구 문화권에 대한 무시와 차별로 인해 해당 구성원들의 자아정체성 위기가 심화되고 있다. 물론 이렇게 세계화가 경제적, 정치적, 문화적 차원에서 심각한 부정적 결과를 야기한다는 것은 동시에 이에 대한 저항 역시 가속화되고 있음을 의미한다. 왜냐하면 이미 1999년 시애틀에서 세계무역기구 각료회의를 저지한 반세계화 집회는 세계적 차원의 저항운동의 등장을 알리는 신호탄이 되었기 때문이다.

그렇다면 이렇게 세계화로 표현되는 세계적 질서 영역에서의 변동은 어떤 인정관계의 구조변화를 함축하고 있는가? 본 글에서 무엇보다도 세계화를 인정관계의 구조변화를 통해 개념화하려는 것은 세계화가 낳은 변동이 경제적, 정치적, 문화적 차원에서 다양하게 읽힐 수 있지만 이 모든 변동의 토대를 이루는 것은 다름 아닌 인정관계 구조변화이기 때문이다. 그리고 본 글에서는 이를 '국적적 존재에서 세계시민으로의 인정관계 구조변화'로 해석한다. 세계화가 약화시키고 있는 것이 국적의 의미라면, 이에 대한 저항 속에서 등장한 것이 바로 세계시민의식이기 때문이다. 이하의 글은 이러한 테제를 정당화하기 위해, 우선 어떤 점에서 세계화가 국적의 의미를 약화시키고 있는지를 보여주기 위해 최근 등장한 탈국민국가적 현상들을 살펴볼 것이다(1절). 그리고 이에 이어서 세계화의 부정적 현상들이 가져온 다양한 갈등과 이를 해결하기 위한 대안적 세계질서에 대한 논의를 살펴보면서 이들이 전제하고 있는 규범적 요구가 이제 개개인을 세계시민으로 인정하고, 이들에게 보편적 권리를 부여하는 데 있음을 보여줄 것이다(2절). 그리고 끝으로 전 세계의 개개인을 세계시민권의 주체인 세계시민으로 인정한다는 것이 과연 무엇을 의미하는지를 국적적 존재와의 비교를 통해 밝힐 것이다(3절).

1. 세계화와 탈국민국가적 현상들

앞서 서술했듯이 세계화란 개별 국가의 경계가 약화되면서 전 세계적 차원에서 경제적, 정치적, 문화적 영역이 하나의 통합된 네트워크를 형성하는 현상을 말한다. 이런 점에서 세계화는 흔히 개별 국가들이 갖고 있는 주권과 이에 기초한 세계질서의 약화로 이해된다. 그렇다면 과연 이런 경향은 개념적으로 무엇을 의미하며, 또한 현상적으로 무엇을 가리키는가? 이를 이해하기 위해서는 우선 개별 국가가 갖고 있는 주권이 무엇이며, 이에 기초한 세계질서가 어떤 것인지를 살펴보아야 한다. 왜냐하면 이것이 전제될 때 왜 세계화가 세계질서 영역에서 일어난 새로운 변화인가를 알 수 있기 때문이다.

근대 주권국가와 국제질서

근대적 의미에서 주권이란 1648년 베스트팔렌 조약 이후 등장한 유럽의 근대국가 체제와 밀접한 연관성을 갖는다.[4] 왜냐하면 주권이란 다름 아닌 근대국가가 보유하고 있는 양도와 분할이 불가능한 영속적 권력을 의미하기 때문이다. 역사적으로 볼 때 이러한 주권은 밖으로는 가톨릭교회와 신성로마제국의 초국가적 권위, 그리고 안으로는 봉건 귀족들의 분권적 영주권에 대항하여 절대군주국가를 성립시키기 위해 등장한 개념이며, 개념적으로 볼 때 영토성과 대내적 최고성, 대외적 독립성을 특징으로 한다. 즉 주권이란 일정한 영토를 지배하는 절대적 권력이며, 이 영토 내에서 일어나는 모든 공적 결정을 담당하는 최고의 권력이고, 이 결정에 대해 누구도 개입할 수 없도록 독립성을 갖는 배타적 권력이다. 물론 이 세 가지 특징은 서로 밀접한 관련을 갖는다. 주권국가가 대외적 독립성을 인정받지 못한다면 외세의 개입을 배제할 수 없다는 점에서 대내적 최고성을 가질 수 없고, 이러한 대외적 독립성과 대내적 최고성은 결국 일정한 영토에 대한 배타적 지배권을 의미하기 때문이다.

이러한 국가주권은 절대군주 시대에 군주에게 부여되었지만, 시민혁명을 통해 군주에서 국민으로 이양됨으로써 근대적 의미의 국민국가가 등장했다. 그리고 이제 국경 안의 모든 국민들이 동등한 자격과 권리를 갖는 국가의 주체로 등장함에 따라 기존의 국가의 의미도 달라진다. 경제적 의미에서 근대국가는 자급자족하는 국민경제에 기초한다는 점에서 국가 영역 내에서 이루어지는 개별적 생산 활동과 분배 활동을 보호하고, 정치적으로 법에 의한 지배를 표방하며 국민의 동의에 기초한다는 점에서 대내적 정당성을 주장하고, 문화적 측면에서는 민족적 동질성에 기초한다는 점에서 민족 공동체로서의 성격을 갖게 된다. 따라서 근대 국민국가의 주권이란 정치, 경제, 문화에 대한 광범위한 배타적 지배권으로서의 위상을 갖게 된다. 이러한 근대 국민국가 모델은 제2차 대전 이후 세계적 차원에서 서구화가 진행되면서 전 세계의 일반적 국가 모델로 확산되었으며, 비록 모든 개별 국가들이 근대적 의미의 주권을 실질적으로 행사한 것은 아니지만, 이를 국가 정체성의 근간으로 삼았다는 점에서 근대주권 개념은 이념형으로서의 기능을 수행했다고 말할 수 있다.

이러한 근대국민국가 체제 하에서 이루어진 세계질서는 흔히 국가 간의 관계를 토대로 형성된 국제질서로 설명된다. 왜냐하면 세계 질서의 구성단위이자 행위주체가 바로 개별적 주권국가이며, 이러한 질서 속에서 각 개별 국가는 다름 아닌 자국의 이익을 추구하기 때문이다. 이런 점에서 세계화에 따른 비국가적 행위자의 등장과 초국가적 현상에 주목하기 전까지 전통적 의미에서의 국제정치학은 항상 국가중심주의를 전제하고 있었다. 그 대표적 예로는 제2차 세계대전 발발 이후 국제정치학의 주된 흐름을 형성했던 '전통적 현실주의'를 들 수 있다.[5] 이에 따르면 국가들 간의 관계는 만인에 대한 만인의 투쟁으로 설명되는 홉스의 '자연 상태'처럼 무정부적 갈등관계이며, 따라서 개별 국가들은 국가 간의 관계에서 권력 확장을 추구한다. 물론 국가가 다양한 목적을 추구할 수 있지만, 이 모든 것에 선행하여 국가가 권력을 추구하는 이유는 국가의 생존과 다양한 목적을 달성할 수 있는 수단을 확보해야 하기 때문이다. 이런 점에서 국가는 권력을 추구하며, 권력의 관점에서 국익을 계산한다. 따라서 전통적 현실주의는 국제기구나 다국적 기업과 같은 비국가적 행위자의 독립적 지위를 인정하지 않으며, 국가를 국제관계에서 본질적 행위자로 본다는 점에서 국가 중심적 입장으로 규정된다. 이러한 입장에 따르면 국제기구 역시 주권국가가 국익을 추구하는 전략적 도구에 불과하며, 다국적 기업이 국가의 통제를 벗어난 것처럼 보이지만 이 역시 국가가 용인하는 한도 내에서만 자율성을 가질 뿐이다. 물론 전통적 현실주의가 국가 간의 관계를 무정부적 갈등관계로 본다 하더라도 세계평화를 불가능하게 보는 것은 아니다. 이 입장에 따를 때 평화 유지는 어느 한 나라도 패권을 장악하지 못하도록 세력균형이 이루어질 때 가능하기 때문이다.

또한 비록 전통적 현실주의와는 대립된 입장에 서 있지만 1920~1930년대에 등장했던 '이상주의' 역시 국가 중심성을 전제하기는 마찬가지이다. 이상주의는 제1차 세계대전의 발발로 제국주의가 등장하자 전쟁 방지와 평화로운 세계질서 수립이라는 세계적 관심사를 반영하여 등장한 국제정치학적 패러다임이며, 이는 국제사회의 무정부성을 통제하기 위한 제도적 관리체제 수립을 주장한다.[6] 이러한 이상주의적 입장에 따를 때 국가 간의 전쟁이란 비민주적 제도 등 각국의 불완전한 정치제도에 그 원인이 있으며, 국제기구나 국제법 혹은 세계정부와 같은 국제정치적 제도가 수립된다면 더 합리적이고 도덕적인 방식으로 평화로운 세계질서가 형성될 수 있다. 물론 이는 이상주의가 근본적으로 인간에 대한 믿음을 전제하고 있으며, 이성을 통해 국가 간의 '이익의 자연스런 조화'가 가능하다는 신념을 따르고 있음을 보여준다. 이런 맥락에서 이상주의는 국제연맹의 수립을 지지하였고, 부당한 침략을 격퇴하기 위한 집단안전보장제도의 수립이나 국제경찰의 창설, 그리고 상설국제사법재판소 등을 주장하였다. 그리고 이는 제2차 세계대전 후에도 지속되어 국제연합의 창설을 지지하는 데로 이어졌다.

이렇게 볼 때 이상주의가 비록 개별 국가를 통제하는 초국가적 제도나 질서를 형성하려고 하지만, 이를 구성하는 것은 바로 개별국가이며, 이것이 규율하는 대상도 개별 국가라는 점에서 세계평화란 다름 아닌 개별 국가들이 자율적으로 만들어낸 합리적이고 도덕적인 질서와 다를 바 없다. 이런 점에서 이상주의에서도 여전히 세계질서의 주체는 주권적 국가들이다. 그리고 사실 이상주의는 합리적이고 도덕적인 세계질서에 대한 믿음 배후에 전승국들의 자기중심적 이익이 숨겨져 있음을 도외시한다는 비판을 받기도 한다.[7] 즉 이상주의에는 여전히 개별 국가의 이익이 중심에 서 있다는 것이다. 따라서 이상주의와 현실주의가 차별성을 갖는다면 이는 개별국가가 자국의 이익을 조화를 통해 충족하느냐, 아니면 권력을 통해 충족시키느냐, 더 나아가 인간의 이성을 믿느냐, 그렇지 않느냐에 따른 차이일 뿐 세계질서를 국가 중심적 시각에서 보는 것은 마찬가지이다.

이에 반해 국제정치학적 자유주의는 국가를 더 이상 국제질서의 가장 중요한 행위자로 보지 않는다.[8] 왜냐하면 자유주의는 국가 이외의 다양한 행위자, 혹은 국가의 통제를 벗어난 초국가적 행위에 주목하기 때문이다. 이런 점에서 자유주의는 국가 중심적 관점이라기보다 다(多)중심적 관점으로 규정되기도 한다. 따라서 자유주의에서는 종래의 국제정치학이 국가중심주의에서 벗어날 수 있는 단초가 마련되었다고 볼 수 있으며, 실제로 이를 토대로 '세계사회'나 '글로벌 거버넌스' 개념이 등장하게 된다. 하지만 헤들리 불(Hedley Bull)과 같은 자유주의적 국제정치학자는 자신의 대표적 이론인 '국제사회론'에서 여전히 국가중심주의를 전제하고 있다.[9] 불에 따르면 국제체제는 무정부적 사회이다. 즉 국제체제는 한편으로 무정부성으로 인해 갈등이 존재하지만 다른 한편으로 이 역시 사회이기도 하다는 점에서 일정한 질서를 갖는 이중적 체제라는 것이다. 이를 토대로 불이 주장하는 것은 국제체제가 사회성을 강화함으로써 국제사회로 변모하는 것이며, 이는 개별 국가들이 대화와 합의를 통해 공동의 이익을 추구할 수 있는 규칙과 제도가 수립될 때 가능하다. 이런 점에서 국제사회는 국가를 구성원으로 하는 국가들의 사회를 의미하며, 비록 비국가적 행위자들의 역할이 증대된다 하더라도 이는 여전히 국가에 의해 통제된다는 점에서 국가가 국제사회의 주체로 존속된다.

이렇게 볼 때 종래의 국제정치학에서 확인할 수 있는 세계질서란 개별 국가들이 주체가 되어 서로 갈등하거나 협력하면서, 혹은 개별국가들이 세력균형을 이루거나 국제기구나 제도를 통해 서로를 통제함으로써 이루어진 국가 간의 질서를 의미하며, 개별 국가들은 이 질서 속에서 자국의 이익을 추구한다. 물론 세계질서가 국가 간의 질서를 의미한다는 것은 바로 국가가 주권적 존재로서 대내적으로나 대외적으로 최고의 권력을 행사하고 있으며, 국가가 추구하는 목적 역시 일정한 영토를 갖는 주권국가의 이익이기 때문이다. 따라서 근대 주권국가는 필연적으로 국가를 단위로 할 뿐 아니라 자국의 이익을 추구하는 국가 중심적 세계질서를 탄생시킬 수밖에 없다. 이렇게 세계질서가 국가 중심으로 형성된다면 개개인의 지위란 다름 아닌 국적에 의해 결정된다. 즉 국가 중심의 세계질서 속에서 개개인은 바로 국적적 존재로 인정된다는 것이다. 그리고 국익이란 것도 포괄적 의미에서 일정한 영토 내에서 살고 있는 국민의 이익을 말하는 것이나 마찬가지이다. 따라서 개별 국가들이 서로 갈등하고 협력한다는 것은 개별 국가의 구성원들이 국적적 존재로서 서로 협력하거나 경쟁한다는 것을 의미하며, 이들이 국제기구나 제도에 영향을 받는다는 것 역시 개개인이 국적을 가진 존재이기 때문이다. 결국 국가 중심적 세계질서 내에서 개인은 국적적 존재로서 국가의 보호 하에 경제적 이익을 추구하고, 자국의 의사결정에 참여하고, 자국 국민들과 함께 문화적 정체성을 공유한다.

초국가적 현상들

그렇다면 어떤 점에서 세계화는 개별 국가들이 갖고 있는 주권과 이에 기초한 세계질서를 약화시킨다고 할 수 있을까? 이는 초국적 기업, 글로벌 거버넌스, 국경 없는 가상공간이라는 세 가지 차원에서 설명될 수 있다. 왜냐하면 앞서 설명했듯이 근대국가는 주권에 기초하여 영토 내 경제활동 보호, 국민의 동의를 통한 정당성 확보, 문화적 동질성을 근간으로 하지만 초국적 기업, 글로벌 거버넌스, 국경 없는 가상공간은 근대국가의 경제적 자율성, 정치적 정당성, 문화적 정체성을 훼손하고 있기 때문이다.

우선 세계화를 촉발시킨 것은 다름 아닌 전 세계 시장을 하나로 통합시킨 경제적 세계화이며, 여기서 원동력 역할을 한 것이 국경 없는 자본의 이동이다. 브레튼 우즈 체제의 붕괴 이후 전 세계로 이동하기 시작한 자본은 신자유주의 정책을 통해 각국의 자본시장 개방을 이끌어냄으로써 자본 이동의 국가적 장벽을 제거했다. 이를 구체적으로 살펴보면 1960~1973년 기간에 자본통제의 자유화 정도가 65.15였다면, 1990년대를 지나면서 92.50에 이름으로써 세계적 차원에서 자본 자유화가 거의 완성되었다고 한다.[10] 이를 통해 나타난 것은, 물론 필연적인 것이지만, 자본이 초국적화하면서 일국적 차원에서의 통화정책의 자율성을 훼손한 것이다. 개별 국가들은 안정적인 환율과 금리를 유지하기 위해 통화량을 조절하려 하지만, 오히려 국제금융시장은 개별 국가의 통화정책의 차이를 이용함으로써 개별 국가의 통화정책을 무력화시킨다. 예를 들어 한 국가가 통화량을 늘리면 통화가치가 하락하고, 이는 즉 각적인 자본 유출로 이어지며, 이에 따라 이 국가는 역설적으로 환율을 방어하기 위해 이자율을 적정선 이상으로 인상하게 된다. 왜냐하면 자본시장 자유화로 인해 국제적 유동자본이 증가한 상태에서 자본유출을 막지 못하다면 외환위기 등 심각한 위기를 초래할 수 있기 때문이다. 이런 점에서 자본시장의 자유화는 개별 국가들로 하여금 통화정책의 자율성을 포기하게 만든다.[11]

또한 자본의 초국적화는 단지 국제금융시장에서의 국경 없는 자본 이동만을 말하는 것은 아니다. 자본의 초국적화는 초국적 기업을 통해 전 세계적 생산망을 형성하는 데로 이어지기 때문이다. 초국적 기업은 생산기지를 이전하고 생산 투자를 전 세계적으로 확대하면서 자신을 중심으로 전 세계적인 생산 및 분업 체제를 형성한다. 그런데 문제는 이에 조응하여 개별 국가들이 초국적 기업의 투자를 유치하기 위해 서로 경쟁한다는 데 있다. 더구나 생산시설과 자본이 부족한 개발도상 국가들에게 초국적 기업의 투자를 유치하는 것은 자국의 사활이 걸린 문제이기도 하다. 따라서 개별 국가들이 투자유치 경쟁에서 승리하기 위해서는 초국적 기업에게 친화적인 정책을 쓸 수밖에 없다. 즉 개별 국가들은 초국적 자본의 이윤을 보장하기 위한 최적의 조건을 만들기 위해 초국적 기업에 부담을 주는 각종 규제를 철폐할 뿐 아니라, 노동, 복지, 환율 정책 등에서 초국적 기업의 요구를 들어주게 된다는 것이다. 만약 그렇지 않는다면 풍부한 자본과 기술을 보유하고 있는 초국적 기업들은 해당 국가에서 철수하거나 철수를 위협함으로써 영향력을 행사한다.[12] 그 결과 개별 국가 차원에서의 경제적 자율성은 훼손되고, 초국적 자본에 의해 경제정책이 좌지우지되는 상황까지 벌어진다. 이런 점에서 초국적 자본의 세계적 이동은 근대 국민국가가 근간으로 삼고 있던 자국경제 보호라는 주권적 역할을 훼손한다고 말할 수 있다.

둘째, 초국적 자본이 전 세계로 이동할 수 있도록 개별 국가의 자본시장을 개방한 것은 단지 투자를 유치하려는 각국의 경쟁 때문만은 아니다. 여기에는 이른바 지구적 거버넌스의 역할이 숨겨져 있다. 거버넌스란 흔히 국가권력을 행사하는 정부 중심의 통치 형태와는 달리 다양한 이해당사자들이 공공의 목적을 달성하기 위해 수평적으로 협력하는 통치 형태를 말한다. 이런 점에서 글로벌 거버넌스 역시 어떤 집중된 권력을 행사하는 하나의 의사결정 중추가 아니라, 개별 국가정부, 국제기구, NGO 등 다양한 행위 주체들이 상호작용을 통해 세계적 차원의 초국적 질서를 형성하고 관리하는 탈집중화된 통치 형태를 말한다.[13] 이러한 글로벌 거버넌스의 등장이 개별 국가의 주권을 약화시키는 이유는 이를 통해 제정된 각종 조약이나 규정들이 개별 국가에 대해 상위 법규로서의 구속력을 발휘할 뿐 아니라, 이들 국가에 대한 개입과 간섭을 정당화하고 있기 때문이다.

이는 특히 신자유주의적 입장에서 경제적 세계화를 추동한 세계경제기구들의 활동에서 두드러지게 나타난다. 세계무역기구는 설립협정문 16조 4항에, "각국은 자국의 법, 규칙, 행정절차를 WTO 설립협정문에 첨부된 부속합의서에 규정된 의무와 일치하도록 보장해야한 한다."라고 명시하고 있다. 또한 IMF는 위기에 처한 회원국들에게 구제 금융을 행사하면서 구조조정 프로그램을 강제하고 있다.[14] 그런데 이런 세계경제기구의 조치들이 정당성을 갖기 어려운 것은 의사결정 방식이 민주적이기 않기 때문이다. IMF의 의사결정은 선진국의 쿼터 비중을 반영한 투표권에 따라 이루어진다. 여기서 미국의 쿼터는 전체 비중에서 17.49%, 일본 6.27%, 독일 6.12%, 영국 5.06%, 프랑스 5.06%를 차지하고 있으며, 이 비중을 합치면 40%에 해당된다. 따라서 IMF의 의사결정은 선진국에 의해 좌우된다고 볼 수 있으며, 미국은 IMF에서 결정된 정책에 대해 거부권도 행사할 수 있다.[15] 이런 점에서 세계경제기구들이 사실상 주요 선진국들의 이익을 대변하는 대리인 역할을 한다고 할 수 있지만, 단지 이를 선진 국가들의 권력 강화로만 보기는 어렵다. 왜냐하면 오히려 이들 국가들을 움직이는 것은 이른바 '초국적 헤게모니'를 행사하는 초국적 자본가 세력이기 때문이다. 즉 오늘날 세계적 경제질서는 세계경제포럼, 국제상업회의소 등과 같은 정책 그룹, WTO, IMF, 세계은행과 같은 세계경제기구에 포진한 엘리트나 기술관료, 그리고 초국적 기업 집단이 연결된 초국적 세력에 의해 주도되고 있으며, 선진국들은 이미 이들의 헤게모니가 확립된 국가들일 뿐이라는 것이다.[16]

이렇게 볼 때 글로벌 거버넌스의 등장은 근대 국민국가의 자주적 결정 권한을 훼손한다는 점에서 주권에 대한 침해 혹은 제한 현상이라고 볼 수 있지만, 더욱 중요한 것은 글로벌 거버넌스의 활동 자체가 국민국가의 정당성 토대를 위협하고 있다는 점이다. 앞서 지적했듯이 근대 국민국가는 법치국가일 뿐 아니라 국민의 동의를 기초로 하여 정당성을 확보한다. 이런 점에서 근대 국민국가는 국민이 동의한 법질서를 통해 통치권을 형성할 뿐 아니라 이를 통해 스스로를 정당화한다. 그러나 글로벌 거버넌스는 국민들의 의사를 반영할 수 있는 형식적인 절차를 갖추고 있지 않다. 즉 글로벌 거버넌스에서 활동하는 사람들은 선거에 의해 선출된 사람들도 아니며, 따라서 이들이 어떤 대표성을 갖는 것도 아니라는 것이다. 따라서 글로벌 거버넌스의 결정이 개별 정부를 통해 한 국가 내에서 효력을 발휘할 때, 이런 조치는 대내적 정당성을 갖기 어렵다.[17]

셋째, 이제 전 세계가 하나의 통합된 네트워크를 형성하는데 이를 기술적으로 가능하게 한 것은 각종 정보통신기술이며, 특히 인터넷이 중요한 역할을 한다. 왜냐하면 이를 통해 역사상 최초로 전 세계 인류가 아무런 공간적 제약 없이 실시간으로 교류할 수 있는 가상공간이 형성되었기 때문이다. 이제 인터넷을 통해 자본이 세계적으로 이동하게 되었고, 인터넷을 매개로 각종 지식정보와 서비스가 유통되고, 인터넷 자체가 산업화되기도 했다. 그런데 인터넷이 만든 가상공간 내에서는 인터넷 사용자의 국적성이나 영토라는 주권 영역은 별다른 의미를 갖지 못한다. 인터넷 사용자를 식별하는 것은 실명도 국적도 아니며, 단지 개인에게 부여되는 PINs이나 IP주소, 사용자 ID일 뿐이다. 그리고 이들은 이미 탈국적화되었을 뿐 아니라 익명화되어 있다. 또한 인터넷이 만든 가상공간에는 국경이 없고, 따라서 영토란 것이 존재하지 않는다. 인터넷을 통한 접속을 결정하는 것은 단지 기술적 문제에 불과하기 때문이다. 이런 탈영토성 때문에 인터넷이 만든 가상공간에서는 국경 방어에 기초한 국가안보 개념이 존속되기 어려우며, 국가를 통해서만 안보가 유지되는 것도 아니다. 또한 이 가상공간에서 수많은 전자상거래가 이루어지지만 이러한 거래의 물리적 장소를 밝혀낸다는 것이 쉽지 않기 때문에 영토에 기초한 조세관할권 역시 모호해진다.

이렇게 가상공간이 탈영토화됨으로써 종래의 주권국가 개념이 인터넷 공간에서는 존속하기 어렵게 되었고, 여기에 더해 인터넷이 근대 국민국가의 근간이 흔들기 시작한 것은 근대 국민국가의 토대를 이룬 문화적 동질성이 위협받게 되었기 때문이다.[18] 즉 인터넷을 통해 비단 상품, 서비스, 자본, 각종 지식정보만이 유통되는 것이 아니라, 다양한 가치, 신념, 생활방식 등 이른바 문화 역시 아무런 장애 없이 교류되면서 인터넷 공간은 하나의 거대한 문화교류 공간이 되었다. 이런 점에서 개별 국가가 가상공간을 통제함으로써 자신의 문화적 동질성을 보호하고 유지하면서 국가적 정체성을 확립한다는 것은 사실상 불가능하다. 이런 점에서 인터넷 공간에서 이른바 '가상 국가'의 등장 가능성을 제기하는 것은 그렇게 황당한 이야기는 아니다. 즉 물리적 공간을 영토로 확정하고, 영토의 경계 안에서 자본, 노동, 정보를 통제하는 것이 영토 국가라면, 이에 반해 일종의 가상공간 내에서 세계시장의 확대와 글로벌한 정보유통, 그리고 가상공간의 안보 환경을 창출하는 거버넌스가 등장하면서 영토성에서 해방된 세계 관리기구가 탄생할 수 있다는 것이다.

탈국가적 세계질서

지금까지 예시적으로 설명했듯이 세계화로 인해 근대 국민국가의 근간이 흔들리고 있다면, 이는 필연적으로 국가 중심의 국가 간 질서로 파악된 세계질서 역시 약화시킬 수밖에 없다. 그렇다면 이제 세계질서는 어떻게 이해되어야 할까? 달리 질문한다면 오늘날 세계질서는 국제질서가 아니라, 어떤 새로운 질서로 나아가고 있을까? 이하의 글에서는 세계화된 지구의 모습을 개념화한 몇 가지 이론을 통해 오늘날 어떤 세계질서가 태동하고 있는지를 설명할 것이다.

이에 대한 첫 번째 입장은 '비대칭적 세계질서'이다. 이는 세계화를 통해 근대 국민국가의 주권이 약화되는 현상이 확대되고 있음을 인정하지만, 이러한 주권 약화가 세계 모든 국가에 해당되는 것이 아니라, 주로 개발도상국에서 일어나고 있다고 보는 입장이다. 이에 따르면, 분명 오늘날에는 지구적 차원에서의 의사결정이 WTO, IMF, 세계은행 등 국제 재정기구들을 통해 이루어지지만 이는 세계화를 통해 이익을 얻으려는 강대국들의 도구에 불과하다. 왜냐하면 이러한 세계경제기구의 의사결정을 장악한 것은 미국을 위시한 선진국들이며, 이를 통해 선진국들은 자신을 중심으로 세계질서를 형성하는 데 성공했기 때문이다. 그러나 반면 많은 개발도상국들은 세계경제기구의 압력 하에 이들이 제시한 구조조정 프로그램을 수용하면서 공공부문의 민영화, 자본시장 개방, 노동시장 유연화, 사회보장 후퇴 등 해당 국가의 정책 방향에 역행하는 경제개혁을 단행하면서 국가주권의 심각한 훼손뿐 아니라 시민권의 축소를 경험하였다. 이런 점에서 세계화는 개별 국가가 자국민들의 시민권을 보장하지 못함으로써 다수의 비주권자를 출현시키는 이상 현상을 만들어내고 있으며, 이를 보장하기 위해서는 일국 차원에서의 권리 침해를 막을 수 있는 지구적 차원에서의 시민권이 요구된다.[19]

이러한 입장은 선진국과 개발도상국 간의 양극화 현상을 반영한 것으로 한편으로 개발도상국을 중심으로 탈주권화가 이루어지지만, 반대로 다른 한 편에서는 선진국 중심의 국가체제가 강화되고 있음을 말해준다. 즉 세계화란 전 지구적 차원에서 탈주권화를 결과한 것이 아니라, 이는 단지 개발도상국이라는 제한적 영역에서의 탈주권화라는 것이다. 그러나 세계화가 선진국 국민들의 시민권 역시 약화시킨 것 또한 사실이다. 왜냐하면 신자유주의 정책을 통한 탈규제화가 이루어지면서 사회복지 수준이 하락하기 시작한 것은 오히려 선진국에서부터이기 때문이다. 다만 이러한 시민권의 약화가 개발도상국에서와 같이 국제기구의 외압을 통해 이루어진 것이 아니라, 해당 국가 내에서 주도적으로 이루어졌다는 점에 차이가 있을 뿐이다. 이런 점에서 세계화가 낳은 문제를 국가 간의 양극화로 환원시키기는 어렵다.

둘째로 이렇게 비대칭적 세계질서라는 양극화 체제와는 달리 네그리와 하트의 '제국' 개념은 전 세계 국가가 탈주권화함과 동시에 전 세계적으로 관철되는 하나의 단일한 보편적 주권이 등장하고 있음에 주목한다.[20] 여기서 제국이란 오늘날 정보혁명이라는 기술적 조건 하에서 초국적 기업들이 자본주의를 전 세계적으로 확장시킴에 따라 '세계를 통치하는 주권권력'으로 부상한 것을 지칭하는 개념이며, 이는 과거 제국주의에서처럼 강력한 몇몇 국민국가들의 권력이 확장된 것과는 다른 것이다. 제국은 한편으로 주권국가, 초국적 기업, NGO에 이르는 다양한 권력이 뒤섞여 만들어진 혼합정체로서의 특징을 가지며, 다른 한편으로 아무런 중심도 없이 전 세계에서 발휘되는 탈중심적이고 탈영토적인 지배 장치를 의미한다. 이런 점에서 제국 시대에 중심부와 주변부 국가들을 국경을 통해 구분하는 것은 별다른 의미를 갖지 못하며, 중심부 국가들 내부에도 주변부 국가 내부에서와 마찬가지로 사회적 불평등과 빈곤이 출현하며, 주변부 국가들의 대도시에는 중심부 국가에서와 마찬가지로 현대화된 생산기지가 건설되고 있다.

이렇게 제국이라는 전 세계적 차원의 통치 권력이 등장한다는 것은 근대적 국제질서의 구성요소인 국민국가의 주권이 급속히 쇠퇴하고 있음을 전제한다. 오늘날 국민국가는 전 세계적으로 이동하는 자본, 인력, 기술, 상품을 통제할 수 있는 권능을 상실하고 있으며, 오히려 국민국가의 주권은 초국적 기관들로 이전되고 있다. 물론 이러한 과정에 결정적 역할을 한 것은 전 세계를 통합된 자본주의 체제로 구조화시킨 초국적 기업과 전 세계적 소통망을 형성함으로써 통합된 세계질서를 형성하는 데 기술적 조건을 마련한 정보혁명이다. 정보 네트워크의 발전을 통해 초국적 기업은 지역적 집중화를 필요로 하지 않는 전 세계적 차원의 생산 네트워크를 건설할 수 있었고, 이에 따라 노동자들 역시 제한된 공간에서 벗어나 어느 곳에서나 작업할 수 있게 됨으로써 다양한 고용 형태가 가능하게 되었기 때문이다. 그 결과 전 세계적 차원에서 제국주의적 지배 권력은 사라졌지만, 전 인류는 자본주의적 착취의 네트워크에 철저히 흡수되고 말았고, 극소수의 부자와 대다수의 빈곤층으로 분리되는 등 비인간적 지배는 한층 강화되었다. 이런 점에서 네그리와 하트는 이제 제국의 전복과 제국으로부터의 해방을 위해 제국의 도처에서 분출되는 '다중'의 저항을 자율적으로 조직함으로써 새로운 세계질서를 형성할 것을 주장한다. 그리고 그 구체적 강령으로서 전 지구적 차원에서 자유로운 이주와 완전한 시민권을 보장할 것, 실업자와 청소년을 포함한 모든 다중에게 사회적 임금을 지급할 것, 그리고 지식, 정보, 소통 등 정보혁명 시대의 주요 생산수단에 대한 재전유 권리를 요구한다.

네그리와 하트가 말하는 제국이라는 보편적 주권은 오늘날 세계를 선진국과 개발도상국 간의 양극화 체제로 보는 입장에 비해 진일보한 것이라 할 수 있다. 왜냐하면 이는 세계를 하나의 단일한 질서로 보게 함으로써 세계화가 낳은 문제를 단지 개발도상국만의 문제가 아니라, 전 세계의 문제로 볼 수 있게 하기 때문이다. 즉 시민권 약화와 이로 인해 비주권자가 등장하는 것은 특정한 나라의 문제가 아니라, 국적을 떠나 전 세계 모든 나라에서 공통적으로 나타나는 현상이라는 것이다. 이런 점에서 이를 야기하는 권력 역시 특정한 국가에 종속된 것이 아니라 탈국적적일 수밖에 없다. 그러나 이런 입장 역시 일정한 한계를 지니고 있다. 여기서는 제국의 전복과 제국으로부터의 해방을 다중의 저항에서 찾고 있지만, 사실 이러한 다중의 저항이 조직되기 위해서는 하나의 보편적 권력에 의해 지배되는 세계질서뿐 아니라, 이에 대해 상대적 자율성을 갖고 있는 또 다른 사회적 영역 역시 탈국적적 공간에서 존재해야 하기 때문이다.

오늘날 세계질서에 대한 세 번째 입장은 자유주의 국제정치학에서 찾을 수 있으며, 이는 세계적 차원에서의 저항을 설명할 수 있는 실마리를 제공한다. 일찍이 자유주의적 국제정치학에서는 세계질서를 국가 중심의 국제관계로 보는 관점에 대한 비판적 대안들이 제시되었다. 예를 들어 버튼(John Burton)은 국제관계나 국제사회란 용어가 세계질서를 국가 간의 질서로 보는 국가중심주의를 전제하고 있다고 보고, 그 대신 '세계사회'라는 용어를 사용한다.[21] 이는 일종의 세계적 차원에서의 다중연계망을 의미하며, 세계적 차원에서의 상호의존성이 확대되면서 지구촌의 모든 구성원들이 주권, 영토, 인종적 정체성과 같은 낡은 관념을 넘어 점차 공동의 이해관계를 인식하게 되면서 등장한 것이다. 그러나 이에 반해 오늘날 주권국가 체제는 핵 확산, 인구 증가, 환경오염, 부의 집중과 빈곤의 확대 등과 같은 지구 공동의 문제를 해결하는 데 역부족이며, 국제연합과 같은 정부 간 기구는 자국의 이익만을 추구하는 폐쇄적 국가들의 클럽으로 전락함으로써 세계사회의 이익을 대표하지 못하고 있다. 또한 미첼(C. R. Mitchell)과 같은 세계사회론자가 보여주듯이 여기서 중요한 것은 도덕적 정당성을 갖는 세계질서이며, 도덕적 정당성이란 근본적으로 국경을 초월한 개인들의 자발적 협력에 토대를 두고 있다는 점에서 강제력을 사용하는 국가나 이에 기초한 국제질서는 정당성을 가질 수 없다. 따라서 세계사회론은 이제 세계질서를 국가 간의 관계가 아니라, 세계사회라는 관점에서 보면서 세계적 차원에서 발생한 문제들을 국가 중심적 방식이 아니라, 전 세계를 포괄하는 방식으로 볼 것을 주장한다. 범세계적 문제는 범세계적 시각에서 볼 때에만 해결책이 간구될 수 있다는 것이다.

사실 이러한 버튼의 생각은 세계시민사회론으로 발전할 수 있다. 왜냐하면 버튼이 말하는 세계사회란 다름 아닌 시민사회 개념을 세계적 차원으로 확장한 것과 마찬가지이기 때문이다. 본래 시민사회란 일국 내에서 비국가적 행위자들로 구성된 사회를 말하며, 정치적 권력이나 경제적 이익으로부터 독립하여 공공의 이익을 위해 국가에 영향력을 가하는 사회 영역을 지칭하는 말이다. 세계시민사회란 이제 시민사회가 전 세계적 차원으로 확장된 것으로서, 전 지구적 차원에서 국경을 넘어 활동하는 비정치적이고 비경제적 행위자들의 연관망으로 구성된다. 그리고 이들은 세계 전체의 이익, 내지 '인간평등에 기초한 보편적 인권'이라는 신념을 공유하며, 전 세계적 관심사를 국제적 이슈로 제기하고, 이와 관련된 국제적 표준을 제도화하기 위해 개별 국가와 국가 간 기구에 영향력을 행사한다. 이렇게 본다면 세계사회와 세계시민사회론은 모두 기존의 국가 간 질서 위에 탈국적적 존재들로 구성된 세계적 차원의 단일한 공동체가 등장하고 있음을 전제한다. 따라서 이는 근본적으로 세계질서를 국제관계와 세계시민사회라는 이원적 체계로 보는 것이며, 후자에 정당성을 부여한다는 점에서 기존의 국가 중심적 국제질서 패러다임을 넘어서고 있다.

리처드 폴크(Richard Falk)는 이러한 세계질서의 이원적 구조를 '국제법'과 '인류법' 간의 관계로 설명한다.[22] 즉 그에 따르면 오늘날 세계질서는 두 가지 패러다임으로 이해될 수 있다는 것이다. 첫 번째 패러다임은 세계질서를 국가 간의 질서로 파악하는 것이며, 이는 국제적 관계를 규율하는 국제법으로 통해 형성된다. 이에 반해 두 번째 패러다임은 세계질서를 국가 간의 관계가 아니라, 전 세계에 존재하는 인간 간의 관계로 이해하는 입장으로서 이는 전 세계적 차원에서 인류의 권리를 규정하는 인류법을 통해 형성된다. 물론 인류법은 국가 간 기구를 통해 제정되지만, 이를 위해 지대한 영향력을 발휘하는 것은 초국가적이며 비정부적 조직들로 구성된 세계시민사회이다. 이렇게 볼 때 세계질서는 한편으로 자국의 이익을 추구하는 국가 간의 질서와 인류의 보편적 권리를 추구하는 자발적 시민사회조직으로 이원화된다. 그러나 특정 국가들이 국제법 제정에 주도적 역할을 하면서 국제법이 흡사 이들과 결탁된 세력들이 자신의 권력을 전 세계적으로 확장시키는 도구로 전락하고 있다면, 이에 반해 세계시민사회는 각국의 국민들이 자신들의 권리가 침해되었을 때 자국의 경계를 넘어 호소할 수 있는 지구적 차원의 공동체 역할을 한다.

이렇게 볼 때 세계시민사회는 네그리가 말하는 보편적 제국권력에 맞서 전 인류의 권리를 향상시키기 위한 중요한 거점이 될 수 있을 것이다. 왜냐하면 세계시민사회는 보편적 인권과 인류법을 추구한다는 점에서 이미 탈국적적 영역일 뿐 아니라, 전 세계적 차원에서 일어나는 시민권 약화에 대한 해법을 제시하고 있기 때문이다. 그러나 버튼이나 폴크가 생각하고 있듯이 세계시민사회가 인류의 권리를 추구하는 세계적 차원의 새로운 공동체라는 것은 비록 세계적 차원에서 활동하는 국제사회운동 단체들의 역할에 근거한 것이지만, 이는 동시에 현실을 일면화시킨 것이기도 하다. 왜냐하면 세계시민사회는 인류의 권리를 추구하기도 하지만, 반대로 글로벌 자본계급이 자신의 헤게모니를 행사하는 영역이기도 하기 때문이다. 이러한 점에서 세계질서에 대한 네 번째 입장이 등장한다.

로버트 콕스에 따르면 세계시민사회는 그람시적 의미에서 세계적 차원에서의 헤게모니 쟁탈전이 벌어지는 영역이다.[23] 즉 시민사회 영역이란 물질적, 조직적, 이념적 기반을 갖춘 제반 사회 세력들이 서로 연대하거나 대립하면서 기존 사회질서를 유지하거나 새로운 사회질서를 형성하기 위해 헤게모니 쟁탈전을 벌이는 정치적이고 문화적인 공간이며, 이제 세계적 차원에서도 이런 헤게모니 쟁탈전이 벌어지고 있다는 것이다. 콕스에 따르면 1980년대부터 추진된 신자유주의적 세계화는 국가를 이용하여 자본, 재화, 금융시장의 탈규제화를 관철시키면서 전 지구적 차원에서 노동 세력을 세 가지 층위로 재구조화하고 있다. 즉 세계경제 체제에 통합되어 있는 특권적 노동자, 그리고 실업자와 같이 세계경제 체제에서 배제된 사람들, 그리고 세계경제에 통합되지도 배제되지도 않은 채 불안정한 상태에서 고용된 사람들이 그것이다. 이러한 범주의 노동자들은 초국적 자본이 국가적 경계를 허물어뜨리면서 전 세계로 이동한 것과 마찬가지로 전 지구적 차원으로 확산되어 노동과 자본의 대립 구조를 형성하고 있다. 따라서 이러한 대립은 일국적 차원으로 한정될 수도 없으며, 개별 국가 내에서 통제될 수도 없다. 그 결과 한편에서는 초국적 금융자본과 기업, 신자유주의적 세계화의 집행자로 전락한 국가, 그리고 이들의 이데올로기를 전파하는 다양한 행위자들 사이에 네트워크가 형성되었고, 다른 한편에서는 이러한 네트워크에 저항하며 대안적 세계질서를 형성하기 위하여 정부와 시장으로부터 독립된 다양한 비정부조직들이 국제적 연대를 강화하고 있다. 이런 점에서 세계시민사회는 국가와 초국적 자본의 권력에 참여하여 이를 확장하려는 세력과 이로 인해 불리한 위치에 처한 세력들 사이의 헤게모니 투쟁장이 되고 있다는 것이다. 그러나 신자유주의적 세계화의 희생자들은 어떤 통합된 세력이 아니며, 선진국 노동자와 이주민 노동자, 공해산업 노동자와 환경운동가처럼 서로 대립된 위치에 설 수 있을 정도로 다양하고 이질적인 이해를 갖고 있다. 이런 점에서 이들이 사회변혁 세력으로서 통합적 연대를 이루어내기 위해서는 각 집단이 갖는 조합주의적 의식과 이들 집단 간의 반목과 적대감을 넘어 이들을 하나의 보편적 이해 하에 묶을 수 있는 대안적 미래상이 요구된다.

그런데 사실 세계시민사회 개념에는 이미 그 대안적 미래상이 함축되어 있다고 볼 수 있다. 폴크가 지적하듯이 세계시민사회가 개별 국가 간의 질서가 아니라, 인류를 구성원으로 하는 새로운 차원의 세계질서를 의미한다면, 세계화가 낳은 다양한 범주의 노동자들뿐 아니라 전 인류까지도 포괄할 수 있는 보편적 이해가 무엇인지 분명하기 때문이다. 즉 세계시민사회는 이미 인류라는 가장 보편적 개념에 기초하고 있으며, 따라서 인류의 권리를 보장한다는 것은 다양한 범주의 노동자들 간의 대립을 지양하고 이들을 하나로 묶을 수 있는 공통의 이해로 자리 잡을 수 있다. 그리고 이는 단지 노동자들만의 배타적 이해에 머무는 것이 아니라 더 넓은 의미에서 세계화를 추동하는 초국적 자본 세력마저도 포섭할 수 있는 보편적 이해가 될 수 있다. 왜냐하면 이들 역시 인류의 하나라는 것은 부정할 수 없는 사실이기 때문이다. 이런 점에서 인류의 권리라는 발상은 세계화의 피해자들이 자신들의 이익만을 강조하는 것이 아니라, 오히려 보편적 이익 속에서 자신의 이익 역시 관철시키는 적절한 개념틀이 될 수 있다. 사실 그람시가 강조하고 있듯이 누가 헤게모니 투쟁에서 승리하는가는 누가 자신을 특수한 계급이 아니라, 사회 전체의 이익을 수호하는 보편적 계급으로 고양시킬 수 있는가에 달려 있다.

이런 점에서 인류의 권리라는 개념은 오늘날 세계화가 낳은 초국가적 문제를 해결하기 위한 규범적 토대가 되기에 충분하며, 세계질서를 비대칭적 세계나 제국으로 보는 입장 역시 이와 일맥상통한다는 점에서 일반성을 갖는다. 즉 전자의 입장이 세계화를 통해 비주권자가 된 개발도상국 국민들의 권리를 보장하기 위해 지구적 차원에서의 시민권을 주장한다면, 후자의 입장 역시 제국에 대한 대안적 세계질서를 형성하기 위해 전 지구적 차원에서의 시민권을 요구한다는 것이다. 이러한 지구적 시민권은 특정 집단만이 갖는 어떤 특권이 아니라, 모든 인간이 향유해야 할 보편적 권리라는 점에서 인류의 권리에 해당하며, 이러한 입장들이 비록 세계시민사회를 전제하지는 않지만 이는 세계시민사회 개념과 배치되는 것이 아니라, 오히려 이에 수렴될 수 있음 또한 어렵지 않게 알 수 있다. 세계질서를 비대칭적 세계로 보면서도 지구적 시민권을 주장하려면 사실 선진국 중심의 세계질서에 대해 저항할 수 있는 세계적 차원의 어떤 행위 주체나 이들로 구성된 공동체가 전제되어야 한다. 세계시민사회론이 보여주는 것은 그것이 자유주의적인 것이든, 아니면 그람시주의적인 것이든 바로 글로벌 차원에서 인류의 이익을 위해 활동하는 비정부적이고 비기업적인 조직들이 바로 이러한 저항의 구심점이 될 수 있다는 점이다. 또한 새로운 세계질서를 형성하기 위해 제국에 대항하는 다중의 저항을 조직하는 것이 필요하다면, 과연 다중의 자율적 조직이 이루어지는 사회적 영역은 어디일까? 사실 여기서 다중이란 인민이나 대중, 혹은 노동계급을 말하는 것이 아니다. 다중은 노동자뿐 아니라 가난한 사람, 가사노동과 같은 무임금 노동 종사자, 실업자 등 다원성과 복수성 때문에 어떤 하나의 정체성으로 묶일 수 없는 사람들을 총칭한다. 그럼에도 이들 간의 공통점을 말한다면 그것은 제국이 만들어놓은 전 지구적 착취체제에서 일반적으로 착취당하는 사람들이라는 점이다. 따라서 이들 간의 연대가 이루어지기 위해서는 서로 간의 차이를 인정하면서도 적극적으로 소통하는 것이 필요하다. 그렇다면 그것이 과연 세계화에 저항하며 서로 소통하면서 연대를 형성하는 세계시민사회 영역과 다른 것일까?

이렇게 세계시민사회의 등장을 전제한다면 세계화를 통해 출현한 새로운 세계질서는 두 가지 대립 축을 통해 설명될 수 있다. 즉 한편에서는 전 세계적 차원에서 하나의 통합된 시장이 출현하면서 개별 정부, 세계경제기구, 초국적 기업, 그리고 국제적 친자본주의 세력들이 헤게모니를 행사하고 있다면, 다른 한편에서는 세계화에 반대하는 초국적 조직이나 집단들이 대안적 세계질서를 모색하고 있다는 것이다. 이러한 대립적 질서는 앞서 설명한 세계질서에 대한 네 가지 입장들에 대한 대안이라기보다는 이들을 통합한 것이라 할 수 있다. 사실 이 네 가지 입장들은 서로 대립적이지도 않고, 그렇다고 서로 무관한 것도 아니기 때문이다. 이들은 동일한 현상에서 무엇에 주목하느냐에 따라 차이를 보이고 있을 뿐, 하나의 공통된 세계질서 개념을 전제한다고 볼 수 있다. 즉 그것은 다른 것이 아니라, 이제 신자유주의적 세계화와 함께 전 세계적으로 하나의 통합된 네트워크를 형성하는 세계시민사회가 등장한다는 것이고, 이는 모든 인류를 포괄하는 보편적 권리, 즉 세계시민권을 요구한다는 점이다. 이런 새로운 세계질서 속에서 이제 전 인류는 한편으로 국적적 존재이기도 하지만, 다른 한편으로 세계시민으로서의 지위를 갖게 된다.

2. 세계화에 대한 저항과 세계시민권

반세계화 운동

세계시민사회라는 대항적 세계질서는 물론 지금까지 세계질서에 대한 몇 가지 입장들 속에서 도출해낸 것이지만, 이것이 단지 개념적 구성물인 것은 아니다. 왜냐하면 이러한 대항적 세계질서는 반세계화 운동을 통해 실제로 확인할 수 있는 경험적 현실이기 때문이다. 흔히 반세계화 운동의 대표적 사례로 간주되는 것은 1999년 11월 30일 미국 시애틀에서 일어난 반세계화 시위와 이에 이어 2001년 신자유주의적 세계화에 대한 대안 마련을 위한 토론의 장으로 등장한 세계사회포럼(World Social Forum)의 활동이다. 이 중 전자는 세계무역기구(WTO) 등으로 대표되는 세계화 주도 세력을 겨냥한 것으로서 이를 통해 신자유주의적 세계화를 실질적으로 저지하기 위한 것이라면, 후자는 일명 다보스포럼으로 알려진 세계경제포럼을 겨냥한 것으로서 이들이 유포하는 신자유주의적 세계화 담론에 대한 대항 담론을 만들기 위해 등장한 것이다. 이런 점에서 반세계화 운동은 초국적 기업과 선진국 정부 간 기구들이 형성한 신자유주의적 글로벌 거버넌스에 대한 저항과 초국적 자본가 계급이 세계시민사회에서 행사하는 문화적 헤게모니에 대한 저항이라는 이중 전선을 형성하고 있다.

물론 오늘날 반세계화 운동이 어떤 이념적 목표나 지향점을 공유함으로써 확고한 정체성을 갖고 있는 것은 아니다. 반세계화 운동에는 신자유주의적 세계화를 저지하는 것이 자본주의 체제, 혹은 기존의 국가 체제 내에서 가능한지, 아니면 반세계화 운동의 주체가 누구인가 하는 점과 관련하여 다양한 노선들이 등장하고 있다. 예를 들어 반세계화 운동의 목표로서 공정무역이

나 초국적 금융자본의 통제에서부터 초국적 경제기구의 개혁, 제3세계의 국민경제 보호, 그리고 지구시민권 보장 등에 이르기까지 다양한 요구가 제기되고 있으며, 반세계화 운동의 주체로 여전히 노동자 중심성을 주장하거나, 새로운 주체로서 다중을 설정하기도 한다.[24] 그렇지만 반세계화 운동은 문자 그대로 신자유주의적 세계화를 분명한 저항의 대상으로 설정하고 있으며, 구체적으로는 초국적 기업, 세계경제기구, 그리고 신자유주의적 정책을 주도하는 선진국들이 형성한 글로벌 거버넌스에 대한 투쟁을 전개하고 있다. 그리고 이러한 반세계화 운동은 일국적 차원에 머무는 것이 아니라, 전 세계적 차원에서 각국의 노동자, 농민, 학생, 지식인, 환경운동가, 각종 NGO 등이 참여할 뿐 아니라 이들이 강고한 응집력을 보여주고 있다는 점에서 세계적 차원에서의 반세계화 운동, 내지 세계사회 운동으로 규정될 수 있다.

우선 '시애틀 전투'로 지칭되는 1999년 미국 시애틀에서의 반세계화 시위는 미국 노총이 주도적으로 참여한 가운데 전 세계 100여국에서 5만여 명의 시위대가 WTO 제3차 각료회의 개막식을 무산시켰고, 그 결과 우루과이 라운드에 이어 새로운 무역 협상으로 일컬어지게 될 '시애틀 라운드'의 출범이 실패로 돌아갔다. WTO는 1995년 출범한 이래로 IMF, 세계은행과 더불어 신자유주의적 세계화를 주도한 주역으로서, 자유무역이란 이름하에 초국적 기업과 자본의 세계적 확장에 장애가 되는 모든 장벽들을 철폐했다. 이것이 각국 국민들의 권리를 훼손하고, 해당 국가의 주권을 침해하는 데까지 이어진 것은 WTO가 인권, 노동권, 환경권, 건강권 등 국민경제적 혹은 사회적 차원에서 제정된 각종 정책들을 자유무역에 대한 장벽으로 규정했기 때문이다.[25] 이런 점에서 WTO에 대한 저항은 세계화의 심장부를 공격한 것이라 할 수 있다. 이러한 시애틀 전투는 단지 일회적인 사건으로 끝난 것이 아니라, 워싱턴, 프라하, 퀘벡, 제노바 등 각 지역의 세계화 운동으로 이어짐으로써 시애틀 전투는 반세계화 세력들에게 신자유주의적 거버넌스에 의해 무차별적으로 추진되는 세계화를 저지할 수 있다는 자신감을 심어준 것으로 평가된다. 물론 시애틀 전투 이전에도 반세계화 운동은 비록 국지적 차원이지만 세계 각국에서 지속적으로 진행되어왔다. 1994년 1월 북미자유무역협정(NAFTA) 출범에 대항하여 멕시코의 사파티스타 민족해방군이 '신자유주의에 대한 제4차 대전'을 선포하였고, 1996~1997년 한국의 신자유주의적 노동법 개악 반대 총파업, 그리고 1995년 프랑스에서 전개된 공공부문 총파업이나 1998년 일명 토빈세를 창안한 반세계화 운동 조직인 ATTAC(Association for the Taxation of financial Transactions and Aid to Citizens)의 설립 등이 그것이다. 이런 점에서 시애틀 전투는 각국에서 축적된 반세계화 운동 세력이 전 세계적 차원에서 연대함으로써 비로소 세계사회 운동으로 발전하게 된 시발점이라 할 수 있다.[26]

세계사회포럼은 신자유주의 정책을 선도했던 영국의 대처 수상이 자본주의의 세계화 외에 '다른 대안은 없다'고 주장한 것과는 반대로 '다른 세계는 가능하다'라는 슬로건 하에 등장하였다. 그리고 이 슬로건 자체가 이미 뒷받침하고 있듯이 세계사회포럼은 신자유주의적 세계화에 대한 비판과 대안 모색을 위해 전 세계에서 다양한 반세계화 집단이나 세력들이 한곳에 모여 서로의 주장을 제기하고, 논의하고, 학습하는 만남의 장이자, 초국적 공론장으로 기획된 세계시민사회적 프로젝트라고 할 수 있다.[27] 세계사회포럼은 2001년 1월 브라질 포르투 알레그레에서 처음 개최된 이후 매년 1회 점차 그 참가자를 확대해가며 개최되고 있으며, 이는 전 세계의 신자유주의적 정치, 경제 엘리트들이 매년 1월 스위스 다보스에서 모여 세계경제정책과 운영방향에 대해 논의하는 세계경제포럼에 대한 대항적 포럼의 성격을 갖는다. 물론 세계경제포럼이 전 세계에서 약 2,000여 명만이 참여하는 소수 엘리트만의 폐쇄된 공간이라면, 세계사회포럼은 전 세계적으로 수만 명이 넘는 다양한 세력들이 참가하는 열린 공간이라는 점에서도 이 두 포럼은 차이를 갖는다. 이 세계사회포럼을 시애틀 전투와 비교한다면, 물론 이 둘 모두 반세계화 운동이란 공통점을 갖지만, 시애틀 전투가 투쟁 중심의 반세계화 운동이었다면, 세계사회포럼은 대안을 모색한다는 점에서 반세계화 운동을 질적으로 고양시킨 것이라 할 수 있다.

하지만 세계사회포럼이 단지 초국적 공론장으로서의 역할만 수행하는 것은 아니다. 왜냐하면 여기에서의 논의는 자연스럽게 반세계화 투쟁으로 이어지기 때문이다.[28] 그 대표적인 예가 이라크 전쟁에 대한 반전운동이다. 2002년에 열린 제2차 세계사회포럼은 반세계화 운동에 반전운동이 결합되는 계기가 되었다. 왜냐하면 2001년 9.11 테러 이후, 아프가니스탄 공습이 벌어지고, 이것이 다시 이라크 전쟁을 예고하자 이런 전쟁 공세가 신자유주의적 세계화의 또 다른 측면에 지나지 않는다는 인식이 확산되었기 때문이다. 그 결과 2002년 하반기 영국의 반전시위를 계기로 유럽 전역으로 반전시위가 확산되었고, 2003년 1월 제3차 세계사회포럼에서 반전투쟁을 전 지구적 차원으로 확장하자는 논의가 있었다. 그리고 같은 해 2월 15일 전 세계 수백 개 도시에서 1,500만 명 이상이 참여한 반전시위가 벌어졌다. 이는 역사상 유례를 찾아볼 수 없는 최대 규모의 시위이며, 드디어 세계적 차원에서 시민사회의 등장을 알리는 기념비적 사건이었다.

한국에서도 반세계화 운동은 이미 1990년대 초반부터 민노총, 전농, 민노당 등 민중단체에 의해 주도되면서 시민단체가 연대하는 방식으로 추진되었다.[29] 즉 쌀 개방 반대운동으로 대표되는 우루과이 라운드 반대운동에서부터 OECD 가입 반대운동, 다자간 투자협정 반대운동 등이 이어지면서 신자유주의적 세계화에 대한 저항이 시작되었다. 하지만 본격적인 반세계화 운동이 일어난 것은 1997년 외환위기 이후의 일이며, 1999년 시애틀 투쟁에 참여하면서 국제적 연대의 중요성을 자각하게 되었다. 그리고 2000년에는 한국-칠레 FTA 반대투쟁과 ASEM 반대투쟁이 있었고, 2001년 WTO 쌀 재협상

반대 및 도하 아젠다 반대투쟁, 2003년 이라크 파병 반대투쟁, 2004년에 투기자본감시센터 설립, 2005년 부산 APEC 반대투쟁, 2006년 한미 FTA 반대투쟁, 2007년 한-EU FTA 반대투쟁, 2008년 광우병 쇠고기 수입 반대투쟁, 2010년 금융규제 강화와 투기자본과세를 위한 시민네트워크 발족 등 반세계화 운동이 지속적으로 이어지고 있다. 물론 전 세계적 차원에서의 반세계화 운동과 마찬가지로 한국에서의 반세계화운동 역시 이념이나 노선에서 어떤 통일된 정체성을 형성하고 있는 것은 아니다. 한편에서는 기업의 사회적 책임을 강조하는 개혁주의적 입장이 있는가 하면, 생활협동조합을 통해 민중 스스로 연대하고 협력하는 살림살이 모델이나 공정무역 운동이 등장하기도 하고, 동아시아 경제론과 같은 지역블록 형성, 투기자본에 대한 과세와 규제 등 금융공공성 확보 등이 주장된다. 그리고 반세계화 운동의 주체와 관련하여 다중을 대안적 주체로 보거나, 조직 노동자, 미조직 노동자 등이 지역공동체와 결합된 사회운동적 노동조합주의, 그리고 여전히 노동자 중심성을 주장하는 입장들이 혼재해 있고, 투쟁의 방식에서도 사회포럼 중심이냐 현장중심이냐에 따라 대립과 갈등이 존재한다.

이렇게 한국을 비롯해 전 세계적 차원에서 일어나는 반세계화 운동을 일별해본다면 비록 그것이 신자유주의적 세계화에 반대한다는 명백한 공통분모를 갖고 있지만, 대안이나 저항의 주체 및 투쟁 방식과 관련해서 다양한 편차를 보이고 있다는 점에서 어떤 단일한 조직으로 통합되기는 어려우며, 바로 이런 점에서 또한 대립과 분열로 이어질 가능성도 배제할 수 없다. 그럼에도 불구하고 '세계사회포럼 헌장'(World Social Forum Charter of Principles)은 반세계화 운동과 관련된 최소한의 지침을 제시하고 있다는 점에서 비록 느슨한 형태이지만 반세계화 세력의 국제적 연대와 이들 간의 공유된 정체성 형성을 뒷받침하고 있다. 세계사회포럼 헌장은 총 14개 조항으로 구성되어 있으며, 이는 세계사회포럼이 표방한 반세계화 운동이 무엇인지를 저항의 대상, 저항과 연대의 방식, 그리고 저항의 목표로 세분하여 이해할 수 있게 한다.[30] 첫째, 반세계화운동은 신자유주의, 자본의 세계 지배, 모든 형태의 제국주의에 반대하며(1조), 따라서 그 주체인 대규모 다국적 기업과 이를 지원하는 개별 정부 및 국제기구에 대항한다(2조). 둘째, 반세계화 운동은 세계 모든 나라의 시민사회 단체와 운동들이 상호 연계되어(5조), 비폭력적 사회 저항(13조)을 추구하며, 이를 위해 세계사회포럼은 권력의 중심을 형성하지 않고(6조), 각 집단의 독자성(7조), 다원성(8조)을 인정하며, 민주적 토론과 공개된 회합(1조)을 추진한다. 셋째, 반세계화 운동은 보편적 인권, 즉 모든 국가의 모든 시민의 권리를 존중하고 민주적이며, 사회정의, 평등과 민중의 주권에 복무하는 세계적 연대를 형성한다(2조). 이렇게 세계사회포럼 헌장을 재구성한다면, 현 단계에서 반세계화 운동이 지향하는 대안적 세계가 무엇인지 어렵지 않게 정식화시킬 수 있다. 즉 반세계화 운동은 신자유주의적 세계화를 추진하는 글로벌 거버넌스에 대한 비폭력적 저항을 통해 전 인류의 보편적 권리를 보장하는 세계 공동체 형성을 목표로 삼는다는 것이다. 물론 그것이 세계화된 자본주의 자체를 대신하는 어떤 새로운 세계질서를 전제하는 것인지, 혹은 세계적 차원에서의 자본주의적 경제체제를 유지한 채 어떤 대안적 거버넌스를 구축하려는 것인지, 아니면 단지 신자유주의적 세계화의 폐해만을 억제하려는 것인지는 열려진 문제이다.

이렇게 본다면 반세계화 운동은 향후 어떤 개혁적, 혹은 급진적 모습을 보이든 그것이 전 인류에게 보편적 권리를 보장하려고 한다는 점이 이들 사이의 공통된 목표가 될 것이다. 이런 점에서 반세계화 운동이 추구하는 것은 앞서 설명한 세계질서에 대한 네 가지 입장이 공유하고 있는 대안적 세계질서와 다를 바 없다. 즉 반세계화 운동 역시 전 인류에게 보편적 권리를 보장함으로써 전 인류를 구성원으로 하는 세계 공동체의 출현을 최소한의 대안으로 설정하고 있다는 것이다. 따라서 이제 문제가 되어야 할 것은 세계적 차원에서 인류에게 보편적 권리를 보장한다는 것이 과연 무슨 뜻이며, 또한 여기서 말하는 보편적 권리란 무엇을 의미하는가 하는 점이다. 물론 세계사회포럼 헌장 자체가 이러한 문제에 대해 아무런 답을 주지 않는 것은 아니다. 민주주의, 사회정의, 평등, 민중주권 등의 표현들은 세계시민에게 보장되어야 할 보편적 권리의 방향을 이미 암시하고 있기 때문이다. 사실 이러한 규범적 용어들은 신자유주의가 확산되기 이전에 민주주의가 정착된 국가라면 비록 일국적 차원이지만 사회질서의 근간을 이루고 있던 이념들이다. 즉 국민주권에 기초한 민주주의적 주권국가들은 모든 국민의 평등을 위한 사회정의 실현을 자기정당화의 토대로 삼고 있었다는 것이다. 그리고 실제로 개입주의적 복지국가들은 이러한 이념을 민주주의와 사회복지제도를 통해 실현하려고 하였다. 따라서 세계사회포럼 헌장이 요구하는 것은 이렇게 일국적 차원에서 모든 국민에게 부여되었던 권리를 세계적 차원에서도 보장하라는 것을 의미한다고 해석할 수 있다.

세계시민권의 칸트적 기원

앞서 지적했듯이 국가 중심적 세계질서 내에서는 국가가 일정 영토 내에서 정치, 경제, 문화에 대한 배타적 지배권을 행사하며, 이에 따라 그 구성원인 개개인은 국적적 존재로서 국가의 보호 하에 의사결정에 참여하고, 경제적 이익을 추구하고, 문화적 정체성을 공유한다. 그러나 신자유주의적 세계화가 정치적, 경제적, 문화적 차원에서 개별 국가의 주권을 침해함으로써 근대 민주주의 국가 내에서 보장되었던 개인의 보편적 권리를 훼손하고 있다. 이렇게 본다면 대안적 세계질서 속에서 모든 인류가 세계시민으로서 보편적 권리를 보장받는다는 것이 무엇을 의미하는지 역시 세 가지로 나누어서 살펴 볼 수 있다. 즉 세계적 차원에서의 민주주의, 사회정의, 그리고 문화적 정체성 차원에서의 보편적 권리가 그것이다. 사실 이는 앞으로 살펴보게 될 것이지만, 지금까지 이론적 차원에서 구상된 대안적 세계의 모습과도 크게 다르지 않다. 이런 점에서 인류의 보편적 권리 보장은 반세계화 운동이라는 사회운동이 제기하는 요구일 뿐 아니라, 신자유주의적 세계화를 비판적으로 평가하는 많은 이론가들이 공유하고 있는 시대적 요청이라고 할 수 있다.

그런데 인류의 보편적 권리를 세계적 차원에서 보장하자는 것은 분명 과거 일국적 차원에서 국민의 보편적 권리를 보장하는 것과 다른 점이 있다. 세계적 차원에서 보편적 권리를 보장한다는 것은 단지 세계화 이전의 국민국가 시대로 돌아가자는 것이 아니라, 세계화를 통해 등장한 세계시민사회를 전제한 것이기 때문이다. 즉 인류의 보편적 권리 보장이 세계적으로 문제가 된다는 것은 전 인류가 세계적 차원에서 상호 교류와 의존 관계를 형성하고 있음을 전제하며, 인류라는 거시적 차원에서의 보편적 관점, 내지는 보편적 이해를 반영하고 있다는 것이다. 그리고 이를 헤게모니 쟁탈전 차원에서 이해하더라도 마찬가지이다. 세계시민사회 내에서의 헤게모니 쟁탈전에서 어떤 세력이 승리하기 위해서는 자신들의 집단의식을 세계시민의식으로까지 고양시키지 않는다면 자신에게 보편성을 부여하기 어렵기 때문이다.

이런 점에서 인류의 보편적 권리란 세계시민사회의 구성원으로서 전 인류가 보편적으로 향유하는 권리, 즉 세계시민권을 의미한다고 생각할 수 있다. 그런데 여기서 문제가 되는 것은 이 세계시민권이 국적적 존재로서 개인이 향유하는 권리와 구별되는 어떤 새로운 권리를 의미하는지, 아니면 일국적으로 보장되었던 개인의 권리가 이제 국적에 관계없이 전 세계적으로 통용됨을 의미하는 것인지 하는 점이다. 만약 세계시민권이 세계시민사회의 의사결정에 참여할 수 있는 권리를 의미한다면 이는 일국적 차원에서 보장된 참정권의 적용 영역이 세계적으로 확장된 것이라 할 수 있다. 또한 세계시민권이 일국적으로 보장된 사회권을 세계 어디에서나 보장받을 수 있는 권리를 의미한다면 이 역시 보편적 권리의 내용이 달라진 것이 아니라, 단지 그 적용 영역이 확장된 것을 말할 뿐이다. 그리고 세계시민권이 문화적 정체성을 보호받을 수 있는 권리를 의미하더라도 사정은 다르지 않다. 이러한 권리는 단지 일국에서만이 아니라, 전 세계 어디에서도 개개인의 문화적 정체성이 보호받아야 함을 의미하기 때문이다. 그러나 일국적으로 보장된 보편적 권리와 세계시민권은 구별되어야 한다. 왜냐하면 세계시민권이란 일국적 차원에서 보장된 보편적 권리가 세계적으로 그 적용 영역을 확장한 것이 아니라, 어떤 개별 국가도 자의적으로 선택하거나 거부할 수 없는 인류의 보편적 권리이자 최소한의 권리를 말하기 때문이다. 이런 점에서 세계시민권은 개별 국가에서 보장된 보편적 권리를 규제하는 어떤 이상적 기준, 즉 '규제적 이상' 역할을 하며, 세계시민권이 개별 국가에서 보장된 권리와 편차를 보일 때 개별 국가는 세계시민권을 우선적으로 보장해야 한다.

이런 세계시민권 개념을 이론적 차원에서 처음 제기한 것은 근 200여 년 전의 칸트이다. 칸트에게 세계시민권이란 개별 국가의 국내법이 보장하는 권리도 아니며, 국가 간의 관계를 규율하는 국제법적인 권리도 아니며, 세계시민사회의 구성원인 모든 인류를 위한 보편적 권리로서 국가의 경계를 넘어 전 세계적으로 통용되는 권리를 말한다. 이런 점에서 세계시민권은 개별 국가를 넘어선 어떤 세계 공동체를 전제한 것이다. 왜냐하면 전 인류가 동등한 구성원으로서 서로 교류하면서 형성된 상호의존적 공동체가 전제되지 않는다면 한 국가를 넘어서 전 인류에게 보편적 권리를 보장한다는 것은 필요하지도 않고 가능한 일도 아니기 때문이다. 이런 점에서 세계시민권은 어느 시대에나 요구될 수 있는 것이 아니며, 그 필요성 역시 전 인류가 얼마나 상호의존적 관계에 도달하느냐에 달려 있다.

칸트 역시 세계시민권을 시대적 조건과 무관하게 통시대적으로 요구되는 어떤 권리가 아니라, 특정한 역사적 단계에 요구되는 권리로 보았다 왜냐하면 그는 세계시민권의 전제가 되는 세계시민사회를 인류 역사가 도달하게 될 최종 단계이자, 인류 역사의 궁극적 목적으로 보았기 때문이다. 이러한 주장은 크게 네 가지 개념틀을 통해 설명될 수 있다.[31]

첫째, 칸트에 따르면 인류의 역사란 인간의 자연적 소질인 '이성적 능력'이 계발되고 실현되는 과정이며, 이성적 능력이란 인간이 본능이나 그 어떤 원인이나 강제에 구속되지 않고, 스스로의 삶의 방식을 선택하고 이를 위해 모든 것을 창조할 수 있는 능력을 말한다. 이런 점에서 칸트에게 이성의 실현이란 동시에 자유의 실현이기도 하다. 따라서 세계시민사회가 인류 역사의 최종 단계이자 목적이라는 것은 인간의 이성과 자유가 세계시민사회에 이르러 완전히 실현된다는 것을 의미한다.

둘째, 인간의 이성이 계발되고 이를 통해 역사의 진보가 이루어질 수 있는 것은 인간이 이성과 자유를 자신만의 의도에 따라 실현하려고 함으로써 서로 간의 '항쟁'을 야기하지만, 동시에 이러한 항쟁 경험을 통해 일종의 학습효과가 축적되기 때문이다. 즉 인간은 자기중심적으로 행동하면서 이로 인한 저항을 제압하기 위해 자신의 모든 능력을 계발하여 남들보다 우월한 존재가 되려고 한다. 그러나 이는 동시에 자신의 목적을 위해 타인을 수단으로 사용한다는 것을 의미한다는 점에서 타인의 저항은 점점 더 커지며, 이로 인한 대립과 갈등은 결국 자신의 자유마저 불가능하게 만든다. 따라서 인간의 이성은 자신만의 자유가 아니라, 타인의 자유 역시 보장하면서 최대의 자유를 향유할 수 있는 법적 질서를 창안하게 된다.

셋째, 칸트에게 시민이란 근대 시민혁명을 통해 자신들의 경제적 지위에 걸 맞는 정치적 지위를 요구한 부르주아지를 의미하지 않는다. 그에게 시민이란 자신이 동의하지 않는 어떠한 법도 구속할 수 없는 법적 자유의 주체로서 서로 평등하며, 자신의 힘으로 생계를 유지하는 자립적 존재이며, 또한 이를 토대로 공적 영역에 참여하여 이성을 실현하는 존재이다. 따라서 시민으로 구성된 시민사회란 다름 아닌 이를 가능하게 하도록 모든 시민에게 동등한 권리를 보장한 법적 체계를 의미하며, 이제 이를 통해 인간은 서로 간의 항쟁에서 벗어나 평화 상태를 유지한다. 세계시민사회란 이렇게 시민사회를 통해 보장된 시민의 동등한 권리가 타국에 있을 때도 훼손되지 않도록 이를 '세계시민권'이라는 인류의 보편적 권리로 보장함으로써 등장하는 세계 공동체를 말한다.

넷째, 칸트가 말하는 세계 공동체는 시민사회가 개별 국가를 전제하듯이 어떤 세계적 규모의 단일 국가를 전제한 것은 아니다. 왜냐하면 칸트에게 세계시민사회라는 세계 공동체는 독립국가 간의 연맹체에 토대를 두고 있기 때문이다. 칸트가 세계공화국과 같은 세계적 차원의 단일 국가가 아니라, 국제연맹을 세계시민사회의 토대로 삼은 것은 세계국가가 이론적으로는 옳지만, 실천적으로는 적절하지 않다는 생각 때문이다. 즉 칸트에 따르면 세계 각국이 하나의 공동체로 통합되면, 국가 간 힘의 불균형으로 인해 특정한 국가의 국민들이 세계국가 내에서 헤게모니를 장악할 수 있으며, 이로 인해 각 민족의 문화적 정체성이 훼손될 수 있다. 따라서 이제 사실상 세계공동체를 형성하게 될 '국가연맹'은 한편으로 국제법에 의해 소속 국가들의 자유와 안전, 평등한 권리를 보장함으로써 국가 간의 평화 상태를 확보한다. 그리고 이를 통해 각국은 자국의 법적 질서를 통해 시민들의 보편적 권리를 보호한다. 또한 다른 한편으로 국제연맹은 전 인류가 보편적으로 향유할 수 있는 세계시민권을 제정함으로써 시민의 권리를 국경을 넘어서도 보호한다. 이런 점에서 국제연맹은 시민적 법적 질서를 완성한다.

이렇게 이성, 항쟁, 세계시민권, 국가연맹이라는 네 가지 개념틀을 통해 칸트의 세계시민사회 이념을 재구성해본다면, 칸트가 말하는 것은 결국 인간의 이성이 항쟁을 겪으면서 자기중심적 관점에서 벗어나 전 인류를 아우르는 보편적 권리 개념에 도달한다는 것으로 요약된다. 그런데 칸트가 실제로 세계시민권으로 제시한 것은 기껏해야 타국을 방문할 권리, 타국에서 적으로 취급받지 않을 권리 정도에 불과했다. 즉 칸트는 각기 자국에서 시민권을 향유하는 시민들이 타국에서도 그 시민들과 공존할 수 있을 정도의 가장 초보적인 권리만을 세계시민권으로 제시했다는 것이다. 물론 칸트가 이렇게 세계시민권을 방문과 환대받을 권리 정도로 제한한 것은 당시의 시대적 상황이 그 이상의 권리를 요구할 만큼 세계화되지 않았기 때문일 것이다. 그러나 전 세계가 정치, 경제, 문화적으로 하나의 통합된 네트워크를 형성하고 있을 뿐 아니라, 기존의 세계질서에 대한 저항 역시 전 세계적 차원에서 등장하고 있는 오늘날 이런 식의 초보적 권리만으로 모든 인간이 국적과 무관하게, 그리고 국경에 관계없이 자유롭고 평등한 존재로서 경제적으로 자립하고, 공공 영역에 참여하여 이성을 실현한다는 것은 어불성설이나 다름없다.

대안적 세계 구상과 세계시민권

그렇다면 오늘날 어떤 권리들을 세계시민권으로 제시할 수 있을까? 오늘날 세계적으로 일어나는 다양한 갈등을 해결하기 위해 등장한 대안적 세계 구상들을 일별해본다면 대략 그 윤곽을 잡을 수 있다. 앞의 1절에서 서술했듯이 근대국가는 주권에 기초하여 경제활동 보호, 국민의 동의를 통한 정당성 확보, 문화적 동질성을 근간으로 하지만 오늘날 세계화를 추동하는 초국적 기업, 글로벌 거버넌스, 국경 없는 가상공간은 근대국가의 경제적 자율성, 정치적 정당성, 문화적 정체성을 훼손할 뿐 아니라, 전 세계적 차원에서 민주주의, 사회정의 그리고 문화적 정체성을 둘러싼 새로운 갈등을 야기하고 있다. 따라서 대안적 세계 구상 역시 대개 이 세 가지 갈등과 관련해서 등장하고 있으며, 이는 이미 세계화와 관련하여 어떤 세계시민권이 요구되는지를 함축하고 있다.

첫째, 앞서 서술했듯이 신자유주의적 세계화를 주도하는 것은 현상적으로 볼 때 WTO, IMF, 세계은행과 같은 세계경제기구들이다. 물론 여기에는 세계 각국의 정부가 참여하고 있지만 그 의사결정 구조는 철저히 비민주적이다. 왜냐하면 이들 기구의 의사결정은 몇몇 선진국들에 의해 완전히 장악되고 있기 때문이다. 그러나 사실상 이들 몇몇 국가들을 움직이는 것은 초국적 기업, 세계경제포럼과 같은 정책 그룹, 그리고 세계경제기구에 포진한 엘리트나 기술 관료들이 연계된 초국적 자본가 세력이란 점에서 세계 각국의 주권을 무력화시킬 만큼 막강한 힘을 행사하는 세계적 차원의 의사결정은 이들 소수 집단이 장악하고 있다고 할 수 있다. 그렇다면 이들의 독점적 의사결정을 막을 수 있는 방법은 무엇일까? 일국적 차원에서 민주주의를 강화하는 것이 그 방법일까? 사실 세계경제기구들이 개별 국가의 국민들에 의해 통제되기는 어렵다. 이들 기구들의 대표들은 개별 국가의 국민들이 선거를 통해 선출된 사람들도 아니며, 이들이 개별 국가의 국민들에게 책임과 의무를 지는 사람들도 아니기 때문이다. 따라서 세계적 차원에서의 독점적 의사결정을 막기 위해 필요한 것은 다름 아닌 세계적 차원의 민주주의이다.

이런 점에서 헬드의 '세계시민적 민주주의',[32] 하버마스의 '세계정부 없는 세계 내 정치',[33] 벡의 '세계시민적 국가'[34] 등과 같은 다양한 세계 민주주의 구상들이 등장한다. 헬드는 세계화와 함께 초국적 자본에 권력이 집중되는 경향을 차단시키기 위해 국가적, 지역적, 전 지구적 네트워크에 걸쳐서 민주주의를 심화하고 확대할 것을 주장한다. 이는 민주주의적 개별 국가를 기초로 하여, 이들이 지역 의회나 지역 통치 구조를 창출하고, 다시 그 위에 전 지구적 차원의 민주주의를 가능하게 하는 세계 조직들이 형성되는 것을 말한다. 특히 헬드가 말하는 세계 조직들은 세계적 차원의 기본법을 제정하는 세계의회, 세계적 차원에서 각국에 구속력을 발휘하는 법원, 그리고 세계적 차원에서 실제 집행력을 갖춘 UN 안전보장이사회 같은 통치 기구를 말한다. 이런 점에서 헬드는 3권 분립에 기초한 세계정부 같은 것을 구상했다고 할 수 있다.

그러나 하버마스에 따르면 이런 식의 세계정부가 세계 내의 정치를 조직한다는 것은 불가능하다. 왜냐하면 이를 위해서는 어떤 공통된 신념이나 가치에 기초한 집단적 정체성이 전제되어야 하지만 세계 조직들은 어떤 공통의 정체성을 형성하기에는 너무나 다양한 가치를 추구하는 이질적 존재들로 구성되어 있기 때문이다. 이런 점에서 하버마스는 오늘날 자본, 노동, 생산, 시장의 세계화가 야기한 문제들을 해결하기 위해서는 세계정부가 아니라, 국가적, 국제적, 그리고 지구적 차원에서 진행되는 역동적 상호작용과 상호 간섭을 통해 이루어지는 국제적 협상체제가 구축되어야 한다고 본다. 즉 개별 국가 간의 의견 일치를 가능하게 하는 국제적 협상체제가 한편으로는 각국의 정부가 종속되어 있는 국내 정치적 과정과 소통하고, 다른 한편으로는 세계적 차원에서의 지구적 정치에도 결합되는, 이른바 세계정부 없는 세계 내 정치를 통해 세계적 차원에서의 민주주의가 실현될 수 있다는 것이다. 물론 이러한 협상체제에서 결정적 역할을 하는 것은 일국적, 세계적 차원에서의 공론장이라 할 수 있을 것이다. 왜냐하면 하버마스에게 민주주의란 근본적으로 절차적 합리성이 지배하는 공론장에서 형성된 시민들 간의 합의와 연대에 기초할 때 그 정당성을 확보할 수 있기 때문이다.

벡의 세계 민주주의에 대한 입장은 헬드와 하버마스의 중간에 위치한다고 할 수 있다. 왜냐하면 벡은 세계적 차원의 공론장으로 기능하는 지구적 시민사회를 전제하면서도, 세계정부를 부정하는 것이 아니라, 그 토대가 될 수 있는 세계시민적 국가 개념을 제시하기 때문이다. 벡은 오늘날 세계가 신자유주의를 통해 자본의 관점이 세계 정치적 권력을 획득하는 역사적 시점에 이르렀다고 진단하면서, 이에 대한 대항 권력을 지구적 시민사회와 이를 구성하는 다원적 주체들에게서 찾는다. 그러나 지구적 시민사회가 직접 자본과 싸워야 한다는 것은 아니며, 그렇다고 이를 위해 어떤 세계국가를 형성해야 하는 것도 아니다. 지구적 시민사회는 개별 국가의 정책을 혁신함으로써 그 국가의 권력을 장악하고 이와 합일을 이루어야 한다. 즉 지구적 시민사회는 세계시민적 시각을 가진 개별 국가, 그의 표현에 따르면 세계시민적 국가를 통해 초국적 자본에 맞설 수 있다는 것이다. 물론 이 세계시민적 국가가 연방을 형성한다면 이는 흡사 세계국가적 위상을 가질 수 있을 것이다.

둘째, 초국적 자본가 세력이 세계적 차원에서 의사결정을 독점한다는 것은 동시에 세계적 차원에서 부의 독점이 일어나는 것과 동전의 양면을 이룬다. 그리고 사실 부의 독점이 이루어지지 않는다면 초국적 자본가 세력이 의사결정을 독점할 이유도 없을 것이다. 이러한 독점은 세계적 차원에서 국가 간 불평등으로 나타나기도 하지만, 이를 통해 어떤 국가가 이득을 본다고 해도 이것이 이 국가의 국민 모두에게 해당되는 것은 아니며, 어떤 국가가 피해를 본다고 해도 이것이 이 국가의 국민 모두에게 해당되는 것은 아니다. 초국적 자본의 지배가 세계적이듯이, 부의 독점과 이로 인한 불평등은 인류 전체에 해당하는 것이며, 구체적으로 보면 초국적 자본에 의한 부의 독점이 전 세계적 차원에서 노동 인구를 다층화시킴으로써 경제적 불평등을 확산시키고 있다. 즉 앞서 콕스의 입장을 통해 설명했듯이 신자유주의적 세계화 속에서도 한편으로는 지식기반산업이나 금융산업의 핵심적 업무를 담당함으로써 고용안정과 높은 연봉을 누리는 최소 규모의 핵심부 노동자층이 발생하고, 다른 한편으로는 신자유주의가 추진하는 생산 과정과 생산 조직의 유연화로 인해 고용불안과 저임금, 그리고 여기에 복지 삭감까지 가중되면서 생계위협을 느끼고 있는 대다수 주변부 노동자층이 존재한다. 그리고 세계화된 생산 과정에 통합되지 못한 채 일자리를 찾아 개별 국가 내에서 그리고 이를 넘어

전 세계로 이동하는 비고용 노동자층 또한 존재한다. 사실 이들은 설사 고용된다 하더라도 불법 노동자로 취급되며 해당 국가에서 노동자성을 인정받지 못하는 경우가 허다하다.

이렇게 전 세계 노동 인구가 계층화되면서 나타나는 전 세계적 규모의 경제적 불평등은 세계적 차원에서의 분배 정의를 둘러싼 사회적 갈등과 적대의 원인이 될 수밖에 없다. 초국적 자본에 의한 부의 독점이 세계적이듯이, 이에 대한 저항 역시 세계적일 수밖에 없기 때문이다. 이런 점에서 세계적 차원에서의 분배 정의를 실현하려는 대안적 세계에 대한 구상 역시 등장하고 있다. 이는 대개 롤즈의 두 가지 원칙, 즉 일국적 차원의 정의의 원칙과, 자유민주주의 국민들 간에 적용되어야 할 정의의 원칙인 '만민법'을 결합하여 이를 국제적 분배 영역에 적용한 것이다. 이러한 시도로는 베이츠(Charles Beitz)의 '지구적 분배 원칙'과 '자원재분배 원칙'이나, 포거(Thomas Pogge)의 '지구적 자원 이용세'가 있다.[35]

우선 베이츠는 롤즈의 만민법이 물질적, 기술적 자원의 결여로 고통받는 사회에 대한 원조 의무를 정당화한 것과 차별화하여, 풍부한 자원을 통해 부유해진 국가는 일종의 세금을 통해 자신의 이익을 자원빈곤 국가에게 재분배해야 한다고 주장하면서 이를 지구적 분배 원칙으로 규정한다. 그리고 더 나아가 베이츠는 개인의 재능이 사회구성원의 경제적 지위에 영향을 미치지 않도록 할 것을 주장한 롤즈처럼, 각 국가가 우연적으로 점유하게 된 자원을 통해 국부가 좌우되는 것을 막기 위해 '자원재분배 원칙'이 필요하다고 본다. 즉 그에 따르면 각각의 사회가 그 구성원들의 필요를 충족시켜줄 뿐 아니라, 정당한 정치 및 경제 제도를 수립할 수 있도록 공정한 기회를 제공해야 한다는 것이다. 베이츠에 따르면 이런 두 원칙들은 바로 국제사회가, 롤즈식으로 말한다면, 원초적 입장에서 합의할 수 있는 정의의 원칙에 해당된다. 또한 포거는 이러한 베이츠의 주장의 연장선상에서 각국이 보유하고 있는 자원에 대해 지구적 차원에서 세금을 매길 것을 주장하기도 한다.

셋째, 앞서 서술했듯이 신자유주의적 세계화는 전 세계를 하나의 시장으로 통합하듯이 문화적 영역 역시 시장화할 뿐 아니라, 이를 하나로 통합하고 있다. 물론 이러한 경향을 기술적으로 강화시킨 것은 인터넷이다. 인터넷은 모든 공간적 제약을 일소함으로써 세계적 차원의 정보 유통을 실시간화하고 있기 때문이다. 그런데 이렇게 전 세계적 차원에서 일어나는 정보 유통이 하나의 통합된 문화로 흐르는 것은 초국적 기업이 전 세계적으로 이동하면서 이들의 가치와 생활방식을 전 세계적으로 확산시킬 뿐 아니라, 초국적 기업이 전 세계의 미디어 산업을 장악하고 있기 때문이다. 이런 점에서 인터넷을 통한 문화 경험 역시 다양한 세계 문화에 대한 경험이라기보다 초국적 기업이 유포하는 서구 선진국가의 문화에 집중된다. 이러한 문화적 통합이 야기하는 것은 물론 전 세계적 차원에서 서구의 문화가 확산되는 것이지만, 이는 동시에 문화적 갈등과 대립의 원인이 된다. 왜냐하면 서구 문화의 확산은 동시에 각국 문화에 대한 무시를 동반하고 있기 때문이다. 이런 점에서 신자유주의적 세계화는 문화적 정체성을 둘러싼 세계적 차원에서의 갈등을 증폭시키고 있으며, '문명의 충돌'이라는 가상 시나리오가 등장할 정도로 이는 심각한 지경에 이르고 있다.[36] 문화란 단지 생활방식을 의미할 뿐 아니라, 이를 공유하고 있는 사람들에게는 자아를 형성하고 삶의 의미를 확보하게 하는 기본적 토대가 되기 때문이다. 따라서 문화에 대한 무시는 이를 공유하고 있는 사람들에게 삶의 의미 상실이나 정체성 왜곡 현상을 가져다줄 수 있다.

이런 점에서 서구 중심주의나 서구의 문화적 우월감에서 벗어나 세계질서 차원에서 다양한 문화를 보호하려는 대안적 구상이 요구되고 있으며, 흔히 문화적 차이로 인한 차별을 방지하고, 문화적 정체성을 보호하려는 다문화주의는 이미 그 방향을 함축하고 있다. 예를 들어 킴리카가 말하는 문화적 소수자 집단을 보호하기 위한 집단적 권리, 혹은 '집단차별적 권리'는 비록 세계시민권으로 주장된 것은 아니지만, 세계화로 인한 문화적 갈등을 해결하기 어떤 권리가 보장되어야 하는지를 알려준다.[37] 즉 킴리카에 따르면 다수자 집단 문화와 소수자 집단 문화 간의 갈등을 해결하고, 문화적 소수자 집단을 보호하기 위해서는, 사회구성원 모두에게 동등하게 부여되는 보편적 권리에 더하여 문화적 소수자 집단에게만 부여되는 집단 특수적 권리가 요구된다. 그리고 킴리카는 이러한 권리로 자치권, 다인종문화 권리, 특별대표권을 제안한다. 자치권은 연방이나 확장된 정치 공동체를 구성하고 있는 소수민족에게 부여되는 권리를 말하며, 다인종문화 권리나 특별대표권은 이주민들이 기존 사회 주류 집단의 문화적 동화주의에 맞서 자신의 문화를 보호하고, 자신들의 이익을 대변하기 위한 권리를 말한다. 특히 킴리카는 이주민들을 보호하기 위한 정책으로 이민자들의 문화나 문화적 관행을 보호하기 위한 공적 자금 지원이나 이민자들의 정치적 대표성을 확보하기 위한 비례대표제 등을 제시한다.

그렇다면 이런 다양한 구상이나 정책적 방향 속에 함축되어 있는 세계시민권이란 어떤 것을 말할까? 아마도 여기서 우선적으로 추론해낼 수 있는 것은 세계시민권이란 정치적 의미에서 세계적 차원에서의 민주주의를 실현하기 위해 모든 인간에게 부여되어야 할 권리라고 할 수 있다는 것이다. 왜냐하면 앞서 설명한 세계정부를 구성하는 것이나, 지구적 시민사회, 혹은 공론장에 참여하는 주체는 개별 국가도 아니며, 특정한 국적을 갖고 있는 국민이 아니라 지구상의 모든 개인이기 때문이다. 그리고 이런 세계시민권을 구체화시킨다면 아마도 이는 한편으로 세계의회의 대표가 될 수 있고, 또 대표를 뽑을 수도 있는 참정권을 의미할 것이다. 헬드가 말하는 세계의회가 세계적 차원에서 구속력이 있는 기본법을 제정한다는 점에서 이것이 정당성을 갖기 위해서는 세계시민의 참여를 어떤 방식으로든 보장해야 하기 때문이다. 또한 다른 한편 정치적 의미에서 세계시민권이란 세계적 차원에서 보장하는 집회, 시위, 사상, 표현의 자유 등 시민적 기본권을 의미할 것이다. 왜냐하면 이런 권리 보장 없이 하버마스가 말하는 세계적 차원의 공론장이나 벡이 말하는 지구적 시민사회가 활성화되고 강화되기는 어렵기 때문이다. 그런데 이 둘 중 어느 것이 우선적이냐 하는가를 따져 본다면, 후자에서 말하는 시민적 기본권이 세계적 차원에서 확보되는 것이 급선무라고 할 수 있다. 사실 지구적 차원의 공론장이나 시민사회가 형성되지 않은 채 기존의 국가 주도로 세계정부가 형성된다는 것은 가능하지도 않을뿐더러 정당성을 갖기도 어렵다. 왜냐하면 지구적 차원의 시민사회는 결국 지구적 차원의 공론을 형성하는 장이며, 여기서 형성된 공론을 통해 개별 국가들이 세계시민적 국가로 탈바꿈되지 않는 한 기존의 개별 국가들이 민주적 방식으로 세계정부를 구성하기는 어려우며, 이런 세계적 차원의 공론에 토대를 두지 않고 세계정부가 등장한다면 이는 전 인류에게 세계 공동체에 대한 소속의식이나 연대감을 기대할 수 없기 때문이다.

이렇게 세계 민주주의가 지구적 시민사회를 활성화시키기 위한 시민적 기본권을 필요로 한다면, 지구적 분배 정의를 실현한다는 것은 사회복지를 세계시민권 차원에서 보장하라는 요구로 해석될 수 있다. 롤즈는 모든 인간에게 자유에 대한 평등한 권리를 보장하라는 정의의 제1원칙과 달리, 제2원칙으로 '차등의 원칙'을 제시한다. 이에 따르면 사회경제적 불평등이 정당성을 가질 수 있는 것은 오직 모든 직책과 직위에 대한 기회균등이 보장되고, 최소수혜자에게 최대의 이익이 돌아가도록 최소극대화 원칙이 보장될 경우이다. 따라서 정의로운 사회가 되려면 모든 사람에게 균등한 기회가 보장되어야 할 뿐 아니라, 부자의 부의 축적이 가난한 사람들의 경제적 처지를 개선시킬 수 있어야 한다. 대개의 사회복지정책은 부의 재분배를 통해 모든 사람에게 '삶의 최소한'을 보장하고, 그 이상은 개인의 능력에 맡긴다. 이런 점에서 사회복지정책은 부의 재분배를 통해 우선적으로 최소수혜자에게 이익을 주고, 그 이상의 것에서는 불평등을 허용하는 차등의 원칙과 크게 다를 바 없다. 이런 점에서 차등의 원칙은 사회복지를 정당화하는 규범적 토대가 된다.[38] 베이츠가 말하는 지구적 정의는 이런 원칙을 국제관계에 적용한 것이다. 왜냐하면 그가 주장하는 자원재분배 원칙은 각각의 사회가 그 구성원들의 필요를 충족시키고, 정당한 정치 및 경제 제도를 수립할 수 있도록 자원에 대한 공정한 기회를 보장하려는 것으로서 롤즈가 말하는 기회균등의 원칙과 일맥상통하며, 지구적 분배 원칙은 풍부한 자원을 통해 부유해진 국가가 자신의 이익을 자원빈곤 국가에게 재분배하라는 것으로서 이는 최소수혜자에게도 혜택을 주어야 한다는 롤즈의 주장에 부합하기 때문이다. 이런 점에서 지구적 분배 정의 실현은 삶의 최소한을 세계적 차원에서 보장할 것을 세계시민권 차원에서 요구한다고 할 수 있다.

또한 문화적 차원에서 제기된 집단 특수적 권리는 비록 전 인류를 대상으로 제시된 권리는 아니지만, 여기에는 이미 세계시민권적 요소가 함축되어 있다. 왜냐하면 다인종문화 권리, 특별대표권 등은 다름 아닌 이주민의 권리를 의미한다는 점에서 세계화로 인해 세계적 차원의 이동이 증가하고 있는 오늘날의 상황에 적합하기 때문이다. 즉 이제 전 세계의 개인들이 자신의 고향을 떠나 타국에서 생활하더라도 자신들의 문화나 문화적 관행을 보호하도록 공적 자금을 지원받고, 자신들을 정치적으로 대표할 수 있는 권리를 갖게 된다면, 문화적 차이로 인한 갈등을 막을 수 있을 뿐 아니라, 신자유주의로 인한 서구 문화 보편화 현상에 맞서서 각각의 문화적 고유성을 보호할 수 있다는 것이다. 이런 점에서 킴리카가 주장하는 집단 특수적 권리란 이주가 보편화된 신자유주의적 세계화 시대에 문화적 갈등과 서구 문화의 보편화로 인한 세계적 차원의 동화주의에 맞서는 세계시민권으로 해석될 수 있다.

3. 국적적 존재에서 세계시민으로

세계시민권의 현재 상황

세계시민권이란 앞서 설명했듯이 국적과 관계없이 인류라는 세계 공동체 구성원 모두에게 부여되는 보편적 권리를 말한다. 따라서 세계시민권이 요구된다는 것은 이제 전 세계의 개개인을 단지 국적적 존재가 아니라, 세계시민으로 간주하는 새로운 인정관계의 등장을 의미한다고 할 수 있다. 이에 비해 종래의 국제적 인권규약들은 개개인을 국적적 존재로 간주해왔다고 할 수 있다. 국적이란 개인이 특정한 국가의 구성원이 되는 자격이며, 이 자격을 획득하게 되면 국내적으로 헌법이 보장하는 보편적 권리를 향유하며, 국외에서도 국가의 보호를 받는다. 따라서 국적을 갖는다는 것은 바로 인권을 보장받는 중요한 방법이다. 이 때문에 세계인권선언은[39] '권리를 가지기 위한 권리'로서 모든 사람에게 국적의 취득과 유지, 그리고 변경에 관한 권리를 천명하고 있다.[40] 그런데 이렇게 국적 부여를 통해 인권을 보호하는 방식은 세계화 시대를 맞이하여 한계에 부딪칠 수밖에 없다. 날로 급증하는 국제적 이동과 이주로 인해 오늘날 개별 국가 내에는 해당 국가의 국적을 갖고 있지 않은 사람들도 새로운 주민으로 등장하고 있기 때문이다. 즉 오늘날 많은 국가들에는 비록 민족적 동질성이 강한 나라라 할지라도, 한편으로 국적을 갖고 있는 국민이 있다면, 다른 한편으로 해당 국가의 국적을 갖고 있지 않은 영주권자, 혹은 불법 체류자들이 함께 생활하고 있다는 것이다. 이런 점에서 시민권의 주체를 단지 '국민'이 아니라 '주민'으로 확장하려는 경향이 나타나고 있으며,[41] 이는 전 세계적으로 개개인이 비단 국적적 존재일 뿐 아니라 동시에 세계시민으로 인정받기를 요구하고 있고, 또한 부분적이나마 이것이 실현되고 있음을 말해준다. 물론 국적을 중심으로 인권을 보호하는 인권 규약들이 세계시민에게 보편적 권리를 부여하는 것과 대립되는 것은 아니다. 왜냐하면 비록 이러한 규약들이 세계시민권을 의식한 것은 아니지만, 일반적 차별금지 조항은 국적에 의한 차별 금지로도 해석될 수 있다는 점에서 국적과 관계없이 모든 인간에게 동등한 권리를 부여하려는 세계시민권 이념을 배제하는 것은 아니기 때문이다. 즉 국적에 의한 차별 금지가 명문화되어 있지 않더라도, 이는 일반적 차별금지조항으로 수렴될 수 있다는 것이다.[42]

그러나 실제로 국적에 의한 차별이 철폐되면서 모든 개인이 완전한 세계시민으로 인정되고 있는 것은 아니다. 개별 국가에 따라 이는 다양하게 나타난다. 즉 국가에 따라 사회복지권이 내국인과 마찬가지로 외국인인 영주권자에게도 보장되는가 하면, 그렇지 않은 나라도 있고, 영주권자에 대해서는 참정권 일체가 유보되는 나라가 있는가 하면, 지방선거에만 제한적으로 부여되는 경우도 있다.[43] 또한 불법 체류자들의 시위가 있더라도 이들을 체포하고 추방하는 것이 아니라 묵인하기도 한다.[44] 이런 다양한 편차에도 불구하고 유럽인권협약은 오늘날 어느 정도까지 국적과 관계없이 세계시민으로서의 권리가 보장될 수 있는지를 알려주는 시금석이다.

유럽인권협약은 유럽 국가들이 합의한 국제법으로서 비록 그 효력이 유럽에 한정되지만, 유럽에 거주하는 모든 사람에게 국적과 관계없이 보편적 권리를 보장한다는 점에서 이는 유럽 내에서 통용되는 세계시민권이라고 할 수 있다.[45] 그리고 유럽인권협약은 이러한 권리를 침해당할 경우 유럽인권재판소에 제소할 수 있도록 한다는 점에서 세계시민권이 단지 선언적 의미에 그치는 것이 아니라, 실질적 효과를 발휘할 수 있게 한다. 유럽인권협약은 그 내용을 보면 제1조에 이를 체결한 국가는 모든 사람에게 인권을 보장해야 한다고 명시하고 있으며, 여기서 모든 사람은 조약 체결국의 시민은 물론 외국인과 국적이 없는 망명인까지도 포함한다. 그리고 인권의 내용으로는 생명권, 고문의 금지, 노예 및 강제노역의 금지, 개인 및 가족생활의 존중, 사상 · 양심 · 종교의 자유, 표현의 자유, 집회 및 결사의 자유, 결혼의 자유, 공정한 재판의 권리, 죄형법정주의, 효과적인 권리구제의 권리, 권리 및 자유의 향유에 있어 차별의 금지 등을 포함한다.

이 책의 2장에서 서술했던 시민권의 발전 과정을 전제한다면 이러한 권리는 세계시민권의 초보적 형태일 것이다. 왜냐하면 이러한 권리는 시민권의 첫 단계인 자유권적 기본권에 해당되기 때문이다. 따라서 앞으로 참정권과 사회권이 추가된다면 일국적 시민권 체제에 버금가는 세계시민권 체제가 확립된다고 볼 수 있다. 자유권이란 참정권이 보장되지 않을 때 사상누각과 같을 수 있다. 정치적 공동체 형성에 참여할 권리가 보장되지 않는다면 이 자유권은 통치 권력 자체에 의해 유린될 수 있기 때문이다. 마찬가지로 사회권이 보장되지 않는다면 참정권 역시 무력화될 수 있다. 정치 참여의 물질적 기반이 갖추어지지 않는 상태에서 참정권이란 그림의 떡에 불과할 수 있기 때문이다. 하지만 세계시민사회권이 일시에 완전한 체계로 보장될 수는 없을 것이다. 이는 권리의 확대를 위한 지난한 투쟁의 결과일 수밖에 없으며, 더구나 이러한 투쟁을 가능하게 하는 자기의식의 성장과 이를 촉발하는 갈등이 전제되어야 하기 때문이다. 즉 전 세계의 인류가 자신을 어떤 존재로 인식하느냐에 따라 권리에 대한 의식이 달라지고, 이것이 전제될 때에만 권리 확대를 위한 전 세계적 차원의 사회운동도 가능하다는 것이다. 그렇다면 세계시민이란 어떤 자기의식 하에 가능한 것일까? 세계시민이란 단지 인간이란 유적 동일성을 전제한 것일까? 아니면 자신의 이익을 위해 서로 협력하는 존재인가? 아니면 더 나아가 특정한 가치와 목표를 공유한 사람들을 말하는가?

세계시민의 정체성

사실 유럽인권협약에서 보편적 인권으로 보장하는 자유권은 일종의 자연권처럼 보인다. 왜냐하면 이는 모든 인간이 자연 상태에서 천부적으로 부여받은 자연적 자유처럼 누구나 자신의 삶을 위해 아무런 외적 억압이나 개입 없이 자유롭게 행동할 수 있는 권리를 말하기 때문이다. 즉 생명권, 고문의 금지, 노예 및 강제노역의 금지, 개인 및 가족생활의 존중, 사상 · 양심 · 종교의 자유, 표현의 자유, 집회 및 결사의 자유, 결혼의 자유 등이 바로 그것이다. 물론 공정한 재판의 권리, 죄형법정주의, 효과적인 권리구제의 권리, 권리 및 자유의 향유에 있어 차별의 금지 등은 자연권이라고 보기 어려울 수도 있다. 이러한 권리는 자연 상태라기보다는 이미 법적 질서가 확립된 상태를 전제하기 때문이다. 그러나 이런 후자의 권리가 전자의 권리와 본질적으로 다른 것은 아니다. 후자의 권리는 자연권으로 지칭된 전자의 권리를 보장하기 위한 제도적 절차를 의미한다는 점에서 자연권의 연장선상에 있기 때문이다. 따라서 후자의 권리가 정당성을 갖는다면 이는 이를 통해 보장되는 자연권이 정당성을 갖기 때문이다. 이런 점에서 오늘날 자유권적 기본권의 효시가 되었던 미국 건국기의 담론들은 생명, 자유, 재산, 행복추구, 종교, 양심, 언론, 출판, 집회, 정당방위의 권리와 같은 자연권과 함께 인신보호영장 요구권이나 배심원권 등과 같이 자연 상태에서는 불가능한 권리 역시 자연 상태에서 인간이 향유하는 자연적 자유를 보호하기 위한 법적 권리에 포함시켰다.[46]

그렇다면 이런 법적 권리로 보호되는 자연권의 주체는 어떤 존재일까? 자연권이 전제하는 권리의 주체는 다름 아닌 유적 인간이다. 즉 그것이 남성이든, 여성이든, 백인이든, 흑인이든, 강한 사람이든, 약한 사람이든 인간이라는 사실 자체가 자연권의 주체임을 보장한다는 것이다. 따라서 자연권의 내용은 사실 인간이 어떤 존재인가에 달려 있다. 홉스에게 모든 인간은 자연 상태에서 누구에게도 구속되지 않는 자유로운 존재이며, 바로 이런 자연적 자유의 상태에서 갖고 있는 권리란 자유롭게 자신을 보존할 수 있는 권리, 즉 생존권이다. 왜냐하면 그에게 인간이란 무엇보다도 자기보존 욕구에 따라 움직이는 존재이기 때문이다. 이와 유사하게 로크 역시 자연 상태의 인간을 자유와 평등의 상태로 보았다. 즉 인간은 한편으로 타인의 의지와 무관하게 '자신의 인신과 소유물을 처분할 수 있는 통제받지 않은 자유'를 갖고 있으며, 이러한 권리는 어느 누구도 다른 사람보다 더 많이 가질 수 없는 평등한 권리라는 것이다.[47] 이렇게 볼 때 홉스나 로크에게 공통적으로 인간은 자유롭고, 바로 이 때문에 평등한 존재이며, 자신의 생명을 보존하려는 존재이다. 다만 홉스는 자연권을 생존권으로만 보고 있지만, 로크는 이를 소유권으로까지 확장시켰다는 데 차이가 있을 뿐이다.

그렇다면 세계시민권 역시 자연권으로 볼 수 있을까? 만약 세계시민권이 자연권이라면 세계시민권의 주체는 모든 인간이 되며, 세계시민의 정체성은 단지 자유롭고 평등한 추상적 인간이다. 그렇다면 굳이 세계시민권이란 용어를 사용할 필요가 없으며, 그저 보편적 인권이라는 표현으로 족할 것이다. 하지만 가만히 따져보면 비록 자연권이 자연 상태에서 자유롭고 평등한 모든 인간이 갖고 있는 권리이지만, 이런 권리가 자연 상태에서 보장된다는 것은 아니다. 자연 상태의 인간은 스스로의 힘으로 자신의 권리를 보호해야 할 뿐, 모든 인간에게 이를 보장하는 어떤 보편적 권력이 존재하지 않기 때문이다. 따라서 자연 상태에서의 인간은 홉스가 지적하듯이 자유로운 자기보존 활동으로 인해 만인에 대한 만인의 투쟁 상태에 빠질 수 있다. 이런 점에서 보편적 권력에 의해 법적으로 보장되지 않는 자연권이란 사실상 무의미하며, 이 때문에 홉스나 로크 모두 자연권은 자연 상태에서 실현될 수 있는 것이 아니라, 인간이 국가라는 공동체를 형성할 때 비로소 보장될 수 있는 것으로 본다. 따라서 사실 자연권이란 단지 자연 상태에서 인간이 어떤 권리를 갖고 있느냐를 설명하기 위한 개념이라기보다는 국가가 어떤 권리를 모든 인간에게 보편적으로 보장해야 정당성을 갖는가를 해명하기 위한 개념이라고 할 수 있다. 즉 이제 국가가 보장하는 권리는 자연권이며, 이러한 권리는 바로 자연권이기 때문에 정당성을 갖는다는 것이다.

그런데 이렇게 자연권을 인간이 자연 상태에서 벗어나 국가라는 공동체를 형성할 때 비로소 보장되는 권리로 재해석한다면, 이제 이 권리의 주체는 단지 인간이 아니라, 국가의 구성원이라는 새로운 정체성을 갖게 된다. 따라서 이러한 새로운 정체성을 전제한다면 이에 상응하여 자연권을 넘어선 어떤 새로운 권리, 이른바 시민권이 등장하게 된다. 즉 이제 국가가 보장하는 권리란 자연권이 아니라, 국적을 갖고 있는 시민 모두에게 부여하는 시민권이라는 위상을 갖게 된다는 것이다. 따라서 국가가 보장하는 권리가 자연권으로만 한정될 필요가 없으며, 더 많은 새로운 권리가 추가될 수 있다. 물론 자연권으로 환원될 수 없는 새로운 권리가 시민권으로 규정된다면 이는 새로운 정당화를 필요로 할 것이다.

그렇다면 시민권의 주체인 시민이란 어떤 존재일까? 루소에 따르면[48] 자연권이란 인간이 자유롭게 자신의 자연적 필요를 충족시킬 수 있는 권리를 말하며, 자연적 필요란 자기보존의 욕구와 관련된 것으로서 음식, 휴식, 성욕을 말한다. 자연 상태의 인간은 이런 욕구를 자유롭게 충족시키며 존재의 충만감을 느꼈고, 이를 통해 행복한 생활을 영위할 수 있었다. 그러나 이런 권리가 항상 실현되는 것은 아니다. 사람들은 서로 육체적으로 불평등하다. 따라서 어떤 사람은 쉽게 자연적 필요를 충족시킬 수 있지만, 어떤 사람은 그렇지 못하다. 더구나 인간에게는 결코 극복할 수 없는 대자연이라는 장애가 있다. 자연 상태의 인간은 이러한 불평등과 장애를 극복하기 위하여 자신의 자연적 자유를 공동체에 양도하면서 사회 상태로 진입한다. 루소에게 이를 가능하게 하는 것이 자발적인 사회계약이다. 즉 사회계약을 통해 사적인 개인들은 이제 하나의 공동체의 동등한 구성원이 됨으로써 비로소 자신의 자유를 평등하게 보장받게 된다는 것이다. 그리고 이 공동체란 다름 아닌 공화국을 말한다. 이렇게 볼 때 사회계약을 통해 인간은 단지 인간이 아니라, 공화국의 구성원이 되며, 루소는 이를 집합적 의미에서 국민으로 지칭하고, 개별적 의미에서는 시민으로 규정하였다. 이제 시민은 공화국의 정부와 입법 등 공적 활동에 참여하여 자신의 사적 이익과 공적 이익을 조화시킬 수 있는 법질서를 형성해야 한다. 왜냐하면 공화국을 구성한 것이 이들이 자발적으로 체결한 사회계약이듯이 공화국의 운영과 존속 역시 이들의 자유로운 참여에 달려 있기 때문이다.

이렇게 볼 때 공화국이 보장한 시민권이란 이제 모든 시민이 자신의 자연적 필요를 사회적 필요와의 조화 속에서 충족시킬 수 있는 사회적 권능을 의미한다는 점에서 시민권이란 사회계약을 통해 전환된 자연권이라 할 수 있으며, 다른 한편 이러한 권리의 실현을 위해 공화국의 공적 영역에 참여할 수 있는 새로운 권리를 의미한다고 할 수 있다. 그렇다면 이제 권리의 주체 역시 달리 이해되어야 한다. 시민권이란 보편적 권리의 주체는 단지 인간이 아니라, 공화국 구성원이기 때문이다. 따라서 시민이란 사적인 인격임과 동시에 공적 인격으로서의 위상을 갖게 된다. 그리고 이러한 시민권의 권리가 정당성을 갖는 이유는 이러한 권리가 한편으로 자연권을 반영한 것이기도 하지만, 다른 한편으로는 바로 이것을 사적 이익과 공적 이익의 조화 속에서 시민들이 자발적으로 제정한 것이기 때문이다.

이렇게 시민권을 이해한다면 이제 세계시민권의 주체란 인간이 아니라, 시민이라고 할 수 있을까? 하지만 루소가 말하는 공화국이란 일국적 차원의 공동체이지, 이것이 전 세계를 포괄하는 인류 공동체인 것은 아니다. 그렇다면 세계시민이란 어떤 정체성을 갖는가? 세계시민이란 전 인류가 자발적인 선택에 의해 건설한 세계 공화국의 구성원을 말하는가? 칸트가 세계시민권의 보장을 세계시민사회가 아니라 국가연맹에 일임했듯이, 세계시민권은 전 세계를 포괄하는 단일 공동체가 아니라, 개별 국가 간의 합의에 의해 보장된다. 이는 각종 인권 규약들도 개별 국가에 의해 채택될 때 그 효력이 발생할 수 있는 것과 마찬가지이다. 그렇다면 이러한 합의는 어떻게 가능할까? 아마도 벡이 말하는 세계시민적 국가 개념을 끌어들인다면, 개별 국가 간의 합의는 이들 국가가 세계시민화 될 때 가능하며, 개별 국가가 세계시민화 되기 위해서는 개별 국가에 대한 글로벌 시민사회의 영향력이 강화되어야 한다. 이렇게 본다면 세계시민권의 주체란 글로벌 시민사회의 활동을 통해 세계시민화 된 개별 국가의 시민이라고 할 수 있으며, 또한 역으로 개별 국가의 시민들이 세계시민화 할 때 해당 국가가 세계시민적 국가로 탈바꿈할 수 있다. 이렇게 본다면 세계시민권의 주체가 누구인가는 분명하다. 그것은 개별 국가의 시민으로서 일국적 의식에서 벗어나 전 인류를 하나의 공동체 구성원으로 보려는 연대의식의 소유자일 것이다.

다시 마셜의 시민권 개념으로 돌아가 본다면, 과거 신분사회에서는 신분 귀속성이 사회적 연대의 토대였다면 현대사회에서는 시민권이 사회적 연대를 강화시키는 토대이다. 왜냐하면 사회구성원들은 시민권이 자신에게도 부여되어 있음을 인식하면서 자신이 해당 사회의 동등한 구성원으로 인정되고 있음을 경험할 때 공동체에 대한 소속의식을 강화할 수 있기 때문이다. 그리고 이 연대가 확대되고 깊어지면서 시민권은 자유권, 참정권, 그리고 사회권이라는 일련의 발전 과정을 겪게 된다. 어떻게 보면 세계시민권으로서의 자유권은 모든 인간의 자연권이란 차원에서 보장되어야 할지도 모른다. 그리고 세계시민권으로서의 참정권은 각국의 시민이 자신의 이익과 서로의 이익을 조화롭게 충족시킬 수 있도록 일국적 시민권을 세계적 차원으로 확장시킨 것일 수도 있다. 그렇다면 과연 세계시민권으로서의 사회권은 어떤 차원에서 요구될 수 있을까? 전 세계 인류를 단지 인간이라는 이유에서 이 권리를 보장해야 하는가? 사실 자연권의 주체인 인간은 개별적으로 분리된 인간을 말한다. 왜냐하면 자연권이란 바로 개개인 자신의 생존을 보장하기 위한 것이기 때문이다. 따라서 자연 상태에서 개인의 자기의식 속에는 타인 역시 나와 같은 존재로서 생존을 보장받아야 한다는 생각이 함축되어 있지 않다. 이것이 자연 상태에서 만인에 대한 만인의 투쟁이 일어나는 이유이다. 이에 반해 일국적 시민의 자기의식 속에는 타인도 자신과 동동한 권리를 갖고 있는 인간이라는 의식이 함축되어 있다. 이들은 사회계약을 맺은 동등한 권리주체이기 때문이다. 그렇다면 세계시민의 자기의식 속에서 타인은 어떤 존재일까? 우리는 비록 잠정적이나마 타인은 투쟁의 대상도 아니고, 나와의 동등한 계약 상대자라는 지위를 넘어서, 내가 연대감을 갖는 인류 공동체의 구성원이라고 할 수는 없을까? 물론 이 구성원은 인간이며, 동시에 동등한 권리의 주체일 것이다. 그리고 이는 인간의 자기의식에 있어서 일련의 발전 과정을 의미한다고 할 수는 없을까? 따라서 우리는 자유권에서 시작하여 참정권과 사회권으로 이어지는 세계시민권의 발전 과정 역시 기대해볼 수는 없을까?

그렇다면 이러한 발전은 어떻게 가능할까? 지금까지 설명했듯이 세계시민권이란 글로벌 시민사회가 개별 국가를 세계시민화 하는 과정에서 전 인류에게 보편적으로 부여되는 권리라면, 이제 세계질서는 이중화된다. 한편으로는 개별 국가가 존재하고, 다른 한편에서는 이러한 개별 국가의 영역을 넘어서 글로벌 시민사회가 포진하고 있기 때문이다. 따라서 개개인 역시 한편으로는 개별 국가의 시민이며, 다른 한편으로는 글로벌 시민사회의 구성원이라는 이중 정체성을 갖는다. 그러나 이러한 이중성이 양자택일적인 것으로 상상될 필요는 없다. 왜냐하면 글로벌 시민사회란 개별 국가를 세계시민화 하려고 한다는 점에서 글로벌 시민사회는 지속적으로 개별 국가와 하나가 되려고 하지만, 결코 하나가 될 수는 없다는 점에서 이 둘의 공존이 필요하기 때문이다. 글로벌 시민사회는 국가나 시장과 분리된 비정부적이고 비시장적인 영역으로서 인류의 보편적 이익과 관점이 형성되고, 유포되고, 공유되는 곳이다. 따라서 글로벌 시민사회가 존재하지 않는다면 세계시민적 국가는 그 정당성을 확보할 수 없으며, 지속적 자기반성 과정 속에서 지속적으로 세계시민권의 대상과 내용을 확대하기 어렵다. 이런 점에서 이제 중요한 것은 글로벌 시민사회가 세계시민적 국가와 합치되는 것이 아니라, 이 둘 사이의 간극을 얼마나 좁힐 수 있느냐 하는 점일 것이다. 그렇다면 무엇이 이를 가능하게 할까? 그것은 글로벌 시민사회를 통해 이루어지는 인류 공동체를 위한 투쟁, 즉 더 많은 사람들이 인류 공동체의 구성원으로 인정받음으로써 서로 연대하기 위한 투쟁, 즉 인정투쟁을 통해서일 것이다.

결론

사회철학의 정신

이렇게 총 8장으로 구성된 방대한 연구를 진행하는 데 있어서 항상 내게 지침이 된 것은 시대를 개념적으로 포착하려는 사회철학의 정신이다. 사회철학은 현실을 경험적으로 연구하지 않는다. 그럼에도 사회철학이 현실성을 가질 수 있는 것은 사회에 대한 경험과학적 연구에 기초하기 때문이다. 즉 제반 사회과학적 연구에 기초할 때 사회철학은 현실과 만날 수 있다는 것이다. 그러나 사회철학은 사회과학으로 축소되지 않는다. 사회철학은 바로 사회과학을 통해 현실을 인식하지만, 여기에 머물지 않고 이러한 현실에 대한 규범적 비판과 대안 제시를 가능하게 하는 근본 원리를 탐구하기 때문이다. 하버마스가 지적하고 있듯이 사회철학을 주도하는 인식관심은 '해방적 관심'이다. 사회철학은 사회 현실을 인과적으로 설명하려는 것도 아니며, 사회 현실의 의미를 해석하려는 것도 아니며, 인간 해방이라는 관점에서 현실을 비판하고 대안을 제시하려 한다.

그러나 이러한 사회철학이 아무 때나 가능한 것은 아니다. 황혼이 깃들어야 미네르바의 올빼미는 날개 짓을 한다. 사회철학은 사회에 대한 인식이 축적되고 성숙될 때 비로소 가능하다. 사회적 현실은 우리에게 경험적으로 다가오고, 이런 경험은 개인적 삶의 과정 속에 흔적을 남기며, 삶의 깨달음으로 이어진다. 다시 이런 개인적 경험들이 축적되면, 이를 한 시대의 일반적 경험으로 표현하는 문학작품이 등장할지도 모른다. 시대를 꿰뚫는 시인의 통찰력으로 현실의 모순을 통렬하게 비판하고 인간의 아픔과 고뇌를 어루만지려 할지도 모른다. 그리고 새로운 사고실험을 통해 우리에게 메시아적 비전을 보여줄지도 모른다. 더 많은 것을 기대할 수 있다면 이제 사회과학자의 냉철한 눈이 현실을 분석한다. 구체적으로 무엇이 일어났고, 어떤 문제가 발생했는지를 일목요연하게 보여준다. 이런 식의 인식의 축적과 성숙이 이루어진다면 이제 사회철학은 압박을 받는다. 어떻게 현실을 개념화할 것인가? 그것도 단지 현실을 해석하기 위한 개념이 아니라, 현실을 변혁할 수 있는 개념 말이다.

나는 이러한 사회철학의 개념을 '인정'에서 찾았다. 나에게는 인정 개념이 현대사회를 개념적으로 포착할 수 있는 개념이었고, 이는 단지 현실을 해석하기 위한 개념이 아니라, 현실의 변혁을 향도할 수 있는 규범적 개념이었다. 현대사회는 특히 인정이 문제가 되는 사회이다. 현대사회에서는 전통사회에서처럼 신분이 개인의 정체성을 결정하지 않는다. 현대사회에서 개인의 정체성은 인정관계 속에서 형성된다. 다시 말해 내가 어떤 존재이고, 어떤 존재가 되어야 하고, 또한 되고 싶은지는 사회적 인정관계 속에서 대답되고 상상된다는 것이다. 특히 사회가 급격히 변동하는 시기에는 누구나 자신이 누구인지를 고민한다. 그리고 이런 고민은 결국 사회적 인정관계를 문제로 삼게 된다. 이런 점에서 인정은 사회 변화를 개념적으로 포착할 수 있는 중요한 도구이며, 현대사회에서 개인이 자신을 이해할 수 있는 중요한 열쇠이다.

나는 이 책에서 사회가 어떻게 변화하고 있고, 또한 어디로 가야 하는지를 인정관계의 구조변화로 해석하였다. 그러나 이런 해석이 다른 모든 시도를 배제하는 것은 아니다. 나는 현대사회를 분석하는 데 있어서 여전히 생산관계 개념이 유효하다고 본다. 그리고 합리성 개념을 통해 현대사회를 바라보는 것도 가치 있다고 본다. 다만 인정이라는 시각에서 현대사회를 본다면 이런 시도들이 보여주지 못하는 측면들이 드러난다. 내가 기대하는 것은 바로 이것이다. 모든 것이 합하여 선을 이루듯이 다양한 시도들을 통해 현대사회의 다양한 측면들이 드러나야 한다. 사회 변혁이란 철학자의 머릿속에서 이루어질 수 있는 일이 아니다. 많은 시도들이 모여 시대정신을 이룰 때 역사의 도도한 흐름에 물꼬가 트인다. 철학자의 구상은 역으로 다시 사회과학으로 구체화되고, 이는 다시 구체적 정책들과 만날 때 개개인의 삶 속에 투영될 수 있다. 나는 이 책에서 이루어진 시도가 동의 가능한 미래를 구상하는 데 밑거름이 되길 바란다.

주

서론

1 아나톨 칼레츠키, 『자본주의 4.0』, 위선주 옮김, 컬처앤스토리, 2011.
2 장석준, 『신자유주의의 탄생』, 책세상, 2011.
3 데이비드 맥낼리, 『글로벌 슬럼프』, 강수돌 외 옮김, 그린비, 2011.
4 한국보건사회연구원, 『한국인의 행복결정요인과 행복지수에 관한 연구』, 2008, 324쪽.
5 이는 마이클 왈저의 개념이다. 마이클 왈저, 『정의와 다원적 평등』, 정원섭 외 옮김, 철학과 현실사, 1999, 26-42쪽.

1장 인간의 삶과 사회에 대한 인정이론적 이해

1 프롬의 입장에 대한 서술은 에리히 프롬, 『건전한 사회』, 김병익 옮김, 범우사, 2001, 제3장.
2 앞의 책, 38쪽.
3 G. W. F. Hegel, *System der Sittlichkeit*, Hamburg 1967, 17쪽; *Grundlinien der Philosophie des Rechts, Werke* 7, Frankfurt am Main 1986, 307-308쪽.
4 이하의 설명은 문성훈, 「물화와 인정 망각」, 한국해석학회, 『해석학 연구』 20집, 2007.
5 하이데거에 대한 서술은 다음을 참조. 박찬국, 『들길의 사상가, 하이데거』, 동녘, 2004, 2장 2절, 3장 2절.
6 지그문트 프로이트, 『정신분석 입문/꿈의 해석』, 김양순 옮김, 동서문화사, 1988, 25강.
7 이에 대해서는 다음을 참조. 도널드 위니캇, 『성숙과정과 촉진적 환경』, 이재훈 옮김, 한국심리치료연구소, 2000, 37-49쪽; 최영민, 『대상관계이론을 중심으로 쉽게 쓴 정신분석이론』, 학지사, 2010, 10장; 악셀 호네트, 『인정투쟁』, 문성훈, 이현재 옮김, 사월의책, 2011, 193-211쪽.
8 찰스 테일러, 『불안한 현대사회』, 송영배 옮김, 이학사, 2001, 특히 제1장.
9 이하의 설명은 문성훈, 「호네트—병리적 사회 극복을 위한 인정투쟁」, 연구모임 사회비판과대안 엮음, 『프랑크푸르트학파의 테제들』, 사월의책, 2012, 227-270쪽.
10 모스의 '선물'에 관한 연구는 현재 『증여론』으로 번역 소개되어 있다. 마르셀 모스, 『증여론』, 이상률 옮김, 한길사, 2002.
11 이하 모스에 대한 설명은 류정아, 「선물 주고받기와 인간의 실체: 마르셀 모스의 '증여론' 들여다보기」, 『증여론』; 디르크 크바트플리크, 「마르셀 에나프—선물과 사회 통합」, 연구모임 사회비판과대안 편저, 『베스텐트 2012』, 사월의책, 2012; 스테판 뫼비우스, 「모스

에서 에나프로—『증여론』의 영향사에 대한 소고」, 앞의 책.

12 이하 에나프의 입장은 다음을 참조. 마르셀 에나프, 「거래의 세계와 선물의 세계—진리와 인정」, 앞의 책.

13 위르겐 하버마스, 『의사소통행위이론 2』, 장춘익 옮김, 나남, 2006, 311-312쪽.

14 Talcott Parsons, "Die Motivierung des wirtschaftlichen Handelns"; "Ansatz zu einer analytischen Theorie der sozialen Schichtung"; "Soziale Klassen und Klassenkampf im Lichte der neueren soziologischen Theorie", in: ders., *Beiträge zur soziologischen Theorie*, Netwied: Luchterhand 1964.

15 Axel Honneth, "Verwilderungen des sozialen Konflikts: Anerkennungskämpfe zu Beginn des 21. Janhrhunderts", in: *MPIfG Working Paper* 11/4, Köln 2011.

2장 악셀 호네트의 인정이론

1 낸시 프레이저, 악셀 호네트, 『분배냐, 인정이냐?』, 김원식, 문성훈 옮김, 사월의책, 2014, 182-193쪽.

2 호네트의 이러한 관심은 그의 인간학적 연구를 통해 나타난다. Axel Honneth, Hans Joas, *Soziales Handeln und menschliche Natur*, Frankfurt am Main 1980.

3 이하 호네트의 인정이론에 대한 설명은 다음의 논문을 수정, 보완한 것이다. 문성훈, 「호네트—병리적 사회 극복을 위한 인정투쟁」, 『프랑크푸르트학파의 테제들』, 227-270쪽.

4 이하 미드에 대한 설명은 다음을 참조. 악셀 호네트, 『인정투쟁』, 4장; 문성훈, 「호네트—병리적 사회 극복을 위한 인정투쟁」, 『프랑크푸르트학파의 테제들』, 250-255쪽.

5 자기의식에 관한 미드의 설명은 G. H. Mead, "Der Mechanismus des Sozialen Bewußtseins", in: *Gesammelte Aufsätze*, 1권, Frankfurt am Main 1980.

6 이에 대한 미드의 설명은 G. H. Mead, *Geist, Identität und Gesellschaft*, Frankfurt am Main 1973, 194-206쪽.

7 문성훈, 「호네트—병리적 사회 극복을 위한 인정투쟁」, 『프랑크푸르트학파의 테제들』, 252-255쪽.

8 인정 형태의 유형학에 대한 설명은 악셀 호네트, 『인정투쟁』, 5장, 6장; 문성훈, 「호네트—병리적 사회 극복을 위한 인정투쟁」, 『프랑크푸르트학파의 테제들』, 255-262쪽.

9 T. H. Marshall, "Citizenship and Social Class", in: *Sociology at the Crossroads*, London 1963.

10 Joel Feinberg, "The Nature and Value of Rights", in: *Rights, Justice and the Bounds of Liberty. Essays in Social Philosophy*, Princeton 1980.

11 이에 대한 설명은 문성훈, 「행복의 조건과 인정」, 범한철학회, 『범한철학』 63집, 2001, 367-368쪽.

12 낸시 프레이저, 악셀 호네트, 『분배냐, 인정이냐?』, 212-231쪽.

13 앤서니 기든스, 『현대 사회의 성, 사랑, 에로티시즘』, 배은경, 황정미 옮김, 새물결, 1996, 3장, 4장.

14 이하의 설명은 악셀 호네트, 「아리스토텔레스와 칸트 사이에서」, 『정의의 타자』, 문성훈 외 옮김, 나남, 2009; 문성훈, 「인정윤리의 개념적 구조」, 현대철학연구소 편, 『이성의 다양한 목소리』, 철학과현실사, 2009, 289-291쪽.

15 이에 대한 설명은 다음을 참조. 악셀 호네트, 「사회적 병리현상」, 『정의의 타자』, 23-88쪽; 문성훈, 「호네트—병리적 사회 극복을 위한 인정투쟁」, 『프랑크푸르트학파의 테제들』, 262-264쪽.

3장 인정투쟁과 진보적 사회 변혁

1 이러한 입장은 Alexander Garcia Düttmann, *Zwischen den Kulturen*, Suhrkamp 1997; Markus Verweyst, *Das Begehren der Anerkennung*, Campus 2000; Ernst Tugendhat, *Aufsätze 1992-2000*, Suhrkamp 2001, 8장; Judith Butler, *Psyche der Macht. Das Subjekt der Unterwerfung*, Suhrkamp 2001; Judith Butler, "Noch einmal: Körper und Macht", in: Axel Honneth/Martin Saar (Hg.), *Michel Foucault. ZwIschenbilanz einer Rezeption, Frankfurter Foucault-Konferenz 2001*, Suhrkamp 2003.

2 이하의 설명은 다음을 참조. 악셀 호네트, 「인정의 토대—비판적 질문에 대한 답변」, 『인정투쟁』; 문성훈, 「인정개념의 네 가지 갈등구조와 역동적 사회발전」, 사회와철학연구회, 『사회와 철학』 10호, 2005.

3 Axel Honneth, *Leiden an Unbestimmtheit*, Reclam 2001, 특히 4장.

4 Axel Honneth, "Antworten auf die Beiträge der Kolloquiumsteilnehmer", in: Christoph Halbig/Michael Quante (Hg.), *Axel Honneth: Sozialphilosophie zwischen Kritik und Anerkennung*, LIT 2004.

5 이수석, 「마키아벨리와 홉스의 권력에 관한 연구」, 한국정치사상학회, 『정치사상연구』 5집, 2001.

6 Byung-Chul Han, *Was ist Macht?*, Stuttgart 2005, 9-10쪽.

7 문성훈, 『미셸 푸코의 비판적 존재론: 그 미완의 기획』, 길, 2010, 33-38쪽.

8 이하 계급투쟁에 대한 설명은 빅토르 아파나셰프, 『역사적 유물론』, 김성환 옮김, 백두, 1988, 2장, 4장.

9 칼 슈미트의 '정치적인 것'에 대한 설명은 다음을 참조. 장준호, 「국제정치에서 "적과 동지의 구분"에 대한 소고: 칼 슈미트의 "정치적인 것"을 중심으로」, 한국국제정치학회, 『국제정치논총』 45집 3호, 2005; 홍철기, 「칼 슈미트: 정치적인 것의 개념과 민주주의 이론」, 국

제문화학회,『역사와사회』 35집, 2005; 나종석,「"정치적인 것"의 본질과 칼 슈미트의 자유주의 비판」, 한국헤겔학회,『헤겔연구』 25권, 2009.

10 이하 그람시의 헤게모니 개념에 대한 설명은 이성백,「자본주의 지배와 그람시의 시민사회론」,『진보평론』 20호, 2004; 임동욱,「헤게모니 장으로서의 시민사회와 시민미디어」, 한국언론정보학회,『한국언론정보학보』 13호, 1999.

11 뒤르켐에 대한 설명은 다음을 참조. 김종엽,『연대와 열광: 에밀 뒤르켐의 현대성 비판 연구』, 창작과비평사, 1998; 홍태영,「'사회적인 것'의 탄생과 뒤르카임의 '신'자유주의」, 한국정치학회,『한국정치학보』 36집 4호, 2002.

12 이하의 서술은 문성훈,『미셸 푸코의 비판적 존재론』, 맺음말.

13 이진경,『맑스주의와 근대성: 주체 생산의 역사이론을 위하여』, 문학과학사, 1997, 1장.

14 윤수종,「맑스주의의 확장과 소수자 운동의 의미」,『진보평론』 1호, 1999;「우리는 모두 소수자다!」, 윤수종 엮음,『다르게 사는 사람들』, 이학사, 2002;「새로운 주체의 등장과 사회운동의 방향」, 대한철학회,『철학연구』 102집, 2007.

4장 친밀성 영역의 구조변화

1 악셀 호네트,『인정투쟁』, 1부.

2 매년 이혼하는 부부의 수는 1990년에 비해 2005년에는 3배 이상 증가하고 있으며, 혼인 건수는 1990년 399,312건에서 지속적으로 줄면서 2005년에는 316,375건으로 감소하였고, 초혼 연령은 1990년 남성 27.7세, 여성 24.8세에서 2005년에는 남성 30.9세, 여성 27.7세로 상당히 높아졌다. 또한 출생아 수는 1990년 658,552명에서 2005년 488,062명으로 줄어들었으며, 가임기 여성이 평균 출산하는 자녀수는 2005년 1.08명으로 저출산의 징후가 뚜렷하게 나타나고 있다. 윤홍식 외,『가족정책: 복지국가의 새로운 전망』, 공동체, 2010, 17쪽.

3 한국여성개발원,『전국가족조사 및 한국가족보고서』, 2003.

4 이에 대한 대표적 예로는 앤서니 기든스, 울리히 벡 등을 들 수 있다.

5 이하 근대 가족에 대한 설명은 조정문 외,『가족사회학』, 아카넷, 2001; 한남제,『현대한국가족연구』, 일지사, 1989.

6 임돈희, 로저 L. 자넬리,「한국 가족 변화의 의미」, 비교민속학회,『비교민속학』 22집, 2002, 325쪽.

7 김미숙 외,『가족의 사회학적 이해』, 학지사, 2002, 17쪽.

8 위르겐 하버마스,『공론장의 구조변동』, 한승완 옮김, 나남, 2001, 118-127쪽.

9 조정문 외,『가족사회학』, 75-77쪽.

10 이하 '공'과 '사'에 대한 설명은 다음의 문헌을 참조하였다. 이진우,『프라이버시의 철학』,

돌베개, 2009, 2장.

11 김미숙 외, 『가족의 사회학적 이해』, 13-16쪽.

12 한국여성연구소, 『새 여성학 강의』, 동녘, 1999, 198쪽; Lawrence Stone, *The Family, Sex and Marriage in England 1500-1800*, NY: Harper & Row 1977.

13 울리히 벡, 엘리자베트 벡-게른샤임, 『사랑은 지독한, 그러나 너무나 정상적인 혼란』, 강수영 외 옮김, 새물결, 1999, 315-316쪽.

14 김미숙 외, 『가족의 사회학적 이해』, 17-20쪽; 앤서니 기든스, 『현대 사회의 성, 사랑, 에로티시즘』, 3장.

15 조정문 외, 『가족사회학』, 75-77쪽.

16 김혜경 외, 「자본주의적 산업화와 한국가족의 역할 변화」, 한국여성연구소, 『여성과 사회』 3호, 1992, 278-314쪽.

17 김미숙 외, 『가족의 사회학적 이해』, 287쪽.

18 한국여성연구소, 『새 여성학 강의』, 201쪽.

19 프리드리히 엥겔스, 『가족의 기원』, 김대웅 옮김, 아침, 1985, 69-92쪽.

20 김미숙 외, 『가족의 사회학적 이해』, 287쪽.

21 위르겐 하버마스, 『공론장의 구조변동』, 118-127쪽.

22 이하의 설명은 다음을 참조. 악셀 호네트, 「정의와 정서적 결속 사이에서」, 『정의의 타자』; 김석수, 「현대적 관점에서 본 칸트와 헤겔의 가족」, 경북대학교 동서사상연구소, 『동서사상』 11집, 2011.

23 조정문 외, 『가족사회학』, 369쪽.

24 앤서니 기든스, 『현대 사회의 성, 사랑, 에로티시즘』, 3장.

25 조은 외, 『근대가족의 변모와 여성문제』, 서울대학교출판부, 1997, 22쪽.

26 한국여성연구소, 『새 여성학 강의』, 200쪽.

27 김미숙 외, 『가족의 사회학적 이해』, 28-36쪽.

28 앤서니 기든스, 『현대 사회의 성, 사랑, 에로티시즘』, 83쪽.

29 윤홍식 외, 『가족정책: 복지국가의 새로운 전망』, 1장.

30 「그림으로 보는 '한국양성평등' 보고서」, 『오마이뉴스』, 2012년 6월 19일.

31 윤홍식 외, 『가족정책: 복지국가의 새로운 전망』, 63-64쪽.

32 앞의 책, 3장.

33 김미숙 외, 『가족의 사회학적 이해』, 11장.

34 윤홍식 외, 『가족정책: 복지국가의 새로운 전망』, 1장.

35 2003년 한국여성개발원 조사에 따르면 취업주부의 92%, 전업주부의 98%가 가사노동의 주요 책임자라고 응답하고 있다. 한국여성연구소, 『새 여성학 강의』, 204-204쪽.

36 김미숙 외, 『가족의 사회학적 이해』, 11장.

37 앞의 책, 11장.

38 울리히 벡, 엘리자베트 벡-게른샤임, 『사랑은 지독한, 그러나 너무나 정상적인 혼란』, 125쪽.

39 앞의 책, 53-58쪽, 67-76쪽.

40 앞의 책, 123쪽.

41 앞의 책, 21-33쪽, 45-48쪽.

42 앞의 책, 152쪽.

43 한국여성연구소, 『새 여성학 강의』, 202쪽.

44 악셀 호네트, 「정의와 정서적 결속 사이에서」, 『정의의 타자』, 257쪽.

45 한국여성연구소, 『새 여성학 강의』, 206-210쪽.

46 악셀 호네트, 「정의와 정서적 결속 사이에서」, 『정의의 타자』, 259쪽.

47 이하 사랑에 대한 사회학적 분석에 대한 서술은 다음을 참조. 김미숙 외, 『가족의 사회학적 이해』, 21-28쪽; 유가효, 「성인기 사랑의 개념적, 발달론적 이해에 대한 연구」, 계명대학교 여성학연구소, 『젠더와 문화』 3권 2호, 2010.

48 Zick Rubin, "Measurement of Romantic Love", in: *Journal of Personality and Social Psychology* 16(2), 1970.

49 Robert J. Sternberg, "Liking versus Loving: A Comparative Evaluation of Theories", in: *Psychological Bulletin* 102(3), 1987; "A Triangular Theory of Love", in: *Psychological Review* 93(2), 1986.

50 김미숙 외에 따르면, 이 7가지 형태는 다음과 같다. 첫째는 호감으로서 열정이나 헌신 없이 단지 친밀성만 있는 형태이다. 둘째는 유혹적 사랑으로서 열정만 있는 형태로 친밀성과 헌신은 없다. 셋째는 공허한 사랑으로서 헌신만 있으며 친밀성과 열정이 부재한 형태이다. 넷째는 낭만적 사랑으로서 열정과 친밀성은 있고 헌신은 없는 사랑이다. 다섯째는 실체가 없는 사랑으로서 열정과 헌신은 있지만 친밀성이 결여된 사랑이다. 여섯째는 우애적 사랑으로서 친밀성과 헌신은 있으나 열정이 없는 사랑의 형태이다. 일곱째는 완전한 사랑으로서 세 가지 요소를 다 갖춘 사랑의 형태를 말한다. 김미숙 외, 『가족의 사회학적 이해』, 21-28쪽.

51 John Alan Lee, *Colours of Love: An Exploration of the Ways of Loving*, Don Mills, Ontario: New Press 1973.

52 이에 대한 서술은 다음을 참조. 남기호, 「헤겔의 '사랑' 개념과 그 철학적 위상 변화」, 한국철학사상연구회, 『시대와 철학』 19권 4호, 2008; 김석수, 「현대적 관점에서 본 칸트와 헤겔의 가족」, 『동서사상』 11집.

53 Roger E. Lamb, "Love and Rationality", in: *Love Analyzed*, Oxford 1997. 이에 대한 서술은 다음을 참조. 악셀 호네트, 「사랑과 도덕」, 『정의의 타자』, 272-274쪽.

54 김미숙 외, 『가족의 사회학적 이해』, 22쪽, 표 1-1. 이에 따르면 루빈은 좋아함과 사랑의 척도를 항목화하면서 양자 간의 차이를 드러낸다. 우선 루빈이 말하는 좋아함의 척도는

다음과 같다. 1. 그(녀)와 함께 있을 때면 매번 같은 무드에 젖는다. 2. 그(녀)와 나는 남달리 잘 어울리는 쌍이라고 생각한다. 3. 누군가 일을 맡길 사람을 찾는다면 나는 그(녀)를 자신 있게 추천할 수 있다. 4. 내 생각에 그(녀)는 매우 성숙한 사람이다. 5. 그(녀)의 판단이 항상 옳다는 데 대해 확신한다. 6. 친구들 대부분은 그(녀)를 잠깐 만나고도 그(녀)에게 호감을 느낀다. 7. 그(녀)와 나는 서로 닮은 점이 많다. 8. 과대표를 선출한다거나 동아리 대표를 선출할 때 나는 그(녀)를 뽑아줄 것이다. 9. 그(녀)는 많은 사람으로부터 존경받는 사람 가운데 하나이다. 10. 그(녀)는 매우 지적인 사람이라고 생각한다. 11. 그(녀)는 내가 알고 있는 친구 중 가장 '좋아할 수 있는' 친구이다. 12. 그(녀)는 내가 닮고 싶은 사람이다. 13. 그(녀)로부터 존경받을 자신이 생긴다. 이에 반해 사랑의 척도로 항목화한 것은 다음과 같다. 1. 그(녀)의 기분이 엉망이라면, 무엇보다 그(녀)의 기분을 즐겁게 해주는 것이 내 일이다. 2. 그(녀)에 관한 일이라면 거의 전적으로 신뢰할 수 있다. 3. 그(녀)의 실수를 쉽게 용서해줄 수 있다. 4. 그(녀)를 위해서라면 무엇이든 할 수 있다. 5. 그(녀)를 볼 때면 강력히 소유하고 싶어진다. 6. 내가 그(녀)와 함께 할 수 없다면 비참한 기분이 들 것이다. 7. 외로움을 느낄 때면 제일 먼저 드는 생각이 그(녀)가 보고 싶다는 것이다. 8. 나의 최우선의 관심사는 그(녀)의 행복이다. 9. 나는 무슨 일이든 그(녀)를 용서할 수 있다. 10. 그(녀)의 행복에 책임감을 느낀다. 11. 그(녀)와 함께 있을 때면 시종일관 그(녀)에게서 눈을 떼지 않는다. 12. 그(녀)가 나를 신뢰한다고 생각하면서 무한한 기쁨을 느낀다. 13. 그(녀 없는 이 세상을 생각하는 것은 불가능하다.

55 Amelie O. Rorty, "The Historicity of Psychological Attitudes", in: *Midwest Studies in Philosophy* 10, 1986. 이에 대한 서술은 다음을 참조. 악셀 호네트, 「사랑과 도덕」, 『정의의 타자』, 275-278쪽.

56 이재경, 「여자의 이혼, 남자의 이혼」, 『가족의 이름으로: 한국 근대가족과 페미니즘』, 또 하나의문화, 2003. 이혼의 원인에 관한 이하의 서술은 이를 참조했다.

57 부부간 폭력에 대해서는 다음을 참조. 조정문 외, 『가족사회학』, 343-374쪽.

58 앤서니 기든스, 『현대 사회의 성, 사랑, 에로티시즘』, 76쪽.

59 앞의 책, 85-86쪽.

60 앞의 책, 4장.

61 앞의 책, 107-112쪽.

5장 정치적 의사결정 영역의 구조변화

1 6월 항쟁의 진행 과정에 대한 서술은 다음을 참조. 정진상, 「6월 항쟁과 한국의 변혁운동」, 『역사비평』 36호, 역사비평사, 1997; 임혁백, 『시장, 국가, 민주주의』, 나남, 1994; 김대영, 「6월 항쟁 이후 운동정치의 제도화 과정」, 민주화운동기념사업회, 『기억과 전망』 16호,

2007.

2 이하 민주화 이후의 민주주의 상황에 대한 서술은 최장집의 저서를 참조했다. 그리고 최근 통계자료는 본 저서에 없는 것으로 새로 추가했다. 최장집, 『민주화 이후의 민주주의』, 후마니타스, 2002, 17-40쪽.

3 「투표 안한 20대들에게 이유 물었더니…」, 『시사서울』, 2012년 5월 15일.

4 서복경, 「투표불참 유권자 집단과 한국 정당체제」, 서강대학교 현대정치연구소, 『한국현대정치』 3권 1호, 2010.

5 「투표해서 뭐해? 없는 사람은 달라지는 것도 없는데…」, 『한겨레신문』, 2012년 5월 15일.

6 「상대적 빈곤율 20년 만에 두 배」, 『매일신문』, 2014년 6월 10일.

7 「그 많은 중산층, 도대체 어디에 있어?」, 『주간경향』 1079호, 2014년 6월 3일.

8 「정규직-비정규직 임금 격차 더 커졌다」, 『경남도민일보』, 2014년 6월 18일.

9 서복경, 「투표불참 유권자 집단과 한국 정당체제」, 『한국현대정치』 3권 1호.

10 임의영, 「공공성의 개념, 위기, 활성화 조건」, 고려대학교 정부학연구소, 『정부학연구』 9권 1호, 2003, 28-30쪽.

11 임의영, 「공공성의 개념구조와 유형」, 한국행정학회, 『2009년도 한국행정학회 동계학술대회 발표논문집』, 2009.

12 신진욱, 「공공성과 한국사회」, 참여사회연구소, 『시민과 세계』 11호, 2007.

13 칼 폴라니, 『거대한 변환: 우리 시대의 정치적, 경제적 기원』, 박현수 옮김, 민음사, 1991; 위르겐 하버마스, 『의사소통행위이론』.

14 앞의 책.

15 이하 시장화에 대한 설명은 김동춘, 『1997년 이후 한국사회의 성찰』, 길, 2006, 13-32쪽; 「사회의 기업화와 공공성의 위기」, 『사회비평』 38호, 나남, 2007.

16 박명림, 김상봉, 『다음 국가를 말하다: 공화국을 위한 열세 가지 질문』, 웅진지식하우스, 2011, 296쪽.

17 Michel J. Crozier, Samuel P. Huntington, Joji Watanuki, *The Crisis of Democracy: Report on the Governability of Democracies to the Trilateral Commission*, New York: New York University Press 1975.

18 Council of Europe, *Developing Democracy in Europe*, Belgium: Council of Europe Publishing 2004; 재참조, 주성수, 「대의민주주의를 넘어서: 참여민주주의 시대로」, 주성수, 정상호 편저, 『민주주의 대 민주주의』, 아르케, 2006, 11-49쪽.

19 콜린 크라우치, 『포스트민주주의』, 이한 옮김, 미지북스, 2008.

20 이경수, 「미국식 민주주의의 세계화는 허구적 발상」, 『민족 21』 49호, 2005.

21 로버트 달, 『민주주의이론 서설: 미국 민주주의의 원리』, 김용호 옮김, 법문사, 1990.

22 앞의 책, 8쪽.

23 김철규, 「다두제적 민주주의와 경제민주주의」, 박길성 외, 『현대사회의 구조와 변동』, 나

남, 1996, 249쪽; Robert A. Dahl, *Polyarchy: Participation and Opposition*, New Haven: Yale University Press 1973, 1장.

24 로버트 달, 『민주주의이론 서설』, 84-88쪽.

25 실제로 한국에서도 달의 8대 조건에 근거하여 민주주의의 질을 평가한 논문도 있다. 양동훈, 「민주주의 질의 개념화와 평가」, 경성대학교 사회과학연구소, 『사회과학연구』 27집 1호, 2011.

26 로버트 달, 『다원민주주의의 딜레마』, 신윤환 옮김, 푸른산, 1992, 27쪽.

27 이 때문에 달은 경제민주주의로 방향을 선회하게 된다. 로버트 달, 『경제민주주의에 관하여』, 배관표 옮김, 후마니타스, 2011.

28 김철규, 「다두제적 민주주의와 경제민주주의」, 『현대사회의 구조와 변동』, 257쪽.

29 로버트 달, 『경제민주주의에 관하여』, 2장.

30 앞의 책, 87쪽 이하.

31 앞의 책, 169쪽 이하.

32 이하 촛불집회에 대한 설명은 다음과 같은 문헌을 참조했다. 박래군, 「촛불항쟁의 전개과정과 직접민주주의: 진보적 인권운동의 관점에서 본 촛불항쟁」, 『진보평론』 37호, 2008; 서광민, 「'미국산 쇠고기 수입반대 촛불시위'는 새로운 형태의 사회운동인가: 2008년 촛불시위의 특징과 원인」, 한국사회학회, 『2008년도 후기 사회학대회 발표논문집』, 2008; 경향닷컴 촛불팀, 『촛불, 그 65일의 기록』, 경향신문사, 2008.

33 「하이힐과 유모차와 교복과 넥타이와 헌법 제1조」, 『한겨레21』 713호, 2008년 6월 4일.

34 이매뉴얼 월러스틴, 「월가시위, 1968년 봉기 이후 최대 사변」, 『프레시안』, 2011년 10월 16일.

35 이하 점령운동에 대한 설명은 다음과 같은 문헌을 참조했다. 시위자, 『점령하라』, 임명주 옮김, 북돋움, 2012; 슬라보예 지젝 외, 『점령하라』, RHK, 2012; 이매뉴얼 월러스틴, 「월가시위, 1968년 봉기 이후 최대 사변」, 『프레시안』.

36 슬라보예 지젝 외, 『점령하라』, 281쪽.

37 「스티글리츠 "저항이 세계화되고 있다"」, 『프레시안』, 2011년 11월 7일.

38 이하 불복종에 대한 서술은 다음을 참조. 김만권, 『참여의 희망: 광장에서 민주주의를 만나다』, 한울, 2009, 2장.

39 앞의 책, 84쪽.

40 최장집, 『한국민주주의 무엇이 문제인가』, 생각의나무, 2008, 141-146쪽.

41 박래군, 「촛불항쟁의 전개과정과 직접민주주의: 진보적 인권운동의 관점에서 본 촛불항쟁」, 『진보평론』 37호.

42 정대화, 「촛불항쟁과 현 단계 한국 민주주의의 과제」, 한국사회학회, 『2008년도 후기 사회학대회 발표논문집』, 2008.

43 홍성구, 「촛불집회와 한국사회의 공론영역: 숙의 민주주의와 공화주의를 중심으로」, 사

이버커뮤니케이션학회,『사이버커뮤니케이션학보』26권 1호, 2009.

44 조정환,『미네르바의 촛불』, 갈무리, 2009, 123-124쪽.

45 로버트 달,『경제민주주의에 관하여』.

46 앤서니 기든스,『현대 사회의 성, 사랑, 에로티시즘』.

47 데이비드 헬드,『민주주의의 모델들』, 박찬표 옮김, 후마니타스, 2010, 10장 참조.

48 Immanuel Kant, *Grundlegung zur Metaphysik der Sitten*, Frankfurt am Main 1974, 86쪽.

49 Russell J. Dalton, Susan E. Scarrow, Bruce E. Cain, "Advanced Democracies and the New Politics", in: *Journal of Democracy* 15(1), 2004, 124-138쪽; 주성수,「대의민주주의를 넘어서: 참여민주주의 시대로」,『민주주의 대 민주주의』, 재참조.

50 참여에 대한 정의는 참여사회연구소 편,『참여민주주의와 한국 사회』, 창작과비평사, 1997, 17-18쪽.

51 위르겐 하버마스,『의사소통행위이론 2』, 493쪽 이하.

52 위르겐 하버마스,『사실성과 타당성』, 박영도, 한상진 옮김, 나남, 2000, 447쪽 이하.

53 앞의 책, 444쪽 이하.

54 생활세계, 공론 영역, 법 제정의 연관성에 대해서는 다음을 참조. 김원식,「하버마스-의사소통 행위 이론과 생활세계 식민화 테제」, 연구모임 사회비판과대안 엮음,『프랑크푸르트학파의 테제들』, 사월의책, 2012.

55 위르겐 하버마스,『사실성과 타당성』, 433쪽.

56 김상준,「대한민국 민주주의 60년을 보는 시각」, 한국사회학회 편,『대한민국 60년의 사회변동』, 인간사랑, 2009, 30-37쪽.

6장 경제적 생산 영역의 구조변화

1 리처드 세넷,『신자유주의와 인간성의 파괴』, 조용 옮김, 문예출판사, 2002, 8쪽.

2 이에 대한 설명은 앞의 책, 15-26쪽.

3 앞의 책, 20쪽.

4 신광영,『한국 사회 불평등 연구』, 후마니타스, 2013, 51쪽.

5 앞의 책, 11-12쪽.

6 이에 대한 설명은 앞의 책 60-85쪽.

7 앞의 책, 66쪽.

8 앞의 책, 66쪽.

9 앞의 책, 93쪽.

10 앞의 책, 120쪽.

11 앞의 책, 127쪽.

12 새뮤얼 보울스 외, 『자본주의 이해하기』, 후마니타스, 2009, 459쪽.
13 「美 15년 동안 CEO 임금 300%, 근로자 4% 올라」, 『조선일보』, 2007년 4월 10일.
14 신광영, 『한국 사회 불평등 연구』, 21쪽; 「소득 양극화, 임계점에 다다르다」, 『경향신문』, 2014년 6월 8일.
15 앞의 책, 45-55쪽.
16 「정규직-비정규직 임금 격차 114만원」, 『한국일보』, 2014년 5월 22일.
17 예를 들어 2013년 고용노동부가 발표한 고용형태별 실태조사에 따르면, 고용보험은 정규직 95.5%, 비정규직 60.9%, 건강보험은 정규직 97.4%, 비정규직 50.6%, 국민연금은 정규직 97.2%, 비정규직 47.0%로 나타나고 있다. 「비정규직 임금 정규직의 64%」, 『아주경제』, 2014년 4월 28일.
18 제러미 리프킨, 「개정판 서문」, 『노동의 종말』, 민음사, 2005, 12-14쪽.
19 현미옥, 채옥희, 「신용경제사회와 가정경영학의 과제」, 한국생활과학회, 『한국가정과학회지』 7권 4호, 2004.
20 「만들고 버리고…줄지 않는 지갑 속 카드」, 『뉴스토마토』, 2013년 7월 19일.
21 「신용카드 사용 세계 1위」, 『문화일보』, 2013년 7월 28일.
22 리처드 세넷, 『뉴캐피털리즘』, 유병선 옮김, 위즈덤하우스, 2009, 47쪽.
23 앞의 책, 48쪽.
24 리처드 세넷, 『신자유주의와 인간성의 파괴』, 10쪽.
25 김일호, 『비정규직 근로가 건강에 미치는 영향』, 서울대학교 보건대학원 박사학위논문, 2006.
26 이는 다음의 문헌들을 말한다. 아나톨 칼레츠키, 『자본주의 4.0』, 63-78쪽; 이근식, 『신자유주의』, 기파랑, 2009, 10-95쪽; 서울사회경제연구소 엮음, 『신자유주의와 세계화』, 한울, 2005, 209-253쪽. 이 문헌 모두는 다소간의 명칭의 차이는 있지만 산업자본주의를 3단계로 구분하는 데 일치한다.
27 새뮤얼 보울스 외, 『자본주의 이해하기』, 191쪽.
28 앞의 책, 34-40쪽.
29 리처드 세넷, 『신자유주의와 인간성의 파괴』, 7쪽.
30 새뮤얼 보울스 외, 『자본주의 이해하기』, 40쪽, 그림 1.3: 세계총생산에서 차지하는 비율.
31 이하의 서술은 다음을 참조. 최종식, 『서양경제사론』, 서문당, 1981, 259-263쪽.
32 이하의 서술은 다음을 참조. 이근식, 『신자유주의』, 32-40쪽.
33 김교환, 『현대복지국가론』, 교육과학사, 2002, 84쪽.
34 영국의 경우 1802년 공장법에서 시작되었던 근로조건에 관한 법률이 1975년 고용보호법 제정을 통하여 전체 노동자들을 실질적으로 보호할 수 있는 법률로 자리 잡는다. 미국의 경우 최저임금법은 1912년 최초로 매사추세츠 주에서 제정되었으며, 그 후 8개 주로 확산되었다가, 대공황 이후 다시 7개 주로 확산되었고, 1938년 연방입법인 공정근로

기준법으로 이어진다.

35 1972년 개정된 서독의 「경영조직법」.

36 1976년 제정된 서독의 「공동결정법」.

37 1967년 제정된 프랑스의 「기업이윤의 근로자 참여에 관한 법령」.

38 김형배, 『노동법』, 박영사, 1984, 54-91쪽.

39 서울사회경제연구소 엮음, 『신자유주의와 세계화』, 227-231쪽.

40 이근식, 『신자유주의』, 47쪽.

41 서울사회경제연구소 엮음, 『신자유주의와 세계화』, 231-235쪽.

42 이근식, 『신자유주의』, 49-53쪽.

43 서울사회경제연구소 엮음, 『신자유주의와 세계화』, 233쪽.

44 이근식, 『신자유주의』, 61-63쪽.

45 리처드 세넷, 『신자유주의와 인간성의 파괴』, 67쪽.

46 배규식, 강혜영, 『지식기반산업의 신노사관계』(연구보고서), 한국노동연구원, 2003, 10-11쪽.

47 이하 지식기반산업의 등장과 노동 유연화의 연관성에 대한 설명은 앞의 책, 15-24쪽.

48 제러미 리프킨, 『노동의 종말』, 21쪽.

49 아나톨 칼레츠키, 『자본주의 4.0』; 장석준, 『신자유주의의 탄생』; 데이비드 맥낼리, 『글로벌 슬럼프』.

50 새뮤얼 보울스 외, 『자본주의 이해하기』, 95-96쪽.

51 앞의 책, 308쪽.

52 칼 마르크스, 『자본론 I (하)』, 김수행 옮김, 비봉출판사, 2001, 6편 19장.

53 이하의 설명은 김형배, 『노동법』, 25-49쪽.

54 앞의 책, 42쪽.

55 이하 공장법에 대한 설명은 앞의 책, 56-60쪽.

56 영국에서 노동자의 단결은 근로자규제법에 의해 금지되어 오다가, 1871년 노동조합법의 제정으로 실질적으로 허용되었으며, 1875년에는 노동쟁의가 허용되었다. 그러나 1927년 노동쟁의 및 노동조합법은 총파업을 위법으로 규정하였으며, 단결권이 완전히 회복된 것은 1946년이다. 앞의 책, 60-62쪽.

57 이에 대해서는 김남수, 『E. P. 톰슨의 '영국 노동계급의 형성'에 대한 연구』, 한국교원대학교 교육대학원 석사학위논문, 2003; E. P. 톰슨, 『영국 노동계급의 형성 (하)』, 나종일 외 옮김, 창비, 2000, 특히 16장.

58 김교환, 『현대복지국가론』, 28-38쪽.

59 박광준, 『사회복지의 사상과 역사』, 양서원, 2002, 299-300쪽.

60 김태성, 『사회복지정책입문』, 청목출판사, 2003, 29-30쪽.

61 이하 베버리지 보고서에 대한 설명은 김교환, 『현대복지국가론』, 59-62쪽.

62 박광준, 『사회복지의 사상과 역사』, 308-309쪽.
63 김영화 외, 『사회정의 실현을 위한 사회복지정책론』, 공동체, 2008, 55쪽.
64 라메쉬 미쉬라, 『복지국가의 사상과 이론』, 남찬섭 옮김, 한울, 1996, 50-56쪽.
65 김형배, 『노동법』, 56-69쪽.
66 김교환, 『현대복지국가론』, 61쪽.
67 김수완, 「노동시장 이중구조와 사회보장체제의 정합성」, 『2012년도 한국사회복지연구회 추계학술대회 자료집』, 2012.
68 이하의 설명은 김영란, 「사회권의 재정립에 관한 연구: 배제에서 포용으로」, 『한국사회복지학회 학술대회 자료집』, 2001.
69 정흥준, 「고용형태에 따른 비정규노동자의 노조가입에 관한 탐색적 실증연구」, 고려대학교 노동문제연구소, 『노동문제연구』 23권, 2012.
70 이진경, 「프롤레타리아트와 프레카리아트: 정규직 노동자와 비정규직 노동자의 비대칭성에 관하여」, 경상대학교 사회과학연구원, 『마르크스주의 연구』 9권 1호, 2012, 180쪽.
71 한국비정규노동센터, 「2010년 3월 경제활동인구조사 근로형태별 부가조사 분석」, 『비정규노동』 83호, 2010.
72 통계청, 『경제활동인구 부가조사』, 2008.
73 김홍영, 「사회통합과 비정규직 노동법의 변화」, 한국법학원, 『저스티스』, 134-3호, 2013.
74 이는 이진경의 입장을 말한다. 이진경, 「프롤레타리아트와 프레카리아트: 정규직 노동자와 비정규직 노동자의 비대칭성에 관하여」, 『마르크스주의 연구』 9권 1호, 190쪽.
75 새뮤얼 보울스 외, 『자본주의 이해하기』, 194-195쪽.
76 이에 대해서는 조성은, 『사회적 임금의 정치경제학적 성격에 관한 경험적 분석』, 서울대학교 대학원 사회복지학과 석사학위논문, 2002.
77 이에 대한 대표적 이론가로는 빠레이스가 있다. 이에 대해서는 곽노완, 「빠레이스, 반유토피아적 맑스주의의 유토피아: 빠레이스에 대한 비판과 변형」, 『진보평론』 35호, 2008; 「노동의 재구성과 기본소득: 기본소득은 프레카리아트의 계급 형성과 진화에 필수적인가?」, 경상대학교 사회과학연구원, 『마르크스주의 연구』 10권 3호, 2013.
78 안토니오 네그리, 마이클 하트, 『제국』, 윤수종 옮김, 이학사, 2001, 507-509쪽.
79 제러미 리프킨, 『노동의 종말』, 366쪽.
80 앞의 책, 344쪽.
81 악셀 호네트, 「노동과 인정」, 강병호 옮김, 참여사회연구소, 『시민과 세계』 15호, 2009.
82 앞의 글, 402-409쪽.
83 앞의 글, 409-413쪽.

7장 문화적 생활 영역의 구조변화

1 최호근, 「19세기 말의 문화사 담론과 막스 베버의 역사적 문화과학」, 역사학회, 『역사학보』 186집, 2005.

2 Volker Heins, *Max Weber zur Einführung*, Hamburg 1990, 21-32쪽.

3 타자의 대표적인 예가 바로 '소수자'란 점에서 흔히 타자는 사회적으로 소수자를 가리킨다. 그러나 본 글에서는 소수자라는 말보다 더 포괄적인 의미에서 타자라는 용어를 사용할 것이다. 소수자란 용어는 인종, 민족, 성 등 어떤 생득적 차이로 인해 불이익을 당하는 사람들을 의미하기가 쉽고, 그렇지 않은 경우 사회적으로 쟁점화된 몇몇 집단들과 동일시되는 경향이 있기 때문에 문화적 동질성에 반하는 더 많은 부류의 사람들을 포괄하기 어렵다.

4 시몬 드 보부아르, 『제2의 성 I』, 강명희 옮김, 하서, 1993, 11-18쪽.

5 유명기, 「소수자, 그 무적의 논리」, 최협 외 엮음, 『한국의 소수자, 실태와 전망』, 한울, 2004.

6 아마르티아 센, 『정체성과 폭력』, 이상환, 김지현 옮김, 바이북스, 2009, 1장.

7 이에 대한 설명은 다음을 참조. 문성훈, 「타자에 대한 책임, 관용, 환대 그리고 인정」, 사회와철학연구회, 『사회와 철학』 21호, 2011.

8 이에 대한 서술은 다음 글을 요약한 것이다. 문성훈, 「소수자 등장과 사회적 인정질서의 이중성」, 사회와철학연구회, 『사회와 철학』 9호, 2005.

9 Michel Foucault, "Das Subjekt und die Macht", in: Hubert L. Dreyfus/Paul Rabinow (Hg.), *Michel Foucault: Jenseits von Strukturalismus und Hermeneutik*, Frankfurt am Main 1987, 255쪽.

10 Michel Foucault, *Dispositive der Macht*, Merve 1976, 53쪽.

11 Michel Foucault, *Die Ordnung des Diskurses*, Fischer 1993.

12 문성훈, 「현대성의 자기 분열」, 사회와철학연구회, 『사회와 철학』 2호, 2001, 151-154쪽.

13 Michel Foucault, *Der Wille zum Wissen. Sexualität und Wahrheit 1*, Suhrkamp 1983, 86쪽.

14 Michel Foucault, "Das Subjekt und die Macht", in: *Michel Foucault: Jenseits von Strukturalismus und Hermeneutik*, 246쪽.

15 이에 대한 푸코의 저작은 미셸 푸코, 『말과 사물』, 이규현 옮김, 민음사, 1997.

16 이에 대한 푸코의 저작은 미셸 푸코, 『감시와 처벌』, 오생근 옮김, 나남, 2003; 『광기의 역사』, 이규현 옮김, 나남, 2003; 『성의 역사 1』, 이규현 옮김, 나남, 2004.

17 이에 대한 서술은 김비, 「작은 외침」, 윤수종 엮음, 『다르게 사는 사람들』, 이학사, 2002.

18 이에 대해서는 한승수, 「외국인노동자의 인권과 정책갈등」, 전영평 외, 『한국의 소수자운동과 인권정책』, 집문당, 2011.

19 「세상의 온갖 소란에서 소외된 이들」, 『시사IN』 276호, 2013년 1월 5일.

20 이에 대해서는 김상봉, 『학벌사회』, 한길사, 2004.

21 이에 대해서는 김예슬, 『오늘 나는 대학을 그만둔다, 아니 거부한다』, 느린걸음, 2010.
22 이에 대한 설명은 다음의 글을 요약한 것이다. 문성훈, 『미셸 푸코의 비판적 존재론』, 4장.
23 임마누엘 칸트, 『판단력 비판』, 백종현 옮김, 아카넷, 2009, 31-52쪽.
24 이는 푸코의 『성의 역사 2: 쾌락의 활용』과 『성의 역사 3: 자기 배려』를 말한다.
25 미셸 푸코, 『성의 역사 2: 쾌락의 활용』, 문경자, 신은영 옮김, 나남, 2004, 71쪽.
26 Michel Foucault, *Die Sorge um sich. Sexualität und Wahrheit 3*, Suhrkamp 1989, 305쪽.
27 이러한 비판은 Axel Honneth, "Diagnose der Postmoderne", *Desintegration*, Ffm. 1995.
28 Michel Foucault, *Von der Freundschaft als Lebensweise*, Merve 1984, 137-38쪽.
29 같은 책, 71쪽.
30 같은 책, 75쪽.
31 Immanuel Kant, *Kritik der Urteilskraft*, Frankfurt am Main 1974, 124쪽.
32 Michel Foucault, *Die Sorge um sich. Sexualität und Wahrheit 3*, 240쪽.
33 Dieter Teichert, *Immanuel Kant: 'Kritik der Urteilskraft'*, Stuttgart 1992, 50쪽.
34 전영평 외, 『한국의 소수자 정책: 담론과 사례』, 서울대학교출판문화원, 2010, 12쪽.
35 한인섭, 「왜 '소수자 · 약자의 인권'인가」, 한국인권재단 엮음, 『일상의 억압과 소수자의 인권』, 사람생각, 2000, 22쪽.
36 앞의 글, 43쪽.
37 Charles Taylor, *Multikulturalismus und die Politik der Anerkennung mit Beitrag von Jürgen Habermas*, Ffm. 1993.
38 윤수종, 「우리 모두는 소수자다!」, 『다르게 사는 사람들』, 16쪽.
39 윤수종, 「우리 시대 소수자운동의 특성과 함의」, 윤수종 외, 『우리 시대의 소수자운동』, 이학사, 2005, 30쪽.
40 Will Kymlicka, *Finding Our Way: Rethinking Ethnocultural Relations in Canada*, Toronto 1998, 6장. 이에 대한 서술은 다음을 참조. Axel Honneth, *Umverteilung oder Anerkennung?*, Ffm. 2003, 192쪽.
41 앞의 책, 193-201쪽.
42 이는 다음의 논문을 말한다. Bernhard Peters, "Understanding Multiculturalism", in: *IIS-Arbeitspapier 14*, Universität Bremen, 1999.
43 캐나다는 영어를 공용어로 사용하고 있지만, 프랑스인이 80%를 차지하는 퀘벡 주에서는 1974년 프랑스어가 공용어가 된 이후, 1977년 퀘벡 프랑스어 헌장(일명 '101호 법')이 채택되면서 프랑스어를 퀘벡 내에서 공용어로 상용할 뿐 아니라 모든 간판은 불어만으로 표시하며, 학교 교육에서도 불어를 사용할 것을 결정했다.
44 Jürgen Habermas, "Kampf um Anerkennung im demokratischen Rechtsstaat", in: Charles Taylor, *Multikulturalismus und die Politik der Anerkennung mit Beitrag von Jürgen Habermas*, 161쪽.

45 윤수종, 「우리 시대 소수자운동의 특성과 함의」, 『우리 시대의 소수자운동』, 19쪽.

46 앞의 책, 23쪽.

47 페미니즘의 이론적 변천 과정에 대한 설명은 이현재, 『여성의 정체성—어떤 여성이 될 것인가』, 책세상, 2007, 1장, 2장 참조.

48 보부아르에 대한 설명은 우줄라 I. 마이어, 『여성주의철학 입문』, 송안정 옮김, 철학과현실사, 2006, 70-94쪽 참조.

49 앞의 책, 282-299쪽 참조.

50 이현재, 『여성의 정체성—어떤 여성이 될 것인가』, 114-128쪽; Andrea Trumann, *Feministische Theorie*, Stuttgart 2002, 148-158쪽 참조.

51 임옥희, 『주디스 버틀러 읽기』, 여이연, 2006, 237-238쪽.

8장 세계질서 영역의 구조변화

1 한국에서 '세계화'(economic globalization)라는 용어는 '국제화'(internationalization), '지구화'(globalization)와 구분되어 사용되기도 한다. 즉 국제화가 국가 단위의 상호협력이 심화되는 과정을 말한다면, 지구화란 국민국가적 국경을 넘어선 초국가적 네트워크의 형성을 의미하고, 세계화란 이 중에서 경제적 차원의 지구화 현상만을 가리키는 말로 사용된다. 하지만 본 글에서는 국제화와 세계화란 용어만을 사용한다. 세계화란 용어를 사용하는 것은 지구화가 사실상 경제적 의미에서의 세계화를 통해 촉발된 것이라는 점에서 시대변동과 관련하여 굳이 이 둘을 구분할 필요가 없기 때문이다. 세 가지 용어의 구별에 대해서는 이동수, 「지구화 시대의 시민권」, 박재창 편저, 『지구시민권과 지구 거버넌스』, 오름, 2009, 51쪽.

2 세계화의 역사적 전개에 대해서는 장시복, 「신자유주의 세계화와 세계 자본주의 거버넌스」, 서울사회경제연구소 엮음, 『신자유주의와 세계화』, 한울, 2005.

3 앞의 책, 211-212쪽.

4 이하의 주권과 근대국가에 대한 설명은 다음과 같은 문헌을 참고했다. 김성주, 「주권 개념의 역사적 변천과 국제사회로의 투영」, 한국정치외교사학회, 『한국정치외교사논총』 27집 2호, 2006; 홍석한, 「세계화에 따른 주권의 변화에 관한 헌법적 고찰」, 한국비교공법학회, 『공법학연구』 10권 2호, 2009.

5 이에 대한 설명은 박재영, 『국제정치 패러다임』, 박영사, 2002, 23-30쪽.

6 앞의 책, 1-5쪽, 18-20쪽.

7 이는 E. H. 카의 비판을 말한다. 앞의 책, 32-33쪽.

8 앞의 책, 283-286쪽.

9 앞의 책, 398-402쪽.

10 심상용, 「지구와 경제: 사회적 시민권」, 박재창 편저, 『지구시민권과 지구 거버넌스』, 오름, 2009.

11 김성주, 「주권 개념의 역사적 변천과 국제사회로의 투영」, 『한국정치외교사논총』 27집 2호.

12 유석진, 「세계화와 국가주권」, 국제정치경제연구회, 『20세기로부터의 유산』, 사회평론, 2000.

13 홍석한, 「세계화에 따른 주권의 변화에 관한 헌법적 고찰」, 『공법학연구』 10권 2호.

14 김성주, 「주권 개념의 역사적 변천과 국제사회로의 투영」, 『한국정치외교사논총』 27집 2호.

15 장시복, 「신자유주의 세계화와 세계 자본주의 거버넌스」, 『신자유주의와 세계화』, 224-226쪽.

16 앞의 책, 217-219쪽.

17 박재창, 「지구시민권과 거버넌스」, 박재창 편저, 『지구시민권과 지구 거버넌스』, 오름, 2009, 152쪽.

18 김상배, 「정보화시대의 거버넌스」, 한국정치학회, 『한국정치학회보』 35집 4호, 2002.

19 조희연, 「민주주의의 지구적 차원: '지구적인 민주주의 정체'의 형성과 그 사회화」, 비판사회학회, 『경제와 사회』 79호, 2008.

20 김원식, 「다중이론의 비판적 검토」, 사회와철학연구회, 『사회와 철학』 16호, 2008.

21 박재영, 『국제정치 패러다임』, 387쪽.

22 Richard Falk, "Die Weltordnung innerhalb der Grenzen von zwischenstaatlichem Recht und dem Recht der Menschheit", in: Mathias Lutz-Bachmann/James Bohman, *Frieden durch Recht*, Ffm. 1996.

23 로버트 콕스, 『다수 문명에 대한 사유 외』, 홍기빈 옮김, 책세상, 2005, 특히 2장 참조.

24 정성진, 「반세계화의 세계화」, 『황해문화』 41호, 새얼문화재단, 2003.

25 이창근, 「시애틀에서 방콕까지: 세계화에 도전하라!」, 『사회진보연대』 창간호, 2000.

26 이에 대한 설명은 원영수, 「반세계화운동의 흐름과 전망: 새로운 변혁의 가능성?」, 『진보평론』 17호, 2003.

27 이에 대한 설명은 공석기, 「지구민주주의와 초국적 사회운동: 세계사회포럼 사례를 중심으로」, 서울대학교 사회과학연구원, 『한국사회과학』 29권, 2007.

28 이에 대한 설명은 원영수, 「반세계화운동의 흐름과 전망: 새로운 변혁의 가능성?」, 『진보평론』 17호.

29 이에 대한 설명은 김의동, 「한국 시민사회단체의 대안세계화 운동: 특징과 한계 및 이념적, 실천적 과제를 중심으로」, 경상대학교 사회과학연구소, 『사회과학연구』 26집 4호, 2010.

30 「세계사회포럼 헌장 전문」, 『참세상』, 2005년 3월 13일.

31 이에 대한 설명은 문성훈, 「칸트의 세계시민사회이념과 인정」, 사회와철학연구회, 『사회와 철학』 19호, 2010.

32 David Held, "Kosmopolitanische Demokratie und Weltordnung. Eine neue Tagesordnung", in: Mathias Lutz-Bachmann/James Bohman, *Frieden durch Recht*, Ffm. 1996; 데이비드 헬드, 『민주주의의 모델들』, 특히 3부 11장.

33 Jürgen Habermas, "Die postnationale Konstellation und die Zukunft der Demokratie", in: ders., *Die postnationale Konstellation*, Ffm. 1998.

34 울리히 벡, 『세계화 시대의 권력과 대항권력』, 홍찬숙 옮김, 길, 2011, 특히 1장, 3장.

35 이에 대한 설명은 장동진, 장휘, 「칸트와 롤즈의 세계시민주의: 도덕적 기획과 정치적 기획」, 한국정치사상학회, 『정치사상연구』 9집, 2003; 장동진, 「롤즈의 국제사회 정의관」, 한국국제정치학회, 『국제정치논총』 41집 4호, 2001.

36 새뮤얼 헌팅턴, 『문명의 충돌』, 이희재 옮김, 김영사, 1999.

37 이에 대해서는 윌 킴리카, 『다문화주의 시민권』, 황민혁 외 옮김, 동명사, 2010, 특히 서론, 1장, 2장.

38 김태길, 『변혁시대의 사회철학』, 철학과현실사, 1990, 7장.

39 세계인권선언 15조. 1. 모든 사람은 국적을 가질 권리를 가진다. 2. 어느 누구도 자의적으로 자신의 권리를 박탈당하거나 그의 국적을 변경할 권리를 거부당하지 아니한다.

40 이병화, 「국제인권법상 국적취득권의 보호에 관한 고찰」, 한국법학원, 『저스티스』 132호, 2012.

41 설동훈, 「국제인구이동과 이민자의 시민권: 독일, 일본, 한국 비교연구」, 한국인구학회, 『한국인구학』 36권 1호, 2013.

42 이병화, 「국제인권법상 국적취득권의 보호에 관한 고찰」, 『저스티스』 132호.

43 예를 들어 독일과 일본에서는 공공부조와 사회복지서비스가 영주권자에게도 허용된다. 그리고 독일과 한국에서는 영주권자에게 지방선거 투표권을 주고 있다. 설동훈, 「국제인구이동과 이민자의 시민권: 독일, 일본, 한국 비교연구」, 『한국인구학』 36권 1호.

44 2006년 4월 10일 뉴욕에서 벌어진 불법 체류자들의 대규모 시위가 사실상 묵인되었다. 김만권, 『참여의 희망: 광장에서 민주주의를 만나다』, 한울, 2009, 88-95쪽.

45 이에 대한 설명은 장준호, 「국제사회의 국제법과 지구시민사회의 만민법: 유럽인권협약을 중심으로」, 한국정치외교사학회, 『한국정치외교사논총』 29집 2호, 2008.

46 박광선, 「Alexander Hamilton의 자연권 해석」, 한국미국사학회, 『미국사연구』 7권, 1998.

47 김연미, 「자연권: 자유와 평등의 그림자」, 전남대학교 법학연구소, 『법학논총』 31집 2호, 2011.

48 이하 루소의 자연권과 시민권에 대한 설명은 오수웅, 「루소의 시민사회와 인권실현」, 전남대학교 5.18연구소, 『민주주의와 인권』 8권 3호, 2008.